面向 21 世纪课程教

普 通 高 等 教 育 精 品 规 划 教 材

高等学校信息管理学专业系列教材

第二版

管理学基础

胡昌平 编著

WUHAN UNIVERSITY PRESS
武汉大学出版社

图书在版编目(CIP)数据

管理学基础/胡昌平编著．—2 版．—武汉：武汉大学出版社,2010.1
(2017.8 重印)
普通高等教育精品规划教材
面向 21 世纪课程教材
高等学校信息管理学专业系列教材
ISBN 978-7-307-07373-9

Ⅰ管…　Ⅱ.胡…　Ⅲ.管理学—高等学校—教材　Ⅳ.C93

中国版本图书馆 CIP 数据核字(2009)第 182597 号

责任编辑：严　红　　责任校对:刘　欣　　版式设计:詹锦玲

出版发行：**武汉大学出版社**　　(430072　武昌　珞珈山)
　　　　(电子邮件: cbs22@ whu.edu.cn　网址: www.wdp.whu.edu.cn)
印刷:虎彩印艺股份有限公司
开本：720×1000　1/16　印张:32.25　字数:573 千字　插页:1
版次：2001 年 12 月第 1 版　　2010 年 1 月第 2 版
　　2017 年 8 月第 2 版第 3 次印刷
ISBN 978-7-307-07373-9/C·246　　　定价:42.00 元

内 容 提 要

本书立足于社会信息化、知识经济发展以及科技进步环境，在全面阐述管理学基本原理与方法的基础上，突出在传统理论基础和管理实践发展上的创新，以此为出发点，讨论了现代管理中的组织设计与建设、流程管理、决策、计划、控制、创新管理以及管理沟通与管理信息活动的组织；本书强调信息化与知识经济发展中的管理变革，归纳了有关前沿研究的新进展。本书不仅可以作为高等学校有关专业的管理学教材，同时也可供专业人员和实际工作者参考。

前　言

　　管理是人类社会活动的基本保证。美国学者孔茨指出，自人类开始形成群体去实现个体无法达到的目标以来，便通过组织来约束群体活动，在实现群体目标中满足个体多方面的需求。随着社会的进步和管理实践经验的积累，作为一门科学的管理学的学科地位得以确立。

　　管理学是一门以实践为基础的综合性学科，在长期发展中，特别是经过近100多年的发展，形成了相对完整的学科体系。20世纪中期以来的50年，在科学技术生产力发展的推动下，人类社会进入到一个新的发展时期，其重要标志是社会的信息化和知识经济的兴起以及基于开放环境的全球经济整体化发展。在这一背景下，组织管理正面临着观念转变、机制变革和社会发展所带来的挑战，各国随之在各自的实践中不断丰富和发展管理学理论，构建了基于现代社会发展的管理学新的体系。尽管在管理学研究中尚有多种学术派别和理论，但管理活动的开放化与全球化，正使各派理论相互作用和融合，特别是一些新的管理思想和实践，已被人们广泛认可。

　　在面向新世纪的社会发展中，管理学作为一门研究人类管理活动规律、管理方法、技术及其应用的学科，涉及诸多学科的理论与方法。本教材作为教育部面向21世纪教材，其基点在于全面阐述管理学的基本原理、基本方法和基本管理实践，突出在传统理论基础和实践发展上的体系创新。在构建本书框架时，我们按教学大纲要求，以国际上管理学经典著作所确立的理论、方法为主体内容，同时结合管理学的新发展以及交叉学科的近期成果，在较高的起点上构建了本书的基本体系结构。对于管理学发展的一些前沿问题，本书也作了概括性讨论和围绕重点问题的研究性归纳。我们的目的是，使高等学校的本科学生及实际工作部门人员通过基础理论的学习，系统地掌握管理学原理和面向实际问题的研究方法，以适应管理科学领域创新人才的培养及其知识更新的要求。

本书初版于 2001 年。在本书出版中，作者得到了康仲远教授的多方支持与帮助。在康仲远教授主持的"面向 21 世纪信息管理类专业教学内容和课程体系改革研究"重大项目完成之时，本书作为项目成果之一，经教育部组织的专家评审和审批，作为"面向 21 世纪课程教材"正式出版。在此，特表示对康仲远教授的谢意。

本书第一版面世后，曾 6 次重印，有幸再版，作者感谢使用本书的兄弟院校师生、专家和读者。在本书修订再版中，除吸收管理学领域最新成果外，其内容结构的安排，采纳了各方面有益的建议。

本书分为 12 章，在论述管理实践与理论发展的基础上，系统地阐述了科学管理原理，按管理过程与方法，讨论了现代管理中的组织设计与建设、流程管理、决策、计划、控制、创新以及管理沟通与管理信息活动的组织。与此同时，本书强调了信息化与知识经济发展中的管理变革，归纳了管理学前沿研究的新进展。本书立足于管理学基础理论的应用，注意到以实践为基础的理论体系的完整性。为了进一步反映国外管理实践与理论进展，我们在附录中有选择地收录了一些典型的国外案例，对于国内案例，读者可以通过调查，进行有针对性的研究。

在本书再版之际，作者对武汉大学出版社严红老师深表谢意，感谢其对本书出版所付出的辛勤劳动。对于书中的疏漏，请专家和读者指正。

胡昌平

2009 年 9 月于武汉大学

第一版前言

　　管理是人类社会活动的基本保证。美国学者孔茨指出，自人类开始形成群体去实现个体无法达到的目标以来，人类便通过组织来约束群体活动，在实现群体目标中满足个体多方面的需求。随着社会的进步和管理实践经验的积累，作为一门科学的管理学的学科地位得以确定。

　　管理学是一门以实践为基础的综合性学科，在长期发展中，特别是经过100多年的发展，形成了相对完整的学科体系。20世纪中期以来的50年，在科学技术生产力发展的推动下，人类社会进入到一个新的发展时期，其重要标志是社会的信息化和知识经济的兴起以及基于开放环境的全球经济整体化趋势的加强。在这一背景下，组织管理正面临着观念转变、机制变革和社会发展所带来的挑战和压力，各国在各自的实践中不断丰富和发展管理学理论，构建了基于现代社会发展的管理学新的体系。尽管在管理学研究中尚有多种学术派别和理论，但管理活动的开放化与全球化，正使各派理论相互作用和融合，特别是一些新的管理思想和实践，已被人们广泛认可。

　　在面向新世纪的社会发展中，管理学作为一门研究人类管理活动规律、管理方法、技术及其应用的学科，涉及许多学科的理论与方法。本教材作为教育部面向21世纪教材，其基点在于全面阐述管理学的基本原理、基本方法和基本的管理实践，突出在传统理论基础和实践发展上的体系创新。在构建本书框架时，我们以教学大纲要求为指导，以世界上管理学经典著作所确立的理论、方法为主体内容，同时结合管理学的新发展以及交叉学科的近期成果，在较高的起点上构建了本书的基本体系结构。对于管理学发展的一些前沿问题，本书也作了概括性讨论和围绕重点问题的研究性归纳。我们的目的是，使高等学校的本科学生及实际工作部门人员通过基础理论的学习，可以系统地掌握管理学原理和实际问题的研究方法，以适应管理科学领域创新人才的培养及其知识结构的要求。

本书分为 12 章,在论述管理实践与理论发展的基础上,系统地阐述了科学管理原理,按管理过程与方法体系,讨论了现代管理中的组织设计与再造、流程管理、决策、计划、控制、创新以及管理沟通与管理信息活动的组织。与此同时,本书强调了信息化与知识经济发展中的管理变革,归纳了管理学前沿研究的新进展。本书立足于管理学基础理论的应用,注意到以实践为基础的理论体系的完整性。

本书的编著得到了康仲远教授的多方支持与帮助。在康仲远教授主持的"面向 21 世纪信息管理类专业教学内容和课程体系改革研究"重大项目完成之时,经康教授为首的项目组推荐和专家评审,最后经教育部审批,现交武汉大学出版社,作为"面向 21 世纪课程教材"出版。在此,特表示对康仲远教授的谢意。在本书编著过程中,武汉大学信息管理学院和商学院的许多老师以及博士生李枫林、邱允生、贾君枝、杨成明等参与了本书大纲的讨论,提出了有益的建议。在本书的初稿形成过程中,辛春华博士在完成其博士学位论文的基础上,承担并完成了本书第 12 章的编著工作。在此,一并致谢。

为了进一步反映国外管理状况与理论进展,我们在附录中有选择性地收录了一些典型的国外案例。对于国内案例,读者可以通过调查进行有针对性的实证研究。

本书初稿于 2000 年 12 月完成,通过教学实践,于 2001 年 10 月完成其修订工作,随后定稿。对于书中的疏漏,请专家和读者指正。

胡昌平

2001 年 12 月于武汉大学

目　录

1 管理与管理学

管理是人类社会中必不可少的活动，美国学者孔茨（Harold Koontz）指出，自人类开始形成群体去实现个体无法达到的目标以来，人类便通过组织约束群体活动，在实现群体目标中满足个体多方面的需求。在人类社会的发展中，通过协调社会成员关系与活动的组织管理已成为社会生产力发展的基本保障。随着社会进步和管理实践经验的积累，作为一门科学的管理学的学科地位得以确立。这里，我们通过管理活动中管理职能与职责的分析，讨论基于管理实践的管理学研究对象、内容与方法的形成和进展。

1.1 人类的社会实践与管理活动

人类社会的形成标志着"管理"实现了以基于群体的自然管理向基于社会的"管理"的飞跃；随着社会的进步，管理活动已成为生产力发展中的一个十分活跃的因素。

1.1.1 人类的社会实践及其对管理的要求

将"管理"作为一门学科进行研究，虽然只是最近一两百年的事，但是作为人类社会实践的管理却与社会的形成和发展同步，即只要有人类社会，就存在着对人类社会实践的管理。这说明，管理活动是人类社会实践的需要和人类实践的必然产物，同时，社会的进步和发展又不断对"管理"提出新的要求，由此导致了与社会发展相适应的管理手段和方法的发展，决定了管理的基本模式和规范。

然而，无论是社会发展之初的传统管理，还是随着产业革命而兴起的近代管理和基于现代社会的现代管理，其基本要求和特点却有着共同之处。

从总体上看，人类社会实践对管理的基本要求可以概括为：

① 协调人们的关系、沟通人们的联系，确保人们社会活动目标的实现和基于目标活动的有组织的社会实践的有效进行；

② 通过组织人类活动，优化资源配置，为社会物质财富和精神财富的创造提供社会组织条件；

③ 维护人们的正当权益，建立有效的社会实践秩序，为建立与社会相适应的社会分配制度提供保障；

④ 通过调配影响社会进步和生产力发展的诸要素，为社会生产率的提高和社会繁荣提供服务。

面向社会实践的管理具有以下 4 个基本特征：

① 管理是以人为中心的活动。人们从事科学研究、生产劳动和社会实践旨在创造人类社会的物质财富和精神财富，以满足人类的多方面需求，同时推动社会的进步和发展。其中，围绕人类科技、生产、经济、文化等各类活动所进行的管理必然以人为中心。这意味着在实施管理时，首先是管理人，组织和协调只是作为社会人的行为和活动，继而从人类社会的整体利益出发，进行社会资源和物质的分配与管理。事实上，在人类的各种活动中，人作为活动主体而存在，主体对作为物质基础的客体的支配作用决定了必须通过人去管理物。因此，我们说，无论是对人类活动的管理，还是对物质性客体的管理，其实质都是以人为中心的管理。

② 管理是一种特殊的目标责任活动。人类的一切创造性劳动和社会活动都是以自身的需要为基础的，具有鲜明的目标性，这些创造性劳动和社会活动的目标性决定了对其实施管理的目标性。在人类的各种实践中，每一成员都有着自己的需求和预期的活动目的，他们不仅需要个人的努力和奋斗，而且还需要社会的保障，需要与他人结合进行的共同努力，需要有组织的目标活动。在有组织的目标活动中，管理的基点在于确保其目标的实现，它体现为在人类目标活动中的一种特殊的组织保障与行为控制责任，即一种特殊的目标责任活动。

③ 管理对外部环境和人类自身活动的依赖。人类为了生存和发展必须通过适应和改造外部环境去获取必要的自然资源，必须通过创造和劳动为社会生产知识产品和物质产品，必须在发展中完善自身的组织活动，由此而形成的"管理"必然由外部环境和人类的多方面活动所决定。管理对外部环境和人类自身活动的依赖，要求管理活动必须与自然、社会环境和作为管理对象的主体活动相适应，以便在适应中促进社会的进步和发展。

④ 管理活动是一种知识信息活动。人类活动的一个显著特点是人们能

从实践中学习，从社会实践经验的积累中进行创造，在学习、继承、创造中形成其独特的知识体系，从而在各种实践中加以应用。由此可见，基于人类活动的管理必须具备知识性，只有充分利用人类的知识体系才可能实现有效的管理。另一方面，人类活动的组织和协调需要进行沟通，这种沟通是以知识为基础的信息沟通，只有通过信息的传递和控制才可能实现实质上的管理。随着人类知识的积累和信息组织技术的发展，人类的管理方法与手段在不断进步和完善。

1.1.2 管理的内涵与实质

在人类活动中管理是重要的，自人类进入有组织的社会以来，管理业已成为社会存在和发展的必要工作。随着人类的进步，管理实践日趋丰富。自工业革命以来，人们对管理的认识发生了深刻的变化，各国学者从不同的角度对管理实践进行了总结，对管理的概念进行了多方面表述，反映了对管理内涵与实质的愈来愈深刻的理解。以下，我们通过对具有代表性的几种观点的讨论，对管理活动进行实质性归纳。

① 管理是实施计划、组织、指挥、协调和控制的活动过程，即以职能为要素的活动过程。这是管理学研究的开创者——法国实业家法约尔（Henri Fayol）提出的关于管理的定义。他的定义既概括和总结了当时管理工作的环节，同时也规定了管理的基本任务和活动要素，明确了管理的根本目的和组织原则，其论点已被 80 多年的实践所检验，当前仍具有理论和实际上的指导意义。法约尔之后的社会化管理，虽然体制不断变化，职能不断完善，然而其基本活动环节依然以法约尔提出的计划、组织、指挥、协调和控制为基础，以此形成了管理的基本概念。

② 管理是通过计划工作、组织工作、领导工作和控制工作诸过程来协调所有资源，以便达到具体目标的。这是继法约尔之后诸多学者对基于资源组织和社会主体活动控制的总结，这一定义明确规定了以下工作：管理首先是协调资源（包括人员、资金和物质资源，简称为"3M"）；计划、组织、领导和控制为其基本内容；工作过程是为了达到具体目标的行为过程。

③ 管理是由一人或者更多的人来协调他人的活动，以便收到个人单独活动所不能收到的效果而进行的工作。这是在近代管理研究中较为流行的一种说法，它反映了"管理是通过他人的工作达到组织目标"的实质，这一表述的内涵为：组织他人从事某一社会工作；通过他人活动取得工作效益；通过协调他人活动达到一定的目的。美国学者罗宾斯（S. P. Robbins）据此将管理定义为：同他人一起，或通过他人使活动完成得更有效的工作过程。

这里，罗宾斯所说的"过程"是指管理者发挥的职能或从事的主体组织活动，可以概括为计划、组织、领导和控制。

④ 管理是协调人际关系，激发人的积极性，以达到共同目标的一种活动。这一表述突出了以人为中心的组织活动，是继梅奥（George Elton Mayo）之后，赫茨伯格（Frederick Herzberg）、麦格雷戈（Douglas McGregor）等人对于管理行为研究的概括性总结，其内涵为：管理的核心是协调人际关系；管理的实质是根据人的需求和行为规律去激发人的工作积极性；管理的任务是在组织中使人们相互沟通和理解，旨在完成共同的工作，实现共同的目标，获取共同的利益。

⑤ 管理是在决策基础上所进行的组织工作，或者简单地说，管理就是决策。这是西蒙（Herbert Simon）对管理的高度概括，他根据决策及其决策方案的实施程序，确定了其工作规范，从中明确了管理的实质、内涵和工作范畴。由于西蒙所说的决策过程实际上是任何管理工作都必须面对的过程，即任何组织、任何层次的组织者在协调关系、组织目标活动中都必须进行的过程，因此从实质上看，管理就是决策。

⑥ 管理就是设计和保持一种良好的环境，使人在群体里高效率地完成既定目标。按这种说法，孔茨和韦里克（Heinz Weihrich）认为：作为担任主管的人员都要履行计划、组织、人事、领导和控制职能；管理适用于任何一个组织；管理适用于各级组织的主管人员；主管人员的目标与组织目标具有一致性，即创造效益；管理关系到生产率和效率。

⑦ 管理是一种目标责任活动过程，出现在具有社会性的文明范围之内，旨在根据社会系统所固有的客观规律和组织的系统目标，施加影响，进行控制、协调，从而使社会系统呈现一种新的状态。对管理的这一认识源于对管理过程和系统的思考，特里克（R. I. Tricker）和布兰德（R. Boland）等人将管理对象看做是一个整体，而这一整体又存在于社会大系统之中，因而，管理工作应从系统出发，根据组织和社会的关系进行目标责任活动，从而通过一定的控制手段达到一定的目标。

⑧ 管理是社会组织中，为了实现预期的目标，以人为中心进行的协调活动。这是南京大学周三多教授对管理的表述，也是国内管理学界的许多学者比较赞同的"定义"。此外，其他学者从"过程"分析出发对管理进行了定义，认为，管理是在一定的社会制度和外部环境中，为了实现组织目标所进行的计划、组织、领导、控制，以期获得预期效益的工作。这些定义反映了我国管理界对管理的综合理解。

以上定义虽然对管理的表述各异，且在表述中都突出了管理的某些方面的本质特征，然而，从综合角度看，人们对管理内涵和实质的认识却是共同的，它明确了管理具有以下含义：

- 管理活动是在一定的社会环境下进行的，是为了实现组织预期目标的责任活动；
- 管理的本质是协调，其基点在于使个体努力与组织的预期目标相一致；
- 协调是一项以决策为基础的系统性工作，决策是实施管理的核心；
- 协调的内容和环节由计划、组织、指挥、领导、控制等要素构成；
- 协调的中心是人，任何资源的分配和关系处理必然以人为本；
- 协调的方法具有多样性，不仅包括经验和定性方法，而且包括科学的定量方法。

上述含义说明，管理是存在于社会中的一种目标责任活动过程，它以人为中心，以决策为基础，通过计划、组织、领导、控制等手段协调组织活动中的各种关系和工作，以期达到预期的目标。

1.2 管理职业与管理职能

管理活动的开展除具备社会条件和组织条件外，还必须有承担管理责任的人（即管理者）；同时，管理者还必须履行其管理职责，在管理对象的配合下实现预定的组织目标。从社会组织角度看，管理者的职业活动是一项基本的社会劳动职业活动，这种职业活动的组织，必然体现在管理职能的发挥上。

1.2.1 组织活动中的职业分工与管理职业的形成

组织活动与管理密切相关。一方面，组织活动是一定社会条件下组织成员的协同行为；另一方面，组织又普遍存在着各自的管理问题，即社会化的管理构成了组织活动的人文条件。从社会学角度看，组织与个体、群体之间存在着实质性差异，任何组织都不是个体或群体的简单结合，而是以信息沟通和一定的组织管理形式为基础的社会成员的整体化结合，由此而产生的组织活动是一种以管理为基础的社会活动。

组织的管理由组织及其活动决定。关于这一问题可以从两方面来理解，即组织结构和组织活动过程决定了组织管理的内容、任务和性质。

组织是社会成员相互发生联系，并以共同的目标和一定条件为基础而结合成的社会性实体。组织作为人类社会活动的集合形式，是社会分工、协作的产物。现代社会作为高级化的组织社会,各类组织已经成为在社会各领域占主导地位的群体活动形式。组织作为社会的细胞,从结构和活动上看,有着清楚的界限和活动分工。

作为结构,一个组织构成一个整体的各个组成部分,其间相互关联,且具有稳定的组织模式;作为过程,组织成员履行着各自的职责,在分工合作的业务工作中实现整体目标;作为一种状态,组织与环境、组织内部各部分以及组织成员之间又存在着各种业务往来和沟通关系,由此决定着业务操作及管理活动。

从组织结构与组织活动的关系看,以下几个方面决定了组织活动中的职业分工和管理职业的形成。

① 组织是一个由一定的经过挑选的相互依赖、彼此合作的人员组成的集体,其成员必须按一定的角色和分工进行组合,且具有一定时间的持续性。这里的成员可以是个体,也可以是单位,但资格的取得必须有一定的条件。

② 组织应具有一定的必须达到的目标。任何组织都是为了实现一定的目标而建立的,组织目标是组织行动纲领的集中体现,它既反映了建立组织的目的,也反映了组织的发展方向。组织的目标应向其成员宣布,并得到他们的认同,因此,组织又是成员为实现特定目标的一种结合。

③ 组织必须有章程或条例。章程或条例是对组织成员的行动进行规定的一种特殊规范,是组织活动的依据,是处理、判别是非的准则,无论何种形式的章程或条例,都具有同等的作用。

④ 组织应具有完整的权力结构体系。组织的权力体系是具有一定权威和章程、条例认同的组织领导、协调控制和支配权力构成的系统。在权力结构体系中,组织将权力赋予一定的成员,由他们行使管理权,这是组织运行并达到一定目标的基本保证。

⑤ 组织应有一套信息沟通体系。组织的信息沟通体系是由信息沟通制度、方式和渠道所构成的系统。组织成员要有条不紊地进行工作,相互之间必然有一定的信息交流,因此信息沟通体系的建立是组织运行的重要条件,也是实施有效管理的基础。组织作为一个体系,必须进行内外沟通,以与整个社会发生联系,因而,其信息沟通必然是开放式的。

⑥ 组织要有一定的物质、技术基础和装备。组织的物质、技术和装备包括组织运行所必需的物质资源、流通货币以及必须拥有的技术、装备和其他物质性资源。如人的需求一样,物质技术条件被视为组织的第一生存需要,是组织开展业务活动,实现目标的必备条件。

以上几个方面,决定了组织中成员的工作和分工。虽然组织中成员的工作内容存在差别，业务要求会因时、因地而异，然而，就其工作性质而言，我们可以将组织成员分为两种类型：操作者和管理者。

操作者（operatives）是指直接从事某项工作、任务或承担操作性业务，不具有监督、支配他人的权力和任务的组织成员。例如，制造业的操作员和生产人员、服务行业的一线服务员、商业企业的商品推销员、科研组织中的科研人员等，都属于操作者。管理者（managers）是指指挥、领导、协调、监督和控制他人活动，从而引导他人完成任务，实现组织目标的组织成员。为了履行其职责，管理者拥有组织赋予的职位和权力。例如，企业经理、生产主管、学校领导、科学与文化机构负责人等，皆属于管理者。值得指出的是，在现代企业和其他组织中，某些组织成员可能承担专门的管理或操作任务，即以单纯的管理者或操作者的角色从事其业务活动。然而，有相当数量的组织成员，他们既是管理者，也可能同时担任某些操作、作业任务。例如，保险索赔监督员除了负责监督保险索赔部门办事人员的工作外，还可能承担一部分办理保险索赔的业务，因而，具有管理者和操作者的双重身份。因此，我们界定管理者和操作者是基于组织成员所承担的工作，强调的是组织成员的角色分配和工作安排。

传统组织中的管理者按其管理的范围、所处的地位、担当的职务和职责，可区分为高层管理者（如企业董事会主席、总经理、学校校长、研究所所长等）、中层管理者（如企业部门经理、学校系主任、研究所各部门负责人等）、基层管理者（如企业班组长、学校教研室主任、研究所下属研究室主任等）。组织中的操作者受相应管理者的领导，负责具体业务的操作和具体作业任务的完成，操作者按其业务工作内容有着不同的分工。传统组织的管理者和操作者呈金字塔式的结构（图1-1）。

在传统组织中，高层管理者是组织的最高决策者和责任者，由组织的核心成员组成，对组织的发展和现实业务负全局性管理责任；中层管理者通常是职能型和部门型的管理责任者，负责执行高层管理者下达的指令，完成组织分配的职能或部门管理任务，获取应有的管理效益；基层管理者作为业务的组织者和具体任务的实施者，直接安排操作者的工作，同时承担相应的责任，他们受高层管理者的控制，接受中层管理者的直接领导，对管理意图的实施负责；操作者在各级管理者领导下完成各自的业务操作任务，是传统组织中数量最大的组织成员，是获取直接效益的劳动者。

在组织运行中，组织成员的职业由组织活动决定，组织活动的各个方面交互作用，形成了组织管理和操作职业。在管理职业中，根据管理者所处的层次不同，分为高层、中层和基层管理职业；根据管理活动的内容不同，分

图 1-1　组织的管理层次

为决策者、计划管理、财务管理、生产管理、市场管理等专门化职能管理职业；在操作职业中，根据组织业务内容、操作作业门类和操作者必备的技术结构，分为各种行业的技术工人、研究开发人员、财务人员、市场营销人员、信息技术人员等。由此可见，各种职业在组织中是不可少的，只有从事不同职业的人员相互配合，才能实现组织目标。

1.2.2　组织管理职能

一种职业的形成是以其职能发挥为基础的，对于管理来说，其职能由管理角色和管理业务决定。

20 世纪 60 年代末期，明茨伯格（H. Mintzberg）对 5 位总经理的管理工作进行了分析，对于他们所承担的管理活动进行了角色区分，提出了管理者的角色理论（表 1-1）。

表 1-1　　　　　　　　　　明茨伯格的管理角色分类

角　色	描　述	特征活动
人际关系方面		
1. 挂名首脑	象征性的首脑，必须履行许多法律性和社会性的例行义务。	迎接来访者，签署法律文件。
2. 领导者	负责激励和动员下属，负责人员配备、培训和交往的职责。	实际上从事所有的有下级参与的活动。

续表

角 色	描 述	特征活动
3. 联络者	维护自行发展起来的外部接触和联系网络,向人们提供恩惠和信息。	发感谢信,从事其他有外部人员参加的活动。
信息传递方面		
4. 监听者	寻求和获取各种特定的信息(其中许多是即时的),以便透彻地了解组织与环境;作为组织内部和外部信息的神经中枢。	阅读期刊和报告,保持私人接触。
5. 传播者	将从外部人员和下级那里获得的信息传递给组织的其他成员——有些是关于事实的信息,有些是解释和综合组织的有影响人物的各种有价值的观点。	举行信息交流会,用打电话的方式传达信息。
6. 发言人	向外界发布有关组织的计划、政策、行政、结果等信息;作为组织所在产业方面的专家。	举行董事会议,向媒体发布信息。
决策制定方面		
7. 企业家	寻求组织和环境中的机会,制定"改进方案"以发起变革,监督某些方案的策划。	制定战略,检查会议决议执行情况,开发新项目。
8. 混乱驾驭者	当组织面临重大的、意外的动乱时,负责采取补救行动。	制定战略,防止陷入混乱和危机。
9. 资源分配者	负责分配组织的各种资源——事实上是批准所有重要的组织决策。	调度、询问、从事涉及预算的各种活动和安排下级的工作。
10. 谈判者	在主要的谈判中作为组织的代表。	参与工会进行合同谈判。

资料来源:斯蒂芬·P. 罗宾斯. 管理学(第4版). 中国人民大学出版社,1997:9

按罗宾斯的理论，管理职能的发挥体现在管理者角色作用之中，表现在人际关系、信息传递和决策制定三个方面。

在人际关系方面，管理者代表所管理的组织、组织中的部门或方面，具有代表相应组织、组织中的部门或方面形象的职能，同时，其职业工作职能还包括分配、安排下属工作，领导、激励、监督下属业务活动以及联络、协调关系等方面的职能。

在传递信息方面，管理职能通过管理者的信息活动和内、外部沟通来实现。因而寻求和获取来自环境、组织内部和外部人员的各种信息，进行系统的处理、提炼、加工，继而向组织内、外部的相关成员和公众发布控制信息与指令，以及沟通有关部门与人员信息联系等方面的功能，是管理的信息传递功能的集中体现。

在决策制定方面，明茨伯格围绕着决策制定，归纳了四方面的职能：寻求发展机会，面对环境和组织变革制定"改进方案"，并组织实施与监督；针对现实问题和组织面临的难题，制定应对战略、策略和办法，决定后付诸实施；负责资源分配、调度、利用等方面的措施制定与实际操作决策；协调组织内、外部关系，进行包括合作、竞争谈判和业务开展方面的策划与决定。

卢森斯（Tred Luthans）从考察管理者业务活动的角度，提出了管理的基本职能：①传统管理：决策、计划和控制；②沟通：交流例行信息，处理文书工作；③人力资源安排：激励、惩罚、调解冲突、人员配备和培训；④联络：通过社交活动、政治活动、业务交往和网络进行业务沟通。

上述从管理者角色出发和从业务活动出发所进行的职能研究，符合法约尔于20世纪初提出的对管理职能的总体认识。这一认识并不局限于管理者的业务和工作环节，而着重于管理对组织及其成员的作用功能与效果分析，据此，法约尔认为，所有的管理者都要履行五种管理职能：计划（plan）、组织（organize）、指挥（command）、协调（coordinate）和控制（control）。20世纪50年代，美国的孔茨和奥唐纳（Cyril O'Donnell）将管理职能归纳为计划、组织、人事、领导和控制五个方面，他们按这几个基本方面进行管理人员的培训，其合著的《管理学原理》教科书一直是西方最普及的管理学教材。

对于管理职能，包括中国学者在内的各国学者根据管理实践的发展也进行了综合性研究，周三多教授在其所著《管理学——原理与方法》一书中就将管理职能列为15种（表1-2）。

表 1-2 管理职能表

管 理 职 能	古典的提法	常见的提法	本书的提法
决策 decision making			决策
计划 planning	○	○	
组织 organizing	○	○	组织
用人 staffing			
指导 directing			
指挥 commanding	○		
领导 leading			领导
协调 coordinating	○		
沟通 communicating			
激励 motivating			
代表 representing			
监督 supervising			
检查 checking			控制
控制 controlling	○	○	
创新 innovating			创新

资料来源：周三多. 管理学——原理与方法（第 2 版）. 复旦大学出版社，1997：12

　　周三多教授认为，所谓管理职能，众说纷纭，自法约尔以来，人们所提出的管理职能只不过是表 1-2 中所列 15 种职能的不同组合而已，其中，最常见的提法是计划、组织、控制。根据管理理论的最新发展，他本人认为，决策、组织、领导、控制和创新应该是五种最基本的职能。

　　诸多学者对于管理的研究，虽然切入点不尽一致，然而，对基本的管理职能的认识都是大致相同的。从管理作用的发挥看，结合管理环节、方式和手段，考虑到管理作用效果，我们用图 1-2 所示的关联关系表达管理职能的发挥。如图所示，决策是管理的内核，它涉及管理各个方面职能的发挥，其中组织、领导、计划与控制作为基本的管理职能，体现在组织各个方面的业务活动之中；在此基础上，管理的沟通职能、协调职能、代表职能、指挥职能、激励职能、监督职能、评价职能、创造职能以及其他职能（文化职能等）得以综合发挥。

图 1-2　管理的职能

1.3　管理性质与管理素质

管理作为一种规范化的社会活动和创造性劳动，具有有别于其他社会活动和劳动的特性，管理的基本属性决定了管理及其作用对象的固有特征和组织、优化管理活动的依据。同时，作为一种特殊的社会职业活动，管理职业有着有别于其他职业的要求，由此决定了管理从业者应该具备的素质。

1.3.1　管理的性质

管理的性质可以区别为管理的自然属性和管理的社会属性两个基本方面，前者体现在管理对自然界的作用和管理科学的创新性上，后者体现在管理的社会分工和社会作用上。

（1）管理的自然属性

任何社会、任何组织，其发展状况和发达程度，不仅取决于它所拥有的资源和具备的各种基本要素，而且取决于资源的合理配置和各种要素的有效安排。在"资源"和"要素"基本具备的情况下，对其合理配置和安排，即为有效管理，这是最关键的问题。例如，在相同社会制度下，企业外部环境基本相同，内部资源（包括资金、设备、能源、原材料、产品技术、人员结构水平等）基本类似，但经营效果、所达到的生产力水平以及发展状况却具有差别，甚至在竞争中，有的企业倒闭，有的迅速发展。这说明，企业的运作与发展依赖于管理，而管理"资源"和"要素"是管理的自然属性的客观体现（如图 1-3 所示）。

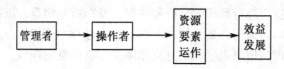

图 1-3　管理的自然作用过程

在图 1-3 所示的"管理的自然作用过程"中，管理者领导、控制操作者，操作者进行资源管理、资本运作、业务实施，在组织目标、利益驱动下获取效益，致力于发展。这一作用过程具有以下"自然特性"。

① 管理的自然条件性。虽然管理具有层次，但各层管理者最终将通过操作者支配资源、安排要素、组织运作，以获取效益和发展机会。如果没有组织生存与运行环境，没有客观存在的自然资源和必备要素，任何管理都将失去意义。因此，在现代管理中应十分强调自然物质资源的管理，强调资源和要素的物质性作用及其对组织成员的理念与行为的影响，由此形成人、物结合的管理理论。

② 管理的客观规律性。如果我们将组织运行及其管理看做是一个相互作用的大系统，则任何一个组织都是通过一个作业系统将输入转化为输出而创造价值的。例如，对于企业，系统接受输入资金、材料、技术、设备和人员，然后将其转化成输出的产品与服务，从而创造价值。这一系统的作用、转化与控制过程具有客观的规律性，这就要求管理者根据客观规律进行有效的组织活动。

③ 管理的自然创造性。管理活动是一种认识客观世界，根据自然发展规律支配、安排组织活动的一项工作。由于组织环境的变化，科学技术的发展，组织要素作用日益复杂，这意味着在管理活动中不断有新问题、新情况发生，任何管理者如果因循守旧，就无法应对新形势的挑战，他必须进行管理创新。管理创新旨在提高管理生产率，从组织活动优化出发，促进生产力的发展。

④ 管理的科学性。管理是一种具有某种不确定性的科学活动，这与科学技术活动不同，往往不可能用一个简单的"公式"去解决不确定性的管理问题。它要求研究复杂多变的、交互作用的诸多因素，借鉴自然科学的思维与研究方法，寻求基本的管理理论，利用科学的系统方法解决实际的管理控制问题，以建立社会科学与自然科学结合的管理科学体系。

⑤ 管理的信息特性。管理是一个特殊的信息处理、传递与作用过程，

在管理实施中，管理者必须从接受管理的对象处获取其状态信息，处理来自环境的环境信息，进行系统的分析和决策，发布指令信息，以控制作用的对象及其活动，同时进行必要的信息反馈，维持过程的连续性。这一信息作用过程决定了管理的信息机制和信息支撑体系，其信息的获取、处理、传递与利用效率直接关系到管理作用效果。

(2) 管理的社会属性

在人、物管理中，人的管理是核心，即管理是以人为本的管理，人的社会性以及社会的管理职业特性决定了管理的社会属性。从管理的社会条件与作用上看，管理的社会属性体现在多个方面。

① 社会环境。管理的社会属性首先反映在管理的社会环境之中，管理作为社会活动的产物，其实施离不开一定的社会条件和环境。社会环境的变化也是管理内容与模式变革的重要原因。对应着社会的不同发展时期和阶段，管理活动有着不同的主体内容。在生产力不发达的情况下，管理着重于社会成员劳动与分配的简单组织，随着社会的进步和环境变迁，管理活动的内容日益丰富，其专业化、系统化、开放化的发展和创新机制的形成，已成为现代管理发展的主流。

② 社会制度。管理是为了达到预期目的所进行的特殊职能活动，这就存在着为谁管理的问题。从整体上看，管理是在一定社会制度基础上，为生产资料占有者和国家政权所代表的阶级服务的。例如，对于资本主义制度下的企业管理，马克思指出："资本家的管理不仅是一种由社会劳动过程的性质产生并属于社会劳动过程的特殊职能管理，它同时也是剥削社会劳动过程的职能管理。"① 马克思的论断深刻地揭示了资本主义企业管理所具有的社会剥削性和独裁性。社会主义制度下的管理，旨在为全社会劳动者服务，旨在促进社会进步与发展，因而是一种服务于社会的民主型管理。值得指出的是，因社会发展和环境的综合作用，资本主义制度下的管理随着制度的多方面改革也发生了一系列新的变化，"管理"作为一种劳动职业活动，已成为促进社会科技、经济发展和文化繁荣的重要保证。

③ 社会关系。管理的社会属性还体现在开展管理活动所必须建立并维持的社会关系上。组织作为社会的细胞，它与社会整体及各部门，与社会某些关联个体及其他组织，与组织成员之间的利益关系，不仅客观存在，而且是实现组织管理目标的基础。例如，现代企业存在的企业与供应商的关系、与政府的联系、与国内外经贸组织和其他企业的交往、与行业协会的关联、

① 马克思恩格斯全集（第32卷）. 人民出版社，1972：367

与代理商的合作等，已成为支撑企业活动的社会化网络，基于这种关系网络的协调与管理已构成企业管理中重要的业务面。随着社会的发展，组织运行中的各种关系发生着愈来愈深刻的变化，由此形成管理创新的一个重要的社会基础。

④ 社会文化。管理者的职业活动以及与管理有关的行为必须受社会伦理、道德的约束，从广义上看，这是社会文化的一个重要体现，即社会主义决定管理活动的伦理、道德。在管理活动中，如果离开了社会公认的伦理、道德标准，将无法实现基于社会文明的管理。事实证明，社会生产力愈发达，对社会文明的要求也愈高，因而现代管理中的组织文化建设，已引起各类组织管理者的高度重视。社会文化是一个社会、一个国家、一个民族生存与发展的基础，同时，公众创造的社会文明财富、社会文化传统和优势亦决定了以此为基础的管理模式、体系与方法的特色，它为存在于社会中的各类组织管理提供了基本的理念、原则与依据。

⑤ 社会作用。社会进步取决于生产力的发展，确立与生产力发展相适应的生产关系和以此为基础的管理效益，将体现在社会发展的各个方面。可见，管理也是一种生产力，只有通过有效的管理，科学技术成果才能得到广泛的应用，社会资源才能得到符合社会发展要求的开发和增值，它表现为劳动生产率的提高。当前，提高劳动生产率已成为全球竞争的关键。20 世纪60 年代至 80 年代日本的繁荣，就是由于"管理"带来的劳动生产率的提高，如 1978—1980 年，日本的劳动生产率年增长达 5.5%，而同期美国的年增长率仅为 2.8%；也正是因为管理创新带来的优势，美国企业在随后的几年，在生产率高于他国的情况下（高于日本 23%，高于英国 25%），仍保持了良好的增长势头，从而保证了经济持续发展的地位。

1.3.2 管理素质

我们所说的管理素质是指管理职业素质，即管理从业者的素质。管理素质由管理活动及其职业要求决定，它与社会发达程度、发展水平、社会文化和其他方面的社会条件有关，同时，不同社会制度、不同组织的不同管理业务对管理从业者的素质具有不同的要求。因此，我们从基本素质和与行业相关的职务素质两方面出发，讨论其素质问题。

（1）管理的基本素质

管理的基本素质是指从事管理职业活动的人员所必须具备的素质，它主要包括以下几方面的内容。

① 道德、伦理素质。管理的社会性和一定社会制度与文化背景下的社

会规范，决定了管理活动必须遵循社会道德准则，必须符合社会伦理理念。社会的道德概念和伦理观念是由一定的社会经济基础、文化传统和科学技术与社会体制所决定的，以此为基础的社会化管理反过来作用于社会物质文明和精神文明的各个方面，在促进社会发展中形成新的基础与文明。这说明，社会道德、伦理随着社会的进步和管理实践的发展而不断进化。因此，基本的道德、伦理理念以及良好道德、伦理作用下的行为规范与准则，是管理者和相关成员必须具备的基本素质；同时，管理职业者的自我道德完善和符合社会大众利益的伦理修养，是道德、伦理素质的又一个基本方面。这里，我们必须强调道德、伦理标准的社会性，坚持马克思主义指导下的，有利于社会主义祖国和全人类共同利益目标实现的道德、伦理观，在吸收发达资本主义国家管理理念中起积极作用的道德、伦理规范的同时，注意消除其消极作用的影响，从而不断完善符合社会发展规律的道德、伦理建设，提高社会的道德、伦理素质。

② 知识素质。管理是一种综合性极强的活动，不仅要求管理者具有人文社会科学方面的知识和实现科学化管理所需的信息科学、系统科学、运筹控制与数理知识，而且要求管理者具有与所从事的各管理领域有关的专业和业务知识。这些知识需要进行合理组织，即对管理者来说，应具备合理的知识结构。这种知识结构，一是应突出适应管理工作的主体知识，以利于主要矛盾的解决；二是注意随管理环境、内容和要求的变化，不断更新其知识结构。例如，我国的企业管理，在 20 世纪 60—70 年代，其主要矛盾是解决按计划组织生产的过程管理，要求管理者具备专业生产技术知识，其次才是其他方面的知识，这一时期实质性的企业主要管理者，多为懂专业的或以专业技术知识为主体的人员；20 世纪 80 年代后，随着市场经济体制的确立，企业管理中的突出问题是解决适应社会主义市场经济发展和新技术挑战的持续发展问题，其职业知识结构要求实现管理知识、人文知识和科技专业知识的有效结合，因而提出了合理组织和完善管理人员的知识结构问题。这说明，管理职业的知识素质由管理环境、目标、任务综合决定，随着社会的发展，存在着不断更新知识的问题。

③ 能力素质。管理作为安排、支配他人的工作，管理从业者的能力，除直接关系到管理效率外，更多地是影响他人，决定组织运行的效益。这与从事生产、研究等操作性职业工作的人员相比，其能力素质更为重要。

从能力结构上看，管理能力素质包括：在变化的环境中进行学习，获取从事管理活动所必须具备的新知识的能力素质；发现问题、分析问题，进行探索和创造性地解决具体管理课题的素质；从事管理实践，应用科学的管理

16

理念与方法，在实践中总结经验、教训的素质；与管理对象及有关他人交往，从事公关活动的能力素质；善于获取管理信息，组织管理沟通网络的信息能力素质；有效组织他人、团队活动，协调各种关系的能力素质；进行高效化决策，保证管理决策及时、科学和有效的能力素质；实施管理控制，把握事物发展方向，最终达到预期目标的能力素质。这些能力素质由管理业务活动内容和组织管理目标与任务决定。

④ 意志能力素质。在现代管理活动中，管理环境和管理作用对象具有愈来愈大的不确定性，由此带来极大的风险性，这一点在高科技产业管理中尤为突出。现代企业发展中的高投入、高产出、高效益，对应着高风险的管理，这不仅要求在管理中利用科学的方法进行风险规避，同时要求管理者必须具备承担风险，在遭受挫折和逆境中奋起的心理素质和意志能力。意志能力素质不仅由管理者的心理品质决定，而且受管理者知识水平、性格、气质等方面因素的影响，存在着在实践中锻炼、培养的问题，而这种培养必须以科学的风险管理方法的应用为基础，同时有相应的组织行为措施作保证。

（2）管理的行业与职务素质

管理职业素质除由基本素质决定外，不同行业的管理和同一行业门类中从事不同职务的管理者理应具有不同的素质。这说明，管理职业素质因分工不同而具有差异。

不同行业对管理职业素质的不同要求由组织的行业活动内容、组织与社会的关系、组织运行条件和组织成员的不同结构等方面的因素决定。

组织行业活动内容的不同，首先决定了管理者的知识结构素质。例如，从事研究开发的高科技企业管理活动的高层管理者所应具备的知识结构，与餐饮业的经理相比，具有完全不同的要求。前者要求必须具备专业科技领域的知识和管理创造性、风险性产业的能力；后者则突出能适应市场需要和处理客户关系的职业管理能力，要求通过服务管理获取效益。组织行业活动内容对管理职业知识结构素质的要求主要有：本行业的专业知识能力素质；行业管理的操作知识素质；与本行业从业人员交往所必需的知识素质；与本行业对管理决策特殊要求相适应的知识素质。

组织与社会的关系是决定从事该组织管理职业素质的又一方面，行业之间的差别和行业的社会作用差别决定了其管理职业素质要求的不同。例如，对于公益性的社会组织来说（如图书馆、档案馆、科技馆等），以服务于社会和公众为宗旨，管理的基点是满足特定的社会需求，使社会与公众受益，并非以自身盈利为目标；这种关联关系决定了它与营利性企业组织和营利性服务行业的区别。在管理中必须以社会作用与关联关系为基础进行管理职业的素质规范。

　　组织成员的组成与知识结构的组合，随着组织环境的变化而变化。现代条件下的企业信息化、知识化从根本上改变着企业组织的人员及知识结构，传统企业的改造和科技型、知识型企业的发展，使得企业组织中的简单劳动与操作职业减少，创造性、知识性劳动职业增加，这最终促进了企业效益的提高和管理的进步。显然，采用管理传统企业的方式来管理知识化的企业是绝对行不通的，这就要求针对组织运行条件和组织成员结构的变化，寻求新的管理模式、方法，同时规范新的管理职业岗位的素质要求，从而实现组织变革与管理发展同步。值得指出的是，组织运行的知识化发展因行业而异，由此可以区别知识密集型行业和一般的劳动密集型行业的管理职业素质的不同规范和与规范相适应的知识、能力和伦理素质结构。

　　在组织管理中，由组织体系结构决定的管理层次以及各层次的管理职务，要求有相应的素质规范作保证。这种规范由处于不同层次、具有不同管理职责的职务及岗位决定。美国学者罗宾斯考察了美国企业中处于不同层次的管理者在履行计划、组织、领导和控制职能时的工作量（履行各种职能的职业工作时间比例量）及比例结构，其结果如表1-3所示。

表1-3　　　　　　**处于组织不同层次的管理职能工作量结构**

工作量比例　管理职能　　管理层次	计划（%）	组织（%）	领导（%）	控制（%）
高层管理职业	28	36	22	14
中层管理职业	18	33	36	13
基层管理职业	15	24	51	10

从表1-3中可知：

● 高层管理者的各种管理职能的履行比较均衡，其中最主要的职能是计划、组织；

● 基层管理者负有大量的领导操作责任，其他方面的管理工作围绕所领导的具体工作展开；

● 中层管理者在部门化和从属组织的管理中承担全面的管理任务，强调组织、领导下的计划与控制目标的实现。

　　由此可见，高层、中层和基层管理者，由于所承担的管理职业工作的职能结构不同，其管理职业要求的知识结构应有分工上的区别。同时，各层次管理者所从事的计划、组织、领导、控制的职责差异还决定着他们的基本管理素质。

在组织运行中，一般情况下高层管理者从中层管理者中升迁而来，而中层管理人员又是从基层管理人员中提拔的。基层管理者所从事的实际操作性管理工作和局部管理经验的积累是今后从事中层管理的基础，而从事中层组织或部门化管理实践与素质培养又是升任为高层管理职务的必要准备。这说明，高层管理者必须具备中层和基层管理素质，具有控制全局和指向未来的管理能力；中层管理者则必须熟悉基层管理职业工作，具有管理基层管理人员和实际操作者的能力。这一情况决定了从基层到高层管理的职业素质等级结构。

1.4　管理学及其结构体系

管理学的形成是社会化组织活动的产物，从实质上看，只要有人类社会及其活动存在，就有管理问题；针对普遍存在着的管理问题，人们必然进行规律性研究，必然产生寻求科学管理思想、理论和方法的探索，由此构成了管理的科学研究领域。社会的进步与发展不断充实着管理研究的内容，导致了从管理实践、管理思想到管理理论与方法研究的不断完善，确立了管理学作为一门科学的学科地位与体系。

1.4.1　管理学研究内容与学科结构

管理学，产生于各类组织的管理实践，这些组织既包括公司、工农业企业、商业企业、交通运输企业、银行、保险企业、服务行业企业等企业组织，也包括学校、研究机构、医院、新闻机构等在内的事业组织以及政府、军队、公安组织、法律机构、各政党、社会团体、宗教组织等组织机构。尽管各种组织的工作性质和内容有别，它们所承担的社会责任和运行机制各异，但是，它们都存在着共同的管理课题，因而需要研究具有普遍意义的管理理论与方法问题，这就形成了管理学的基本研究对象和内容。

概括地说，管理学是以各类管理实践中普遍适用的理论和方法为研究对象，在揭示社会组织活动基本规律的基础上，探索计划、组织、领导、控制以及决策实施的一门综合性学科。管理学的研究内容主要有：在管理实践和实证的基础上总结基本的管理思路，形成对实践有普遍指导意义的管理思想；研究社会组织的运行规律，从社会整体出发归纳基本的管理原理；研究管理实施中管理主体、客体及环境的交互作用关系，寻求理论指导下的科学的管理方法；研究管理中的以计划、组织、领导、控制和决策为中心的管理环节，确立管理的实施体系；研究各管理要素的作用和各种专门化管理的实现等。

值得指出的是，管理学的研究领域是与人类社会的发展同步的，自有人类社会存在以来，就存在着具有社会意义的管理问题，由此构成了管理学的研究内容。然而，管理学作为一门学科的建立和发展都是近现代社会发展与进步的产物，随着现代社会的知识化、信息化发展以及管理中许多新问题的出现，管理学的内容正处于不断变革和完善之中。因此，我们对管理学研究内容的归纳，是基于当前的认识，是从现实问题研究出发所进行的总结和概括，这同时也说明，管理创新是管理学发展中的永恒主题。

根据学科结构理论，孔茨等人在《管理学》一书中，将其归纳为如图1-4 所示的结构。

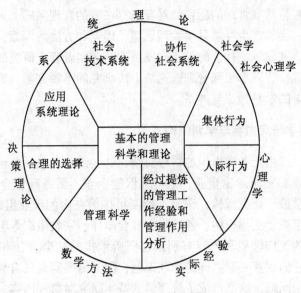

图 1-4　管理学结构体系

如图 1-4 所示，孔茨等人科学地归纳了管理学作为一门学科的本体结构。管理学的核心是基本的管理科学理论，其理论的形成是以充分的管理实际经验的总结为前提的，在此基础上进行决策理论研究，同时应用数学、系统理论、社会学和心理行为科学的方法分析基本的管理问题，从而构建管理科学的本体结构体系。

管理学作为一门综合性学科，其理论、方法在公共管理、学校管理、企业管理、行政管理、科技管理等各方面管理中的应用，导致了各专门化管理学科的产生；同时，管理学需要进行多方面研究，建立其完整的理论体系，由此形成了诸如政策管理学、计划管理理论、组织行为管理理论、决策科学理论、系统管理理论、管理控制理论、人力资源管理学等分支研究领域；这些分支领域与各专门管理学结合，构成了管理学的学科体系（图1-5）。

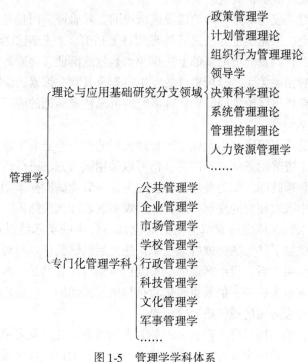

图1-5 管理学学科体系

1.4.2 管理学研究方法

鉴于管理的自然属性与社会属性和管理学的学科综合特征，管理学的研究方法应该是综合性的。从综合角度看，管理学的研究方法主要有如下几种。

（1）案例分析与实证研究方法

管理学理论源于实践，在管理学的发展中，一些经典的理论成果往往通过典型的案例分析与实证研究获得，这是一种典型的经验积累和归纳的研究方法，目前已成为管理学研究中的经典模式。

案例分析法是通过对客观存在的一系列有代表性的实例的观察，获取组织运行状况和实施管理的完整的特征资料，从分析其中的因果关系及典型规律入手，进行经验性总结并加以结果验证，从而得出可资利用的研究结果的分析、归纳方法。在管理学研究中，案例分析法应用很广，使用也比较方便，但其局限性也十分明显。这是因为有限的典型调查或经验性研究只是诸多管理例证中的有限样本，因此，案例分析中应十分注重研究结果的普遍性，以此出发开展实证研究。

实证研究不仅是对某一理论假设或结论的实际验证，而且是一种规范性的系统性研究。采用实证方法进行管理学课题研究，首先应根据课题内容、性质和要求，在调查分析的基础上选择相当数量的例证；继而弄清管理实证中研究对象的相关关系，分析事件的发生过程及其相关因素的影响；最后通过规范性研究得出结论，同时确认其研究的可靠性和结论的应用范围。

（2）试验方法

管理中的许多问题，如企业生产管理流程的改革、全面质量管理指标体系的确立、工资奖励条例的推广等，都可以采用试验方法进行研究。利用试验方法进行管理问题研究的要点是，首先为某一管理试验样本创造一定的条件或在管理中采取相应的变革措施，然后观察其实际试验结果，再与未给予这些条件或未采取相应的变革措施的对比试验样本的实际结果进行比较分析，寻求在施加了外加条件或管理变革措施之后的试验样本与对比试验样本结果之间的因果关系，得出客观的试验结论。值得注意的是，客观结论的得出，需要进行多次试验，如果重复试验得到的结果相同，经最后验证便可以总结出某种普遍适用的规律或理论结果。

试验方法的应用具有普遍意义，如著名的霍桑研究就是采用这种方法进行的。但是，管理中也有许多问题，如高层所进行的风险性决策管理，由于问题的复杂性和环境变化的不确定性，很难通过试验进行研究。由此可见，试验方法的应用也是有条件限制的。

（3）要素分析方法

要素分析法是围绕管理活动和组织运行中起关键作用的因素进行分析，通过各因素之间的关联作用反映管理活动的客观规律，继而寻求有效的管理方式的一种适用方法。要素分析法的适用性在于它突出了管理活动中起关键作用的因素以及因素之间的关联作用，这样不仅有利于问题的综合解决，而且有利于管理活动本质的揭示。

要素分析法的应用是普遍的，例如，孔茨等人的《管理学》将管理职能归纳为计划、组织、人事、领导和控制等五个方面，然后通过各方面要素的作用分析，着重于实质性研究。又如，美国麦金西企业咨询公司在咨询活动中从 7 要素出发对管理活动进行分析，提出了著名的"7S"体系，着重于策略（strategy）、结构（structure）、系统（systems）、作风（style）、人员（staffs）共有价值观（shared values）和技巧（skills）等要素的研究，以解决管理咨询中的实际问题。

无论是孔茨等人的"要素职能"分析，还是麦金西的"要素管理"分析，都反映了管理的内在机制和关联作用，因此它的影响是广泛的。孔茨以后的许多管理学著作都沿用了他的体系；"7S"要素管理分析不仅用于管理咨询实践，而且被包括美国哈佛大学和斯坦福大学在内的许多著名大学的商学院在教学中采用。

（4）组织行为科学方法

无论是宏观管理，还是微观管理，都是围绕组织及其成员行为进行的，因此在管理学研究中离不开组织行为科学方法的应用。组织行为科学方法中颇具代表性的方法有人际行为法和集体行为法等。

由于管理活动的中心是人，管理的目的也在于组织人、调动人、控制人去完成特定的工作，以实现共同的组织目标，其中，人的管理集中反映在人际关系上。人际行为法正是从"关系"出发，分析人的行为，研究行为动机、心理行为过程和行为激励机制，从中总结人力资源管理规律，以便优化管理活动。由此可见，人际关系法主要应用于管理学中人事管理的研究，从而构成了人际行为法中一个重要方面。

在现代管理中，除个体作用以外，团队作用愈来愈关键，由此产生了研究组织和团队的集体行为法。集体行为法与人际行为法密切相关，但它主要研究的是成员的集体行为，而不是个体行为。因此，集体行为法以社会学和社会心理学为基础，将管理作为集体作用的结果来对待，从而寻求组织和团队的最佳行为模式与准则。

（5）数理方法

管理的自然属性和科学性决定了在管理学研究中也要应用到数学方法，数理科学不仅是自然现象研究的基础，而且是一门与人类社会实践密切关联的科学。在社会科学与自然科学交叉的管理科学领域，数理方法的应用，一是通过建立数学模型，解决程序化的管理问题；二是从管理运筹出发进行管理模式的优化，实现优化管理的目标。

如果将计划管理、业务流程组织和人力资源配备看做是一个有规可循的程序化过程，那么，就应该利用严格的数学模型方法构建客观的管理模型，从定量研究的角度分析内、外部因素的影响，寻求最优的管理方案。同时，管理资源的组织、工作量分配和程序安排，也应利用数学方法进行精确的计算，从而使定性管理定量化。

运筹学作为一门专门的数学分支，从处理自然环境中有关人和物的运算体系出发，解决有关安排、筹划、调度、协调和控制等方面的问题。它在管理学中的应用主要有：研究某种约束条件下，围绕优化目标的实现所进行的规划（包括安排、调度）；从策略观点出发，利用对策论方法研究策略的选择和方案决策问题；从事物的结构出发，研究其序化和排队问题，即进行"排队"。

（6）决策科学方法

决策科学作为软科学的核心，其应用已得到管理学界的公认，事实上，在管理学研究中业已形成了面向组织发展的决策理论派。对于管理中的决策科学方法的应用，必须强调管理的决策职能以及从决策作用出发对计划、组织、领导、控制等基本环节的研究。

决策科学方法在管理学中的应用，主要集中在管理的决策层次，即各层次管理决策的分析；管理中的决策制定过程与程序组织；管理中决策信息支持方法；管理决策方案的选择方法；管理中的决策实施与评价方法等。

决策科学方法是在交叉学科基础上形成的，是优化理论、协同论、系统论、控制论以及领导学、战略学、政策学、咨询学等方法的集合。在应用中，我们不仅要立足于管理中决策问题的解决，而且要注重从软科学研究的角度，应用软科学中的综合决策方法，研究管理机制和战略、战术层次及组织持续发展中的管理问题。

（7）系统科学方法

管理针对组织进行，组织则可以看做是由各部分组成的系统，而这个系统又属于更大的社会系统，因此利用系统方法研究组织管理，不仅需要，而且可行。系统科学方法在管理学中的应用，一是从组织角度研究管理，二是从技术角度研究管理。

在社会科学意义的管理研究中，西蒙把组织定义为是"相互依存活动的诸系统，它至少包含几个主要的集体并通常具有这样的特点，即在集体成员的自觉性的水平上，以高度合理的行为指导，去完成共同理解的目标"①。以此出发，我们可以利用系统科学的分析方法研究组织管理中各部分的作用和协调机制，解决全局性管理和局部性管理的系统化组织问题。

组织不仅是人的结合，也是在一定环境和条件下人、物和技术的有机组合，英国学者特里斯特（E. L. Trist）认为，仅研究社会问题是不够的，应该强调技术系统对社会系统的作用。据此，他利用技术系统分析法研究了采煤生产作业的生产效率问题，提出了人与技术结合的管理方案，其方案实施后取得了良好的效果。在现代科学技术条件下，基于管理的技术背景，技术系统分析法的应用愈来愈广泛，其典型案例是基于网络环境和现代信息技术条件的企业资源管理计划的实施以及对企业运行模式的研究。

(8) 控制论方法

管理存在着控制问题，从这一点看，控制论方法在管理学中的应用是十分自然的。控制与管理的自然联系可以追溯到控制论学科创立之时，控制论的创始人维纳（N. Wiener）当时就十分强调社会沟通与控制对社会组织度的影响。在管理学发展中，随着研究的深入和社会组织化程度的提高，管理控制问题已成为现代管理研究的一大领域。

控制论作为研究各种系统的控制规律的科学，自然也包括了管理系统控制规律的探索和方法研究。一个管理系统的控制规律和控制方式是什么，对任何组织的管理都极其重要，它要求针对组织目标、任务和环境的变化，监测决策实施过程，进行有效的调节，以确保管理目标的实现，这就是控制论方法应用于管理研究的实质。

在控制论方法的应用中，应解决管理系统及其控制系统的构建、控制方式的选择、控制过程的组织、控制中的反馈以及控制信息处理等实质性问题，即将管理控制纳入管理学体系进行全面研究，以此出发，建立完整的管理控制理论体系。

除以上主要方法外，管理学研究的方法还包括管理工程方法、管理投入-产出分析法、社会调查方法以及多学科交叉的多种方法等。这些方法构成了管理学研究的方法体系。

思 考 题

1. 什么叫管理？人类社会实践与管理活动的关系怎样？管理活动的基

---

① 转引自 孔茨等. 管理学. 经济科学出版社，1993：49-50

本特征是什么？

2. 组织的基本结构要素有哪些？组织中的管理者和操作者是如何分工的？他们各有哪些职责？

3. 试析组织管理职能的形成与职能结构。

4. 简述管理的性质和管理职业素质。

5. 试述管理学的研究对象与内容。

6. 管理学学科结构体系怎样？管理学的主要研究方法有哪些？如何应用这些方法进行管理学研究？

2 管理思想与管理理论的发展

管理思想的形成可以追溯到人类最初试图通过集体劳动和组织活动来实现某一目标的年代，社会发展的各个时期，都产生了与社会发展相适应的新的管理思想，保持了管理思想发展的连续性。一定思想指导下的管理理论，随着管理实践的发展不断完善，由此构成了社会发展不同阶段的管理思想与理论体系。

提到管理思想与理论的发展，人们自然地会想到西方学者特别是近代人物亚当·斯密（Adam Smith，1723—1790）、罗伯特·欧文（Robert Owen，1771—1858）、弗里德里克·泰罗（Frederick Winslow Taylor，1856—1915）和亨利·法约尔（Henri Fayol，1884—1925）等对管理学发展的贡献，而对中国的管理理论与思想的发展研究甚少，似乎人类的管理思想从 18 世纪才开始，即从 18 世纪的西方才开始管理实践与研究。其实，管理思想和理论的形成与发展是同世界各国文明史和社会文化背景相联系的，各个国家和民族对管理学的发展都有着各自的贡献。因此，我们要立足于全世界的发展，从古代、近代、现代以及面向未来的管理实践分析中，归纳管理思想与理论的发展。

2.1 古代的管理实践与管理思想的形成

管理学的发展有一个从实践到理论再到实践的回归过程，而古代管理思想的形成是以最初的实践与经验总结为基础的，由于人类当时实践的分散和社会发展的限制，其理论体系尚不完备。然而，古代管理思想的形成为近现代管理理论的发展奠定了社会基础，继承古代管理思想，在管理学发展的各个阶段都具有重要意义。

2.1.1　古代中国的管理思想

中国是世界上历史最悠久的文明古国之一，古代中国的管理思想时至今日依然受到世人看重，并对当今的管理理论与方法产生着影响。中国古代管理思想是中国历代王朝的统治人物、军事家、生产经营者、发明家等在治理国家、组织生产、兴建土木和从事经济、军事和社会、科学、文化活动实践中形成的，这些管理思想大都属于认识性的和经验的积累，且比较零星分散，大致可以归纳为组织、指挥、运筹、经营等几方面。

古代中国关于组织的实践和理论起源于五千年以前，当时中国已经有了人类最古老的部落组织，在随后的两千多年漫长的历史中，中国战事频繁，其集权化的王国组织不断变更。大约在公元前12—前11世纪，周朝制定的官僚组织和制度，是当时国家管理的集中代表。在这一体制中，周朝官员分为天、地、春、夏、秋、冬六官，以天官职位为最高，六官又分为360职，各掌其权。这种权力化的国家管理思想，在以后的历代统治者手中继续得到完善和发展。公元前两百多年的秦王朝，建立了与现代中国国土面积相近的统一国家，其中央集权的治国思想得以进一步发展。秦代以后的历代王朝，其统治者出于自身的利益和建立集权的封建国家的需要，一是着重于治国的管理实践，二是着重于生产和分配的组织，从而形成了综合性的宏观管理思想，这种综合性的管理思想是治国之道的集中体现。在这一治国之道中，古代中国形成了法家思想和儒家思想两大管理思想体系。

法家思想的存在是极其自然的现象。任何组织的建立与运行，都需要有一整套制度和规定去管制与约束组织成员的行为，其制度和规定需要一定的机构去维护和执行，并且需要一定的权威性惩罚手段作保证。因此，依法而治的思想是组织活动的必然产物，是组织存在与发展的保障。在古代中国的国家治理中，法家思想在历代统治者中都有实质上的体现。如秦国的变法和统一中国后的封建专制制度的确立；汉代天人同一的模式与"官学"的发展；唐代从强盛国力出发的"开明专制"；宋代"理学"思想的产生以及"以天理遏制人欲"的对执法者的约束理念与实践；直至元、明、清诸代专制体制的新发展，不断丰富着法家思想的治国实践。古代中国的法家思想是在君主专制制度的基础上形成的，具有稳固的经济基础和传统文化基础。同时，它又是一种不完整的法治思想，所谓"刑不上大夫"，实际上是对最高统治者权力的无限制保护，君主专制使"治国"带有"人治"的色彩。因此，古代中国的法家思想具有实质上的局限性，在维护社会秩序、促进生产发展的同时，也起着维护阻碍社会发展的封建专制制度的作用。

古代中国的儒家思想是中国传统文化与管理思想的一大主流，儒家思想的特点是着重于对人类精神的研究，中国历代的思想家，如孔子、孟子、庄子、墨子、管子等，反复强调的基本主题就是对人的本性和人与人之间社会关系的揭示。他们提出的"君为臣纲、父为子纲、夫为妻纲"（即三纲）作为处理君臣、父子、夫妻之间关系的道德规范，提出的"仁、义、礼、智、信"（即五常）作为处理国家、社会、家庭及个人之间关系的行为准则。由孔子开创的儒家学派，以"仁"为学说核心，以中庸辩证为思想方法，重血亲人伦，重现世事功，重道德理性。在道德观上，儒家继承西周史官文化，以"天命"与"人德"为核心，宣扬"畏天命，畏圣人之言"，同时又对神灵崇拜作淡化处理，声明"未能事人，焉能事鬼"，"未知生，焉知死"，实际上是把"信仰"放到现实之中进行考察，从中归纳安邦治国之道。儒家思想在中国封建社会形成的长达数千年的以农业和手工业为基础的社会发展中，起着极其重要的支撑作用，构成了封建社会中起支配作用的管理思想。中国的儒家思想早在唐代就已超越国界，传到日本、朝鲜和东南亚各国，成为对世界文化有重要影响的古老的流派。

动荡不定常常是困扰中国发展的重要原因，但构成中国传统社会基础的以血缘纽带联系起来的家族经济却非常稳固。统治者往往以控制土地资源和其他社会资源的分配、使用来组织相对封闭的农业、手工业经济的发展；通过家、国同构，维持各个朝代的世袭统治；利用各种制度和法令管理平民；在推行修身、齐家、治国、平天下的宗法理念中，形成了法家和儒家共存的管理思想体系和古代中国的伦理政治化与政治伦理化的范式。

中国在漫长的历史进程中，所经历的战争之多，规模之大，也是世界各国所少有的，由此产生了对世界有重大影响的中国古代军事管理思想。据《史记·五帝本纪》记载，"诸侯咸尊轩辕为天子，代神农氏，是为黄帝。天下有不顺者，黄帝从而征之，平者去之，披山通道，未尝宁居"；从黄帝到禹，禹到启，同样是用武力来巩固各自的统治地位。这说明，军事与国事不可分割。战争在给人类带来灾难的同时，也推动了军队和国家的治理，产生了组建军队、指挥战争的军事思想，其中，至今已流传2500多年的《孙子兵法》就是中国最著名的最具代表性的军事思想著作。《孙子兵法》中，不仅明确了军、旅、卒、伍的军队编制，规定了军队管理的层次关系，而且阐述了为将之道、用人之道、用兵之道，以及在各种错综复杂的环境中克敌制胜的战略、策略和战法。它对我们今天所从事的各项管理工作，特别是处于激烈竞争中的企业管理，仍具有现实的参考价值。事实上，《孙子兵法》以及《孙子兵法》之后的许多古代中国军事思想已受到世界上一些国家的充分重视，它对管理思想的重要影响已得到人们的公认。

在劳动组织方面，中国古代曾进行过许多大规模的工程建设，如人们熟知的大禹治水工程、秦代万里长城的修建、隋代沟通南北的运河修浚等。这些工程，即使在现代也可以称之为大型工程项目。在劳动生产力不发达的时代，要顺利实施并完成这些工程项目并非易事，它需要动员举国之力，组织数万乃至百万劳动人员，按工程所需的劳动分工形式安排施工、调度物资、控制工期和质量，以确保工程的完成。在大规模工程建设的管理中，古代中国不仅创造了先进的技术，而且创立了分工协作、合理理财、综合管理和控制质量的管理理念与思想。

在生产管理中，古代中国十分重视激励创造发明和改良生产工具，孔子曾说，"工欲善其事，必先利其器"。中国古代以四大发明（造纸术、印刷术、指南针、火药）为代表的技术发明和推广，极大地推动了社会物质文明和精神文明的建设。同时，建立在技术应用基础上的手工业的发展，促进了最初的手工业经营思想和工业管理思想的产生以及社会分工协作管理理念的形成。

古代中国的管理，十分重视人的作用的发挥和良好人际关系的建立。所谓"重人"，包括两个方面，一是重人心向背，二是重人才。历代都把天时、地利、人和当做事业成功的基本要素。其中，天时、地利是指抓住时机，充分利用环境和资源，在这一前提下，"人和"便成了事业成败之关键。"天时、地利、人和"的管理思想，将人的能动性的发挥放在一定环境下加以考察，充分体现了以人为本，把人的作用与客观条件相结合的观念。这在近、现代管理思想的形成与发展中有着重要意义。

在决策、运筹中，中国古代有无数运筹成功的实例。战国时期，田忌与齐王赛马屡败，后来，他改变了策略，按马力的强弱，以己之下马对彼之上马，己之上马对彼之中马，己之中马对彼之下马，取得了二胜一负的战绩，这充分显示了运筹控制在管理中的作用。从总体上看，古代中国运筹管理思想不仅在治国和军事对策中得到应用，而且广泛地应用于工程管理、经商和理财活动中，从而从总体上推动了古代中国社会、经济、科技和文化的发展。

关于古代中国的管理思想，国内一些学者进行了综合归纳和总结。如周三多将其概括为"顺道、重人、人和、守信、利器、求实、对策、节俭、法治"等几个基本方面；何炼成在其主编的《中国经济管理思想史》一书中，从经济管理的角度将其表达为"富国之学"、"治生之学"；其他一些学者也分别从社会发展、决策管理等多角度出发对古代中国的管理思想进行了组织上的探讨，认为它们是以中国传统文化为背景的综合性管理思想。我们认为，上述评述从不同角度揭示了古代中国管理思想的实质，从综合角度看，是古代中国宏、微观管理实践的集中体现。

2.1.2 古代西方文明的管理思想

西方文明起源于古希腊、古罗马、古埃及和古巴比伦等文明古国，它与以中国为代表的东方文明相互影响和补充，是人类文明的重要组成部分。值得指出的是，鉴于近、现代西方经济、科技和文化的迅速发展，在管理学中被认为是早期管理理论形成基础的古代西方管理思想，从产生到西方早期管理理论的形成，是一个完整的、连续的发展过程。

古埃及是人类历史上最早出现阶级和国家的地区之一，根据古埃及史学家马涅托的记载，从公元前3000年美尼斯统一埃及，到公元前332年被希腊征服为止，古埃及的历史可划分为31个王朝，后来西方学者将其划分为早期王国、古王国、中王国、新王国和后期埃及等几个历史时期，古埃及的管理思想随着国家的出现和生产、经济的发展而产生和发展。从国家产生和社会管理上看，大约在公元前4000年，尼罗河流域进入金石并用时代，原始公社解体，奴隶制国家开始建立，最初出现的被古埃及人称之为"塞普"的数十个小国，开始拥有自己的主神和军队，以前选举产生的军事酋长已演化为世袭的国王，并享有军事、审判和宗教的最高权力。此后，"塞普"之间经过长期战争的兼并，于公元前2000多年再度实现埃及的统一。统一的埃及属于奴隶主阶级的中央集权专制统治，法老掌握全国土地和水利灌溉工程，支配着国家的发展，在这一背景下，王权神化的思想和制度得以形成和发展。在古埃及数千年的历史中，其管理思想体现在：以中央集权专治统治作为国家主体管理体制；以王权神化的宗教思想作为社会管理的思想基础；在发展农业生产中由国家官僚机构统一管理水利工程和其他资源；在发展生产中组织经济、生产、工程、技术和文化活动。

古巴比伦是位于幼发拉底河中游东岸的城市，公元前19世纪初期，阿摩尼亚人以巴比伦为都城建立了古代巴比伦王国，这是一个将两河流域南、北、西部统一为奴隶制的中央集权国家。公元前18世纪，汉谟拉比法典的制定，废除了原来各城邦的立法，将全国法令统一起来。这是目前所知的人类历史上第一部完备的成文法典，它标志着古巴比伦法制管理思想的发展。这部法典分为序言、本文和结语三个部分，本文282条，内容包括诉讼手续、盗窃处理、军人份地、租佃、雇佣、商业高利贷与债务奴隶、家庭与继承、伤害与赔偿、奴隶关系等。古巴比伦的农业和手工业由国家统一管理，法典对行业作了明确的分类，如将手工业分为制砖、缝纫、宝石匠、冶金、刻印工、皮革工、木工、造船工和建筑工等。其分工之细，管理之完善，是前所未有的。古巴比伦以农业和手工业为基础的经济发展导致了商业贸易规模的扩大，其王室经济的商业代理人垄断着国内外的大宗贸易，经理国家税收，进行高利贷和土地经营，这便是西方古代的"国家垄断资本经营"的雏形。此后，亚述帝国的兴起和公元前 10 世纪新巴比伦王国的建立，使奴隶制商品经济有了进一步发展，各重要城市的神庙往往是手工业、商业和高利贷活动的中心，在工贸经营中，富有商家的出现和成功的经营活动，积累了一定的工商、金融管理经验，而有序的管理又促进了经济的发展。

古希腊是欧洲首先创造文明的古国，其地理位置使它易于和古东方文明接近，它与古埃及和古巴比伦的联系，对国家的发展有着重要的影响，而它的文化又直接影响到欧洲各国的发展。古希腊最早的奴隶制国家产生在克里特岛，在公元前 2500 年左右，克里特进入了金石时代，其社会生产力进步显著，手工业达到了很高的水平。它的青铜制品、金银工艺品、陶器和造船都很发达，这种繁荣一直延续到公元前 13—前 12 世纪的迈锡尼文化、公元前 11—前 9 世纪的荷马时代、公元前 8 世纪的雅典文明以及随后的发展。在希腊手工业经营中，其管理上的特征在于：注重技术操作、工艺管理和成品质量控制；注重劳动生产成本和经营效果；以商业化经营为契机，致力于生产规模的扩大；突出对工匠及其他业务人员的管理；将手工业生产与其他行业（主要是农业）的发展相联系，实行综合管理。希腊经济的发展和生产力的提高导致了国家管理体制的变化，公元前 7 世纪，雅典国王的职位由世袭制改为选举制，一系列变革使得雅典成为一个共和政体的城邦；公元前 5 世纪，新兴的工商业奴隶主发起了针对贵族统治的以"梭伦改革"为代表的一系列改革，其改革措施的推行和随后城邦民主形式国家制度的确立，解放了受束缚的社会生产力，导致了适应生产力发展的工、商业自由经营和竞争模式的产生，它在管理上的意义是深远的。

欧洲管理思想的发展离不开古罗马的管理实践。古罗马所在的意大利半岛位居地中海中央，原本为一个奴隶制小城邦，经过几百年的扩张，于公元前 27 年成为地域辽阔的罗马帝国。罗马皇帝主要依靠军队和官僚进行统治，帝国初期的社会经济在原有基础上有所发展，帝国秩序的相对稳定、交通的发达、技术的提高，为农业、手工业和商业三大行业的发展创造了条件。值得指出的是，罗马经济是一种比较开放的经济，由于地域上的有利条件和基于帝国发展的扩张思想，罗马还与古代中国建立了通商关系。据中国史书记载，罗马使节和商人多次从陆路和海路到达中国，这一交往在公元 2 世纪比较频繁。东西方手工业产品的交换与技术交流为古罗马的生产发展开辟了新的前景，促进了以商品交换与流通为依托的生产管理思想的出现。公元 3 世纪开始，随着罗马帝国的灭亡、奴隶制的衰落和基督教的兴起，罗马的古文化逐步被基督教教会文化所取代。在基督教圣经中所包含的伦理观念和管理思想，对以后西方封建社会的管理实践起着全局性的控制作用，它使政治、经济、科学、文化的管理带上了浓厚的宗教色彩。

与中国相比，西欧封建社会的历史是短暂的，一方面是封建统治制度的产生比中国晚；另一方面是资本主义制度形成较早。公元 4 世纪至 5 世纪，日耳曼人大批南下（史称"尼族大迁徙"），与罗马境内的奴隶、隶农起义相配合，摧毁了奴隶制的罗马帝国，在罗马时期生产力基础上，先后建立起一些封建国家（如汪达王国、西哥特王国、东哥特王国、法兰克王国等）。在这些国家管理中，封建土地所有制与封建等级制是宏观管理体制的基础。当时西欧封建割据严重，王权十分微弱，有的甚至没有全国性的行政系统、税收制度、司法机关和统一的法律，国王手下也没有常规军队。这样，形成了事实上的分散管理的局面。一直到 11 世纪，西欧的封建社会才有了明显的发展。西欧封建社会发展的标志之一是城市的兴起及其对社会经济的带动。在城市管理中，出现了自治形式的管理模式，自治城市选举产生市议会及其他公职人员，拥有自己的法院、武装民兵、税收财政，行使自治管理的各项职权。城市管理实践不仅为以城市为中心的经济管理思想的形成奠定了基础，而且为工商管理的完善和以城市为中心的封建王国的统一以及王权的加强创造了条件。

封建制度下国家权力的冲突，在西欧表现在教权与王权的冲突上，这一冲突甚至一直延续到取代了封建主义的资本主义时期。16 世纪科学技术与生产力的发展，使得人们的思想开始冲破中世纪旧的基督教义的束缚，资本主义的兴起和工厂制度的建立，导致了基督教新教的产生。在新教的作用下，从事资本主义经商和管理日益得到社会的重视，愈来愈丰富的社会实践，孕育着适应新的生产力发展的管理思想的产生。

综上所述，古代西方文明中的管理思想的形成和发展有着广泛的社会基础。从总体上看，社会制度和社会经济基础决定了管理实践和基于实践的管理思想的发展。同时，世界各国的管理思想在发展中相互作用，且具有许多共性，这一点在管理思想的近、现代发展中尤为突出。

2.2 近代管理思想与管理理论

近代管理思想的形成可以追溯到 18 世纪的欧洲产业革命，这一时期管理思想的产生不仅继承了古代管理思想的精华，而且意味着早期管理理论的萌芽。管理理论比较系统的建立是在 19 世纪末 20 世纪初。这一阶段（即近代）所形成的管理理论，被称为古典管理理论或经典管理理论。

2.2.1 西方早期管理思想的产生

18 世纪下半叶开始的工业革命，使得科学生产力迅速产生经济效应，从根本上改变着工业的生产模式和生产组织形式。面对传统工业生产规模的扩大和商品经济的繁荣，传统的管理方法正经受来自各方面的挑战，为了解决工业革命带来的诸多管理问题，人们从多方面进行了实践和探索，形成了西方早期的管理思想。在诸多的思想发展中，亚当·斯密、罗伯特·欧文以及查尔斯·巴贝奇（Charles Babbage，1792—1871）被认为是这一时期的代表。

(1) 亚当·斯密的"经济人理论"

亚当·斯密是英国经济学家，他的最大成就是创立了古典经济学理论体系。斯密在经济学研究中注意到人的经济利益对管理和组织行为的影响，他认为，劳动是国民财富的源泉，人们所消费的生活必需品取决于国民劳动的熟练程度、技术和能力以及从事有用劳动的人数占社会总人口的比例。他指出，劳动创造的价值是劳动者工资和利润的来源，工资越低，利润越高，工资越高，利润越低。斯密还指出，经济现象是基于具有利己主义目的的人们的活动所产生的，人们在经济活动中追求个人私利，而这种私利又为他人的利益所限制。这就迫使人们在追求私利的过程中必须顾及他人的利益，以此调节工资、利润和劳动分配关系。斯密曾经这样描述人们之间的相互关系："人类几乎随时随地都需要同胞的协助，但只依赖他人的恩惠，那是绝对不行的"，"如果能够刺激他们的利己心，使他们有利于他，则要告诉他们，为他人做事对他们自己也有利，这样，他要达到目的就容易多了"。①斯密的这些论述比较客观地揭示了资本主义劳动组织的实质，这种认为人都要追求自己经济利益的"经济人"观点，对以人为中心的管理理论的创立具有重要意义。

---

① 亚当·斯密. 国民财富的性质和原因的研究（上卷）. 商务印书馆，1994：5

按斯密的思想和说法，劳动分工是人们追求最大经济利益的结果，他指出，劳动生产力的最大进步以及运用劳动所表现出的熟练技巧和能力，是劳动分工的基本依据。他对比分析了易于分工的制造业和当时不易分工的农业的运作情况后认为：劳动分工可以使工人重复完成单项操作，从而提高劳动熟练程度，提高劳动效率；劳动分工可以减少由于变换工作而损失的时间；劳动分工可以使劳动简化，使劳动者的注意力集中在一种特定的对象上，有利于创造新工具、新工艺和新设备。因而得出了分工可以提高劳动生产率的结论。

斯密的分析和理论，不仅符合当时工业、农业生产发展的实际，而且成为西方管理理论中的一条基本原理。

（2）罗伯特·欧文的以人为中心的管理思想

罗伯特·欧文是一位杰出的思想家与社会活动家，他不仅提出了空想社会主义的设想，而且在他管理的工厂中进行了实践。欧文将资本主义称为"复活了的奴隶制"，抨击资本主义私有制度"使人变成魔鬼，使世界变成地狱"①。他从管理的角度为未来的社会制度臆想出各种方案和计划，认为理想的社会将没有私有制，一切都是公共财产，人人都应当劳动，经济将按计划管理，没有危机和失业。这些主张在促进社会发展中有着积极的意义，它反映了劳动者的良好愿望。但是，空想与现实的距离，决定了这些设想在当时是无法实现的，只有以科学的马克思主义为指导，才可能通过无产阶级革命的手段实现社会主义的理想。

欧文作为杰出的企业管理家，十分了解在工厂生产经营中人的作用，他经过一系列试验，首先提出在工厂生产中要重视人的因素，要缩短工人的工作时间，提高工资，改善工人生活、居住环境。与此同时，欧文也十分重视激发人的创造性和劳动热情，在工厂现场，他用四种颜色作为对工人工作评价的标志，将颜色标牌分别挂在工人作业的机器上，用以鼓励工人。对于童工问题，他曾提出禁止雇用10岁以下儿童的法案建议，以保护儿童的利益。欧文的试验表明，重视人的作用，尊重人，实现以人为本的管理，可以使企业获取更多的利润，为社会积累更多的财富。所以，有人认为欧文也是人事管理的先驱人物。

（3）查尔斯·巴贝奇的利润分配管理思想

查尔斯·巴贝奇是英国的著名数学家，也是在人类管理思想形成和演化中作出重要贡献的人物。巴贝奇认为，工人与工厂主之间既存在利益冲突，

---

① 周三多. 管理学——原理与方法. 复旦大学出版社，1993：36.

又存在共同的利益，这就需要通过利润的科学分配来调节。他竭力主张建立"利润分配"制度，工人可以按照其承担的工作和在生产中所作的贡献，分到工厂利润的一部分。巴贝奇很重视对生产组织管理的改进，主张实行有益的建议制度，鼓励工人提出改进生产的建议，并将建议的采纳与分配挂钩。综合这两方面的因素，巴贝奇提出了计算工人收入的办法，具体说来是按三方面组织分配：按照工作性质和工种确定的固定工资；按照生产效率及所做贡献分配的利润；为提高劳动生产效率所提出的建议被采纳的奖励。从现代企业管理所采用的分配办法看，巴贝奇的理论至今乃具有现实意义。

在劳动分工上，巴贝奇十分推崇在工厂中实行劳动分工的做法，认为劳动分工会因操作简单化、原材料节省化、时间安排合理化、技术专门化和工人注意力的集中，而大大提高生产效率，有利于大规模工业生产的组织。为了合理组织分工操作，他还在作业管理、技术选择、工序控制上进行运筹学分析，在实践中发明了差分机，用于机械性计算。

2.2.2　科学管理思想与理论的发展

随着生产的发展，科学技术的进步和市场的开拓，工业生产规模不断扩大，以研究企业管理为中心的管理学实践与理论探索成为19世纪末至20世纪初的突出问题。这一时期，企业的管理职能与资本所有权相分离，管理职能由资本所有者委托给专门管理机构来承担，从此出现了包括经理和各方面管理者在内的专业管理职业；同时，"管理"作为专门的研究领域，产生了与此相适应的科学管理理论。在理论发展中，泰罗的科学管理理论和法约尔的组织管理理论集中代表了这一时期的成果。

（1）以泰罗为代表的科学管理理论

弗里德里克·泰罗是公认的"科学管理"理论的创始人。他出生在美国宾夕法尼亚州一个律师家庭，很早就养成了寻求真理、善于观察和学习的习惯。泰罗常常迷恋于科学调查、研究和实验，强烈地希望按事物发展的客观规律办事，这为他后来致力于劳动效率的研究和科学管理理论的探索提供了必备的条件。泰罗于1878年到米德维尔钢铁公司当了一名普通的学徒工，由于他勤奋努力，在以后的6年间从工人升任为职员、总技师和总工程师，这一经历决定了他对生产现场熟悉，对生产技术和管理业务精通。他认为，单凭经验来管理工厂是不科学的，必须利用科学的方法改变生产率低下的现状。面对当时守旧和自然主义思想的束缚，他针对工人自行决定制造工艺方法、工厂主独自推行管理方法的现状和普遍存在的技艺、经验相互保密的问题，利用自己的特殊地位开始着手于管理方面的革新。

泰罗的实践和理论集中反映在他于 1911 年出版的著名的《科学管理原理》（中译本由中国社会科学出版社于 1984 年出版）这一经典著作之中。在书中，泰罗强调通过提高效率来提高生产率，并且通过科学方法的应用来提高工人的工资；在科学方法的应用中强调工厂主与工人以及工人之间的配合，以达到最高的产出和获得相应的利益。泰罗的科学管理基本原则集中在以下几方面。

① 用科学管理代替凭经验的管理方法。泰罗和他的同事为了获取最佳的管理效果，在生产组织中十分注重管理的合理性和科学性。例如，为了确定一天合理的工作量和确定组织劳动的最佳方案，他进行了在一定时间内完成某一生产作业动作的研究。他还以有利于操作和提高工效为原则进行了劳动工具的改革，其中，较为典型的事例是泰罗对钢铁厂工人使用铁锹的改革。改革前，每个工人在铲运原料时都使用同样大小的铁锹，根据他的设想，应按铲运原料比重的差别制造出不同大小的铁锹，按试验得出的最佳值确定每锹铲运量，经过这一改动，使得每位工人每班作业的铲运量提高了 2 倍。泰罗的以人为主体的、集技术与工具制造管理为一体的生产作业管理思想，将管理与作业操作科学地结合在一起，不仅提高了劳动生产效率，而且为作业管理提供了科学的范式。

② 按科学的操作方法制定科学的工艺管理规程。泰罗十分注意生产作业管理的技术性和科学性，他把生产中的作业操作过程分解成许多连续完成的动作，在实践中测量并记录每一个动作所消耗的时间，然后按照经济合理的原则加以分析研究，在对合理的部分加以肯定，不合理的部分进行改进的基础上，制定统一的标准操作规程，在推行科学操作方法的基础上确定劳动定额，以便按定额进行生产作业管理。泰罗为了达到提高劳动生产率的目的，在工厂管理中用文件的形式固定工艺技术标准和工作量要求，实现了按标准进行计划管理的模式。这些工作，对于大规模工业生产管理具有重要的推动意义。

③ 对工人进行科学的选择和培训，以此为基础实行差别计件工资制。泰罗在实践中对经过挑选的工人进行专门的技术培训，以使他们适应科学的作业操作要求，掌握标准的方法去完成生产作业任务。这一做法，既改变了凭个人经验进行作业操作和靠师傅带学徒的落后训练模式，又为按标准实现计件工资管理方法的采用提供了必要的技术支撑条件。他在分配上，按照作业标准和时间定额，规定了不同的工资率。对完成或超额完成工作定额的工人，以较高的工资率计件支付工资；对完不成定额的工人，则以较低的工资率计件支付工资。按他本人的说法，是对用最短时间完成每项工作、每单位

工作或无缺陷完成每项工作的工人，给予比用较长时间才完成同样工作或虽然完成但完成有缺陷的工人以较高的工资。泰罗将提高工人素质与质量、定额相结合的管理办法，是他将科学管理理论付诸实际应用的成果。

④ 使管理与作业劳动分离。泰罗强调了管理工作与劳动的分离，他针对旧的管理模式中，计划由工人凭经验制订和生产作业难以控制的缺陷，提出在实现新的管理制度后，必须由专门的管理部门按照科学规律来制订计划。他认为，即使有的工人很熟悉生产情况，也能掌握科学的计划方法，但要他在同一时间兼顾两项工作是不可能的，因此需要一部分人从事计划管理工作，另一部分人去按计划从事生产任务，即实现计划管理者和执行计划的劳动者的职业分离。在职业分离的基础上，他提出计划管理部门的具体任务是：规定标准的操作方法和操作规程；制订生产作业的定额；下达书面计划并安排人员实施；监督计划的执行。这实际上是一种以计划为核心，以标准的技术指标、定额为依据的生产作业管理模式，它确定了管理学的一大主体内容。

⑤ 在管理中以协调一致代替不一致。1912 年，泰罗在美国众议院特别委员会所作的证词中强调，科学管理是一场重大的精神变革，工厂工人应树立对工作、对同事、对雇主负责任的观念；同时，管理者（包括领工、监工、业主、董事会成员等）也必须改变对同事、对工人以及对一切日常问题的态度，增强责任观念。这样，当他们用友好合作和互相帮助来代替对抗和斗争时，工厂就能够通过提高生产率获得比过去更多的盈利，从而使工人工资大大增加，企业主的利润也迅速大幅度增长。这种以管理协调为基点的管理思想，由于受当时社会条件和人们主观认识上的限制，并没有得到人们广泛的承认和实施。相反，工厂主认为其实质性实施必然会增加生产成本，有损于他们的利益和权威，而加以限制；工会组织认为，这一协调将削弱工会的影响力和工人的现实利益，同样也持不合作态度；甚至于美国国会还通过了制止在军工企业和政府企业采用泰罗管理方法的法律。但实践证明，这些做法是不利于生产力发展的，美国也于 1949 年撤销了这项法律。

与泰罗同时代的，对科学管理理论的形成和发展作出贡献的，还有亨利·甘特（Henry L. Gantt, 1861—1919）、弗朗克·杰布雷斯（Frank B. Gilbreth, 1868—1924）和亨利·福特（Henry Ford, 1863—1947）等人。

甘特曾是泰罗的同事，后来独立开办企业，从事企业管理与咨询工作。他最主要的贡献之一是设计了一种用线条表示的计划管理图表（称为甘特图），这种图现在常用于编制进度计划，因而是科学管理方法研究中的一大发明。同时，甘特还设计了"计件奖励工资制"，即除支付工人的日工资外，超额完成定额部分，再计件给予奖金，否则只能给予日工资。这种设想实际上是泰罗"差别计件制"的补充和发展。

杰布雷斯是一名杰出的机械师，他和他的妻子、心理学家莉莲（Lilliam M. Gilbreth）合作进行了"动作研究"。他们开始是在建筑行业分析用哪种姿势砌砖省力、舒适、高效，经过试验制定出一套砌砖作业的标准方法，其结果使效率提高2倍。后来，他们在其他行业进行了广泛研究，将操作工人作业时的手、臂活动分解为17项基本动作，然后通过动作规范寻找最佳的操作方法。他们的研究成果反映在1911年出版的《动作研究》一书中，这些研究被认为是泰罗科学作业实践的重要实证。

福特在泰罗的单工序动作研究的基础上，围绕多工序作业劳动生产率的提高进行了系统性研究，提出了流水线作业的多工序作业安排方案并付诸实施。他充分考虑了大量生产的优点，在汽车生产中规定了各个工序的标准时间，使整个生产过程在时间上协调起来，创造了用于汽车生产的世界上第一条流水生产线，从而提高了企业的生产效率，并使生产成本明显降低。福特为了利于企业向大批量生产发展，进行了多方面的产品标准化、零件规格化、作业专门化和管理系统化的工作，这一工作不仅为生产的自动化发展奠定了基础，而且创立了适应复杂工艺生产环境的流水作业管理理论。

泰罗及其他同时期先行者的实践与理论成果构成了西方称之为"泰罗制"的管理体制，他们着重解决的是利用科学的方法提高生产组织效率的问题，因此，人们又将以泰罗为代表的管理学理论称为科学管理学派理论。

（2）法约尔的组织管理理论

泰罗的科学管理理论在解决近代管理问题中，有普遍成功的一面，同时又存在一定的局限性。这一局限性，恰好在亨利·法约尔和马克斯·韦伯（Max Weber，1864—1920）等人的研究中得到了补充。法约尔等人的理论较好地回答了组织结构与职能设计以及基于组织职能的管理问题，因而被称为组织管理理论。

法约尔出生在企业家家庭，从小受到系统的教育和多方面的锻炼，后成为一名采矿工程师，较长时间担任法国一家大煤矿公司的技术工作和经营管理工作，积累了管理大企业的经验。与此同时，他还在法国军事大学任过管理课教授，有机会对社会其他行业和组织的管理进行广泛而深入的调查。因此，他的管理学思想与理论的形成不仅是实践的产物，而且是进行长期研究的结果。正因为如此，法约尔退休以后还创办了管理学研究所。法约尔对管理学发展的贡献是世界公认的，他作为管理学理论框架的设计者和组织管理学的奠基者，其理论对于现代管理仍具有现实的指导意义。

法约尔的管理思想和理论成果比较完整地反映在他于 1925 年出版的《一般管理与工业管理》这部经典著作中，其他一些重要成果发表在法国工业协会的刊物上。法约尔的理论贡献，从学科发展上看可以归纳为对管理范畴的界定、管理组织理论体系的确立和管理原理与原则研究等方面。这些工作为今后管理学的发展奠定了新的理论基础。

法约尔在全面研究工业企业生产、经营活动后，将其归纳为 6 个方面，即技术（生产）、商务（采购、销售、交换）、财务（资金筹集、调配、使用）、安全（财产与人身保护）、会计（包括统计）和管理。他指出，这些活动存在于不同规模的企业组织之中，其中前五类活动已为人们所熟悉，而管理活动需要进行专门研究。在研究中，一是揭示管理活动与其他活动的关系，二是研究管理的基本原理、原则与一般方法。于是，他从管理职能的角度提出了管理学研究的范畴与内容，其基本的方面包括：

● 根据企业生产、经营的业务，从现实情况和客观条件出发，尽可能准确地预测企业未来的发展和可能面对的问题，确定企业目标和实现目标的长期、中期和短期计划，研究按计划组织企业业务的机制与方法；

● 研究企业的组织机构、权力结构体系，以及按组织职、权进行企业工作安排、任务分配、人员和物质资源调配的理论，寻求有效的组织管理方法；

● 研究企业组织中领导与被领导、上级与下属、管理者与操作者的关系，分析企业各类成员的内、外业务联系，探讨相应的指挥方法，建立以人员任用、激励、监督、考核为基本内容的人事管理理论；

● 根据企业各部门及各成员的活动、业务联系、资源利用和各自的利益，研究协调企业活动和各种关系的协调管理原理，寻求企业整体目标指导下的全局与局部统筹管理的方法；

● 从企业目标和实际工作计划出发，根据实施有效管理的要求，研究企业各部门和成员的业务活动过程与心理行为过程以及目标和计划指导下的过程控制方式和方法。

法约尔将上述管理学研究的基本内容概括为计划、组织、指挥、协调和控制理论与方法的研究，即围绕管理职能进行研究。在法约尔看来，管理既不是一种特有的权力，也不是企业领导人或管理责任人的个人行为，它是一种管理主体、客体与环境的相互作用和运筹过程。对于这一过程或工作，应从一般原则性角度进行研究，以建立起科学体系。

法约尔通过一般管理和工业管理实证研究归纳了一般的管理原则：①

① 劳动分工原则。劳动专业化和社会分工化是社会文明的必然结果，其专业分工随着社会发展而不断变化。法约尔将此原则应用于所有的管理活动之中，认为是实施组织管理的基本准则。

② 职权与职责原则。法约尔认为职权与职责是相互联系的，后者是前者的必然结果，同时又是由前者引发的结果。实行将职权与职责的有机结合是实施组织、指挥、领导、控制的保证。

③ 纪律原则。法约尔称，纪律是遵守组织条例，以达到服从指挥、执行管理决策、接受并完成任务的必要措施，也是维持组织结构体系，实现组织目标的基本的组织条例，它贯穿于企业活动和管理活动的始终。

④ 命令统一原则。组织的管理和操作涉及面很广，各层管理部门都会下达管理指令，但这种指令必须如法约尔所说的，做到集中统一，以保证总体目标和计划指导下的各层次、各部门目标、计划的统一实施。

⑤ 指导统一原则。指导统一是指在企业管理中的决策性指导意见应上下一致，各部门协调，这种指导性决策不一定由最高层次的决策者作出，但必须被企业组织整体采纳。

⑥ 个别利益服从整体利益的原则。法约尔强调的组织管理是一种整体化的管理，在管理中可能存在个别利益与整体利益的冲突，这时必须坚持服从于整体利益的原则，以此确定协调方案。

⑦ 报酬原则。根据法约尔的企业管理思想，企业各类人员的报酬必须公平，对雇员和雇主、管理者和操作者的报酬分配应按组织条例和标准办，不允许在报酬分配上有任何特权存在。

⑧ 集中原则。法约尔所说的集中是指管理职权的集中，职权上的集中性往往与组织结构有关，对于规模庞大、结构复杂的组织来说，集中性保证了组织管理控制和指挥的统一性。

⑨ 等级原则。管理是应该有等级的，法约尔据此设计了从最高级到最低级的管理等级系列，但等级的设立和管理层次的安排应以有利于高效化的管理为原则，一般情况下应尽量减少等级层次。

⑩ 秩序原则。管理是一种有秩序的活动，按法约尔的说法，"每一事物、每一个人各有其位，每一事物、每一个人各在其位"，因此，需要按规定进行有序化的组织管理，这实际上是一项关于安排事物和人的组织原则。

⑪ 公平原则。工业企业和其他组织的管理主要是人的管理，人的管理

---

① 谭力文．管理学．武汉大学出版社，2000：35-37

就应该在社会文明的基础上坚持管理的公正与公平，法约尔十分强调主管人员对下属的公正与公平，由此唤起组织成员对组织的忠诚。

⑫ 人员稳定原则。法约尔发现人员的不必要流动是导致管理不良的一个原因，他指出，除必要的流动外，应在管理上保证人员的相对稳定性，以利于工作的熟悉和效率的提高。

⑬ 首创原则。管理是一种创造，法约尔十分提倡首创精神，它表现在计划拟订、指挥和控制的各个方面，因此，上级管理者应充分调动和激发下属的首创精神，以提高管理绩效。

⑭ 团结原则。组织是一个整体，坚持组织内管理者和操作者的团结，进行有效的组织沟通是实现组织目标的需要，也是组织内所有成员的迫切要求。法约尔认为，实现组织团结也是管理的一项主要功能和原则要求。

继法约尔之后，德国社会学家韦伯、美国企业家詹姆斯·穆尼（James D. Mooney）和英国学者林德尔·厄威克（Lyndall Urwick）等人在组织体系及组织管理原则方面又提出了若干新的见解。他们的研究进一步丰富了法约尔的组织管理理论。

韦伯针对组织管理中盛行的世袭式的独裁管理的弊端，提出了依靠权威关系来构建权力结构的组织模式，他本人将其称为官僚组织（bureaucracy）理论。这是一种在劳动分工的基础上，有着明确意义的等级和规章制度的组织管理模式。按官僚理论，管理的实施按律行事，而不依赖于任何个人的裙带关系。韦伯"理想的"官僚组织理论用于管理的要点为：

• 进行劳动分工，把各种工作分成简单、例行和明确的任务，规定承担者的权力和责任；

• 设立权力等级，按等级安排管理职位，强调下级必须接受上级控制和监督的原则；

• 坚持正式选拔，通过培训和考核进行技术资格认证，公开、公正地挑选组织成员；

• 制定规章制度，强调组织目标和行为的一致性，按正式的组织规则约束成员行为；

• 实现非人格化的管理，排除裙带关系的影响，进行超出个人感情和背景的管理；

• 完善职业导向，明确职业责任，推行职业化的雇佣工资制度。

韦伯的理论对于实现职业化管理有着重要的指导意义，此后穆尼和厄威克等人在职业化的管理研究中做了许多工作，特别是厄威克行政管理原则的提出，以及对管理间接性目标（秩序、稳定、主动性和集体精神）的研究，丰富了科学管理的内涵，促进了管理功能的拓展。此外，厄威克将法约尔、泰罗、穆尼等人的思想和理论作了系统的归纳，形成了管理理论的综合框架，即目标、过程和结果相结合的管理理论体系。

2.3 现代管理思想与管理理论

第二次世界大战以后，特别是 20 世纪 50 年代以来，世界的经济、政治情况发生了很大的变化，和平、民主和独立的浪潮席卷全球。全球有许多企业的规模在竞争中迅速扩大，科学技术的迅速发展和新技术革命的展开，不断改变着传统企业的面貌。所有这一切，都对管理学的理论研究提出了新的要求，在这一背景下，现代管理理论得以形成并迅速发展。

在现代管理学思想与管理理论的发展中，影响最大、应用最广的理论有行为科学学派、管理科学学派、决策理论学派和经验主义学派与管理角色理论等。

2.3.1 行为科学学派

管理学中行为科学学派理论的产生，源于跨学科的行为科学研究。它的形成和发展经历了早期的理论研究和以霍桑实验为代表的管理实践以及随后的理论完善阶段。在管理学行为科学学派形成过程中，正值行为科学这一综合性学科的产生与发展时期。可以认为，一方面，"行为科学学派"是跨学科理论应用与实践的产物；另一方面，管理学中的"行为"研究也为行为科学的发展作出了贡献。1949 年在美国芝加哥大学召开的关于"人类行为研究"的学术会议上，就有管理学家和与管理学相关的心理学、社会学家参加。由于管理学研究的核心是人的管理，围绕这一问题的研究和实践必然导致现代管理学中行为科学派的形成和发展。

（1）行为学派的早期理论与霍桑实验

行为学派的发展是从人群关系论开始的，但在管理实践中对人的行为认识以及以人为主体的管理思想的产生却由来已久。在西方，继罗伯特·欧文以后，雨果·孟斯特伯格（Hugo Münsterberg，1863—1916）、玛丽·福莱特（Mary Fellett，1868—1933）等人是为"行为科学理论"的形成作出了积极贡献的学者。

孟斯特伯格是工业心理学的创始人，他生于德国，1892 年在哈佛大学建立了他的心理学实验室，1913 年出版了颇具影响的奠基性著作《心理学与工业效率》。该书从工业管理与心理学结合的角度，研究了工业企业组织内各类人员的心理活动和行为，从最合适的工作、最合适的人选和最理想的效益三大关联问题的分析出发，阐述了在管理中对组织内人员的主体需求施加符合实际利益的影响的必要性；研究了在工业活动中心理激励的原则与方法。

福莱特是最早从个人和群体行为角度考察组织的学者之一。作为一位哲学家，她认为，组织应该基于群体道德而不是个人利益主义，个人的潜能只有通过有组织的群体结合才能有效释放；作为一名管理者，其重要任务是调动组织中个体的积极性，激发个体的工作潜能，同时协调群体与个体的关系。福莱特的主要著作有《创造性的经验》、《新国家》等，其中对人群关系的研究结论为梅奥（G. E. Mayo）等人的试验所证实。

针对近代经典管理理论的局限性和工业管理中的新问题，梅奥等人围绕人群关系和人的行为这一研究课题，于 1927 年至 1932 年在美国芝加哥西方电气公司霍桑工厂进行了专门的试验和分析，这便是引起管理学界高度重视并产生广泛影响的霍桑实验。

早在 1924—1927 年，美国国家研究委员会与西方电气公司合作做了一项试验研究，其内容就是研究工作条件对工人生产效率的影响。试验的原设计者假设，工作条件的任何改变都会影响到工人的工作效率。他们首先从变换工作现场的照明强度着手，将参加试验的工人分成试验组和控制组，控制组一直在平常的照明条件下工作，而对试验组则给予不同的照明强度。结果是，当试验组照明强度在一定范围内增大或减小时，试验组的生产增长情况与控制组大致相同，只有当试验组照明强度减小到接近于月光时，试验组的产量才明显降低。显然这一试验结果出乎意外。后来，试验研究人员又继续做改变其他条件的实验。这次首先逐步增加工间休息次数、延长休息时间、缩短工作日、供应茶点，后来又逐步取消这些待遇，恢复原来的条件。结果发现，试验中生产产量都是增加的。随后，研究人员又进行了将集体奖励工资制度改为个人奖励工资制度的试验，试验结果显示，工资支付办法的改变也不能明显地影响整体生产效率。由于研究人员在试验中未能得出十分明确的结果，故打算放弃这项试验，这时，哈佛大学梅奥等人却从中发现了一些不寻常的东西，在重新分析了实验结果的基础上，从 1927 年开始又进行了新的试验研究，一直延续到随后的 5 年。

在后续实验中，梅奥通过与参加试验的工人座谈，发现工人对试验很支持。可能工人是出于对实验的关心和兴趣，以至于在实验中产量得以提高。工人们反映，生产上升的原因是，在试验中没有工头的监督，可以自由地工作，因此激发了工作热情。客观地看，试验比较尊重工人，实验计划的制订、工作条件的变化事先都倾听过工人的意见，实验人员与工人建立了良好的关系，工人之间也增加了接触，正是这种"情感"和"接触"在实验中发挥了难以预测的作用。

在后续实验中，研究人员感到工人中似乎存在一种"非正式组织"。为此，他们对有 14 名男工的生产小组进行了观察试验。实验规定，根据小组的集体产量和个人产量计算工资，此实验连续进行了 5 个月。结果是，小组的生产产量总是维持在一定的水平上。根据组内人员的情况，完全有可能超过实际产量，但事实并非如此。这是因为组内存在着一种默契，往往不到下班时间，大家已经停止工作；当有人超过日产量时，他人就会暗示他将工作进度放慢，大家都按这个集体的平均标准进行工作，谁也不做超过定额的拔尖人物，但谁也不偷懒。这说明，这个小组中存在着自然的领导人物和以此为核心的"非正式组织"。这种非正式组织对工人的约束力，甚至超过"正式管理"的作用和经济上的利益刺激。

梅奥等人对实验及访问结果进行了分析和研究，得出的结论是：生产效率不仅受物理的、生理的因素影响，而且受社会环境、社会心理和组织内"非正式组织"的制约。这一点与泰罗的科学管理思想是截然不同的，其要点可归纳为如下几个方面：

① 包括工人在内的所有企业成员是"社会人"。科学管理理论中的"人"，是简单追求经济利益而进行工作的"经济人"，或按泰罗的说法，是对于工作条件的变化作出直接反应的"机器模型"。然而，霍桑实验表明，工作条件的某些变化，甚至计件工资制改革的刺激，并不是影响劳动生产率的决定性因素，其影响还不及生产集体所形成的一种自然力量。梅奥指出，人是独特的社会动物，只有把自己完全投入到集体之中才能实现彻底的"自由"。按梅奥等人的"社会人"理论，人的存在并不孤立，而是属于某一工作集体并受这一集体影响的，他们并不单纯追求经济利益，而是在保证一定利益的同时，追求人与人之间相互依赖的情感、安全和归属，即要求满足其作为"社会人"的欲望。

② 士气和精神是提高生产效率的关键。科学管理理论表明，生产效率与作业方法、生产效率与工作条件之间存在着简单的因果关系，只要正确地确定工作内容，采用恰当的刺激措施和改善某些工作条件，就可以提高工作效率。霍桑实验结果说明，生产效率与这些因素的关系并非人们想象的那样简单，条件固然重要，但起关键作用的是信任、情感，对组织的依赖，欲望的满足和由此而带来的"士气"的高涨。在霍桑的实验中，由于参与试验的工人对试验关心、支持，对工作满意，才导致了精神的变化，以至于消除

了某些不利条件的影响，提高了工作效率。当然，工作条件的改善也可以激发人们的热情，最终在心理、生理上产生综合作用，推动生产发展。

③ 正式组织中实际上存在着一种"非正式组织"。所谓正式组织，是指按总目标、条件和客观环境，由一定成员结合而成的正规化的体系，如企业和其他组织等，对于个人来说，它具有强制性；非正式组织，是指人们因为有共同的工作、交往关系，在彼此产生共同情感和依赖、信任心理基础上的共同思想与行为的沟通体系。非正式组织普遍存在于正式组织之中，而且是无形的，但有着潜在的和显现的凝聚力和控制力。梅奥等人发现，非正式组织对组织成员的作用有两种：其一，保护其成员免受内部成员不当行为的伤害，如产量拔尖或落后的伤害；其二，保护其成员免受正式组织管理部门的过多干预，如要求提高劳动定额指标或超强度的工作激励等。对此，实验人员提出了正确引导和进行行为协调的对策。

④ 企业应采用新的领导方法。霍桑实验的结果导致了"人群关系论"的产生，这就形成了以人群关系论为理论依据的新的组织领导方法。新的组织领导方法，主要是组织好集体工作，处理好正式组织中的非正式组织关系，与事实上的非正式群体沟通、合作，寻求有利于人们情感满足和鼓舞集体士气的管理措施。在梅奥看来，这种新的领导方式是以社会、组织和人群关系与利益为基础的，尊重"社会人"及其群体的，一种合理的行为控制与领导方式。这种领导方法能克服组织的反常心理作用影响，对于稳定组织，从心理上激励组织成员的工作热情，提高士气，协调管理中的矛盾冲突，具有十分现实的意义。

综上所述，以霍桑实验为基础的"人群关系理论"是"行为科学"管理学派的早期思想，它虽然提出了"人的行为"问题和一些管理对策，但对人的行为规律的研究却有待于从多方面继续深入下去。

(2) 行为科学学派的理论发展

在霍桑实验之后，西方管理学界出现了一批关注行为科学发展的学者，他们在梅奥等人研究成果的基础上进行了一系列深入的研究，促进了行为学派理论的发展。

① 需求层次理论。人的行为是由一定动机引发的，而动机又产生于人们本身的各种需求之中，由于需求存在着轻、重、缓、急，且有着内部的层次结构，因此有必要从人类需求的层次结构出发进行由此引发的动机和行为研究。这方面研究的核心理论即为"需求层次"及其激励理论。

在需求激励理论研究中，最有代表性的是亚伯拉罕·马斯洛（Abraham Maslow, 1908—1970）的需求层次理论。马斯洛的理论有两个基本点：其一，人是有需求的，其需求取决于他们已经得到了什么，尚缺少什么，只有尚未满足的需求才能够激励行为；其二，人的需求都存在着轻、重、缓、急，有着不同的层次，某一层需求得到满足后，另一层次的需求才会出现。

马斯洛认为，人的一切需求如果都未得到满足，那么满足主要需求就比满足其他需求更迫切。因此，可以进行需求排序，只有排在前面的那些需求得到了满足，才能产生更高层次的需求，而且只有当前面的需求得到充分满足后，后面的需求才能引发动机和激励行为。

马斯洛将人类需求分为 5 层（即 5 级）：生理需求；安全需求；情感需求；尊敬需求；自我实现需求。这些需求的层次关系如图 2-1 所示。

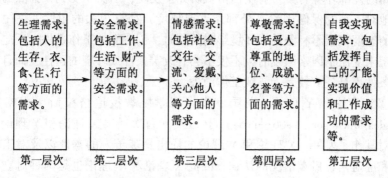

图 2-1　马斯洛的"需求层次"结构

马斯洛的需求层次论，虽然在学术界为许多人所接受，但只限于对需求分析和层次结构的提出方面，对于各层次的内容尚有不同看法。例如，有人将人类需求分为生存、交往和实现价值三方面的需求，即将马斯洛的第一、第二层需求归为第一类，第三、第四层需求归为第二类，第五层需求归为第三类。尽管对需求层次的划分不尽一致，但在承认需求对行为的激励作用的认识上却是共同的，这便是事物的本质。

② 双因素理论。双因素理论即双因素激励理论，是由美国心理学家弗里德里克·赫茨伯格（Frederick Herzberg）于 1959 年提出的。

赫茨伯格在对美国匹兹堡 200 多名工程技术和其他专业人员所做的工作动机调查研究中发现，使他们对工作感到满意的因素是工作性质和内容方面的，而使他们感到不满意的因素是工作环境或工作关系方面的。赫茨伯格将"工作性质和内容"方面起正作用的因素称为激励因素，将"工作环境和工作关系"方面起副作用的因素称为保健因素。

当激励因素具备时，可以明显地激发工作热情；当这类因素不具备时，也不会造成组织成员的极大不满，只不过难以激励他们的创造精神。激励因素主要包括：工作上的成就感；工作上受到重视；职位或职务提升；工作本身具有创意；个人具有良好的发展前景；工作中赋予理想的责任等。

保健因素对组织成员的影响类似于卫生保健对人们身体的影响，当保健因素低于一定水平时会引起组织成员的不满，当保健因素得到改善时，他们的不满便会消除。赫茨伯格认为，保健因素对组织成员起不到激励的积极作用。就条件与环境看，保健因素包括：组织政策与行政管理；监督；与上、下级和同事的关系；工资；工作安全；生活条件等。

从这两类因素的作用上看，保健因素是保证员工完成工作的基本条件，与工作的外部环境有关。赫茨伯格在研究中发现，当员工受到很强烈的激励时，他对不利的保健因素（外部条件或环境）会有很大的耐性，往往在以积极的态度克服不利条件或环境影响的同时，创造新的工作条件；反之，如果员工未受激励因素激发时，不仅不会有改善条件或环境的耐性，而且会因工作条件不具备或较差，导致工作消极。

③X理论和Y理论。美国麻省理工学院教授道格拉斯·麦格雷戈（Douglas McGregor，1906—1964）于1957年首次提出X理论和Y理论，后来又对其作了发展。X理论和Y理论的提出是基于人的本性以及对工作的热爱和逃避两种极端情况的认识，因此X理论和Y理论也是两种对立和统一的理论。

X理论是以四种假设为基础的：员工天生不喜欢工作，只要有可能，他们就会逃避工作；由于员工不喜欢工作，必须采取强有力的监督与惩罚办法，迫使他们实现组织目标；员工只要有可能就会逃避责任，因此必须明确责任，按律行事；多数员工安于现状，没有雄心壮志，不喜欢承担具有挑战性、创造性的工作任务。与X理论的假设相对立，Y理论的四种假设是：员工视工作和劳动如休息、娱乐一样自然，认为是生存的需要；外来的控制与惩罚并不是使员工为实现组织目标而努力的最好方法，他们需要的是承诺和鼓励；一般说来，多数员工是能主动承担责任的，不负责任、缺乏理想并不是人的天性；员工大都具有一定的想象力和创造力，渴望承担创造性的工作任务。

对比X理论与Y理论，二者的区别在于对人的需求与本性看法不同，这与关于人性善、恶的看法是一致的。事实上，人的需求和本性既有矛盾性，又有统一性，X理论和Y理论只不过是反映这种二重性的一个方面而已。按X理论看待人的需求与本性进行管理，就要采取严格的控制与强制方式，强化监督与惩罚；按Y理论看待人的需求与本性进行管理，就应致力于创造多方面满足员工需求的环境，采用以激励为主的管理方法，使员工的智慧和才能得到充分发挥。

在麦格雷戈提出 X 理论和 Y 理论之后，乔伊·洛尔施（Joy Lorsch）和约翰·莫尔斯（John Morse）对这两种理论作了试验。他们选择了两个工厂和两个研究所作为试验对象，在一个工厂和一个研究所内按 X 理论实施严密的组织和监督管理，在另一个工厂和另一个研究所按 Y 理论实施宽松的组织和以诱导为主的管理。结果表明，采用 X 理论和 Y 理论管理，都有效率高的和效率低的问题，两种理论都有优势和劣势。洛尔施等人认为，其管理方式的采用应由组织的性质、工作内容、成员素质等因素决定，一般情况下应将二者相结合，有针对性地解决管理中的问题。据此，他们提出了超 Y 理论，即按组织与成员对管理方式的不同要求有针对性地选择适合于他们愿望的方式进行管理，以获得最理想的管理效率。

2.3.2 管理科学学派、决策理论学派和其他学术派别

在 20 世纪初期以来的管理思想与理论发展中，以新的实践为依托的新的管理思想与理论不断涌现，这种现象被孔茨称为"管理丛林"。在诸多学派中，我们对其作出概括性归纳，以利于从学科发展的角度探讨现实问题。

（1）管理科学学派

管理科学学派理论与泰罗的科学管理理论属于同一思想体系，但它绝不是泰罗理论的简单继承和延续，而是在新的环境中利用科学技术和社会研究的系统成果，研究管理的科学原理与方法所创立的管理科学（或称管理科学与工程）学派。

管理科学理论具有如下特点：

● 将组织活动的效果（如企业的经济效益、科研院所的成果等）作为评价管理绩效和寻求理想的管理方案的主要标准和依据；

● 使衡量各项活动效果的标准定量化，组织管理过程模型化，主要借助于数理模型和方法寻求最优的管理控制措施，摒弃单纯凭经验的做法；

● 突出利用现代信息技术处理、组织管理中的信息，通过管理系统的开发和应用，进行组织管理流程的规范化和数据利用的科学化；

● 强调系统论、信息论、控制论、运筹学、统计学方法以及其他数理方法的充分利用，实现自然科学研究方法与社会科学研究方法的有效结合。

运用管理科学原理与方法解决一般管理问题的步骤为：提出问题；统计有关问题的相关量（包括确定性变量和不确定性变量）；建立研究问题的数学模型；进行相关计算和分析，得出研究结论；进行模型与结果准确性与可

靠性检验；依据结果制定管理方案；实施管理，进行反馈。由此可见，运用管理科学理论进行的管理是一种严格的、定量化的科学管理，它充分地利用了现代科学与社会发展的优势，大大提高了管理效率与效益。在管理科学理论与应用研究中，布莱克特（P. Blackett）、丹齐克（G. Dantzig）、丘奇曼（C. Churchman）、阿考夫（R. Ackoff）、贝尔曼（R. Bellman）、康托洛维奇（Л. В. Канторович）、伯法（E. S. Buffa）等人分别从运筹学方法的应用、数理模型分析、优化管理、生产分析等不同的角度研究了管理科学的问题，为管理科学学派理论的发展作出了卓越的贡献。

在管理科学理论中，数学模型的研究始终是一个中心课题。一个构思精确、能够反映实际事物本质的模型，是对实际事物进行客观的定量化分析的基础。由于模型是对客观现实的一种抽象描述，所以它必须是能反映客观实际的原型，同时，它还应能反映与所描述的实际问题有关的各种因素，能对客观现实问题起提示作用。鉴于客观现实问题的复杂性，模型又是对原型的一种简化，故建立模型要求突出本质和主要矛盾，排除次要问题和次要矛盾，从而使管理决策高效、适用。

不同的现实问题应用不同的分析方法来解决，因而，用于分析的模型也具有不同的类型。在管理模型的构建中，具有明确因果关系的模型可以按确定性模型的分析方法来解决，具有随机关系的关联事件应用随机性的概率模型分析来解决，而对于那些比较复杂且各要素关系模糊的事件则应采用模糊分析的方法来处理问题。20世纪初以来，管理学界围绕管理模型问题进行了不间断的研究，对各种问题的解决不断取得新的进展。

管理科学中的系统与控制问题是十分关键的问题，其中系统控制又离不开信息，因此系统论、控制论与信息论是管理科学理论发展的重要基础。20世纪管理科学的发展过程也正是以系统管理为对象的系统论、控制论与信息论综合应用研究的过程。有关这方面研究的代表人物有美国的约翰逊（R. A. Johnson）、卡斯特（F. E. Kast）、罗森茨韦克（J. E. Rosenzweig）等，他们的研究在20世纪60年代以后发展迅速，现已形成了系统管理与控制的完整的理论体系。

美国管理学家罗宾斯在《管理学》（第4版）中对管理科学中系统理论的应用进行了比较完善的总结，他从方法论的角度构建了系统理论的应用模型（如图2-2所示）。

如图2-2所示，以企业管理为例：企业是由相互依赖的多种因素（包括个人、群体、资本、技术、资源、管理、产品、服务、信息等）组成的动态性运作系统，该系统受环境（包括社会、政府、市场、其他组织、外部

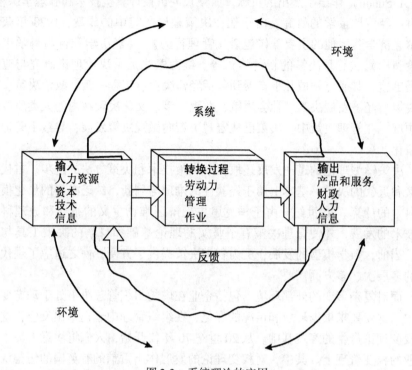

图 2-2　系统理论的应用

资料来源: 斯蒂芬・P. 罗宾斯. 管理学 (第 4 版). 中国人民大学出版
社, 1997: 37

条件等) 的综合影响, 企业在大系统中按一定目标运行, 管理作用在系统
内部实施, 它依赖于内部条件和外部环境。

在科学管理中, 其基本的系统管理目标是在不断变化着的各种因素的关
联影响和作用下, 寻求最佳的管理方案。罗宾斯的构想具有对未来发展的适
应性。

(2) 决策理论学派和其他学术派别

决策理论学派是企业管理理论中的一个重要学派, 自第二次世界大战以
来, 许多管理学家、运筹学家、统计学家、行为科学家和软科学研究专家
等, 都力图在管理学领域寻找到一套科学的决策方法, 以解决面向未来的管
理决策问题。随着这方面工作的进展, 围绕管理的全方位决策研究因而贯穿
了整个管理过程, 由此形成了面向企业管理的决策理论学派。

在决策理论研究中, 美国卡内基—梅隆大学教授赫伯特・西蒙 (Her-

51

bert A. Simon）作出了杰出的贡献。西蒙长期讲授计算机技术和心理学课程，从事过经济计量学的研究。由于他在决策理论研究中的成就，1978 年获诺贝尔经济学奖。他的主要著作包括《管理行为》、《经济学和行为科学中的决策理论》、《管理决策的新科学》等。继西蒙之后，决策理论研究与应用发展迅速，其研究领域几乎扩展到包括经营决策、工程决策、政治决策、军事决策、经济发展决策、社会决策、教育决策、文化决策在内的人类所有活动领域。在管理决策中，决策已从宏观决策向微观决策发展，导致了管理的决策化。

决策学派理论的迅速发展还取决于决策技术和决策方法的进步。古代的决策和近代的决策，基本上属于经验性的推理与判断，缺乏必要的量化模型与科学的计算。20 世纪，由于马克思主义辩证唯物主义的指导和数理科学与技术的发展，才使管理决策有了坚实的理论基础和科学的决策工具与算法。当前，数学模型的发展，更为各类决策提供了方便，使之适应了现代管理的多层次、多方面需要。

面对复杂多变的外部环境，包括企业在内的组织管理决策处于动态变化之中，这就要求根据环境和情况的变化，在组织管理中迅速作出反应，这便是权变理论产生的客观基础。从 20 世纪 70 年代开始，人们将注意力集中在企业的权变管理上。其中，对权变理论的发展作出贡献的有英国的伍德沃德（J. Woodward）、美国的赫里格尔（D. Hellriegel）、斯洛坎姆（J. Slocam）等人。按照他们的理论，在管理工作中要根据组织所处的外部环境和内部条件的变化，在管理决策、管理体制和方法手段上相宜权变，这种变化应不受传统管理模式的约束，而要有所机动和创新。根据权变思想和企业面临的市场环境、技术环境、人文环境的变化和内部员工思想与行为方式的变化，在管理中宜作出相应的变化，而这种变化又是以面向企业未来的发展为前提的。因此，权变理论实际上是一种动态化的管理决策理论。

在管理理论的现代发展中，传统的经验主义学派和以"角色"为中心的管理组织理论也被不断地充实了新的内容。其中，以经验积累为基础的管理模式正向以有目的的实证研究发展。20 世纪中期以来的管理实证研究大都集中在典型企业或成功企业的经营管理领域，由于这种研究可以及时发现管理中的问题，分析原有管理理论与方法在处理现实管理问题中的缺陷，在此基础上从案例出发，通过实践总结新的管理经验，然后进行系统性检验，及时总结并上升为理论，因而业已形成了固有的研究范式。这一范式大大丰富了经验主义的管理理论。另外，"管理角色问题"是针对管理者的管理职能所进行的管理学研究问题，鉴于管理实践的探索性，在 20 世纪的管理创新中，人们愈来愈感到"角色"的重要性，以至于形成了"围绕管理角色进行研究"的管理学模式。这种模式已成为孔茨所说的"管理丛林"中的重要组成部分。

2.4 面向未来的管理思想与理论的新发展

社会生产力的飞跃发展使得当今世界处于不断变革之中，以科学技术进步为基础的知识经济的兴起，社会的日益信息化以及全球经济一体化的发展趋势，迅速改变着人类社会的生产结构和关系。近三十年来，与其他领域一样，管理学也处于不断发展和变革之中，面向未来的管理思想与理论的形成已成为当前管理创新的主流。其中，最突出的，有以新的组织文化为背景的人本管理思想的形成、学习型组织与第五代管理理论、组织再造与管理信息化等。

2.4.1 以组织文化为背景的人本管理思想

20 世纪 70 年代以来，世界经济发展中的竞争日益激烈，各国在发展本国经济的同时，将目标瞄准国际市场，在与他国的竞争与合作中实现经济发展全球化的战略。十几年来，科学技术的进步，不仅使得新产品从构思到问世的周期大大缩短，产品更新换代更加频繁，而且导致了高科技产业的出现和知识经济的发展；与此同时，国际互联网的发展与利用的普及，导致了网络经济的兴起。在这一背景下，各国企业的管理理念、管理方法和管理体制互相借鉴，彼此交融，从而形成了基于现代企业文化的管理思想和新的理论。这一理论，在行为学派理论基础上发展，显示了新环境下人本管理原则的形成和管理模式的创新。

目前，学术界对包括企业文化在内的组织文化的概念虽然不尽一致，但对组织文化本质的认识却是共同的。当前比较一致的看法是，组织文化是组织及其成员在相当长的时间内形成的共同价值观、理念、态度和行为准则，它是社会环境和社会文明作用于组织活动的结果，受各国发展状况、对外交往和国际社会的制约和影响。在组织管理中，一定的文化对应着一定的管理思想与理念，管理的创新与变革又是组织文化发展的重要条件。

面对日本和欧盟国家经济发展的挑战，美国学者研究了美国企业管理的不足，发现造成美国的许多企业一度缺乏竞争优势的根本原因不是技术或投资，也不是规章制度或通货膨胀，关键问题是企业的经营管理。一些专家开始把注意力集中到对管理思想和理论可能产生重要影响的社会文化上。在美国，研究企业文化一度成为企业管理的热点。威廉·大内（William Ouhi）指出，他的目标是通过日本与美国的对比，一是明确适用于两种文化的基本特点，二是找出由此而形成的模式的区别。①

威廉·大内在充分研究日本和美国企业管理差别的基础上所提出的"Z理论"，是对麦格雷戈的"X-Y理论"和洛尔施等人"超Y理论"的发展。大内认为，日本的经营管理方式一般比美国的效率高，其原因就是日本企业的员工通常都很关心企业。他崇尚日本企业中人与人之间那种相互信任的关系和集体主义的价值观以及雇主与雇员、雇员与雇员之间的相互合作精神，还有企业与雇员之间那种长期稳定的工作关系以及企业为雇员全面发展所设计的学习与晋升机制。他把企业管理方式和企业组织的风格、对人的管理与企业文化联系起来，将社会人的内涵拓展成文化人，由此构成Z理论的基础。

1981年，大内出版了《Z理论——美国企业界怎样迎接日本的挑战》一书，该书从分析日、美企业竞争实力差距出发，研究了两国不同的企业文化及其对企业竞争与经营效率的影响，提出了基于企业文化的管理模式。这一模式的理论基础，大内概括为Z理论。大内在分析日本企业文化对美国企业经营影响的基础上，例举了美国通用汽车公司的管理改革案例，通过对通用汽车公司别克装配厂采用类似于日本管理方式后的生产效率与产品质量提高的分析，充分肯定了Z理论的作用和不同企业文化交流的重要性。

大内认为，日、美企业上述管理方式的变革，集中到一点，就是使员工关心企业。Z理论首先强调对人的信任，其次重视人与人之间的微妙关系，强调生产率与"信任"之间的关系。他指出，在一个健康的社会里，亲密性是一个必要的因素，社会的亲密性一旦瓦解，就会产生恶性循环，人就会丧失社会感，社会最终将成为一盘散沙。对于包括企业在内的组织来说，应该在一定的社会文化背景下，建立信任：彼此依赖和影响的亲密的人际关系，实现以人为本的管理。

大内把他所研究的企业管理方式分为三类，分别将其命名为A型管理、J型管理和Z型管理。其中A型管理方式代表传统的美国企业管理方式。J型管理代表日本企业的管理方式，Z型管理代表在美国正在兴起的、与日本企业文化有着许多相似之处的管理方式。大内强调，美国企业管理由A型向Z型转化已成为现代美国企业管理模式的必然选择。

---

① 威廉·大内.Z理论——美国企业界怎样迎接日本的挑战.中国社会科学出版社，1984：11

按 Z 理论，Z 型组织具有以下特点：

· 组织内部倾向于长期雇佣制，组织成员相对稳定，其流动是连续而缓慢的，但随着环境的变化，组织成员的知识应具备更新机制；

· 组织具有明确的目标和计划决策管理体制，组织内部各类机构健全，信息保障以及组织内外部信息联系畅通；

· 组织内部的文化已达到高度的一致，组织成员之间关系融洽，彼此信任，目标统一，且有较高的个人自治感和自由感。

大内认为，为了提高美国企业的生产率，应将 A 型组织转化为 Z 型组织，转化的要点为：

· 理解 Z 型组织及其组织中的个体作用，按 Z 理论的基本思想分析组织管理的现状；

· 按组织的宗旨进行组织及其成员的价值观分析，寻求 Z 型组织发展中的价值观理念；

· 根据 Z 型组织的转化要求，使组织最高领导统一思想，建立组织中所有成员的良好的人际关系；

· 通过更新观念和调整组织结构，引导组织进行改革，确立有利于长期发展的协调机制；

· 提高人际关系技能，加强人际关系活动，以适应组织在新环境下的人员、业务交往的需要；

· 按 Z 型组织的管理要求，进行组织系统测试，找出达到预期目标所存在的问题，寻找改变现实的对策；

· 进行组织权力的再分配，强调组织成员平等，加强管理者与其他人员之间的交往，推行决策民主化；

· 使人员稳定化，从政策上确定稳定的用人机制，形成组织的凝聚力；

· 建立合理的人员考评和提升制度，克服短期行为，强调成员的长期工作业绩对组织发展的作用；

· 充分保护所有组织成员的热情，给所有成员提供发展的机会，这一点要从制度上保证；

· 确立从高层到基层、以基层为重点的 Z 型组织转化实施路线，明确管理层的责任；

· 充分做好转化中的组织协调工作，注意按组织的文化内涵发展，防止行政命令式的工作作风发生；

· 建立基于 Z 型组织的组织文化，使组织从整体上适应 Z 型组织管理的各项要求。

　　与大内同时期研究组织文化和人本管理的还有托马斯·彼得斯(Thomas Peters)、罗伯特·沃特曼（Robert Waterman）等人。彼得斯等人于 1982 年出版了专著《寻找优势》（中译本于 1985 年由中国财政经济出版社出版），书中反映了彼得斯等人对美国 43 家公司的调查结果，认为美国经营成功的公司比日本毫不逊色，且都具有鲜明的个性，独特的文化观、哲学观和价值观。因此，他们强调美国公司在学习外来（主要是日本）经验的同时，必须注重本国的文化和学习本国的优秀公司。

　　彼得斯等人认为，优秀公司之所以优秀，是因为它们具有一系列独特的文化素质，这使它们得以确立公司的文化理念，形成共同的价值观和按价值观持续发展公司的氛围；此外，经理人员的根本任务是发现、总结和丰富本公司的新的知识，使之构成新的公司文化基础。这种公司的管理方式具有以下特征：乐于采取主动行为，使工作不断取得进展；善于向服务对象（客户）学习，向他们提供其他公司无法比拟的服务质量，建立良好的客户关系；具有独特的公司理念和创新、进取、追求与打破常规的管理风格；注重发挥人的作用，将人看做是公司的主体和灵魂；以价值准则为基础，以公司价值观支配各项活动；注意发挥优势，扬长避短，立足于在竞争中长期而稳定地发展；组织结构简单，具有有利于公司员工相互信任的组织体制；在管理上，既集中，又民主，最大限度地发挥各类人员的自主精神。

　　彼得斯等人在推行优势化管理模式中，分析了长期以来流行的理性模式的缺陷，尽管这种定量、理性的思维模式看起来十分完美，但它却忽视了人的作用，是一种"见物不见人"的管理。

　　大内、彼得斯等人的研究极大地促进了人本管理思想和理论的形成。当前，经济生活与社会生活已成为一个整体，个人之间的关系必然变得更加密切，改善组织中人际关系、建立和发挥企业中的团队精神，已成为"人本管理"研究的一大关键课题。这一研究从某种意义上决定了组织管理的新发展。

2.4.2　学习型组织与第五代管理理论

　　世界的变化使得在组织管理上再也不能像过去那样被动地去适应，而需要在知识更新愈来愈迅速的环境中，面向未来主动学习，以便将新的知识应用于不断创新的管理实践。根据这一现实，1990 年美国麻省理工学院的彼得·圣吉（Peter M. Senge）出版了他的旷世之作《第五项修炼——学习型组织的艺术与实务》，开始致力于研究学习型组织管理的实践与理论的探索。

　　圣吉在书中以青蛙受外部热刺激的反应为例，形象地说明了企业面对外部环境的变化要能作出及时反应的必要性。他在书中写道：如果把一只青蛙放进沸水中，它会立刻试图跳出来，但是如果把青蛙放入温水中，不去惊吓它，它将呆着不动。如果你将水慢慢加热，当温度从 20℃ 上升到 25℃ 时，青蛙仍显得若无其事，甚至自得其乐。可悲的是，在温度缓慢升高时，青蛙变得愈来愈虚弱，直到最后无法动弹。虽然没有什么因素限制它脱离困境，但青蛙仍留在那里直到被煮熟。圣吉分析，青蛙之所以会惨遭厄运，是因为青蛙的内部感官只能感应出环境的激烈变化，而对缓慢的环境变化却不能作出反应，以至于最后无力作出反应。圣吉指出，显然，许多企业已经遭受了和青蛙相似的厄运，如 1970 年名列"500 家大企业"排行榜的公司，到 20 世纪 80 年代已有三分之一销声匿迹。这是因为，这些企业面对环境的缓慢变化无动于衷，以至于不能适应新的环境而被淘汰。为了避免这种情况发生，他认为 20 世纪末至 21 世纪的成功企业应是一种"学习型组织"，它能面对环境变化所产生的新问题进行自主学习和修炼，以便能及时察觉管理中的问题，及时作出反应，确立持续发展的机制，在竞争中立于不败之地。①

　　圣吉在组织的学习研究中，将系统动力学（system dynamics）理论应用于实际，在他看来，企业是一个完整的有机系统，企业组织就像一个人，其内部结构、总体思维方式和自身的素质直接关系到企业对外在变化的反应，企业组织对外反应能力的提高与个人的各项技能提高一样，需要学习才能达到目的。同时，企业组织又是一个有机体，必须强调总体能力和企业各部分对整体的有效作用，即通过个体-总体关联反应，达到自我适应的反应目的。

　　在企业学习和修炼中，圣吉将其内容归纳为五个方面，即五项修炼。

　　① 系统思考（system thinking）。圣吉认为，系统思考已发展成一套完整的思考模式，已具备完整的知识体系，拥有实用的思考工具，可以帮助我们认清环境与企业变化的整个形态，确定根据形态变化作出反应的方案。他指出，在学习中可以从事业层次、行为变化层次和系统结构层次出发进行系统的修炼，并提出应该注意的问题：观察环状因果的互动关系，而不是线性的简单关系；观察一连串的变化过程，而不是断断续续的个别事件；不断增强反馈；反复调节行为，求得稳定变化；控制行动和结果之间的时滞。

　　② 自我超越（personal mastery）。组织的自我超越旨在实现突破各种现实因素限制的发展目标，它赋予组织中所有成员以新的使命，从追求不断学习为起点，以适应未来的变化和实现组织发展长远目标的需要。对于组织中

---

　　① 彼得·圣吉. 第五项修炼——学习型组织的艺术与实务. 三联书店，1994：24

的个人来说，自我超越的最终目标是如何在生命中产生和延续创造力。实现自我超越的要点是：建立个人愿景（vision），弄清到底什么对我们最重要，清楚地认识目前的真实情况和今后的发展趋向；明确愿景与现实情况的差距，从现实出发寻求超越自我的发展动力；在努力工作的同时，克服不安情绪，不断提高超越自我的能力。

③ 改善心智模式（improving mental models）。圣吉认为：心智模式是一种思维方法，一种根植于人们内心世界的思维逻辑模式，它影响着人们对社会和事物的认识以及对此所采取的行动。开放（openness）和实质贡献是改善心智模式的关键，由于人们在日常事务处理中习惯于以过去的经验行事，即以已形成的心理模式去处理事务，而不顾及可能的环境变化和行为的后果，往往使问题的处理失败或使企业失去发展机遇。为了实现心智模式的改善，圣吉提出了通过反思和探询的方法进行实践中的修炼，其最终目的是使组织以共同的愿景为基础，产生亲和力，以提高组织适应环境变化和作出反应的能力。

④ 建立共同愿景（building shared vision）。圣吉指出，建立共同愿景的主要目的是使组织成员培养积极主动的奉献精神，而不是限于被动式地服从命令，从而有效地将组织目标转化为组织成员的个人奋斗目标。共同愿景体现组织未来发展远景目标和组织长远目标能够被其成员接受的愿望。建立共同愿景的关键是：通过组织内的沟通与交流，逐步形成明晰的组织发展理念和长期奋斗的目标；善于对冲突进行协调，有效地解决不同意见带来的分歧，进行共同愿景的修炼。

⑤ 团队学习（team learning）。团队学习是在"共同愿景"、"自我超越"基础上的修炼，其目的是利用集体优势，通过开放型的交流，发现问题，互相学习、取长补短，以提高对外界迅速反应、实现组织目标的能力。团队学习的修炼强调从"深度交谈"（dialogue）开始，它要求组织的所有成员无拘束地将深藏的经验与想法和盘托出，在深度交谈中，人们不仅是对他人意见的评论者，而且是对自己思维的观察者，其目的是修炼出团队特有的集体思维能力。在团队学习中，圣吉强调了学习环境和氛围的重要性，要求采用民主、平等的方式进行，避免高层领导说教式的现象发生。

总之，圣吉提出的五项修炼是一种观念的改变和信念的变革，它通过组织思维的优化，改变过去那种以"管理、组织和控制"为信条的管理思想，代之以"愿景、价值观和心智模式"为理念的新思想。

与圣吉同时期形成的基于知识组织的理论是第五代管理理论。第五代管理的概念由美国人查尔斯·萨维奇（Charles Savage）于1990年提出，当年他出版了对现代管理产生重大影响的专著《第五代管理》。① 萨维奇认为，自 20 世纪 90 年代以来，管理学变化最大的是组织的管理思想与管理方式，知识联网的逐步实现使过去的管理理念显得过时，需要我们放弃传统的思想方法，采用灵活性强的、可以作出快速反应的管理方法，在知识得到广泛应用的组织中实现第五代管理。

萨维奇将第五代管理概括为：第五代管理并不关心用某种新方法来管理下属，相反，它促使我们对管理价值观、态度、领导方式、工作和时间的再认识。它显示了一条精辟的道理：我们需要以新的、更具创造性的方式与我们自己（我们的想象、知识、思想和情感）以及他人进行接触。并且，它假定各种各样的功能组织和公司可以通过虚拟的、面向任务的团体来平行地开展工作。简而言之，第五代管理是一个领导方式问题。它的注意力不应集中于个人的力量，而应集中在如何锻炼、鼓励和培养其他人方面。它预先假定了一种集成的环境，这一环境使人和公司的最优秀的才能同他人最优秀的才能相互结合。②

萨维奇根据财富来源、组织类型将人类的近代发展分为四个阶段：农业时代晚期、工业时代早期、工业时代晚期、知识时代早期。在时代划分的基础上，他研究了管理原理方面的差异（图2-3）。

萨维奇认为，在包括企业管理在内的组织管理发展的前四个阶段，物质和信息是连续地从一个职能管理部门转移到另一个职能管理部门的，而第五代管理方式使不同职能部门之间的并行工作成为可能。要使这一高效化的管理模式得以实现，就必须突破亚当·斯密、泰罗和法约尔理论的限制，使组织内部与组织间的创造性思想彼此联系，使人们利用自己的创造力，主动参与到知识联网的环境中，营造新的组织管理的条件。

2.4.3 组织再造与管理信息化

组织再造，在目前主要是指企业再造。企业再造（corporation re-engineering），又称企业业务流程重组（Business Process Re-engineering，简称 BPR），是 20 世纪末发展起来的新的企业管理理论。1993 年，迈克尔·海默（Micheal Hammer）与杰姆斯·奇皮（James Champy）合作出版了《企业再造工程》（*Re-engineering the Corporation*）一书，他们通过生产流程、组织流程在企业市场竞争中的组织机制分析，针对外界环境和市场的快速变化，

---

① 中译本由珠海出版社于 1998 年出版。

② 查尔斯·萨维奇. 第五代管理. 珠海出版社，1998：143

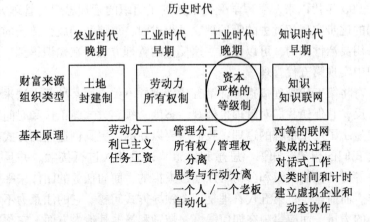

图 2-3　不同历史阶段的组织与管理特征

资料来源：查尔斯·萨维奇．第五代管理．珠海出版社，1998：194

提出了管理应变的新方法，其要点是通过对组织运作过程的再设计，最大限度地发挥过程的增值作用，通过组织管理环节与手段的优化，使企业效益得到最大程度的改善。这部著作很快在美国和世界各地引起强烈的反响，在管理界，关于组织再造的课题很快成为企业管理研究中引人注目的领域。

　　传统的组织管理理论，基于专业化分工的组织结构设计，在确定企业各职能机构职责和作用的同时，也决定了企业的工作流程，决定了它的管理关系，而这一切又是从相对稳定的环境出发的。显然，这种方式忽略了快速多变的社会文化环境、经济环境、科学技术环境、客户环境以及竞争环境给企业带来的影响。面对全球经济的一体化和企业经济的信息化挑战，寻求基于流程重组的管理方式已成为现代企业发展的关键性问题。

　　企业再造的目的在于提高企业竞争力，从业务流程上保证企业能以最低的成本、高质量的产品和优质的服务在不断加剧的市场竞争中战胜对手，赢得市场和发展的机会。企业再造的要点是，以信息系统（Information System，简称 IS）、信息技术（Information Technology，简称 IT）和全面质量管理（Total Quality Management，简称 TQM）等手段，以客户中长期需求为目标，通过最大限度地减少对产品增值无实质性作用的环节和过程（nonvalue-added content），建立起科学的组织结构和业务流程，使企业的生产、产品质量、技术创新和经营规模都发生质的变化，在获取最佳效益的基础上提高企业在全球经济一体化中的竞争能力。

　　与企业再造相类似，其他组织也存在流程再造的问题，如国家面对科技创新的科学研究组织的改革、重组，文化组织的重构以及社团活动方式的变革等。与企业再造的区别是，组织活动内容、与社会的关联和价值标准上的差别，因此，在组织再造上，应根据不同组织的需要决定流程再造的方式。目前，有关这方面的研究正逐步深入。

　　海默指出，企业再造过程涉及两个方面，即对过去流程的再认识和新流程的设计。然而，再造不是简单的流程自动化和消除原有流程的过程，即不是简单地改变原流程，以适应信息技术的应用。事实上，它是企业管理思想和理论的创新，是一种动态化的企业流程管理模式。

　　在企业再造中，海默等人特别强调应注意以下几个影响流程功能的因素：

　　● 持续时间（time）：指整个流程持续时间以及每一环节、每一步骤的持续时间；

　　● 依赖关系（dependencies）：每一环节对其他环节的依赖和联系；

　　● 流程主体（who）：完成每一流程规定任务的责任主体（责任人）；

　　● 问题区域（problem areas）：出现困难的环节（任务）以及经常出现的困难；

　　● 增值影响（value adding）：各个环节对产品增值的影响。

　　海默强调，只有充分地掌握流程及其功能影响，才可能寻求合适的流程重组与再造方案。

　　企业再造适应了企业信息化的发展需要，而企业信息化的背景是社会的信息化。

　　最早谈论社会信息化问题的学者是著名的社会学家丹尼尔·贝尔（D. Bell）。他在1973年所著的《后工业社会的到来：社会预测初探》一书中，分析了社会的发展趋势，认为进入工业化之后而依托于知识的社会，即后工业化社会（post-industrial society）。1982年，社会预测学家奈斯比特（John Naisbitt）在《大趋势——改变我们生活的十个新方向》论述中指出，美国社会已从工业社会转变为信息社会。① 他认为，信息社会始于1956年至1957年，其标志是在美国历史上从事科技、管理和事务工作的白领职员人数第一次超过了蓝领工人人数，这意味着在美国社会中多数人要去处理信息、生产知识，从事服务和管理，而不是主要生产传统的产品。这种社会是以科学技术和社会生产力的跨越式发展为前提的，由此导致了知识经济的兴起和信息经济的发展，社会运行机制也随之发生了革命性变化。因此，人们

---

　　① 威·约·马丁著；胡昌平译. 信息社会. 武汉大学出版社，1992：56-57

将其称为社会信息化或信息社会（information society）。继美国之后，人们普遍认为日本和欧盟国家，于20世纪80—90年代先后进入信息社会的发展阶段。

在信息社会的发展中，信息技术与服务对社会进步的影响已渗入社会的每一个角落，在经历了以超大型计算机为中心的集中信息处理和个人计算机的普及应用之后，以现代通信技术为基础平台的信息网络发展迅速。20世纪80—90年代因特网（Internet）的国际化发展和全球化的应用，不仅创造了社会发展的奇迹，而且为高度信息化社会的出现创造了条件。在这一背景下，包括企业在内的信息与网络业务活动十分活跃，由此对组织管理理论研究提出了新的要求。

在社会信息化发展中，企业信息化具有重要的战略意义，如何通过企业信息化带动社会的进一步发展已成为各国关注的重大课题。作为企业信息化的重要内容，企业再造理论提出两年之后，美国又出现了与网络经济相适应的企业转型理论（business transformation）。与企业再造理论相比，企业转型理论在管理学理论发展上具有以下特点：

● 企业转型理论注重通过对企业整体的变革，寻找信息社会中新的企业机制，创造新的附加值；

● 企业转型理论要求彻底改变企业模式，而不仅限于企业流程；

● 企业转型理论着眼于人的使命，使之适应信息社会的管理及业务活动；

● 企业转型理论是高效化、综合化的信息网络业务发展的必然，是实现企业信息化的发展需要。

需要指出的是，企业转型理论仅仅是一种为适应网络经济时代的需要而产生的最新管理思想，目前的理论远不及企业再造理论系统和具有操作性，它需要随着实践的发展进一步完善。但这种管理思想的产生已经表明了企业管理界对未来社会发展的准备以及可能采取的对策。

在企业信息化理论研究和实践中，引人注目的发展还包括电子商务和虚拟企业等方面的实务。基于信息网络的商务活动是一种全新的商务活动，不仅促进了网络经济的全面发展，而且改变着企业的经营理念与方式；同时，网络的发展还给企业组织提供了新的发展机会。通过网络，各独立企业、法人组织为了实现一定的目标，克服空间和时间的限制，开始尝试建立虚拟的组织，以便实现网上业务联盟。这一实践的理论化便是我们所说的虚拟企业（the virtual enterprise）模式研究。

此外，关于企业管理信息化研究还涉及企业信息网络建设、资源组织等方面的问题，这些问题的研究构成了企业管理信息化理论新的发展基础。值得指出的是，企业管理信息化作为组织管理信息化的一个方面，从某种程度上代表了管理信息化思想的形成和发展，它在理论体系上与其他的组织管理理论是一致的。

思 考 题

1. 人类管理思想与管理理论的发展大致分为哪几个时期？各时期的发展状态如何？

2. 试析中国古代管理思想的基本特征。

3. 西方早期管理思想是如何产生的？当时的代表性思想主要有哪些？

4. 泰罗所提出的科学管理原则包括哪几个基本方面？它对管理学的发展有何影响？

5. 试析法约尔的管理思想及理论体系。

6. 梅奥在霍桑实验中的重要发现是什么？这些发现对管理学理论与实践发展有何重要影响？

7. 试述行为科学学派的理论发展。

8. 决策理论学派的主要观点是什么？它对管理学的发展有何影响？

9. 试述以组织文化为背景的人本管理思想的发展。

10. 简述圣吉提出的五项修炼的主要内容。

11. 什么是企业再造？企业管理是如何适应社会信息化大环境的？

3 管理的社会环境与社会机制

管理是组织化活动的产物，组织的社会环境无疑是影响组织管理的重要因素，社会化的组织活动以及各类组织之间的相互交往在一定的社会条件下进行，社会的政治、经济制度以及法律和文化等，决定了管理的社会机制和一定范围内的管理规范。从管理的宏观组织和微观作用上看，环境的优化与机制的变革，不仅对组织管理提出了新的要求，而且促进了管理的发展。本章将从宏观分析的角度讨论管理的社会环境和机制问题，研究管理的社会保障体系与走向国际化的现代管理的发展。

3.1 管理的社会环境

环境（environment）是指对组织运行与绩效起着潜在影响的外部机构或力量。罗宾斯认为，从整个宇宙中减去代表组织的那一部分，余下的部分就是环境。由于组织管理是社会意义上的管理，所以我们限于在社会作用范围内讨论组织的环境问题，即从社会组织化角度出发研究社会的、自然的环境对管理的影响以及与一定环境相适应的管理体制问题。

3.1.1 组织环境及其特性

对组织及其管理起决定性影响作用的环境包括一般环境（general environment）和具体环境（specific environment）。

一般环境是指对组织起宏观作用的大环境，它是一定范围内的社会组织所共有的环境，包括组织所处社会的政治制度、经济状况、社会文化、资源、技术因素以及对社会组织活动起决定性影响作用的自然因素等外部力量。概括地说，一般环境是组织所处的社会所形成的对组织具有宏观影响的大环境,它是社会各种基本要素动态作用的结果,随着社会的变革而改变。

具体环境是指与实现组织目标直接相关的那部分环境,又称特定环境或微观环境,它由对组织运行和绩效产生积极或消极影响的要素所组成。具体环境对每个组织而言各不相同,并随条件的变化而变化。例如,对于一个企业来说,其供应商、客户、合作者与竞争者、往来部门间的业务关系等方面的差异,构成了不同的具体环境。

在组织管理中,一般环境与具体环境是相对的。同样的外部环境,对一个组织来说可能是一般环境,而对另一个组织而言却是具体环境。例如,2001 年 6 月,日本政府对中国出口日本的某些农产品的限制以及随后中国政府对日本出口中国的汽车整车税收的调整,对于中国生产并出口相应农产品的生产经销单位和拥有出口中国业务的日本汽车制造厂商来说,属于具体环境,而对于其他生产、经营企业来说,则是一般环境。二者的区别在于,一般环境是对整体的宏观影响,而具体环境是直接作用于企业的。

一般环境和具体环境可以相互转化,即组织的一般环境可以转化为具体环境,具体环境也可以转化为一般环境。例如,具有家电销售业务的百货公司(经销商)所构成的一级市场,对于家电生产厂商来说,除去与自己有直接业务关联的公司以外属于一般环境,如果一般环境中的某公司于近期和生产厂商签订了一个为期三年的供货合同,那么它将从影响这一生产厂商的一般环境转化为具体环境;反之亦然。

一个组织具体环境的变化,取决于组织为自己确定的位置和实际开展的具体业务,它反映在组织所提供的产品或服务的范围及其业务安排的具体操作上。如蒂麦克斯公司(Timex)和劳力士公司(Kelex)都制造手表,但它们的具体环境却因经营有着明显不同的细分市场而不同。又如我国于 2000年进行的全国高等学校体制调整与改革,将原属于国务院各部(委)直接主管的院校统一归并为国家教育部或各相应省、市主管,同时进行了一些院校的合并或重组;对于这些院校,国务院有关部(委)已不再是它们的具体环境,而是在一般环境中起重要作用的因素。这种环境的转化在世界上是很普遍的,如严重依赖于国防合同的美国洛克希德飞机公司在经营管理、小公司的合并和企业跨国合作业务的开展等方面,都会发生这种变化。

从总体上看,组织环境具有复杂性、关联性、动态性和不确定性的特点。

环境的复杂性是指环境的组成要素的复杂性,例如,企业的市场环境由正式与潜在的用户群、代理商与零售商、市场管理机构、竞争者和决定市场的经济、政治要素以及其他的作用因素所构成,各方面要素又受更深层因素的影响,因而,从要素结构和作用所形成的市场环境作用上看是复杂的。一般说来,环境的复杂性程度取决于组织环境中的要素数量和决定这些要素的影响因素;此外,环境复杂性还取决于环境性质。这意味着,要素少的和关系固定的环境复杂性程度相对较低,要素多的和受多层因素影响的环境,其复杂性程度较高。

一方面,组织环境具有复杂的结构;另一方面,各环境要素之间又具有不同程度的关联性。例如,社会体制的变革,会引起经济环境的改变,而经济环境又会对社会文化和其他环境产生作用。这说明,一般环境因素的作用具有关联性,组织的一般环境正是各方面因素综合作用的产物。同时,一般环境与具体环境也存在着有机的联系。首先,一般环境从总体上决定了具体环境,总体环境的改善有利于具体环境的优化。如我国市场经济体制的不断完善极大地优化了企业经营的具体环境;与此同时,组织具体环境的改善必然对一般环境的优化产生实质性影响,为组织变革奠定基础,这方面在我国的企业改革实践中已得到充分体现。

环境的动态性是指组织环境总是处于不断变化之中,环境的变化是绝对的,而稳定则是相对的。环境变化的根本原因,一是构成环境的要素(社会体制、科技发展、经济、文化等)因社会的变革而变化;二是组织自身的活动对环境的影响。这两方面的作用,既有积极的一面,又有消极的一面。例如,某企业在某地区的产品销售中,采用接近于成本的价格进行促销,其结果将导致该类产品在这一地区市场竞争的激烈化,甚至引起同类企业的产品价格战,如果不加限制必然引起市场的混乱,使包括本企业在内的所有竞争者因市场环境的变化而受损。这一实际例子说明,治理和控制环境的变化,使之向最优化的方向发展,是宏观管理与调控的一项基本任务。

环境的不确定性是指环境的变化和各环境要素的影响在很大程度上具有随机性,有些变化和影响甚至难以预测。例如,不可预测和不能有效控制的自然灾害对社会各方面的综合影响、对社会环境影响较大的事件的偶然发生等,都会引起环境的变化,而这种变化是人们始料不及的。环境的不确定性带来了组织管理中的风险,直接关系到组织的成败和绩效。组织环境的不确定性与组织的目标活动和业务性质有关。对高科技企业来说,由于技术创新的风险性和同行企业技术开发的保密性,使经营环境的不确定性远远高于一般企业。因此,在组织管理中应针对其目标、性质作系统性的环境分析,从中找出引起不确定性的根本原因,以便利用有效的方法进行控制。

罗宾斯在分析环境的构成要素和基本特性的基础上,将组织环境分为简单的稳态环境、简单的动态环境、复杂的稳态环境和复杂的动态环境四类。

这四类环境的要素及变化特征如表 3-1 所示。

表 3-1 组织环境的类型

变化\结构		变 化 程 度	
		稳 态	动 态
结构复杂性程度	简单	稳定的和可预测的环境,要素少;要素有某些相似,基本上维持不变;要素的复杂性低。	动态的和不可预测的环境,要素少;要素有某些相似,处于连续变化之中;要素的复杂性低。
	复杂	稳定的和可预测的环境,要素多;要素彼此不相似,单个要素基本特征变化小;要素的复杂性高。	动态的和不可预测的环境,要素多;要素彼此不相似,处于连续变化之中;要素的复杂性高。

这里所说的简单与复杂、稳态与动态是相对的。相对而言,简单环境的构成要素较少,且要素作用关系简单;复杂环境的要素构成和作用复杂,各要素之间的关联度高。在稳态环境中,各要素变化幅度小,在总体上显示出相对稳定的环境状态;在动态环境中,各要素或某些要素变化幅度大,从全局上使环境处于激烈变化的状态。

3.1.2 社会环境对组织管理的影响

组织管理虽然在组织内部进行,但它却受组织和组织所依赖的环境的制约,只有充分考虑环境因素对组织的影响以及组织对环境的依存和作用,组织的管理才可能有效地进行。

环境对组织及其管理的影响,可以从具体环境的影响和一般环境的影响两方面出发进行分析。从管理层次和作用上看,一般环境从宏观上影响组织管理,同时直接与组织的具体环境发生相互作用;具体环境除直接影响组织管理和同时受组织的反作用外,还对一般环境产生促进作用。这两层环境因素的作用和影响如图 3-1 所示。

(1)一般环境的影响

一般环境是由包括社会的、经济的、科技的和其他方面的因素所决定的环境。

社会因素所决定的环境主要指社会的人文因素、法律因素、政治因素、体制以及其他因素决定的环境,即人文环境、法律环境、政治环境、体制环

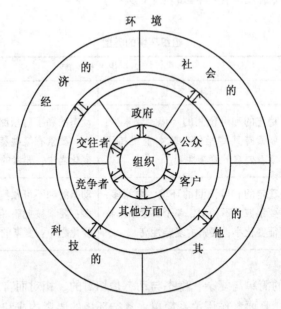

图 3-1　组织环境及其作用

境等。在这些因素中，人文因素由社会文化传统、道德、民族精神等要素决定，是一种比较稳定的社会环境；由政治、体制和法律等其他社会因素所决定的环境，相对而言，易处于变革之中，特别是对于一些政局不稳的国家或地区来说，其变化甚至难以预测。这一情况，在全球经济一体化发展中对各国管理的影响都不容忽视。

经济因素所决定的经济环境可以区分为国内经济环境和国际经济环境，主要包括金融环境、经济发展环境、利率环境、通胀率环境、国民经济分配环境、投资环境、宏观市场环境和关贸环境等。经济环境首先对经济结构、就业和资产组织产生影响，决定了企、事业组织的资产投入、业务拓展和规模效益，是各类组织管理中必须考虑的基本要素。值得指出的是，国内经济环境与国际经济环境的相互作用和影响，在开放化的组织管理中不仅要考虑国内经济环境，而且要考虑国际经济环境的变化对国内经济环境和组织的全面作用和影响。

科学技术环境是指由于科学技术的发展状况所决定的社会组织的活动环境与条件。在现代社会发展中，科学技术作为第一生产力的作用已体现在社会的各个方面，科学技术的迅速进步和科技创新成果应用于生产与管理实践的周期的缩短，组织活动中科技含量的提升，不断更新着人类的生活方式和不断改变着人们的价值观。对于组织的管理，这一发展既是一种环境变化的压力和挑战，又是促进社会发展和管理创新的环境动力。由于科学技术研究是跨国界的，所以这种影响是全球性的，这意味着，任何国家的任何组织，都必须面对科学技术迅速发展的现实，都必须在科学技术现代化环境中寻求各自的发展机遇。

社会其他方面因素所决定的环境包括社会的资源开发与利用环境、人口环境、社会生态环境以及各类社会冲突环境等，这些环境因素从不同的方面影响着组织管理，决定着组织存在的形式、规模和发展状态。例如，社会对自然资源不合理的开发，如果已经严重影响到生态环境，那么生活在社会中的人们必然会受到由此引发的各种事态的影响，在活动中自然会受到这一因素的约束。由此可见，社会其他方面因素的影响虽然仅局限于某一问题，但它引起的环境变化却是全局性的。

以上四方面因素的作用有机结合，构成了组织的整体化环境，同时决定了组织的具体环境的形成和变化。

(2) 具体环境的影响

组织的具体环境因组织而异，由与组织及其管理方面的相关环境要素构成，一般说来，它包括政府、公众、交往者、客户、竞争者和其他方面的环境要素。

政府。尽管世界各国的社会历史、政治体制、经济制度、政权结构以及政府的领导、管理国家的职能要求各不相同，各国的具体情况也很不一样，但是政府行政管理和治理国家的职能却是一致的。任何国家的任何组织都必须严格执行国家政策，接受政府部门的管理控制，严守法律，同时还要依靠政府维护其正常的活动和正当的利益。因此，以政府为主导的或政府制定的政策、法规、计划、准则以及政府为企、事业组织发展提供的保障，是决定组织运行与管理最基本的具体环境。

公众。任何组织的运作和管理必须符合公众的利益，接受社会公众的监督，这意味着社会公众以"个体"或"团体"方式进行的与组织相关的一切活动，必然影响组织活动，决定了组织的管理范式。包括企业在内的组织为了求得进一步发展必然要利用公众环境，进行公关活动，树立组织的社会形象，以得到社会的认可和支持。这说明，公众环境既是组织存在和行为规范的社会基础，也是促进组织改善管理的动力。在发达国家的企业管理中，公众集团的压力和推动力作用已为许多企业家所认识，基于这一认识，企业已将介入公益事业和公众活动纳入企业运作的一项基本内容。

交往者。交往者是指与组织有实质性往来或合作关系的组织外团体或个人。企业的交往者为企业的供应商、代理商、咨询与服务商等。其他组织的交往者包括多种形式的往来单位和合作者等。对于任何组织，其外部业务联系与多种形式的交往是必不可少的，其交往环境的好坏直接影响着组织的运作与管理，关系到组织效益和发展前景。关于这方面的工作，在现代企业中已占据突出的位置，大型公司在国际化发展中十分看重供应、代理环境的建设，并将此纳入整体化发展战略。

客户。组织的客户是指组织所生产的产品或提供的服务的享受者。对于企业来说，客户系指产品与服务的购买者，按产品或服务的流通与利用关系，可区分为中间客户和最终客户；按商务关系是否发生，客户还可以区分为现实客户与潜在客户。客户环境是指由组织的所有客户（包括中间客户与最终客户、现实客户与潜在客户）所构成的整体化环境。良好的客户环境是组织发展业务的支撑，在现代组织管理中，以客户需求为导向的理论已成为重要的业务管理理论。

竞争者。竞争者是指与组织活动和业务发展有竞争关系的他人或组织。一个组织的竞争者往往是它的同行，他们与这一组织具有直接的竞争利益关系。竞争者的竞争行为既构成了组织运行的外部挑战环境，也构成了推动组织发展的动力。任何组织的管理者都不可能无视竞争对手的存在，他们在参与竞争的同时，纷纷尝试共同利益驱动下的竞争秩序的建立和合作，以达到优化竞争环境的目的。

其他方面。其他方面因素作用所构成的具体环境包括与组织无直接关系的其他组织和个人所构成的环境。在组织管理中，这些无直接关系的其他组织或个人虽然不会对管理产生直接的作用，但由于他们的存在，必然对社会产生综合作用，从而引发其他具体环境的变化，最终在组织管理中起作用。值得指出的是，由于产业的关联作用和产业链的不断变化，这种间接的具体环境变化不容忽视。

综上所述，存在于社会中的各类组织并不是脱离现实环境的孤立的实体，相反，组织在运行中需要同环境发生相互作用，需要依赖环境作为投入的来源和产出的接受者，以便在实现其社会价值的同时，获取相应的利益。

环境对管理的影响随着组织与环境的作用关系的改变而变化。罗宾斯等人对 1 000 家美国大企业中的 400 位首席执行官的调查结果（如表 3-2 所示）表明，20 世纪末，环境中的各种机构因素对组织管理的影响正得到加强，大部分管理者不得不面对日趋激烈的来自环境的挑战。美国的这一调查结果也反映了环境与组织关联性的加强，体现了各类企业之间相互作用的强化。

表 3-2   环境力量的影响

20世纪80年代末，400名首席执行官被问及："与5年前相比，你能说以下个人或机构已获得、失去或保持了对像你们这样的公司的决策影响力吗？"他们的反应如下：

环境力量	获得影响（%）	失去影响（%）	保持影响（%）	说不准（%）
持有大份额股份的机构	47	2	42	9
投资银行家	46	13	36	5
股票分析者	48	4	43	5
政府管理者	41	20	34	5
环境保护论者	37	14	40	9
消费者集团	28	14	49	9
工　会	2	54	34	10

资料来源：罗宾斯对美国1 000家企业中的400位首席执行官的调查，见斯蒂芬·P.罗宾斯. 管理学（第4版）. 中国人民大学出版社，1997：71

进一步的研究表明，环境中各要素对组织管理的影响处于不断变化之中。一定时期内作用很强的要素，有可能随着组织与环境关系的变化而削弱，而另一些要素的作用有可能增强。如我国在计划经济体制下时，政府对企业管理的作用普遍比企业客户对企业的作用强；而在市场经济体制下，政府对企业的作用与影响相应减小，客户对企业的影响日益扩大。环境中各要素作用的变化是组织管理变革的客观推动力，也是组织管理决策必须面对的问题。

3.2 基于社会信息流的组织管理模式

管理是包括生产企业在内的任何组织活动的基础，是组织得以存在并发展的必要条件。从信息科学的观点看，管理被视为一种特殊的社会信息处理与控制过程，其管理模式由社会及其组织运行的信息机制所决定。

3.2.1 管理活动中的社会信息与信息流

信息在自然界和人类社会中的存在是普遍的，是自然物质运动、人类社会活动和思维活动的体现。就信息运动（产生、流通、利用）而言，它不仅产生于人与人、组织与组织之间的交往以及人与社会、人与组织、组织与社会之间的交流和沟通，而且产生于人类与自然界之间的交互作用和生命物质世界与非生命物质世界的各种作用与运动之中，直至生物体细胞的复制和遗传等。由此可见，信息是人类活动、组织运作、生命运动和其他物质运动的一种形式，是其运动属性的反映。

就信息的存在与作用机理而论，可以分为自然信息和社会信息两大类。其中，自然信息是自然物质世界存在与运动的反映，在科学研究活动中，人们通过反映客观世界状态及其运动的信息，研究客观世界的规律，获取科学技术知识，取得用于改造客观世界的成果；而社会信息则是反映人类各种活动、各种关系以及社会所有成员相互作用的信息。

在组织及其成员的活动中，信息的利用是多方面的，其中既有用于生产、科学研究和其他职业工作的信息，也有用于组织管理的信息。同时，就某一信息而论，其利用也不会仅限于某一方面，而为多方面成员所共享。鉴于信息产生与利用的综合性，我们必须从社会整体运行出发，讨论管理信息的产生、作用与利用问题。

包括企、事业组织在内的所有组织的活动，都是一种创造性活动，其活动除必须由一定的主体（组织成员）分工承担外，还必须以一定的社会物质、能源、资金、技术和信息等基本条件为基础；通过这些必备资源的利用，生产出新的物化产品和服务，产生反映组织活动的信息和知识，实现社会资源的增值；同时，组织活动信息，汇同其他方面的社会信息作为组织管理的依据，在组织运行中起着沟通、导向与控制作用。这说明，在组织活动中，信息产生于各个环节，其流动和利用贯穿于组织管理全过程；正是在"信息流"的作用下，社会及其组织成为一体，在社会资源的流通、开发、创造中，确立其良性发展机制。图 3-2 集中地反映了这种基本关系。

如图 3-2 所示，按社会分工形成的各种组织，通过其职业化活动为社会提供物质产品、知识产品、社会服务或保障，它们在各自的生产、经营、研发、金融、文化、流通等领域所开展的工作，一是需要消耗一定的物质、能源、资金等方面的资源，二是需要在一定的社会环境中以可靠的管理作保证。无论是组织的社会目标活动，还是组织管理过程，都伴随着信息的产生和流通。这说明，信息流的组织和控制是实施有效管理的前提，这一点可以通过典型的企业管理流程分析来说明。

企业的各种管理虽然具有不同的特点，然而其信息利用和处理却具有共同的规律，图 3-3 集中反映了信息的基本作用过程。

在图 3-3 所示的信息作用过程中，按信息利用的基本方面，可分为以下

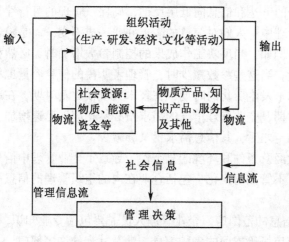

图 3-2　组织活动与信息流

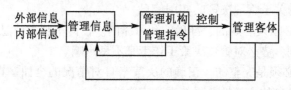

图 3-3　企业管理中的信息作用

几种：

管理客体信息。即管理对象信息，主要包括企业管理作用对象的各种业务信息、现状及动向。

管理目标信息。管理目标方面的信息包括企业有关活动计划达到的目标以及实现目标所需满足的条件等。

管理环境信息。管理环境信息主要包括企业的自然环境、经营环境、企业的对外交往以及企业所处社会的体制、经济、科技、文化等方面的信息。

管理约束信息。约束信息主要指主管部门对有关管理方面的指令、指示、各种下发的文件以及政策、法规信息等。

考察某一企业的管理过程不难发现，管理者所需要的信息不仅取决于企业所属的行业、性质、任务以及所采取管理措施的范围，而且取决于控制目标参数和企业系统运行的可行性与多样性。企业管理者必须把管理决策建立在客观信息的基础上。管理机构的任何部门，除需要相关的外部信息外，主要需要来自所管辖的部门和对象的各种信息。如果企业管理是多层的，那么，随着管理信息不断向高层流动，管理决策作用将得到充分发挥。与此同时，管理指令的下达和信息向低层反馈，确保了管理的可行性与可靠性。

在组织管理中，人们对信息的需求并非一成不变，而是随着企业的发展而不断变化。例如，当反映工作成果的控制参数增加时，必然相应地增加参数的信息容量，当这些参数减少时，管理者所需的信息容量也相应减少。在生产专业化水平发生变化的时期，在技术大规模更新时期，在新的生产与经济关系确立时期，企业管理信息的需求量必然相应地迅速增加；反之，当企业生产相对稳定之后，其信息需求量又会减少。

现代企业经营条件和环境的复杂性，导致了企业管理中信息需求量的多变性。但是，不管如何变化，包括企业在内的组织管理的信息需求却具有以下共同特点：

① 所需信息的范围广。企业管理人员需要包括专业知识、社会、经济、管理、资源、市场等方面的多种信息，涉及社会的许多部门。

② 侧重需要决策信息。决策信息主要指通过专人搜集、筛选、评价、整理和浓缩的关于管理决策的实用信息。

③ 信息必须是客观的、准确的和可靠的。任何主观性信息或误传信息，如不加以鉴别，势必对管理决策工作带来不良影响。

④ 信息必须是完整的。正确的决策来自对情况的全面掌握，因此管理者十分注意信息的全面性、系统性和完整性。

⑤ 信息需求具有鲜明的针对性。其实质是，信息要与管理者的工作特点和任务相符，以便解决具体的管理问题。

⑥ 信息应当简明、单义。管理信息应该是内涵单一的，这是由管理决策的惟一性所决定的，而单义信息往往又具有简明性。

⑦ 信息需求具有一定的时间性。管理信息必须在管理活动发生前获取，因此对时间的要求是很严格的。

3.2.2　基于信息流的组织业务管理

恩格斯在论述社会发展时指出："生产及随生产而来的产品交换是一切社会制度的基础。"① 在组织社会生产中，物质、能量和信息是必要的条件，生产者只有利用必要的物质、能源和信息，才能生产出供社会消费的物质产品和知识产品，才能提供各种社会服务，实现"产品"交换。这是社会运行的基点。

---

① 马克思恩格斯选集（第 3 卷）. 人民出版社，1972：424

物质、能量和信息的利用是以其"流通"为前提的，即支撑物质、能量和信息的社会利用，是物质流、能量流与信息流。其中信息流起着重要的联系、指示、导向、调控作用，通过"信息流"，物质、能量得以充分开发和利用。另一方面，伴随着物质、能量和信息的交换而形成的资金货币流，反映了社会各部分及成员的分配关系和经济关系。研究社会运行不难发现，社会的物质、能源、资金的分配和消费无一不体现在信息流之中。同时，信息流还是人类知识传播和利用的必然结果。由此可见，信息作用机制是社会运行机制的集中体现，我们可以以此出发讨论其中的基本关系。

物流作为一个专业术语，其定义虽然不尽一致，但世界各国对它的理解却基本相同。美国物流管理协会认为，"物流就是使产品从生产线终点到消费者的有效转移以及从原材料供应地到生产线起点所需的广泛的活动……其要素有：货物运输、仓储保管、装卸、工业包装、库存管理、工厂和仓库的地理选择、发货处理、市场预测、顾客服务"。日本通产省对物流概念的表述是，"物流是产品从生产者到需求者（消费者）的物理性转移所必要的各种活动"。①

能量流是指各种形式能量（如电能、热能及物质化的化学能）的转移使用过程。它类似于物质流，是社会生产和生活不可缺少的要素，因而往往将其归并到物流中加以研究。由此，人们将物流和能量流统称为"物能流"，亦可简称为广义的"物流"。资金货币流，从表层分析，是以货币为媒介的商品从供给者到需求者（消费者）的所有权关系的交换和流动，包括购、销环节的系列活动；从深层看，它是货币金融的资产产权交易与流动，旨在维持物流的经济流向。鉴于这些基本关系，在研究社会运行机制中，我们完全可以集中讨论物流和信息流的流向及规律，同时考虑资金货币流动，以此反映社会的运行状况。

作为社会经济成分的企业，拥有先进的设备，集中了大批科技人员、专业工人及管理人员，实行严格的劳动分工与协作。现代企业是当代社会的一个有机体，企业的工作是围绕产品生产和供销进行的。为了生产某类产品，在组织复杂而连续的流水作业的同时，企业通过产品销售收回成本、创造利润，然后重新购进原材料、能源，创造再生产的必要条件，这是一个不断循环的周期性过程。在企业生产、经营过程中，物流和信息流呈现出一定的规律。

从总体上看，物流和信息流贯穿于企业生产、经营的全过程。企业管理

① 郑英隆. 市场经济信息导论. 西北工业大学出版社，1993：138

围绕生产、经营活动进行，通过决策、计划和调节，保证企业的正常运行。这里的物流是指从原材料、能源的购进及技术的引入，到生产成品的输出、产品经销而发生的"物质运动"过程；信息流伴随物流活动和经营活动而产生，反映了物流状态，控制和调节物流的数量、方向、速度，使之按一定目的和规则流动。在企业活动中，物流是单向不可逆的，而信息流要求有反馈。管理者通过反馈信息进行控制和管理。物流和信息流的流向如图3-4所示。

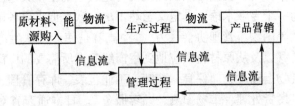

图 3-4　企业运行中的物流和信息流

由于企业生产、经营是在社会中进行的，与社会信息的全面利用息息相关，所以企业中的信息流是以生产经营为主要内容的沟通企业内、外部门的信息活动的产物。企业信息活动的开展，旨在最大限度地满足企业中对社会信息的需求，保证企业内外联系的畅通和企业的正常运行。

从图3-4中可以看出，企业是由各部门构成的，各部门之间通过物流和信息流进行联结。在某产品生产经营中，企业输入顾客订单、原材料及能源，输出成品和发货单等；各部门为了有效地生产产品、进行经营而从事各种业务活动。在图3-4中还可以看出，各部门向组织经营管理部门和相关部门进行信息流动与反馈，经营管理部门对其实行全面控制。可见企业信息活动是围绕主体工作（即产品生产、经营）进行的，由此发挥信息的社会功能和作用。管理活动的流程也概括地反映了商业、金融等其他经济组织的信息作用机制，所不同的是这些组织的输入、输出和内部机构等方面与生产企业不尽相同，二者存在物流方面的差异。

对于科学研究机构和知识产品生产部门而言，在各自的研究工作和业务活动中也存在着物流和信息流。这是由于科学研究方面的工作也要一定的物质、能源作保证（如科研中的仪器与设备供给、能源及材料消耗等），这方面的物流和信息流与生产企业没有本质的区别。科研和知识生产与物质生产的实质差别在于，科研和知识生产的主要输入是知识信息，在研究和"生产"活动中，只有充分利用现有的科技成果和知识，掌握最新信息，才可能生产出具有创造性的新成果和新知识。这说明，信息流是科学研究和知识生产的主流。

由此可见，对于经济、科技和其他社会工作来说，信息的作用是关键性的。这种信息对社会各部门工作的作用可以概括为信息的微观社会作用机制。值得指出的是，随着社会的进步，社会组织的信息流量及流向必然发生新的变化。例如，企业组织的信息处理量，随着企业经营环境的变化、技术的发展、产品的多样化、市场变革的加速和企业应用成果开发周期的缩短而加大，由此提出了优化信息管理与利用的问题。

现代社会运行中信息作用的宏观机制，是在一定社会体制和环境下信息微观社会作用的总体体现。事实上，包括生产企业、科研机构、商业、金融、文化等部门在内的社会组织，在各自的社会业务活动中都存在内、外信息的流通和利用，由此构成了纵横交错的社会信息流。通过社会信息流分析，可以揭示社会运行的信息机制。

从社会分工和社会经济、科技、文化、军事综合发展角度看，不同职业的社会组织按其社会分工，在承担各自的社会任务和创造社会效益及经济效益的过程中，物流和信息流无疑存在专业性，由此产生包括信息在内的经济、科技、文化、军事等方面的社会资源。在社会运行中，不仅存在着同类组织和不同类组织之间交互利用物质、能源和信息的过程，而且存在着按行业系统进行物质、能源、资金的分配及活动的组织问题。这意味着，任何社会都必须建立宏观管理和调控机制。从控制角度看，社会机制的实现必然体现在社会管理控制信息的形成和流向上。正因为如此，我们可以对社会的信息机制作进一步分析，以便在此基础上建立基于信息流的组织业务管理体制。

3.2.3 社会信息流的整合与组织流程管理

组织流程管理从宏观上看，应以社会信息流的整合为基础，而这种整合必然要在一定的社会制度与经济体制下进行。对于我国的企、事业组织，应以社会主义市场经济为基础，在社会主义市场经济大环境中确立组织的流程管理模式。

中国走社会主义市场经济的道路是历史发展的选择，是通向社会主义现代化的必由之路。从有计划的商品经济到社会主义市场经济的转变，是社会体制与经济改革理论和实践的重大突破，它不仅对我国的发展，而且对世界必然产生极为深远的影响。

市场经济作为一种社会经济体制，需从资源配置角度来把握商品经济。

社会发展的历史进程表明，市场经济以发达的商品经济为基础，是同资本主义经济同时产生的，因此，比较完善的市场经济理论始终是同资本主义经济运行与发展理论结合在一起的。马克思的经典著作《资本论》对资本主义商品经济规律的科学揭示，无疑是我们认识和研究资本主义市场经济的指导理论。同任何事物一样，资本主义市场经济并不存在固定不变的单一模式，现代社会生产力的发展使资本主义市场经济呈现出新的机制和发展动力。对此，应以马克思主义理论为指导，吸收西方现代理论中的合理部分，通过综合研究掌握其发展规律，为研究社会主义市场经济理论提供一个"参照系"。

邓小平同志指出："计划经济不等于社会主义，资本主义也有计划；市场经济不等于资本主义，社会主义也有市场。计划经济和市场经济都是经济手段。"① 因此，研究我国的社会主义市场经济机制，在于从当前的实际情况出发，在现代化与信息化的国际环境中，正确认识市场经济的共性与个性，探寻具有中国特色的社会主义市场经济体制模式，以便在此基础上进行社会主义市场经济的信息机制分析。

社会主义市场经济是社会主义制度与市场经济的有机结合，是在社会主义基本制度前提下实行的市场经济体制。它的运行总模式是在社会主义制度下，完善的市场机制与有效的国家调控的有机统一。我国目前的市场经济理论与实践还处于初期发展阶段，以下仅限于根据我国社会主义市场经济的当前状况，通过我国市场经济与计划经济的比较和我国市场经济与资本主义市场经济的比较，确认我国市场经济的特征与基础。

我国的计划经济与市场经济的根本区别在于经济手段的不同，从而导致两种不同的经济体制。二者的主要差异体现在以下几个方面：

① 社会主义计划经济体制以严格的计划调控为主，辅以市场调节的手段组织社会经济的运行；社会主义市场经济体制则以市场调控手段为主，按市场规律组织社会经济运行，而计划手段作为对社会经济进行宏观调控的辅助手段，在经济管理的目标控制和规划中得以应用。

② 从社会经济的管理机制看，社会主义计划经济是一种高度集中、分层管理的协调体制，即从中央到地方，实施对国民经济各部门的计划管理和分层控制，同时与市场调控结合，进行社会科技、经济、文化等方面的综合协调；社会主义市场经济管理的出发点是运用"市场机制"，根据社会各部门的市场需求调节经济生产，其管理是一种分散的多极控制体制，即由市场

---

① 邓小平文选（第2卷）. 人民出版社，1993：373

决定社会生产和经济发展，市场经济中的计划制定来源于市场，起着集中导向和目标控制作用。因此从整体上看，市场经济管理体制结构简单，有利于管理效率的提高。

③ 我国计划经济体制下的物资、能源和资金的分配与流通具有严格的计划性，商品价格由国家统一管理，具有很强的政策性；由此形成了计划经济中相对简单的物质、能源和资金货币流向；与计划经济体制相比较，市场经济中的物资、能源和资金的分配则十分灵活，其中物质性、知识性产品的生产与消费需求通过市场作用于国民经济各部门，从而形成了物质、能源和资金的市场分配体制，商品价格受市场支配，国家对其监督、调节。

④ 社会主义市场经济与计划经济相比，其社会竞争机制得以强化，任何经济实体和行业部门的社会生产由市场直接控制，这与计划经济时层层下达生产计划、按计划组织生产的模式具有实质性差别。计划经济中管理决策的社会风险在市场经济中分散到各基层生产单位和部门，社会主义制度下的合理竞争使各单位和各部门相互促进而发展，这种微观效益的提高最终将确保社会的宏观经济效益的提高，从而适应了现代科学技术条件下的社会经济发展。

社会主义市场经济与资本主义市场经济的本质不同，从根本上体现在社会制度的不同，由此决定了各自的市场经济特征。

① 公有制是社会主义的本质特征，社会主义市场经济是一种公有制占主体、多种经济成分共存的经济体制，这是社会主义的市场经济与资本主义市场经济之间的根本区别；尽管资本主义市场经济体制存在着不同类型的模式，然而它们的共同之处都是以私有制为基础的经济体制，这是资本主义经济的根本特征。

② 从市场调节的手段运用上看，社会主义市场经济是以充分发展社会生产力为前提的，在经济的宏观控制上确保"共同富裕"；资本主义市场经济体制中市场调节手段的运用，首先强调市场的"自由"竞争，通过市场运行实现资本积累，刺激社会生产力的发展，其结果必然是贫富两极分化，从根本上不能适应现代社会生产力的发展。

③ 社会主义市场经济与资本主义市场经济体制之间的对外经济活动具有不同的目标和模式。"社会主义市场经济"的对外开放，其目的在于与外界进行经济、科技、文化等方面的交流和合作，通过国际市场活动与国外互通有无，使国内经济、科技、文化事业与国际接轨，旨在最大程度地发展社会生产力；资本主义的对外经济活动的目的在于通过"市场"，倾销本国商品，获取他国资源，谋求最大的利润和效益，其经营模式是建立在对发展中

国家掠夺和与其他国家竞争基础上的。

综上所述，从体制、模式上看，我国的市场经济是以适应现代社会生产力发展为基础，实现完善的市场机制与有效的国家计划调控的有机统一。关于这一体制下的信息作用机制可以从社会运行的角度出发进行分析。

在市场经济体制中，我国的生产、科研、文化和其他社会组织（简称组织）的经营管理及业务活动决策主要依赖于组织本身，而不是像计划经济体制那样，主要依赖国家计划和各级主管部门的管理指令来组织业务活动。各类组织，按其所承担的社会任务、分工和性质的不同，程度不同地享有充分的自主权。对于经济组织（工业企业、农业企业、商业企业、交通和服务企业等），其经营、生产活动直接受市场支配，从宏观上受国家计划的调节和政策、法律的导向、控制与约束。经济组织活动中最基本的信息流如图 3-5 所示。

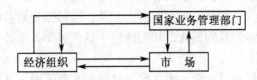

图 3-5　社会主义市场经济中的信息流

这里的"市场"是广义的，经济组织通过市场活动与产品用户、营销者、原材料及能源供应者、使用者以及竞争者交换各种信息，借以组织生产、经营业务。这是一种基本的信息流。另一方面，社会主义的市场由国家进行宏观管理，在国家有关部门和"市场"之间形成了市场监控信息、管理指令信息和反馈调节信息的双向通道。在国家业务主管部门和经济组织之间也存在着宏观调控信息和经营、生产信息的流通渠道。图 3-5 所示的三方面信息流构成了市场经济中的信息主流，经济组织活动中的其他信息无不与这些信息流相联系。

在计划经济体制中，经济组织活动由国家业务部门管理，自上而下的计划指令和自下而上的业务数据信息的传递是基本的方面，组织活动基本上由这方面信息流控制，所以是一种基本的信息流，而经济组织与"市场"之间的信息流则处于从属地位。与此同时，国家业务管理部门与"市场"之间的信息传递作为计划经济的另一极，起着按计划组织产品的市场交易作用。

计划经济中的事业型组织（如文化教育、科研组织等）中的一部分，在市场经济中逐步改革其体制，转向市场化经营（如应用技术研究等），构成了新的知识产业。事业型组织的另一部分（如广播、电视、新闻、图书馆等），一方面发展产业化经营业务（如广播、电视的广告服务、图书馆的有偿信息服务等）；另一方面，其主体部分由国家按市场经济的发展进行计划管理，受市场的调节。这些组织活动中的信息流则由图 3-5 所示的三方面信息流构成，所不同的是：知识产业组织（科技企业等）的信息流虽然与一般经济组织相类似，然而在运行中更依赖于"信息"；其他事业型组织活动中组织与市场和组织与国家业务部门之间的信息流为其信息主流，国家业务部门与市场之间的信息流为组织活动的重要保证。所有三方面信息都不容忽视。

在社会主义市场经济大环境下，我们完全可以进行信息流的整合，进行以"流程"为环节的社会化管理体系。例如，在知识经济发展的时代，可以以"科学研究与开发"（研究发展）为中心构建科技产业化管理系统，进行以"流程"为基础的管理。其组织管理中的流程关系如图 3-6 所示。

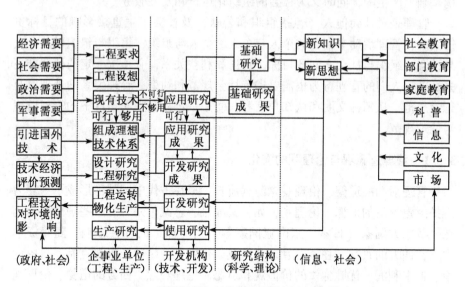

图 3-6 科学研究与开发的社会作用和组织模式

资料来源：转引自 现代科学技术基础知识. 科学出版社、中共中央党校出版社，1994，参见（日本）《研究·技术·计划》杂志

图 3-6 所示的流程表明：经济（包括工农业生产）、社会、政治、军事等方面的需求对现有工程技术提出了要求，导致了现有技术的整合应用和新

的应用技术研究；以科学研究机构、技术开发部门和企业为主体的研究与开发组织在技术开发的同时，致力于基础科学研究和知识创新；构成了具有分工、协作的科学研究与开发组织体系。在这种开放化的体系中，政府、企事业单位、开发机构、研究机构及其他有关组织彼此衔接，成为一体。对于这种社会化的体系，我们应从社会主义市场经济体制出发，在社会大环境中，按流程规定各有关组织的目标和任务，实现各组织和系统间的协调，建立有序的、有利于持续发展的管理体制。

3.3 管理的社会道德与伦理规范

道德是指社会主体规定行为是非的惯例或原则，社会道德在一定的社会文化背景下形成和发展，是社会文明的体现。伦理在道德基础上形成，是社会调整个人、组织、大众之间相互关系的行为原则，它通过一定的道德观念、习惯和传统发生作用。社会道德与伦理是在一定的社会文化、经济和环境基础上产生的，同时又为社会的组织化运行和发展服务。

管理是对社会他人（包括组织和公众）及社会产生直接影响的目标责任活动，管理活动中存在的个人与个人、个人与组织、组织与组织以及个人与社会、组织与社会之间的目标、责任和利益关系，必须按一定的社会准则去处理，人们的管理行为也需要进行社会规范和约束。管理关系的处理以及行为规范，从精神文明和认知角度看，便是一定社会文明条件下的管理道德与伦理规范。

3.3.1 管理道德观与伦理观的演化

管理活动的道德、伦理观念源远流长。早在古代中国就已形成了一套为维护封建统治的道德、伦理观，如礼义廉耻、忠诚仁爱等。这些观念至今仍在一些东方国家（日本、东南亚国家等）留有深远的社会影响。随着资本主义在西方的兴起，在资本管理和企业运作中，开始形成自我克制、自由竞争、追求利润、优胜劣汰的价值观和道德、伦理观念。西方的道德、伦理规范适应了他们的社会发展，决定了当时的西方管理理念。

资本主义发展过程中的道德、伦理观，对社会经济的发展起着思想支撑和行为规范的作用，具有其积极的一面，然而，也导致了社会的两极分化和新的剥削的出现。1848 年，马克思、恩格斯在《共产党宣言》中对这种资产阶级的道德、伦理进行了深刻的揭露："资产阶级在它已经取得了统治的地方把一切封建的、宗法的、田园诗般的关系都破坏了。它无情地斩断了把人们束缚于天然首长的形形色色的封建羁绊，它使人和人之间除了赤裸裸的利害关系，除了冷酷无情的'现金交易'，就再也没有别的联系了。它把宗教的虔诚、骑士的热忱、小市民的伤感这些情感的神圣激发，淹没在利己主义打算的冰水之中。它把人的尊严变成了交换价值，用一种没有良心的贸易自由代替了无数特许的和自力挣得的自由。"① 20 世纪 30 年代世界性资本主义经济危机的爆发，千百万工人的失业以及社会矛盾的激化，证明了马克思、恩格斯的科学预言，宣告了传统资本主义道德、伦理理论的破产。

第二次世界大战前后，面对新的矛盾和资本主义制度的种种弊病，西方学者进行了社会伦理方面的研究，在推进改革中提出了新的道德、伦理观，相继出现了许多关于政府干预经济、企业重视社会责任、关心员工福利及社会群体利益以及"人民资本主义"、雇员参与管理等观点，形成了多元化的道德、伦理理念。

20 世纪上半叶，俄国社会主义革命的胜利，开辟了人类历史的新纪元，无产阶级成了国家的主人，所有社会成员享有真正的民主和自由，劳动者走上了共同富裕的道路，在这一背景下，社会主义的道德、伦理得以形成和发展。尽管前苏联于 1991 年解体，但前苏联建设社会主义的数十年历史经验和关于社会主义管理理论的探索，却对社会主义和社会主义管理的道德、伦理建设留下了宝贵的财富。

第二次世界大战后，社会主义在中国等许多国家取得了胜利，开始了各国在社会主义建设实践中结合本国实际创造性地应用和发展马克思主义的新时期。虽然社会主义在全世界的发展经历了种种曲折，今后将面临新的挑战，但随着社会主义实践的发展和理论的完善，社会主义必将最终取代资本主义，使人类走向共产主义的繁荣。实践证明，现阶段社会主义不应寻求某种统一的模式，而应根据各国情况去探索具有本国特色的道路。中国正是在改革开放的实践中确立了具有中国特色的社会主义发展方向，实现了人们观念的转变，这一转变无疑构成了符合中国国情的社会主义道德、伦理建设的新的基础。中国的成功经验与范式已为许多国家，特别是发展中国家所借鉴。

随着全球经济整体化趋势的加强，竞争、合作与发展已成为当今世界经济发展的主潮流。面对新的发展机遇和挑战，发达的资本主义国家也在进行新一轮的改革，其中引人注目的是，在管理中注意吸收其他国家的经验，不断消除传统管理道德、伦理的消极影响，塑造基于新的文化背景的道德、伦

---

① 马克思恩格斯选集（第 1 卷）．人民出版社，1972：253

理规范，以利于与国际化经济发展接轨。

当前，知识经济的发展和组织管理模式的变化，使得各国的交流更加频繁，在这种多元化的文化发展中，管理道德、伦理的作用更显突出。其中，一些跨国公司正在寻求一种跨国经营的国际化道德、伦理理念，力求建设一种适应新的经营环境的企业文化。无疑，这一实践将导致各国管理道德、伦理观念的新变化。

3.3.2 管理道德、伦理规范的形成与作用

管理道德、伦理的社会规范是在社会实践的基础上，在一定的道德观和伦理观的作用下形成的。道德、伦理规范集中地体现了社会公众的利益，起着约束组织和个人行为的作用。图 3-7 从管理道德、伦理规范的社会成因、规范内容和道德、伦理规范对管理活动的作用出发，概括了道德、伦理规范的形成与发展过程，提供了管理活动中的行为规范原则。

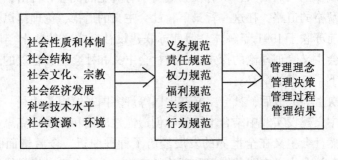

图 3-7　管理道德、伦理规范的形成和作用

（1）管理道德、伦理规范的社会成因

管理道德、伦理规范由社会基础及社会发展状况决定，具体说来，其影响因素包括以下一些主要的方面。

社会性质和体制。社会性质和一定发展时期的体制（制度的具体化）是一个国家基本生产关系的体现，直接决定了国家的社会与经济运行机制，由此构成了特定的政治、法律、道德等方面的社会基础，以上我们分析的社会管理道德、伦理观正是在这种基础上形成和演化的。基于社会制度的道德、伦理观从总体上作用于社会组织和公众，构成了管理道德、伦理规范的社会制度基础。

社会结构。社会结构对管理道德、伦理规范的影响体现在两个基本方面，一是社会人口与民族结构对道德、伦理规范的影响，二是经济、产业与

职业结构对道德、伦理规范的影响。它表现为不同的经济结构和产业与职业的分布状况对人们就业观念、价值追求及业务选择的不同影响，从而决定了人们的社会行为；与此同时，一定的经济结构和产业与职业分布状况下的行为观念又受着社会人口与民族结构的制约。这两方面的作用构成了管理道德、伦理规范的社会结构基础。

社会文化、宗教。一个国家的社会文化是在长期的历史发展中形成的，它本身就包含着人们的世界观、认识论和方法论，社会文化的丰富和发展决定了管理道德、伦理规范的进步与社会文明程度的提高。另一方面，与社会文化相关的宗教（就体系而论，属于社会文化的一部分）影响着人们的信念，也是影响管理道德、伦理规范方面的一个重要因素。

社会经济发展。经济基础决定上层建筑，无疑也是影响管理道德、伦理规范的重要原因。从经济作用上看，经济的发展不断对社会管理提出新的要求，在管理内容和方式上冲击着束缚其发展的各种障碍，从而引起管理道德、伦理规范的变化。从经济活动中的各种关系上看，经济发展中新模式的产生将导致产业关系、资源分配关系和经营关系的变化，由此提出以"关系"为基础的管理行为的规范问题。

科学技术水平。科学技术作为第一生产力的作用已逐步为人们所认识，一方面科技生产力直接作用于经济，形成了以科技创新为核心的管理模式；另一方面，科学技术的发展直接导致社会成员（包括管理人员）的知识更新，促进管理方法的进步。随着科学技术的不断发展，人们传统的道德、伦理观也在发生着变化（如基因工程的发展所引发的一些新问题正使传统的道德观面临新的挑战），因而科学技术已成为新的管理道德、伦理规范产生的直接动因。

社会资源、环境。人类所拥有的资源和所处的环境是人类生存、社会发展的最基础的客观物质条件，人类通过对资源的开发和环境的利用与保护，维持社会持续而稳定的发展。社会发展中人类对资源占有所形成的所有关系以及对环境利用与保护所形成的各种关联关系，已成为道德、伦理规范的一项重要内容，并将随着资源、环境的变化而发生变化。

（2）管理道德、伦理规范的内容

人类社会的管理道德、伦理规范受多方面因素的影响，因而是一种涉及面很广的综合规范，其基本内容包括义务、责任、权利、福利、关系和行为6个方面。

义务规范。管理是管理者的自主行为，其活动直接影响他人或社会，与他人的工作和社会行为息息相关，这就要求管理活动或行为主体承担相应的社会义务，即在一定社会条件下，从道德、伦理规范的角度明确管理者应承担的、接受公众监督的义务。

责任规范。管理是一项与人交往的目标控制活动，其活动结果往往体现在接受管理的他人或组织的活动之中，因此其责任规范与其他活动具有实质上的区别，它要求在规范上顾及管理活动的整体作用结果，从道德、伦理上进行严格的控制。

权力规范。人的社会权力是一项基本的权力，管理权力的社会规范必须在保护和确认接受管理的社会他人的基本权力基础上进行，包括对管理对象的尊重和利益的保护；同时，管理权力规范必须以社会道德、伦理为标准，进行管理的人格权力、代表权力、支配权力和其他方面权力的道德、伦理规定。

福利规范。管理活动是一项在社会文明范围内的劳动，管理活动的主体理应获取一定的福利，但是由于社会对管理活动价值认识具有不确定性，且管理者又处于支配他人的决策地位，易于产生多占他人剩余劳动成果的行为，这就要求从道德、伦理角度规范管理福利，维护福利分配的公平性。

关系规范。管理活动是一种具有多重社会交往关系的复杂活动，其中的人际关系、公共关系是开展管理活动的重要基础，而这两方面关系的确立离不开社会的道德、伦理标准；同时，管理活动中的一些特殊的业务关系也需要在道德、伦理规范的基础上进行处理。这两方面的规范构成了管理关系中的道德、伦理规范的主体内容。

行为规范。管理行为的发生不仅受管理决策的支配，而且受基于社会道德、伦理规范的心理活动影响。行为规范的目的在于确立良好的管理作用和管理道德，充分发挥管理在社会文明建设中的作用。当前，多元文化背景下的行为道德规范在社会的信息化发展中更具现实意义。

（3）管理道德、伦理规范的社会作用

道德、伦理规范是社会文明的产物，其社会作用体现在管理理念、管理决策思想、管理过程和管理结果方面。

管理理念。一个具有良好社会形象的组织在管理活动中十分注意其社会影响和对社会文明的贡献，注意对新的社会发展环境的适应性和基于社会管理道德、伦理规范的管理理念的更新。管理理念作为组织最高层次管理的信念和指导思想，起着控制和支配整个组织行为、决策和活动的作用，既有组织内部的思想交流与统一过程，又有与社会的协调和互动问题。因此，管理理念的形成又是管理道德、伦理规范对组织的综合作用过程，作用结果体现在管理文明的各个方面以及社会对组织管理思想的认可上。

管理决策思想。组织的管理活动是在一定社会环境中进行的，组织之间的优胜劣汰已成为社会化组织活动的普遍做法，也是管理决策的基本依据。然而，社会竞争毕竟是一种文明竞争，它需要参与竞争的社会各方遵守社会认可的规则。管理道德、伦理规范从道德标准上约束着社会组织之间不正当的竞争行为，是建立良好的竞争秩序的道德保证。同时，道德、伦理规范从道义上明确了社会组织的社会义务和责任，为管理决策提供了伦理依据。

管理过程。社会的管理道德、伦理规范从观念上支配着人们的行为，其公认的标准与范式已成为管理活动中应该遵守的准则，对于管理过程中的越轨行为起着监督、控制的作用。就组织内部而言，它是组织目标实现的保证；就组织的对外交往而论，它是各种交往过程的道德基础。管理道德、伦理规范对过程的作用包括组织设计、人力资源管理、业务流程管理、计划与控制等方面的综合作用，是调整组织运行状态的保证。

管理结果。道德、伦理规范直接关系到管理的结果。例如，符合社会道德、伦理规范的企业将取得社会的认可，具有相应的信誉，可以从此出发建立良好的公共关系和发展业务系统，可以在获取经济效益的同时产生巨大的社会效益；相反，如果不符合社会道德、伦理规范，企业将不可能取得社会公众、客户和往来同行的信任，势必失去市场，导致经营失败。因此，基于道德、伦理规范的管理才是符合社会文明要求的管理。

3.3.3 社会道德、伦理规范下的组织道德建设

社会道德、伦理规范下的组织道德建设是组织管理的一项基本任务，在西方的企业管理中，形成了三种类型的道德观念：

道德功利观（utilitarian view of ethics）。这是从组织管理和组织运作的结果（包括组织绩效、社会认可度和组织成员利益的满足等）出发，规范组织道德标准与行为准则的一种道德观，其目标是为绝大多数人提供最大利益或谋求组织的社会利益。对于企业来说，在社会道德、伦理规范内以寻求最大的利润和发展空间为目标，在此基础上进行组织的道德建设。

道德权利观（rights view of ethics）。这是尊重和保护个人自由以及一些特有权利的道德规范观点，包括对组织成员和社会他人的隐私权、言论自由、工作权和其他相关权利的保护，其目的是以此出发建立组织内良好的个人关系，以便在社会道德、伦理规范的基础上，进行组织人力资源的有效整合，从而发挥整体力量。

道德公正观（justice view of ethics）。道德公正观强调组织成员的平等和客观、公正的管理制度的执行，因而是制度化管理的理论基础，它强调个人

的公平竞争、岗位流动和职位的变动，是任期制管理和公开竞争的道德基础。

上述三种观点各有优势，同时也存在各自的缺陷，因而在组织管理中，人们将这三种观点结合起来，在社会道德、伦理的规范下，重塑组织的道德观念，在组织变革中实现综合性的道德建设目标。

进入组织的每一个成员都有一套相对稳定的价值准则和道德标准，这些准则和标准是个人早年发展起来的，既有社会道德、伦理规范的影响，又有在各自的社会实践中出于自身的利益，在他人的影响下所形成的个体原则。个人在关于什么是正确、什么是错误的基本是非判断中，既有符合社会规范的积极层面，也有与社会规范相冲突的消极层面。组织道德建设的目标在于寻求符合组织整体利益、有利于组织发展和社会进步的道德原则，以此确立组织成员的信念，克服组织成员中所有个体有悖于社会道德、伦理规范和有损于组织利益的价值准则的消极影响，塑造组织中所有成员共同的道德观。

组织的道德建设应按不同的水平层面进行，罗宾斯将其分为三个水平层面：前惯例（preconventional）水平；惯例（conventional）水平；原则（principled）水平。其中，前惯例水平，是指组织成员在自身的直接利益受损的情况下或在与他人交往中因利益冲突而采取行动时的道德准则，显然它应受社会道德、伦理规范的约束。惯例水平反映了组织成员对组织的期望和组织利益维护的道德建设水准，这一层次的道德建设，除受社会道德、伦理规范约束外，主要由组织机制所决定，可见，这一层次的准则实为组织成员所共有的组织价值准则。原则水平上的道德准则是一种制度化的道德规范，是在社会道德、伦理基准上的组织道德纲领，对所有组织成员具有强制性的约束作用，是监督组织成员行为的道德标准。

在组织道德建设中，根据分层面进行建设的原则，宜采用道德教育和准则规范相结合的方法进行。在前惯例水平和惯例水平上，强调以教育为主，在原则水平上强调以准则规范为主。

组织道德准则规范内容由道德问题引发的后果决定，其后果包括：后果的直接性、危害的严重性、后果产生的可能性、后果影响程度等。一般根据道德作用的实际情况，将那些危害严重、影响直接、涉及面广和发生率高的问题纳入原则规范的内容。

关于组织道德建设的原则规范，美国学者劳拉·南希（Laura Nash）提出了12个调查问题，通过调查分析寻求指导处理道德问题的原则规范。这12个问题是：

● 你准确确定的问题是什么？

- 如果你站在对方立场上，你将如何确定问题？
- 这种情况首次发生时会是怎样？
- 作为一个人或作为组织的一员，你对谁和对什么事表现忠诚？
- 在制定决策时，你的意图是什么？
- 这一意图和可能的结果相比将如何？
- 你的决策和行为可能伤害谁？
- 在你作出决策前，你能和受影响的当事人讨论问题吗？
- 你能自信你的观点在长时间内将和现在一样有效吗？
- 你的决策或行动能问心无愧地透露给你的上司、首席执行官、董事会、家庭或整个社会吗？
- 如果你的行动为人所了解，其象征性潜力是什么？如果被误解，又该如何？
- 在什么情况下，你将允许发生意外？

在组织道德原则的规范中，一个典型的例子是美国麦道公司通过调查分析确定的原则内容，它包括以下问题：

- 在我们所有的交往中要诚实和守信；
- 可靠地执行分派的任务和职责；
- 我们所说的和所写的一定要真实和准确；
- 在所从事的所有工作中要协作和富于建设性；
- 对待我们的同事、顾客和其他所有人都要公平和体贴；
- 在我们的所有活动中要守法；
- 始终以最好的方式完成全部任务；
- 经济地利用公司的资源；
- 为我们的公司和为提高我们所生活的世界的生活质量奉献自己的服务。

围绕美国大公司的道德准则规范，罗宾斯曾调查了《幸福》杂志排出的 500 家公司中的 202 家公司的情况，将其共同的道德原则规范列为三个方面：①做一个可靠的组织公民；②不做任何损害组织的不合法或不恰当的事；③为顾客着想。这几个方面的原则内容对于其他组织也具有普遍意义。

3.4　管理的社会责任与社会监督体制

20 世纪 60 年代以前，管理的社会责任与社会监督问题似乎没有引起人们的足够重视，限于当时的具体情况，人们关心的主要是营利性组织对社会的经济贡献和非营利性组织的社会作用，较少从社会责任的角度考察组织活动对社会的正负面影响和综合性的社会后果。20 世纪 60 年代以来，随着各类组织之间相互依存关系的加强，企业经营的社会化、国际化发展，原本对企业提出的应向用户和社会环境承担自己责任的要求，现在迅速扩展到各个方面。并愈来愈多地向政府、大学、非营利公益组织，甚至慈善组织提出了同样的要求。在信息化和现代化条件下，组织所负的社会责任以及公众对组织的社会评价，已成为衡量组织绩效的首要标准。

为了促使组织履行其社会责任，建立在社会道德、伦理规范基础上的、以法律为依据的社会监督的重要性逐渐为人们所认识。这种监督从根本上说是对组织管理和组织行为的监督。基于这一思想，在管理研究中应十分注重社会通过监督管理进行组织行为控制的机制探索，并以此出发确立完整的组织行为监督体系。

3.4.1 管理的社会影响与责任

社会是由所有组织和个人构成的。国际社会是由世界范围内有关联或交往关系的组织及有关成员所构成；对于一个国家来说，其社会构成限于一国范围内的一切组织和个体成员。从社会构成上看，任何组织的活动都会对其他组织和个人产生影响，这种组织间的交互影响和作用决定了社会的运行与发展。从组织与社会的作用上看，既有积极的正作用，也有消极的负作用。其积极作用，既有利于组织，也有利于社会；消极作用，尽管对组织当时的发展有利，却损害了社会利益和组织的长期发展利益。从社会和组织的根本利益看，在组织管理中，理应限制负面影响，激励组织的积极作用，以实现组织目标与社会目标的统一。

在组织运行中，决定其运行状态和作用的是管理，这说明组织的社会影响归根到底是由管理活动决定的。因此，我们可以通过管理责任的分析，揭示组织的社会影响机制。

从组织与社会的利益关系上看，管理者不仅要对组织负责，而且要对社会负责，这两方面的责任可以统一为"管理的社会责任"。在管理的社会责任研究中，人们较多地注意到企业的社会责任问题。对这一问题的研究，最初来源于古典经济学和社会经济学中对工商企业管理的社会责任的认识。古典观（classical view）的代表人物是经济学家、诺贝尔奖获得者米尔顿·弗里德曼（Milton Friedman），他认为管理惟一的社会责任就是使利润最大化；持社会经济观（socioeconomic view）的学者认为，利润最大化是企业的第二位目标，而不是第一位目标，企业的第一位目标是保护和增加社会财富，这样才能保证自身的生存与发展。

从微观经济学的角度看，古典观可以这样解释：如果社会责任行为增加了经营成本，则这些成本必须转嫁给消费者或是由企业股东们承担。在一个不完全竞争的市场中，如果管理当局提高价格，则将减少销售；在完全竞争的市场中，由于成本中未含有社会责任成本，因此提高价格必然导致损失市场，不提高价格将使利润下降，这与利润最大化的责任原则相矛盾。

随着社会的发展，社会的管理体制已经发生了深刻的变化，建立在社会道德、伦理基础上的政府管理制度得以确立，企业对社会公众所负的责任得以强化。这一方面的变化，在西方国家是十分突出的。一个典型的案例是美国曼维尔公司（Manville）的责任纠纷。①

大约在 50 年前，曼维尔公司的高层管理者就发现，公司生产的石棉产品会引起在当时是致命的肺病，但为了追求利润，管理当局决定隐瞒受产品伤害的雇员的情况，继续其生产经营活动。这在短期内为公司赢得了可观的利益，但从长远观点看，必然事与愿违。果然，迫于社会责任与道德规范的压力，公司于 1982 年被迫申请破产，以避免数千件潜伏着的与石棉产品有关的诉讼。但在 1988 年该公司重整旗鼓进行重组时，却背上了与石棉案有关的沉重债务。为了补偿受害者，曼维尔公司同意设立个人伤害信托基金，以现金、债券及公司直到 2015 年的 20% 的年利润，建立一项 26 亿美元的基金，用以履行它的社会责任。曼维尔公司的案例说明，利润最大化责任原则只触及了现实的表面，体现了公司的短期利益；公司要想立足于社会的长期发展，必须调整好公司利益和社会他人利益的关系，承担其社会化的完全责任。

事实上，包括企业在内的一切社会组织的责任规范经历了范围扩大和强度增加的发展过程，这一过程可以简单地归为图 3-8 所示的四个发展阶段。

管理责任的社会化发展是社会生产力发展和社会进步的必然。处于第一阶段时，管理者只是对组织的所有者（如企业股东）和管理层次负责，通过寻求成本最低、收益最大的管理方式，实现组织目标。在第二阶段上，管理者将所承担的责任扩大到所有组织成员，为组织成员（如企业雇员）创造和改善工作条件，扩大他们的权利，确保应有的各种利益。第三阶段，管理者扩展了责任目标，包括企业产品的公平价格、可靠的质量、合格的安全性能、良好的对外业务活动信誉和客户关系等。在第四阶段，管理者开始履行其完整的社会责任。从社会整体化运行角度看，一切企、事业组织都是社

---

① 斯蒂芬·P. 罗宾斯. 管理学（第 4 版）. 中国人民大学出版社，1997：95

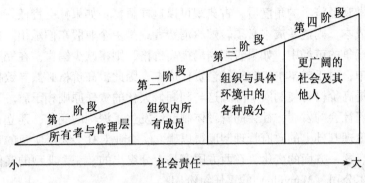

图 3-8　管理责任的演化

会的组成部分,其管理必须对社会和公众负责,其原则是有利于社会、他人和大众,以符合社会利益为第一准则,与此同时对组织及成员负责。我们认为,第四阶段的发展伴随着管理社会化、制度化的进程,第四阶段的管理责任要求也是现代社会管理责任的基本要求。

从责任划分上看,管理的社会责任包括如下几方面的主要内容和要求:
- 组织管理的目标与社会发展的目标相一致,符合公众的期望;
- 组织具有长期的社会效益,且为社会所认可;
- 有责任在社会道德、伦理规范上进行管理,不可违背道德准则;
- 管理活动与组织活动有益于公众和社会,防止因管理活动与组织活动而产生的种种弊端;
- 对组织所有者和成员负责,保证其应有的收益;
- 对客户负责,维护其根本利益;
- 对社会资源的合理利用负责,对组织生存与发展所依托的人类环境负责。

3.4.2　基于社会责任的管理监督

在社会发展的任何阶段都必须对组织活动及其管理进行监督,所不同的是在监督内容与体制上会有差异。在监督过程中,鉴于管理对组织行为的支配与控制作用,所以实施对管理的监督是关键。从监督的目标与效果看,理应从促使组织管理履行其社会责任出发,构建完整的社会监督体系。

管理的社会监督是在国家政府部门的领导下,根据客观的标准、规定和准则,通过相关的机构和社会公众对组织活动及其管理所进行的检查、评价和约束。是要通过规范化、制度化和强制化的手段,按客观、公正的标准对组织社会责任的履行进行监察，以确保组织的正常运行和社会各方面正当利益的维护。进行管理监督的目的主要包括以下几个方面：

① 维持正常的管理秩序。组织活动是在一定社会条件下开展的，必须有一定的规则来约束其管理和组织行为，以建立良好的社会秩序、组织竞争秩序和管理秩序，防止管理中的混乱和无政府现象出现。

② 解决组织活动和交往中的各种纠纷。组织内部、组织之间以及组织与社会公众之间的纠纷需要通过社会仲裁来解决，其纠纷行为的发生则要通过有效的社会监督来控制，控制内容包括因企业客户的利益受损引起的纠纷、企业的不正当竞争行为引发的纠纷、组织活动对公众的损害等。

③ 保护社会资源与环境。社会资源和环境是人类生存和社会发展的基本条件，包括自然资源与环境、人文资源与环境。由组织行为造成的环境污染、资源破坏的现象理应受到控制，这就要求有一套完整的社会监控体系与办法，以便解决人类面临的资源、环境问题，促进社会的持续发展。

④ 控制犯罪活动。现代社会中发生在企、事业组织管理中的犯罪活动不容忽视，如有害伪劣产品的生产、股市中上市公司信息的违规披露、对国家机密的侵犯、对他人知识产权的非法占有等。这些管理活动犯罪如果不加以适时监督和处理，势必对社会造成重大影响，因此必须认真对待。

除以上四个方面的要求外，管理的社会监督还必须做到全面、及时和合理。要达到这些要求，必须坚持正确的组织原则。从客观上看，实施管理的社会化监督，应在组织原则上考虑涉及管理活动中的各方面影响，按管理的社会责任进行监督。具体说来，管理监督应坚持以下原则：

① 公开原则。组织活动是一种开放化的社会活动，组织管理不仅作用于组织内部，更重要的是对组织外部的作用，即通过管理履行组织的社会责任。在这种情况下，参与监督的必然是与组织发生关系的政府部门、公众和相关机构，而不可能在组织内部进行封闭式的管理监督。

② 公平原则。公平原则是实施管理监督的一项基本原则，在组织内部对管理人员和接受管理的组织成员之间的各种冲突及矛盾处理要客观、合理，在组织外部对与组织管理相关的事件处理要公正、严明。当前，随着社会的进步，各类组织的社会联系日益广泛，组织之间的交互作用不断增强，这就要求在各类监督问题的处理上，要将公平原则放在突出的位置。

③ 法制原则。依法治国是管理国家的最根本原则，这一原则在管理监督中的体现就是依法进行组织管理监督。按法制原则进行管理监督的要求是，根据国家宪法关于建立管理监督的法制体系的规定，确立在法律基础上的管理监督体制，完善各类组织管理监督的体制，以便在法律原则上解决基

本的监督问题。

④ 利益原则。在管理监督中还必须维护有关各方的正当利益，如果脱离利益的维护，其监督将失去应有的社会作用和功能。利益原则集中反映在对国家安全和国家利益的维护、对管理者及组织正当利益的保护、对组织活动的关联者的利益保障以及公众和第三方不受因组织活动而引起的利益侵犯等四个方面。在企、事业组织的管理监督中，利益原则是进行监督的基本出发点。

⑤ 系统原则。组织管理的监督是一项系统性很强的工作，不仅涉及管理业务的环节、过程和结果，而且涉及各有关方面的主体与客体。这就要求在建立社会监督体系时，要考虑多方面社会因素的影响，从全局出发处理各种专业或局部问题，避免局部可行而全局不可行的"监督"发生。这样，才可能建立起对社会发展有利的社会监督系统。

⑥ 发展原则。管理的社会监督体系与体制一旦形成，在一定时期内具有稳定性，但这并不意味着社会监督将永远不变。事实上，随着新的管理模式与手段的出现以及组织活动关系的变化，必然导致监督内容、关系和体系的变革，从而再次提出构建新的社会监督体系或改革原有监督办法的问题。所以，管理监督必须立足于社会的未来发展，使之具有对未来的适应性。

3.4.3 管理监督社会体系的构建

管理监督的涉及面很广，既包括对政府管理部门的监督，又包括对各种不同类型的企、事业组织的监督。一方面，监督内容因管理的性质以及相关的组织活动业务的不同而异；另一方面，各类管理活动又具有共同的特征、社会规范和要求，在监督的组织上有着相同的内容和模式。因此，我们将从构建社会的整体化监督体系出发，讨论管理监督的社会实施问题。

从管理的社会责任以及管理对组织行为及其社会影响机制上看，管理的社会监督内容可以归纳为以下几个基本方面：

① 管理行为监督。管理行为监督包括对管理者个人行为的监督以及在管理者管理下的组织行为的监督。例如，在企业管理行为监督中，既包括对企业领导者行为的监督，又包括企业法人行为的监督。管理行为监督的具体内容有：组织管理行为的合法性、组织的竞争行为、组织对社会法律、法规的遵守、组织行为引发的社会冲突等。

② 组织活动后果监督。组织活动后果监督的目的是制止有损于社会的组织活动结果及社会影响的发生，如生产企业生产过程中可能产生的环境污染、对资源的严重浪费和不正常消耗、组织活动对社会道德的不良影响、组

织活动中对人身的伤害以及因组织活动所产生的其他严重后果等。对活动后果监督的目的在于防止类似的后果继续发生，达到接受处罚和教训的目的。

③ 管理的社会责任监督。对管理责任的履行进行监督是实行责任控制的重要环节，责任监督的依据是管理法律、法规。管理责任监督按其职责及基本的业务类型可分为行政责任监督、经济责任监督、法律责任监督、安全责任监督、保密责任监督等。值得指出的是，对于管理责任的监督，除社会责任监督外，在组织内部，还存在着按组织条例进行管理责任监督的问题。

④ 管理活动中的权益保护监督。在管理活动中必须强调保护各方面的权益，权益保护监督的目的是制止各种侵权情况发生。权益保护监督的内容包括国家利益维护监督、公众权益保护监督、个人隐私权益保护监督、劳动权益保护监督、财产权益保护监督、知识产权保护监督、经营管理权保护监督以及基本的组织成员民主权利保护监督等。

⑤ 管理业务监督。管理业务监督的范围很广，包括业务活动的各个方面。对于企业来说，主要有对生产产品和提供服务的技术质量监督、技术标准实施监督、产品与服务的价格监督和各有关业务环节的监督等。如国家规定的淘汰技术，就一定要在有监督的情况下禁止企业继续使用。对于事业组织而言，相应的业务监督主要指按事业条例进行的管理业务监督。

⑥ 管理制度监督。管理制度监督系指从制度角度所进行的管理监督，监督内容诸如是否按制度建立具有法人资格的组织、组织管理的权限与人事制度是否合法、组织内部规定和执行的制度是否与国家政策、法律相符等。制度监督是其他监督的基本保证，因此，制度监督还包括制度确立以及管理立法的监督内容。

管理的社会监督必须从社会全局出发进行组织。我国的管理监督，长期以来以政府控制为主，以此进行部门管理的系统监督。欧美国家和其他一些发达国家，管理监督呈多元化结构，即政府、行业、公众共同参与监督。在全球经济整体化发展中，我国的社会监督体系已在发生变化。从客观上看，我国的社会监督体制与体系（如图 3-9 所示），是政府控制下的社会监督体制，它包括政府、行业和公众监督三大主体，以此为基础，构成行政监督、法律监督、行业监督和公众监督体系。

① 行政监督。管理的行政监督包括法人资格和特殊行业从业资格的认证、审批、注册中的监督、组织业务开展中的行政监督、组织绩效监督以及管理政策与法律制定中的监督等。长期以来，我国担任行政监督的机构主要是政府行政管理部门，如工商行政管理部门、技术质量监督部门、国家监察机构、物价管理与监督部门、计量监督部门、防疫检测监督部门、税务监督

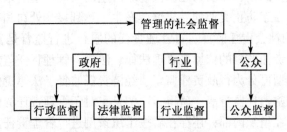

图 3-9　管理的社会监督体系

部门、审计部门等。这些部门或机构在政府领导下开展工作，行使对管理和组织行为的监督与处罚权力。行政监督范围包含了组织管理的各个方面，是实施管理监督的主体。

②法律监督。法律监督是在政府控制下实施社会监督的基石，法律的强制性和法律对组织管理行为的约束是规范组织活动的根本保证。法律监督具有严格性、客观性、规范性、稳定性的特点，它对管理的作用除强制性的监督作用外，还具有教育作用和引导作用，其目的是通过惩罚管理中的犯罪违法行为，建立法制化的组织管理秩序，维护各方面的基本权益和国家与公众利益，法律体现了国家意志，因而是其他方面监督的出发点。法律监督中的一个重要问题是明确监督的主体、客体，规定各方面的法律关系，确定有效的监督保障体系。要达到此目的，在法律监督中应特别注重对立法、司法与执法的监督，同时加强对从事管理监督工作人员的监督。

③行业监督。行业监督是一定行业范围内的同行组织采取联合行动的自律性监督。行业监督主要通过行业协会（或相应组织）的规则与制度，在国家法律的基础上约束、协调和控制其成员的行为，同时行使对成员利益保护和行业管理秩序维护等方面的监督权，负责对行业内从业人员资格的认证监督等。行业监督对于各行业的生产与服务企业来说是十分重要的，欧美发达国家的行业协会在监督中的作用是十分突出的，行业经营性实体的业务活动必须得到行业协会的认可，他们将监督视为组织与行业发展的生命线。在这一思想的指导下，欧美国家行业监督的内容十分广泛，主要包括产品生产监督、产品市场监督、行业竞争监督、行业合作监督、行业形象监督等。这一监督体系的构建具有普遍意义，值得我国借鉴。

④公众监督。公众监督包括公众组织和社会舆论监督两大部分。所谓公众组织，是指具有某种共同目标和利益的公众为维护权益而建立的组织，如消费者协会等。公众监督组织在法律允许的范围内建立，接受政府领导，

保持与行政监督部门和行业协会的合作关系，行使其监督权力。公众组织的监督活动包括接受投诉、进行调解、判明是非、寻找多种维护公众利益的途径等。所谓舆论监督，是指通过媒体发布舆论，形成对管理违规行为的谴责的一种监督。舆论监督以社会道德、伦理规范为基础，以法律为依据，其监督的内容涉及管理活动的各个方面，因而是其他监督方式的重要补充和支撑。

以上各方面的监督既分工，又协调，从而形成了政府主导下的社会化的管理监督体系，其制度保证构成了组织运行与管理的重要基础。

3.5 组织的国际化发展与跨文化管理

从科技与经济发展的角度看，国界正在失去原有的意义，技术经济的高速发展与国际社会信息化的加速，不仅为企业的跨国发展提供了新的条件，而且促进了科技、经济、文化的国际合作。面对全球经济整体化发展的挑战，在开放的文化环境中国家与国家之间、公司与公司之间的关系发生了重大变化，组织的国际化发展和跨文化管理已成为当前国际合作经营的一大趋势，由此对现代管理学研究提出了一个新的研究课题，其核心问题是寻求有利于发展的跨国管理模式。

3.5.1 跨文化作用与国际合作发展

经济合作和公司的国际化发展在组织的国际化发展中占有重要地位，公司国际化的最初动力来自资源和市场的寻求。一国资源（如矿藏资源、能源资源及其他自然资源）的稀缺或人力资源要素成本过高，必然迫使相关企业在他国寻求新的资源，以满足经营发展的需要。同时，一国市场的饱和，导致产品市场竞争的加剧，为了谋求稳定的利润，企业管理者也不得不凭借实力去开辟他国市场。基于资源和市场开发的国际化思想，企业寻求的是规模经济发展的模式。

随着生产技术含量的提高和产品生命周期的缩短，公司经营中资源和市场的国际化开始与产品技术的国际化密切结合。雷蒙德·维尔诺（Raymond Vernon）所提出的产品周期理论对此做了详尽的解释。该理论的一个基本假设是，国际化过程始于技术革新，而技术革新最初始于某一公司的总部。在产品推出的最初阶段，国外市场是国内市场的延伸，公司在国外的发展定位为公司国内运作的销售市场和原材料补充市场，以此形成跨国经营的初步态势。随着产品的日趋完善和生产技术的进一步成型，公司开始逐步在国外市场建立生产场所，继而依赖于当地环境进行自主经营。在产品周期的第三阶段，产品变得高度标准化，而竞争主要受成本因素影响，于是，公司在国际化经营思想指导下，重点强调标准化的全球经营，将公司在各国的具有不同文化背景的经营活动融为一体，创建以产品技术为依托的国际化公司。

产品周期理论为我们提供了一个建设性的用于描述公司国际化演化的模式，在以商品流通和制造业为基础的工业化和高度工业化时代，多国经营和跨国公司的发展大都具有这一特点。某一公司依托某产品和技术的经营规模一旦形成，其总部和分部将不断更新技术、开发新产品，实现技术、市场和产品相结合的发展战略。

在社会的知识化与信息化发展中，产品周期逐渐被技术周期所取代，这意味着产业技术含量的加大已成为公司发展的一种新的动力。在新的环境中，充分利用基础科学成果的高科技产业公司不断挖掘其创新潜力，不断缩短技术产品的成熟周期，从而有可能在多个区域建立相互联系的研发网络，在迅速占领国际市场中实现跨国经营和发展的战略目标。这一新的国际化经营模式的出现，大大加快了经济国际化的进程。

由于各国的发展、各行业的发展、各领域的技术发展以及全球经济发展的不均衡性，当前的国际化公司因而具有不同的经营模式。在不同的经营模式中，那些依赖于商品大规模生产的行业仍占主要的地位。然而，21 世纪中促使经济持续增长的行业理应是那些既有技术、信息，又有雄厚技术创新能力的行业。在这一情况下，实现跨文化的国际合作与发展就显得十分重要。

实现跨文化的国际合作，一是为技术创新提供新的文化背景，二是作用于管理和跨国经营活动。这两方面的作用结果，导致全球经济一体化的加速。从宏观角度看，跨文化的国际合作主要有如下几种形式：

① 技术-资源合作。通过技术与资源的整合进行合作的模式在国际合作中是一种被普遍采用的方式。利用这种模式，一国可以向他国输出技术，开发他国资源和市场，也可以从他国引进技术，开发本国资源和市场。这种模式在发展中国家与发达国家的产业活动中采用较多。

② 技术-市场合作。这是一种利用一国技术开发他国市场的合作，其技术大都以成熟的产品开发技术为主。通过技术输出，输出国赢得了市场；通过技术引入，输入国更新了技术，提高了效率和效益。与技术-资源合作相比较，技术-市场合作的焦点是技术与市场的结合，合作双方的资源利用并无实质性变化，而前者的合作主要依托于资源。

③ 资源-市场合作。这是各国长期采用的一种合作方式，主要是通过国

际贸易进行原材料、产品和其他物质资源的市场交换，互通有无，发展经济。现代意义上的资源还包括人力资源和资本，因而是一种综合资源与市场的结合。

④ 资源-技术-市场合作。这是一种整体化的产业合作方式与竞争模式，是世界上开放式经济发展的必然结果，其基点是通过资源、技术和市场的全面开放，实现跨国经济的整体化发展。例如，欧洲共同体各国就是通过这种全面合作，实现国际化区域经济的发展的。

⑤ 其他形式的合作。其他形式的合作还包括资源-资源合作、市场-市场合作、技术-技术合作以及资本的跨国流动，跨国投资与合作等。在信息化的国际环境中，这些形式往往被综合应用于具体合作项目的实施上。

国际产业合作最终将体现在企业发展和国际化经营上。事实上，国际经营由来已久，例如，西门子公司（Siemens）、雷明顿公司（Remington）、辛格公司（Singer）等，在 19 世纪就已将产品销往国外，开始向国外发展；20 世纪 20 年代，菲亚特公司（Fiat）、福特汽车公司（Ford）、尤尼莱佛公司（Unilever）、英荷皇家壳牌石油公司（Royal Dutch/Shell）等已经实现了多国化经营。目前，世界上实力最强的公司一般均为跨国经营的国际化公司。

在国际化经营的公司中，存在着多国公司和跨国公司的经营形式。多国公司（MNC）是指同时在两个或两个以上国家从事经营活动，但以本国为基地对国外经营进行集中管理的公司。跨国公司（TNC）是指同时在两个或两个以上的国家从事重要经营，并在从事经营的所在国分散制定决策的公司，这种组织模式并不以复制本国的成功经验来管理设在国外的经营公司，而是根据所在国的环境和文化，结合公司情况进行经营。无论是多国公司，还是跨国公司，其管理正处于全球化的发展之中，正走向一种跨文化的发展道路。图 3-10 显示了组织的国际化发展道路。

图 3-10　企业国际化合作经营的发展

如图 3-10 所示，多国公司和跨国公司的经营是在多种形式的国际贸易、代理和合作的基础上发展的，这种关系包括技术-资源、技术-市场、资源-市场、资源-技术-市场和其他形式的合作关系，其中，一部分合作关系在组织运行中得到了多方面的加强，逐渐发展成为多国和跨国经营的公司模式。在国际化经营中，实力最强劲的公司将实现其全球化经营理念和目标。

3.5.2 国际化经营中的跨文化影响

公司国际化经营的跨文化影响决定着公司的经营理念、模式与对策，这种影响以社会文化为背景可归纳为政治、法律、经济、科技、人文等方面，它表现为国与国之间以及地域之间的差异。

政治、法律环境。政治、法律对跨国经营的影响，一是国家政治制度以及一定制度下的政策和法律规范的影响，二是政治、法律的稳定性对跨国经营的影响，其中，后者的影响更大。例如，一些南美及非洲国家，政权更换频繁、制度不稳，每个新政府都有自己的新规则，一个政府的目标可能是以国有化为基础，另一个政府的目标可能是促进企业的自由化发展，如果国家法律再作相应的变化，势必使国外的投资与合作者存在戒心，从而制约跨国经营的发展。因此，在推进国际经济的发展中，政治、法律环境的改善是重要的。基于这一认识，美国、加拿大以及欧盟国家等进行了一系列努力，以求建立多种文化共存的国际政治、法律新环境。

经济环境。它不仅包括各有关国家的经济结构、经济资源分布、产业发展、经济增长及经济政策的影响，而且包括货币汇率的变化、多样化的税收、通货膨胀、社会就业等方面的影响。例如，亚洲金融风暴于20世纪90年代中期发生后，严重地影响了国际经济的发展和跨国与多国公司的经营。在经济全球化发展中经济环境的稳定具有重要意义，为了谋求稳定发展的局面，国际性和区域性经济合作发展迅速，新的国际经济秩序正在形成。因此，跨国和多国经营的经济环境对国际环境和区域环境的影响正在加强，从而形成了对各有关国家的经济、区域经济和国际经济的综合影响格局。

科学技术环境。在21世纪的社会发展中，科学技术已成为社会进步的第一推动力，在所有的国际合作中，科技合作也是一种最重要的合作。由于科技研究与应用的客观性，科技活动也是较少受政治观点影响的活动，因而在国际上具有很强的渗透性，特别是自然科学的研究，在许多领域中的发展都是国际合作的产物。从这一角度看，科学技术环境对公司国际化经营的影响，首先是当代人类科学研究与技术发展的影响，它表现为研究发展对经营合作的推动；其次是各有关国家的科技发展状况、基于科学技术的新产业结构和科技-经济结合的发展体制。这两方面的综合作用决定了以研究发展为基础的新的产业化合作与经营发展机制与模式。

人文环境。人文环境是指一个国家或地区的人文地理、民族结构、人口分布、社会文化、道德、伦理以及文化传统。各国之间的人文环境的差异决定了管理理念与模式的差异，是影响跨国或多国经营体制的重要原因之一，其影响包括价值取向、行为方式、人际关系、人性体现、发展观念、是非观点、工作与生活需求等方面。所有这些方面是公司实现人本管理的基础，因此，人文环境影响着国际化经营管理体制的构建和人力资源管理状况；此外，决定了公司文化与社会文化的关系。值得注意的是，在新世纪的社会发展中，国际互联网的普及应用和多种文化背景下的人员合作，正使世界文化向多元化方向发展，在多元化的文化背景中寻求相容性管理模式已得到人们的共识。

面对跨文化的综合影响，世界上一些国家的政府在 20 世纪后期已开始着手新的国际关系、环境与实体的建立。其中，欧盟国家的活动和许多国家（如美国和加拿大）双边或多边关系的确立，为组织的国际化发展提供了新的条件。例如，欧盟国家（包括比利时、丹麦、法国、希腊、爱尔兰、意大利、卢森堡、荷兰、葡萄牙、西班牙、英国、德国等）经过长时间合作努力，已经取消了边境控制、边境税、边境补贴和各国为保护本国产业而相互采取的对策，而且形成了共同的市场、共同的投资及货币机制；在国家合作的基础上，欧盟经济一体化的发展环境正在形成，彼此之间的文化正向交融化方向发展。除欧盟以外，北美经济的发展与合作正在加速，美国与其他国家的双边合作和以合作为基础的面向全球发展的局面已经形成。所有这一切，导致了国际化经营环境的改变。

合作环境的变化对有关国家公司经营的影响是不容忽视的。例如，在美国-加拿大双边联盟过程中，为了寻求新的发展机会，总部在芝加哥的包装业中的巨商斯通容器公司（Stone Container）收购了蒙特利尔的巴瑟斯特公司（Consolidatd-Bathurst），来提高其在加拿大的纸浆及纸制品市场上的地位。排名第二及第三的加拿大啤酒商莫尔森公司（Molson）和卡林奥奇公司（Carling O'keefe）已经合并，实现了它们同加拿大市场中实力雄厚的美国安霍伊塞-布希公司（Anheuser-Buch）及米勒公司（Miller Brewing）的竞争计划，且全方位地进入了美国市场。

3.5.3　跨国与多国经营的形式选择

选择经营模式，不仅是为了适应当时的环境，更重要的是力求在发挥优势的基础上取得进一步的国际化发展机会。多国和跨国经营的公司既有发展中的优势，也有管理上的困难。其优势主要是，通过技术、资源、市场的优化组合和资产的国际化重组，改善研究发展和生产与市场结构，在扩大规模中实现跨国的互补和结合；其困难主要是，各国环境的差异、管理体制的差异和在多种文化背景下的人员组合上的难度。因此，多国和跨国经营的公司都力求在财产和资源的分布、任务分派和分工、组织机构的设置和协调以及计划控制和人员管理上有所突破，以此确立各自的经营管理体制与体系。表3-3 反映了国际上一些著名公司的经营管理范式。

表 3-3　　　　　　　　　　　一些多国和跨国公司的管理组织

	财产和资源的分布	任务分工	单位之间的互相依赖	计划控制
ABB	位于苏黎世的企业总部，永久性流动细分市场。	对关键的产品部件集权化。	董事会成员负责单位和地区业务；通过信息交流培养信任。	核心职能得到限制，但不受总部控制。业务单位在产品开发和后勤方面高度自治。
波音	主要的财产和资源位于美国的一个地区。	职能部门集权化。	777 项目组采用同步开发的新模式。	公司地点的集中反映了高度集权化。
福特欧洲公司	在欧洲将调研与生产相结合，试图在欧洲进行综合生产。	设计和生产集权化，销售和营销分权化。	通过委员会进行协调。	财务和计划集中化。
通用	通用欧洲公司负责所有的美国以外的业务开发。	部件生产分权化，装配集中化。	对业务单位和地区总部的双重汇报机制。	高度控制美国业务，欧洲公司越来越自治。
IBM	除了通讯部门之外的所有业务部门总部位于美国。	将生产和开发从营销和销售中分立出来。	使用团队和信息技术实现生产合作。	管理中削弱历史上的集权化。
英国化工	业务总部位于英国，生产和营销分散。	中心通过职能部门控制与协调，研究与开发分权化。	综合管理业务单位/职能部门/地区责任。	一切都高度集权化。

续表

	财产和资源的分布	任务分工	单位之间的互相依赖	计划控制
MAN	生产和经营单位位于德国,但经营公司分布于欧洲。	在财务控制框架内进行分权。	仅在下层鼓励联系,如生产部门。	财务和战略集权化,对经营和财务的责任管理分权。
雀巢	除了矿泉水和糖果,大多数的销售业务单位的总部位于瑞士。	基础研发集权化,应用调研和生产分权化。	进行中心指导。	所有核心职能管理实现集权,但某些财务部门是独立的。
太阳微系统	所有业务单位的总部位于美国,某些设计和开发部门位于法国、日本和加拿大。	除了中心控制外,业务部门分权化管理。	新产品采用同步开发。	业务单位分权化,并承担损益职责,总部负责金融管理。
联合利华	产品集团位于伦敦和鹿特丹。	洗涤剂和食品生产集权化,基础研发集权化,开发分权化。	跨国"网络"指导业务单位在产品经营上协调。	财务和产品计划集权化,企业成员的跨组织流动实现分散。

资料来源:帕特·乔恩特、马尔科姆·华纳. 跨文化管理. 东北财经大学出版社,1999:340-341

在表 3-3 所示的多国和跨国公司的管理中所体现出的基本原则是:处理好分散化生产经营、专业化管理组织、相互依存的集中决策体制的关系;保护公司总部及本国研发与市场经营的主导地位;注意在国际环境和多文化背景中实现灵活的跨文化管理;关注未来的发展,着手于全球经济一体化发展中的体制变革。

在具体问题处理上,雀巢、联合利华、太阳微系统、通用、英国化工、IBM 十分注重产品和业务的多样化、技术发展、外销比例以及世界市场经营上的一致性,同时适当考虑规模经济和总部所在国的基础发展,在时机成熟时注意扩大国外子公司生产的份额;波音、福特以研究发展和技术为依托,将国际市场的开拓放在重要位置,在此前提下实现其规模经济效益;以 ABB 为代表的公司立足于占领有特色的各国市场,有针对性地实现产品与业务多样化和技术发展、规模经济、国外生产与销售扩大化;MAN 等公司则以控股方式为主，实现产品和业务的多样化，以此实现其均衡发展战略。

在任务专业化方面，各企业的方式表现出更多的差异，这反映出它们所面临的专业化经营环境和出发点的不同。在立足于建立适应国际化经营业务的前提下，MAN、雀巢、ABB、太阳微系统公司等将分权管理作为组织管理的标准形式，实行目标责任的宏观管理方式；英国化工公司等的主要目标是总部直接控制业务活动；福特和通用则采用集权化管理的体制。

在业务和管理的协调上，所有企业都将组织内部的冲突与协调问题放在首位，都力求建立合作一致的运行机制，具体做法有：鼓励最大限度地信息共享；通过内部改革实现社会化；协调不同目标和作用的委员会工作；着重于分散的专业化生产与研发的整合；按专业分工实行责任制的管理。

在经济多元化发展中，各国文化相互交融，形成多元文化主体。例如，欧洲国家的企业管理层面，已呈现出西欧商业式模式、北欧管理式模式、东欧工业式模式和南欧家庭式模式的多元化共存和逐渐融合的局面。在这种情况下，多国和跨国公司不再只拥有单一的一国文化，公司在发展中为了获取全球性的利益和成功，在组织内正尽量缩小民族文化优越感的影响，这意味着传统的国际化发展理念正在改变。

跨文化国际经营的一个重要问题是优势转移问题。优势转移可以有几种情况：从本国母公司到国外子公司；从国外子公司到本国母公司；从一个子公司到另一个子公司。一般说来，国际化公司总是从一国的经营中发展起来的，有些公司不排除多国同时发展的可能。无论是何种情况，总公司作为公司的核心总是存在的，这种存在是以研究发展、生产、销售以及综合管理为基础的。在国际化经营中，由于多国或跨国公司的各经营主体相对独立，完全有可能在特定环境中发生公司内部的优势转移。对于各主权国家来说，优化环境，为国外公司的发展创造具有优势的发展环境是他们十分关注的问题；对于公司来说，完全可以利用各国环境的变化实现其全球发展战略。因此从某种意义上说，多国或跨国公司的跨文化优势转移激活了全球的经济发展。

从世界经济发展上看，同样存在着区域性经济发展和区域优势转移问题。面对这一情况，国际性公司的经营管理必将会出现新的竞争与合作局面。

思 考 题

1. 试析社会环境对组织管理的影响。
2. 组织活动与信息流的关系怎样？如何通过信息流的组织进行企、事业组织的管理?

3. 简析社会主义市场经济中的信息流特征。

4. 简述管理道德、伦理观的形成和演化。

5. 影响管理道德、伦理规范的因素有哪些? 规范的内容包括哪几个基本方面?

6. 简述管理的社会责任的演化过程。

7. 实施管理监督的目的和原则有哪些?

8. 试析管理监督的社会体系结构。

9. 从宏观角度看,企业的跨文化国际合作形式主要有哪些?

10. 如何进行多国和跨国经营中的管理模式选择?

4 组织设计与组织建设

一个成功的组织,不仅取决于组成组织的各基本要素,而且取决于这些基本要素的安排和在此基础上的管理。在复杂多变的外部环境下,要素安排显得十分关键。组织设计与建设的基本任务就是从这些基本的组织要素出发,寻求合理的组织结构框架、设置科学的岗位,进行动态化的运行调节,以便在不断创新中保持组织运行上的优势。

4.1 组织设计与建设的要求、依据、原则和程序

组织设计与建设是对组织进行有效管理的基础性工作。管理人员在设立或变更组织结构时,首先要进行设计,在设计的基础上完成组织的建设任务。对于这一整体化的工作来说,明确其要求、依据和原则是设立或变更组织的基本出发点。

4.1.1 组织设计与建设的要求

如果说一般意义上的管理是对人们从事业务活动的计划、组织、决策和控制,那么管理的组织形式、结构和职能的发挥则是实现组织化管理的基础和前提。组织设计正是从这一基点出发,根据组织的目标、构成要素和环境,确定组织结构、劳动分工和职能、职责,以此为标准进行组织构建,最终实现组织运行及其管理目标。

组织设计与建设是针对组织而言的,作为个体劳动者需要安排的只是自己的活动,自己的时间和资源分配,因而不存在组织设计与建设问题。但是,在一个拥有数百上千乃至几万人的社会组织中,最高领导者或管理者不可能直接地、面对面地安排和指导每个成员的工作,而需要通过一定的组织

形式委托一些管理人员，与他一道分担管理工作。委托多少人、按什么岗位结构委以任务，其职责分配与管理关系安排等，是组织设计与建设中需要解决的基本问题。因此，组织设计与建设的基本内容应包括组织结构设计与机构设置、组织岗位设计与责权安排、组织运行设计与管理规范以及面向组织发展的创新和再造设计等。

组织设计与建设，旨在根据组织总体目标，遵循一定的原则，把组织管理要素配置放在建设与发展方位，确定其活动条件，规定其活动范围，形成稳定的科学管理体系。组织活动的内容是决定其形式的主体因素，不同的任务目标，有着不同的组织要求；不同性质和规模的组织，有着不同的结构；不同的结构，有着不同的功能和效率。科学地进行组织机构的设置、岗位安排、人员选配和责权确定，是高效化地管理组织和实现组织运作目标的保证，是组织化运行的一项基本的社会工作。

组织设计与建设的具体工作要求，主要包括以下几个方面：

① 科学的劳动分工。组织的劳动分工是指将一项完整的工作分解成若干相对简单的工作环节，每个人只专门从事某一工作环节任务的分工组织活动。劳动分工使复杂的工作变得相对简单，其专业化的操作与管理，有助于组织效率的提高；同时，专业化的工作分配为从事操作或管理的组织成员提供了创造性工作的条件，有利于其专长的发挥。劳动分工具有相对性，过度细化分工的负面效应是会使操作与管理变得过于单调和枯燥，永远只承担一个简单工序的组织成员必然缺乏对完整性全局工作的理解；同时，复杂的分工将导致环节增多，这给组织成员的沟通和协调带来了新的困难。可见，劳动分工必须实现科学化，其基本要求一是适当控制操作与管理的分工度，使每一分工适应人本管理与技术条件的需要；二是分工内容应合理，其分工应协调；三是在分工基础上强调分工后的统一管理与配合。

② 完善的组织结构。组织结构是组织建设的总框架，是组织中各要素的结构性组合体系结构。组织结构设计作为组织设计与建设的一项关键性工作，要求结构完善、组织有序、关系清楚、层次分明，以便在此基础上设置机构，安排部门和岗位。完善的组织结构设计必须以科学的组织结构理论为指导，掌握现代条件下组织结构的变化规律。具体说来，应在变化着的环境中研究组织结构要素、组织模式选择、组织信息沟通、组织权力构成等基本问题，力求在诸多设计方案中优选出最完善的组织结构设计方案。组织结构的完善性还体现在现行组织结构对未来环境发展的适应性，这就要求在结构设计中充分考虑各因素的动态作用，使组织结构具备自我完善的功能。

③ 优化的管理部门。组织设计和建设中的一个重要问题是如何实行管

理部门化。按管理专业化分工原则，管理部门是以专门管理职能的发挥为基础的，是管理职能的专门化分解。这种分解包括纵向和横向两个方面。纵向的分解，是根据管理的有效作用范围和对象的限制，确定管理的系统层次以及各层次上的部门或机构；横向的分解，是根据不同的组织活动内容，按一定的标准将组织管理系统分解成相互配合的若干个职能部门或机构。组织的管理部门可以按多重标准设置，其优化设置应该是管理效率最高、管理职位最省、最有利于组织发展的设置方案。因此，在管理部门设置中应充分考虑管理职能的分解与整合、纵向部门与横向部门的关系、部门对环境的适应性以及部门间的有机配合和协调。

④ 合理的责权体系。管理部门设置以后就是管理岗位的设计和管理职责与职权安排问题。从管理实施的角度看，管理职责和职权的确认必须有利于组织管理与运行，在规范管理职责的前提下，给予相应的职权，即以管理目标决定职责，以职责决定职权。合理的管理职责包括职责结构的合理性、职责范围的合理性、管理岗位之间相应责任关系处理的合理性、职责规范的合理性；合理的职权包括职权结构的合理性、职权大小的合理性、职权监督的合理性、职权关系的合理性。合理的责权体系的构建还必须从组织管理的总任务和总要求出发，在充分保证部门化管理中各部门或机构功能发挥的前提下，安排和协调各职能管理部门的各种纵向和横向关系，构造职责和职权的分层结构体系。

⑤ 高效的运行机制。组织设计与建设的最终目的是确立高效的组织运行机制。这种机制不仅要适应目前的组织运行环境，具备对未来发展的适应性，而且要适应组织的业务工作，满足实现组织目标的基本要求。高效化的运行机制以人力资源的充分发掘为前提，这就要求在组织设计与建设中充分考虑人的因素，即以"人"为本设计和实现运行机制。运行机制是一种动态的发展机制，在组织运行中应采用一种有利于创新的机制。具体说来，应注意确立组织的激励机制、人员流动机制、岗位变更机制、业务流程重组机制，在管理中应强调组织机构变革的灵活性和相对稳定性，确立科学的机制变革规范。运行机制的确立还必须以严格的管理制度和组织制度作保证，以利于组织运行与变革的制度化。

4.1.2　组织设计与建设的依据

组织设计与建设应立足于组织的现实和未来的发展，充分考虑内、外因素的影响，其基本依据大致可以概括为规模、战略、技术和环境这四个基本方面。

(1) 规模

规模是影响组织结构的一个重要因素。例如，大型组织（如拥有 2000 多名员工的企业）倾向于比小型组织（如拥有 300 多名员工的企业）具有更高程度的专业化分工和纵向及横向管理部门的职能分布，而且组织规则条例更多。这种人员规模对组织结构的影响并非一种线性的影响，随着组织人员规模的扩大，规模对结构的影响强度逐渐减弱。例如，一个拥有 2000 名员工的企业，再增加 500 名员工不会对它的结构产生多大的影响；相比之下，只有 300 名员工的企业，如果增加 500 名员工，就很可能从根本上改变组织的结构。

除人员规模外，组织的资产规模、经营规模、效益规模是决定组织结构的重要管理因素。例如，仅适用于在国内某个区域市场上生产和销售产品的企业组织结构形态，不可能适用于在国际上从事经营活动的大型跨国公司的活动。资产、经营与效益规模不同的组织具有不同的组织结构。一般说来，规模较小的组织结构相对简单，其管理分工单一；规模较大的组织结构相对复杂，其管理分工呈现多元化特征。

组织的人员规模与资产、经营和效益规模具有一定的联系，其综合作用体现在一定环境和技术条件下组织的阶段性发展上。随着组织的创建和发展，组织活动的规模必然发生变化，由此引发了组织结构调整问题。美国学者托马斯·凯伦（J. Thomas Cannon）提出了组织规模发展的五阶段结构理论，认为组织在发展过程中要经历创立、职能发展、分权、参谋激增和再集权阶段；在不同的发展阶段，要求有与之相适应的组织结构形态。

① 创业阶段。组织创业阶段的决策和日常管理往往由最高管理者直接作出，在组织结构上要求简单、精练，管理职能的发挥重在决策和协调、指挥，这一需求决定了相对简单的组织结构形态。

② 职能发展阶段。随着组织活动的开展和专门化管理职能的形成，这一阶段的管理逐渐正规化、体系化，要求以最高决策者、管理者为中心设置体系化的职能管理部门，以提高组织运行的效率与效益。

③ 分权阶段。随着组织规模的扩大，组织成员的工作日趋复杂，为了有效地解决日益增多的管理问题，需要采用分权的方法来对付职能结构引发的诸多矛盾，组织结构逐渐向以事业部为基础，事业部与职能部门管理相结合的模式转变。

④ 参谋激增阶段。为了适应愈来愈大的规模管理需要，保证决策的科学性和有效性，各层次管理部门（特别是高层管理部门）往往增设了一些参谋岗位，以此形成对组织决策的支撑，这一变化在组织结构上便是权力知

识化管理体制。

⑤ 再集权阶段。分权与参谋激增解决了组织发展中的专业化、知识化管理问题，然而也产生了管理分散问题，促使组织的决策权力再一次集中。新的权力集中是一种高水平的集中，它体现了以分权、权力知识化为基础的新的集中决策权的管理结构形态。

凯伦的理论反映了组织正向发展的问题，对于逆向发展（如市场变化导致企业规模的缩小），同样可以逆向利用"发展理论"寻求相应的组织结构形态。

（2）战略

组织结构设计与组织建设必须服从组织战略。它反映在设计与建设中的目标选择上。从战略上看，组织设计与建设是管理当局实现其目标的手段，由于目标产生于组织战略，所以组织的组建必须与目标相适应。这意味着，结构应该服从战略，如果最高管理决策者对组织战略作出了重大调整，那么就需要修改结构以适应战略调整的需要。

艾尔弗雷德·钱德勒（Alfred Chandler）曾对美国 100 家大公司进行了战略-结构关系的考察和分析。他系统研究了杜邦（Dupont）、通用汽车（General Motors）、新泽西标准石油（Standard Oil of New Jersey）等公司 50 年的发展情况，作为案例结果，得出了"公司的战略变化导致了组织结构改变"的结论。具体地说，钱德勒发现，企业组织通常起始于单一产品或产品线生产，这一战略决定了组织是简单的集权形式和职能部门松散管理相结合的结构，这时的决策集中在高层，其他管理由分工决定。从单一产品线开始的公司经营，随着业务范围的扩大和实力的增强，其发展战略必然会作出新的调整，与此相对应的组织结构也将随之变化。如钱德勒作为案例研究的美国通用汽车公司，其综合发展战略决定了它不仅装配整车，同时还要发展空调制造企业、电气设备及其他配件生产部门，其结果导致组织单位之间相互依赖性的加强、纵向与横向管理功能的强化和专业化管理的实现；随着公司进入多样化经营和全球化发展战略的确立，公司的结构得以再次调整，从而采用了多个独立事业部的协调管理与控制的结构体系。这一实例表明，组织战略是设计与建设组织的宏观控制依据，其战略的实施和转变决定了组织结构的微观体系。

从决策角度看，战略是实现组织目标的各种行动方案、方针和方向选择的综合。为实现同一目标，组织可以有多种战略选择和途径。例如，企业为实现利润和长期发展的目标，既可以生产大众化的产品，以低投入、大规模的经营战略去组织运营活动，也可以通过高投入、高档次的产品去寻求经营优势。显然，这两种不同的战略决定了不同的组织结构与权力体系。这一事实说明，战略选择在两个层次上影响组织结构。其一，不同的战略决定了不同的业务模式，从而影响管理结构的改变；其二，战略重点的改变会引起组织工作重点的转移，使各管理部门的设置和权力分配结构产生变化，需要以此出发进行相应的结构调整。

（3）技术

任何组织都需要采用一定的技术和具有一定技术水平的设施或手段进行管理、从事业务活动，将投入转换为产出。对于包括高等学校、研究机构、社会文化、制造业、流通与服务行业企业在内的所有组织，技术和技术设备的水平不仅影响组织活动的效益和效率，而且全面作用于组织活动的内容划分、职务设置和工作流程与组织结构。例如，目前网络技术和网络服务的全球性普及，对组织结构和活动的深刻影响已反映在业务组织和管理活动的各个方面，导致了企、事业组织管理的革命性变化。

20 世纪 60 年代初，英国学者琼·伍德沃德（Joan Woodward）对英国 100 家小型企业进行了技术与组织结构关系的调查，结果表明：技术类型与相应的企业结构之间存在着明显的相关性；组织绩效与技术和结构之间的适应度密切相关。从技术复杂性看，其复杂程度的提高使得组织管理的纵向层次增加；从效能角度看，技术水平的提高使组织管理效率提高。事实表明，成功的组织都是那些根据技术的要求合理安排组织结构的组织。

技术对组织结构的影响，在管理上主要是技术对管理幅度的作用。所谓管理幅度（span of control），即控制跨度，是指主管人员直接领导、指挥并监督其工作的下属的数量。当管理者所领导的下属数量超过他能够有效管辖的限度时，为了保证组织的正常运行和协调，他可能委托其他人来分担其管理工作，从而增加一个管理层次（administrative levels），也可能利用新的管理技术（如信息技术和系统）来提高管理能力，以保证管理的正常运行。由此可见，技术水平的提高意味着管理结构的简化和管理效率的上升。

查尔斯·佩罗（Charles Perrow）研究了常规技术和非常规技术对组织结构及其管理的影响，其结论为：愈是常规的技术愈需要高度结构化的组织；非常规的技术则需要组织结构和管理的高度灵活性。佩罗所说的常规技术，系指一定时期内组织所采用的通用技术，其技术管理模式比较固定；他所指的非常规技术包括特殊的专门技术和发展中的新技术，其技术模式比较灵活。当前，基于互联网的企业合作经营就是一个典型的非常规技术应用的例证，它导致了"知识联盟"、"虚拟企业"等多种组织形式的出现，其组织结构与管理具有很大的灵活性。

(4) 环境

任何组织都存在于一定的环境之中，鉴于组织与环境的相互作用，从管理角度看，环境对组织的作用主要体现在环境对组织结构与行为的影响上。具体说来，其影响可以概括为如下三个方面。

① 环境对组织结构的影响。组织是社会大系统中的一个子系统，组织外部存在的其他子系统与组织必然产生一定的关联，而且各子系统构成的社会大系统的各种构成要素与要素作用决定了各子系统的结构和运行。这说明，从系统论观点看，环境对组织的结构作用实为系统中的关联作用，其作用结果体现在组织构成、部门、运行模式和管理结构等方面。例如，我国计划经济与市场经济体制下的企业。作为环境的体制对企业的影响是十分关键的，计划经济体制环境下，企业的任务在于利用国家供给的各种生产要素制造产品，要素的配置按国家规定的系统拨给，产品的去向按国家组织的渠道流出，这就决定了企业的机构设置主要围绕计划生产过程进行；市场经济体制环境下，企业面临的是商品竞争的经营环境，其生产要素供给和产品流通由市场决定，企业的组织结构必须按自主经营、对国家负责和以市场为导向的思路调整，并设置相应的管理机构。

② 环境对组织关系的影响。环境对组织关系的影响主要是对组织各部门关系的影响。例如，在技术与市场相对稳定的环境中，企业管理的主要矛盾是提高生产率，扩大生产规模，因而形成了以生产管理为中心的管理结构体系；在多元化的市场竞争与开放化的环境中，以市场为导向的竞争管理逐渐上升成为主要矛盾，在企业设置的各管理部门中，经营决策部门和市场营销部门必然成为协调或联系各部门的纽带，其作用变得突出；面对知识经济和新技术革命发展迅速的环境，企业的研究开发部门与市场管理和生产部门结合，成为主导企业发展的关键，这些部门之间的关系又会产生新的变化。

③ 环境对组织变革的影响。环境对组织变革的影响主要是环境的变化对组织的作用。从管理角度看，环境的稳定与否，对组织结构的要求也是不一样的。稳定环境中的管理，要求设计出"机械式"的组织管理结构，其中管理部门与人员的职责界限分明，工作内容和程序相对稳定，等级结构严密。多变的环境则要求组织结构灵活，采用"有机式"的组织管理结构，其中各部门的责权关系、工作内容和范围需要经常作出适应性调整，这时的组织等级关系不甚严密，组织设计中强调的是横向沟通和统一协调，而不是纵向的等级控制。在21世纪的企、事业组织发展中，环境的速变已是一个摆在人们面前的不争的现实，因而有机组织结构研究已引起管理界的高度重视。

4.1.3 组织设计与建设原则

组织设计与建设是实施管理的基础,因而在设计与建设中应从管理出发,在解决基本的管理问题的基础上着眼于实际问题的解决,其中原则性的问题主要包括以下四个方面。

(1) 需要与发展原则

组织设计与建设首先要立足于现实的需要。组织设计与建设的根本目的是为了保证组织目标的实现,是使目标活动的各项内容都落实到具体的部门、机构和岗位。从组织结构上看,组织的各个部门、机构和岗位都有着明确的任务目标,它们与整体目标相一致,相互联系,构成一个有机的整体。组织部门、机构和岗位的设置必须以承担某些职责、完成特定的任务目标为前提,即按需设计和设置构成组织的部门、机构和岗位。

坚持需要的原则,就是要求我们采取从现实出发的务实态度,一方面立足于当前的管理需要,另一方面着手于未来的发展需要。要实现这一要求,必须考虑到今后的管理,即将发展和需要结合起来进行组织的整体化设计与建设。例如,对于现代企业,随着生产的发展,技术环境的变革,管理内容、管理范围、管理职能和管理关系将产生新的变化,这就要求在组织设计和建设中对企业短期及中长期发展作出预测,在现实可能的情况下,根据新的任务目标的需要适度超前地设置有关部门或机构,以承担企业发展的管理目标任务。我国在计划经济向市场经济转轨的过程中,国内的一些成功企业在组织机构设置与改革中进行了超前调整,取得了率先适应新的市场环境的效果,这一成功的经验值得重视。在面向高技术竞争的发展时期,在组织建设中,那些已经完成其历史使命,在目标体系中已不再发挥作用的机构应及时撤销,对于关系到新目标体系实现的机构应及时设立,从而保证组织管理与发展同步。

(2) 指挥一致原则

一般说来,组织都有若干层次,每一层次都有各自的专业分工,因而在不同层次上设立多个管理部门是必要的。但这种多部门的管理,如果处理不当,有可能带来部门冲突,从而影响组织决策与行为上的统一,有碍于组织运行与发展。鉴于这一情况,在组织设计与建设中必须坚持指挥一致的原则。

指挥一致就是要求按一致性目标任务设置组织机构,其目的是使组织的各层次及各层次上的所有机构都在统一的命令系统之下,追求同一目标,以使组织在运行中能够步调一致,精干高效。为此,在设计与建设中必须强调层次之间的统一和机构之间的一致性协调，同时，尽可能地减少层次，精简机构及人员。

指挥一致在纵向管理上为纵向统一。纵向统一指层次组织间上下层的集中统一，命令一致。为此，不同层次之间的上下级关系要明确，上下级之间的上传下达按层次进行，在指挥和命令上严格实行"一元化"的层次联系，避免发生多头领导、多元指挥的情况。这样才能保证目标的完整，保持所有层次和成员工作方向上的一致和正确。

指挥一致在横向管理上为横向统一。横向统一是指同一层次的不同专业部门之间通过联系和协调而实现的配合一致。所谓联系，是指同层次部门间意见交换、工作配合及有关目标达成所需的共同行动。所谓协调，是指同一目标的解释和同一命令执行中的矛盾解决、沟通和求同存异的配合行动。横向统一的实现要求从组织结构及建设规范上进行保证。

（3）幅度控制原则

幅度实际上是组织管理中上级主管直接领导下属的人数或单位数，由于任何管理者的精力、能力无一例外地受主体和客体条件的限制，所以管理幅度必须在组织设计与建设中加以控制。

在组织管理中，合适的管理幅度并没有一个统一的标准，且组织之间的差异导致了管理幅度的差别。我们应该做的是，从分析影响管理幅度的权变因素出发，根据组织目标确定适当的管理幅度。

管理幅度的影响因素包括组织性质、组织层级、人员素质、组织条件和组织环境等方面因素。一般说来，企业组织比事业组织具有较大的管理幅度、知识密集型组织比劳动密集型组织的管理幅度小。位于组织层级中的较低层次的管理幅度，由于工作相对简单，其管理幅度较大；位于组织层级中的高层管理层次的管理幅度，由于非常规决策管理多，且问题复杂性程度高，其管理幅度较小。在同类、同规模、同性质的组织中，人员素质高的组织的管理幅度比人员素质低的组织的管理幅度大。工作条件（包括技术条件、信息条件等）优越的组织，一般具有较大的管理幅度。处于动态环境和复杂环境中的组织，其管理幅度比处于相对稳定环境和简单环境中的组织要小。这些因素是设计和控制管理幅度时要综合考虑的。

管理幅度与管理层次有关，管理幅度的增大可以减少管理层次，提高管理的效率和水平。但是，管理幅度的不适当加大，如果超出了组织成员的能力，脱离现实，也会适得其反，其结果将使管理失效，影响组织绩效。因此，在组织设计与建设中应将管理幅度控制在合理的水平上。

(4) 责权对等原则

组织管理体系既是目标责任控制体系，又是等级权力链的联结系统。组织结构中管理层次的划分既是权力的层层下达和安排，又是总目标、子目标层层分解和目标体系中的责任落实过程。在组织设计和建设中，权力由管理责任决定，管理责任又受目标的制约。多重目标需要多种管理活动来实现，而不同的工作活动和分类则是同层次管理责任确定和权力认定的基础，由此决定了组织的管理部门、机构和岗位职务。因此，责权对等是任何组织都必须遵循的基本原则。

组织设计与建设中的责权对等，就是要使每个部门、机构和岗位都做到有责、有权，而且责任和权力要对等。超出责任的权力将导致任职人员有可能滥用权力，造成管理和组织运作上的混乱；如果责大于权，将使任职人员无法执行自己的计划，履行管理责任，甚至导致管理职位的虚设。

在具有层次结构的组织管理体系中，责权对等原则的执行，要求上下级的管理责任与权力要分明、合理。如果上级享有过大的权力，而将责任下达给下级，将不仅影响管理职责的发挥，而且因过多限制下级活动，还会影响下级的创造性活动的开展，甚至引起组织的不协调和人员纠纷；相反，如果上级承担过量的管理责任，而将权力过多地给予下级，将导致管理的分散，使得下级的行为难以控制。因此，上下级的责权分配与关系调整是贯彻责权对等原则的关键。

(5) 信息沟通原则

高效化的组织管理必须有良好的信息沟通体系作保证，这不仅体现在组织管理信息的保障上，而且要求在组织设计与建设中，确立有利于管理沟通的结构体系，即坚持信息沟通的组织设计与建设原则。

在分层结构的管理体系中，中间各层次既是上级下达的信息指令的接受者和向下传达信息指令的发送者，又是下层信息的汇总者和向上输送管理决策信息的传递者，加上自己的信息处理和定向传播工作，使其在组织沟通中具有特殊的作用。因此，组织信息沟通可以从规范中间管理层次的信息联系与沟通着手，按分层业务体系确立合理的信息层次结构和信息沟通准则，寻求解决管理中的信息流通、供给的有效途径，克服信息不完全性、非对称性和外部干扰的影响。

从信息传递与组织上看，管理层次的增多将导致信息处理中间环节的增多，其弊端是容易产生多环节传递的失真和影响沟通的速度，所以在组织设计与建设中，应尽量减少中间管理层次，实现组织结构上的扁平化。与此同时，必须注意充分利用现代信息技术与管理技术，力求管理幅度的提高。

在社会的信息化发展中，加快管理信息化的步伐是贯彻信息沟通原则的基本体现。它要求将信息流与组织流程相结合，寻求有助于信息沟通、共享和实现管理与信息组织一体化的组织管理新机制。

4.1.4 组织设计与建设的程序

组织设计与建设是一项系统性很强的工作，大体上分为设计和建设两个阶段，各个阶段又有着基本的步骤，从而形成了设计与建设的系统程序。图4-1扼要地归纳了组织设计与建设的一般流程，尽管各类组织的性质、特征、要素结构和设计与建设的要求有所不同，然而其设计与建设工作的组织却有着共同的规律。

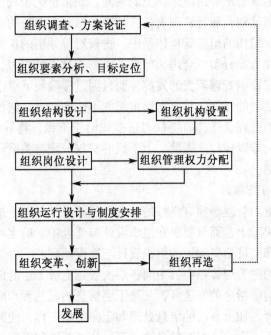

图 4-1 组织设计与建设的基本程序

图 4-1 所示的组织设计与建设程序具有如下要点：

① 组织调查与方案论证。组织设计与建设从对新筹建的组织或现有组织的现状调查入手，在分析组织建设需要与可能的情况下，经论证提出系统的设计与建设方案，编写任务书。

② 组织要素分析与目标定位。在已定方案的基础上详细分析构成组织

的各要素与要素的关联作用，进行目标选择与定位。

③ 组织结构设计与机构设置。根据总体目标按组织设计与建设的规范进行组织要素配置，构建科学的组织体系，在此基础上确定组织机构，明确其基本关系，提交完整的结构与机构建设方案，按方案进行组织机构建设。

④ 组织岗位设计与权力分配。按机构设置框架和组织建设的原则要求，根据责、权对等的原则，按优化的模式设岗，按岗定责，按责定权，以此为基础构建组织的权力结构体系。

⑤ 组织运行设计与制度安排。通过组织运行目标的分析进行运行模式设计，在验证模式的可靠性与可行性的基础上，进行运行管理方法的规范，在制度上规定组织运行的原则、办法与体制，在组织运行中不断完善这一工作。

⑥ 组织变革、创新与再造。针对组织运行中的新问题和社会环境、技术环境、资源环境的变化，不断改进组织的结构体系、责权分配和运行管理制度，进行组织创新，在创新基础上创造条件，进行组织再造（再造工作基本上按前述的步骤进行）。

⑦组织发展。通过组织设计、建设与再造，寻求新的发展机会，确立持续的稳定发展机制。

4.2　组织结构设计与机构设置

组织结构设计与机构设置，是根据组织总体目标，遵守一定的原则，把组织管理的各要素配置在一定的方位上，确定其管理结构、活动条件和建立科学管理体系的过程。组织性质、活动内容、形式、目标任务和各要素状况，是确定组织结构和设立管理机构的基础和条件，从这一实际情况出发，组织结构设计与建设的关键是寻求科学的组织理论以及合理的组织结构模式。

4.2.1　组织结构理论及其应用

组织结构理论以组织结构为对象，研究组织结构的变化规律、组织结构要素、组织模式选择以及组织结构与环境的关系，面向组织结构设计与机构建设的实践需要，解决组织设计、再造、变革与创新中的实际问题。组织结构理论随着组织管理的发展而发展，其理论应用在于从组织设计与建设出发，利用传统理论和现代组织结构理论，有针对性地解决各类组织结构设计与方案实施问题。

（1）传统组织结构理论的应用

从 20 世纪初直至 20 世纪中后期，在组织结构理论中占支配地位的是传统的组织管理理论，就范畴而言属于经典管理理论体系。按传统观念，所有组织都共同拥有一种最好的结构模式，即金字塔式的层级结构模式。在这一通行的模式中，最高层管理者通过层层下达控制指令的方式安排组织活动，进行决策；中间层次的管理者负责业务管理和决策实施；最基层的操作者则最终承担业务操作任务，完成管理层下达的各项指标。从高层到基层，其人员分布逐层非线性增加，大体上呈现金字塔式的组织结构。在金字塔结构的组织建立和运行中，一切活动由高层决策和组织集权制度所决定，一切事务由分权和集权的部门来处理。

在传统的组织结构理论中，泰罗主张实行职能管理制，不仅强调要单独设立职能管理机构，而且强调在职能管理机构内部实现各项管理职能的专业化和标准化分工。按泰罗的理论，所有职能管理人员只能承担有限的一两项职能工作，其他职能则需要分层下放或由上层进行分工。因此，任何层次的管理者只保留例外的特殊管理事务的决策权、对下属的分权权力与监督、指挥权以及分工内的有限直接管理权。

法约尔的组织结构理论为我们提供了一种直线-职能制的组织模式以及为解决上下级之间跨越指挥链而进行直接联系的组织形式（即法约尔跳板）。该理论同时对组织结构原则进行了规范，这一规范对当前的组织结构与制度管理仍具有重要意义。

韦伯等人用合理-合法的职权观点论证了官僚结构体系的合理性和可行性，以此为基础设计了三层组织管理体制。在分工上，强调高层为决策职能层，中层为一般管理层，底层为业务操作层。层次管理中的组织结构理论注重组织的稳定性和抗干扰性。

20 世纪 40 年代出现的人际关系理论强调了正式组织中的非正式团体的存在和作用，梅奥、巴纳德等人对组织结构中的人际关系的研究完善了传统组织管理中的人本组织工作，为现代组织管理中的团队组合和知识联盟的实现做了许多前期工作。

20 世纪 60 年代开始的"管理学丛林"时代，各学派的组织结构理论相互作用与融合，其理论综合构成了组织结构设计与机构设置的出发点和基本的管理原则。这些原理对现代组织设计与建设仍有着实际指导意义。

（2）结构权变理论的应用

结构权变理论起源于 20 世纪中期，经伍德沃德·伯恩斯（Burns）、斯托克（Stalker）、钱德勒（Chandler）、劳伦斯（Lawrence）、洛西（Lorsh）

等人的研究，于 20 世纪 70 年代逐渐形成并不断发展。目前，该理论仍是一种用于现代企业结构设计与创新的重要工具。

结构权变理论认为，一个组织是采用中央集权型结构，还是采用参与型组织结构，取决于组织环境和内部条件中权变要素的变化，其权变要素包括环境、技术、规模和战略等。结构和权变要素之间的适应关系影响着组织的绩效，结构和权变要素适应，可以提高组织绩效，如不适应则降低组织绩效。因此，绩效不仅可以作为衡量结构与权变因素相适应的指标，而且可以作为组织结构选择与设计的依据。

组织管理人员可以采取要素组合的有效方式去适应组织管理的各种要求，从而确定一种以人员为中心的各要素组合的组织结构体系。这种体系具有相对稳定性；然而，随着要素的变化，其组织结构体系可以作一定幅度的调整。这意味着，根据结构权变理论设计的组织结构是一种相对稳定的准动态组织结构。

当组织绩效处于正常状况时，组织的权变要素和组织结构被认为是适应的，这时可以保持组织结构不变。当组织绩效下降时，说明二者已不相适应，此时便要从权变要素分析出发，寻求一种新的组织结构模式，即进行组织再造。值得指出的是，组织结构的变革总是滞后于权变因素的变化。其原因一是管理者及组织结构设计人员往往凭经验进行组织管理，他们对权变因素变化的敏感性不强；二是个别权变因素的变化对于具有抗干扰的稳定的组织结构来说，其作用有一个从局部到全局的过程，表现为宏观上的滞后。基于这一事实，我们完全可以通过权变因素的变化分析，事先预测其可能产生的影响，以便及时调整结构，实现结构与权变之间的"动态"适应。

利用权变理论进行组织设计，强调战略的第一位作用和结构的第二位作用，即从战略的变化决定组织结构的变化。这一认识比较符合常规的以管理者为主导的管理思想，据此，可以采用一种积极的方式对待组织结构的变更，从而提高组织的自适应控制能力。

（3）制度化组织结构理论的应用

制度化组织结构理论是 20 世纪 70—80 年代西方提出并逐渐完善的组织设计理论，按威斯特利（D. E. Westney）等人的说法，是用组织的社会背景和制度环境的同态性（isomorphism in the institutional environment）来解释组织结构变化的思想。制度化理论认为，组织结构在很大程度上不是由组织的现实工作和任务决定的，而是由更广范围内的制度环境的预期要求决定的。这种更广范围内的制度环境产生于一定的文化规范和社会环境之中，是影响存在于这一环境中的组织结构的基本因素。如我国市场经济体制的确立，从制度环境上影响着企业的组织结构，使其向适应于市场经济制度的方向调整。事实上，组织作为一个开放性的社会大系统的一部分，其结构自然应符合社会大系统特征，而组织对社会制度的依赖程度也就决定了制度对结构的影响程度。

组织间领域（inter-organizational field）、组织间网络（inter-organizational network）、产业体系（industry system）和组织领域（organizational field）的制度化作用是影响组织结构的重要因素。例如，企业的组织领域，包括一定制度作用下的供应商、资源与产品消费群体以及其他群体活动领域，受制于社会的制度环境，其整体作用必然决定企业与此相适应的组织结构体制。众多组织相互作用的结果是组织与制度环境的同态化，是环境对组织影响的体现。斯托克将其同态化作用归纳为七种类型：

① 强加（imposition）：组织模式由一个最高的权力当局（通常是政府）强制性决定，从而使组织结构同态化。

② 获取（acquisition）：组织通过追随同一制度环境下的其他组织的成功模式来进行结构调整和机构建设。

③ 认可（authorization）：由专业性组织来确认和支持某一组织采用其认可模式，同时进行规范性指导。

④ 诱导（inducement）：某一组织对其他组织施加影响，使其采用与这一组织同态的制度化组织结构。

⑤ 体现（incorporation）：通过对环境的适应，组织在结构上体现出与制度环境相同的结构特征。

⑥ 规避（bypassing）：用制度化的共同价值观指导组织结构设计，使其形成正规化的体系结构。

⑦ 印刻（imprinting）：根据组织制度的时效期，在结构同态化的同时，保留组织初期形成的某些特征结构。

以上七种情况表明了组织结构同态化机制和程度的差异，这一差异由组织的具体情况和制度环境的综合作用决定。

（4）组织生态理论及其应用

组织生态理论的创立者是阿德瑞奇（Howard E. Aldrich）等人，其核心观点是，在组织结构选择中，应选择那些与环境有良好适应关系的组织形式，淘汰那些与环境没有良好的适应关系或适应程度较低的组织形式。该理论于20世纪70年代提出，目前仍处于不断完善之中，特别是20世纪90年代申恩（Singh）、拉姆斯登（Lumsden）等人的实践，使其在企业再造中得到了进一步的应用。

组织生态理论以组织总体为核心研究外部环境和内部单位对组织结构的影响，从而寻求一种生态化的组织形式。在组织建设中，根据组织的集聚程度和范围，可以将组织所涉及的对象划分为四个层次：组织环境、组织总体、单个组织、组织下属单位。与其他组织理论的不同之处是，组织生态理论不是把组织作为一个单一的整体来看待，而是从总体和个体两个层面上讨论组织，认为总体组织由单个组织构成，若干个单个组织构成了一个总体组织。这一区分的意义在于：单个组织的成功和失败并不是关键，在环境变化中尽管有些单个组织会因失败而遭淘汰，但总体组织可以依托于适应生态环境的单个组织继续存在，并在结构调整中得到发展。例如，环境变化使一些企业难以维持，然而可以通过企业重组的方式将其重新整合，使具有多个小企业联合的集团得以继续发展。这里的关键便是结构调整和组合问题，其基点是以适应发展为前提。

从系统论观点看，在环境中各子系统之间的资源分布是不均匀的，拥有资源优势的组织会成功，而在资源配置上处于劣势的组织难免失败。从组织总体与环境的生态作用关系上看，单个组织的结构和形式由组织的生命周期决定，而不能通过组织的主观意愿来选择。组织内部的适应性变革不成功，或者不具备充分的灵敏性，原因在于组织内部不易改变的权力系统以及对单个组织的严格制约。从生态角度看，由单个组织组成的总体组织应该具有结构上的灵活性和单个组织的组织形式上的优势，以利于在变化着的环境中及时调整结构，在生态选择竞争中发展。

在社会活动中，组织的发展和淘汰是社会变革的自然选择。"自然选择"是一种在生物界和人类社会中普遍存在的现象，因此，组织生态理论也称之为自然选择理论。所不同的是，生物的自然选择是通过组成生物的器官以及器官的基本单元——细胞进行的，而总体组织则是通过构成组织总体的个体组织进行的。自然环境变化导致生物的变异，包括某些器官的消亡（淘汰）和另一些器官的进化；社会环境的变化同样也会导致组织结构的变化和个体结构变更后的结构重组。

利用组织生态理论，我们可以从现有的组织结构出发，分析从属于组织的部门或单位对环境的适应性，从而有目的地进行结构调整、改造，或者借鉴适应环境的结构模式进行新的结构设计与组织建设工作。

4.2.2 组织设计与机构设置中的模式选择

组织设计与机构设置中的模式选择是在一定理论指导下的结构模式的挑选和优化，组织要素的不同和发展阶段上的差异决定了它所采用的模式上的差异。在现代条件下，组织的结构模式大致分为机械式组织模式和有机式组织模式两类，具体包括职能型结构、分部型结构、简单结构、矩阵结构、网络结构以及其他结构类型。在模式选择中，我们主要突出其结构特征和适用范围，以便按照基本的结构理论和组织建设原则实施结构设计与机构设置工作。

（1）职能型结构（functional structure）

职能型结构是按照组织管理中的各项管理职能的部门化划分来构建组织体系的一种结构，是管理专业化分工、协作的产物。例如，制造业中的小型企业，在经理主持下可以将工程、财务、生产、研发、供应、销售、人事和信息等职能化管理人员分别组合到相应的职能部门中，建立按职能分工的管理结构体系（如图 4-2 所示）；中、小学的行政管理机构也可以采用由校长集中领导的，按教务、财务、总务、行政等职能化管理的要求，进行管理的职能型结构模式（如图 4-3 所示）。

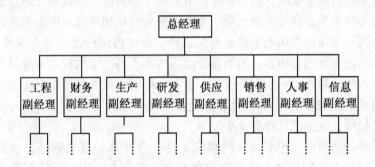

图 4-2　某制造企业的职能型结构

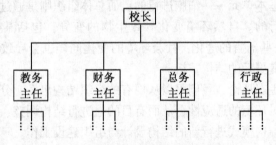

图 4-3　某小学的职能型管理结构

如图 4-2 和图 4-3 所示，在职能型管理结构模式下，最高领导（管理层）除总体负责和决策外，将管理任务按业务范围的性质和类属分派给各管理职能部门，这些部门按分工从事专门化的管理工作，行使管理职权，对组织和高层管理者负责。除制造业和学校外，职能型结构也适用于医院、科研、文化组织和政府机关等。尽管图 4-2 和图 4-3 所划分的职能部门因组织而异，但结构和运行机制却是一致的。

职能型结构的优点在于它从专业化管理出发，将同类业务集中在一个职能部门中进行管理，可以产生规模效益，减少管理人员和设施的重复设置。同时，职能化的专业管理体现了劳动分工的原则，有利于最高管理者从分工、协作的角度管理整个组织和组织活动。

职能型结构的缺点主要表现在两个方面。其一，组织中常常会因为各部门追求职能目标而看不到全局的最高利益，没有任何一个职能部门为组织的最终结果负全局性的责任；每一职能部门的管理人员相互隔离，这种隔离只有通过高层管理部门才能有效地协调，因而影响了全局性的管理效能。其二，对于各职能部门的管理人员来说，只能接触组织管理的某一方面的业务工作，他们对其他职能的接触十分有限，因此这种结构并不能给部门管理者带来系统化管理组织各业务环节的机会，视野的限制不利于管理者综合素质的提高。

一般说来，管理的职能型结构对于中小型组织具有较广泛的适用性。职能型结构的缺点可以通过岗位轮换和横向交流的方式来弥补。

（2）分部型结构（divisional structure）

分部型结构是一种按相对独立和完整的事业部（或单位）组织管理，从而将事业部（或单位）管理纳入组织管理总体系的灵活性管理组织结构。在分部型结构管理中，每个事业部（或单位）形成的分部一般都具备自治管理权，由分部对全面绩效负责，同时对组织总体负完整的分部管理责任。分部型结构由美国通用汽车公司和杜邦公司在 20 世纪 20 年代首创，在数十年的实践中其管理模式已十分完善。鉴于这种模式有利于组织的跨越式发展，很适合大公司经营，因而被许多国际上的著名公司采用。图 4-4 显示了赫希尔食品公司的分部型结构体系。①

如图 4-4 所示，在赫希尔食品公司，每个集团都是一个独立的分部，由对经营全面负责的分部总裁领导。在管理运行中，中央总部董事会主席、首席执行官对各分部提供支持服务（包括财务、法律等方面的服务），同时负责监管、协调和控制各分部的活动。在一定范围内，各分部相对独立，它们在总部颁发的总体指导方针下，以它们觉得合适的方式自主地领导各自的下

---

① 参见罗宾斯. 管理学（第 4 版）. 中国人民大学出版社，1997：255

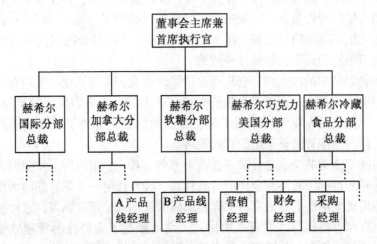

图 4-4　赫希尔食品公司的分部型结构

属进行工作。

　　分部型结构的优点在于它是一种绩效导向型组织结构，组织总体关注的是各分部的绩效而不是运行过程，其过程管理在各分部自主进行。这种结构体系既使总部摆脱了日常的事务管理，而着重于战略决策，又在各分部之间鼓励内部竞争，激励分部主动进取。同时，这一结构为分部管理者熟悉各方面业务创造了条件，有助于管理水平的全面提高。

　　分部型结构的缺点主要是组织资源和管理业务在各分部可能重复安排，如在公司管理中各子公司都具有大致相同的职能管理部门，其结果将导致管理成本的增加，同时可能出现管理效率下降。因此，分部型结构对中小型组织来说，不及大型组织适用。

　　（3）简单结构（simple structure）

　　简单结构是一种比较直接的管理结构，在采用这一结构的组织中，管理层次简单，其管理以面向过程或直接面向操作对象。就其结构化管理形式而论，简单结构又可以区分为直线型结构（line structure）和直线参谋型结构（line-staff structure）两种。

　　直线型结构是最早形成的有机组织形式，其基本特点是组织管理关系是直线型的纵向管理关系，同时不存在专业化的职能管理部门，由最高管理层直接指挥、控制组织活动。图 4-5 是一个小型零售商的直线型管理结构体系，在经营管理中，经理在全面负责计划、公关、人员安排等工作的同时，直接管理营业、采购、仓储和财务活动。这种管理职责分明，关系明确，指挥及时；然而受管理幅度和内容的影响，一般只适用于业务单纯的小型组织。

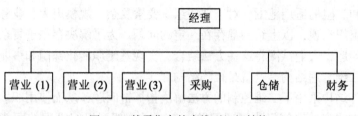

图 4-5　某零售商的直线型组织结构

与直线型结构不同，直线参谋型结构同时具有两套系统。一套是依靠直线指挥关系的纵向垂直系统，另一套是按职能分工关系设置的参谋系统。直线指挥系统拥有对下属的直接管理权；参谋系统中的人员对同级主管提供咨询、建议，对下级人员进行业务指导。因此，直线参谋结构是对直线管理结构的一种管理上的辅助和支持（如图 4-6 所示）。

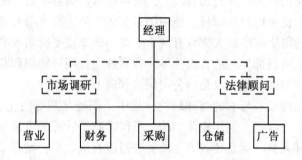

图 4-6　某图书营销部的直线参谋型结构

图 4-6 所示的是某图书营销部的直线参谋型结构。其中，经理直接纵向管理图书销售、采购、仓储、财务和广告人员的业务活动，以此构成直线管理结构。同时，组织中的市场调研和所聘法律顾问在组织中构成参谋系统，对经理进行咨询和服务，同时负责对有关下层的业务指导。

直线参谋型结构既保留了直线结构的优点，也在一定程度上适应了管理职能分工的需要。在运行中，保证了管理的统一和运作有序，从而提高了管理效率。直线参谋型结构的缺点是存在管理系统与参谋系统之间的协调问题。这种结构比较适合管理实力有限的中小型组织。

（4）矩阵结构（matrix structure）

职能型结构着重于专业化职能管理作用的发挥，分部型结构有利于目标责任总体效益的实现，直线型结构的管理思路清楚，然而它们又有着各自的局限性和有限的适用范围。对于那些组织要素复杂、规模庞大、业务活动多样化的组织来说，以上结构都存在一定的问题。为了解决存在于复杂组织中的管理问题，人们试图将这些方法结合，实现基于职能化部门和事业部合二为一的二维管理结构，这就是矩阵结构。

矩阵结构采用了二维控制的方法解决指挥链问题，从而使用职能化的总体管理方式来处理部门化管理问题，实现了分部型组织管理的职能化。图4-7 显示了某航空公司的矩阵结构组织体系。在图中上部所列的是设计工程、制造、合同管理、采购、会计、人事等职能管理部门；图的左部列出的是公司开展的 A、B、C、D 等项目，它们构成类似于分部型结构中的事业部（或单位），且每一项目都有专门的项目经理负责管理。如图中所示的关系，在各项目管理中，项目经理将接受公司设立的各职能部门的管理与服务，必要时将设立相应的设计组、制造组、合同组、采购组、会计组和人事组进行专业化的管理；在公司管理上，公司可以控制各项目部的总效益，各职能管理部门也可以对各项目实施中的专业化环节进行专项管理。这种双重管理的模式使得矩阵中的人员具有两个上司，即既接受所属职能部门的业务管理，又服从项目部经理的直接领导。在管理中，项目经理和职能经理存在着沟通和协调问题，其要求是与公司保持管理上的一致性。

由二维矩阵关系形成的管理结构，集中了职能化和部门化管理的优点，而避免了它们的缺点。利用矩阵结构，不仅提高了管理的可靠性，减少了所需的专业管理人员，而且使各方面的管理得以有机联系，增强了组织的整体工作实力和较为有效地实现了资源共享。矩阵结构的主要缺点是，管理的协调难度增大，当部门管理与职能管理相冲突时，不得不由最高层的管理者来协调，从而延误了决策的时间。基于这一点，矩阵结构往往用于管理难度大的大型组织和各国政府的行政管理系统。

（5）网络结构（network structure）

网络结构是目前流行的一种新形式的组织设计，它使组织对来自技术、市场、对手和资源方面的各种挑战和竞争，具有更强的应变能力和适应能力。在网络结构中，组织的规模可以较小，其少量的管理人员构成了网络的中心，然而，处于中心的组织管理者可以通过正式合同建立起一个业务关系网络，实现依靠关系网络中的其他组织的力量从事组织活动。例如，一个小型的电子玩具制造企业，可以以经理为中心，与电子技术开发公司、电子器

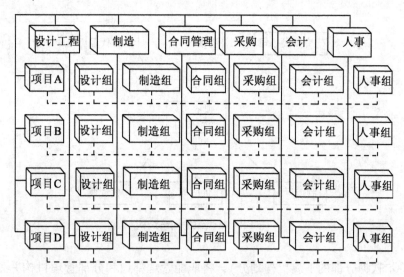

图 4-7　某航空公司的矩阵结构组织体系

资料来源：斯蒂芬·P. 罗宾斯. 管理学（第 4 版）. 中国人民大学出版

　　社，1997：258

件供应商、代理销售商、广告代理商、市场咨询服务公司建立业务关系，中心组织主要从事业务联络和组织工作，以此出发进行联网经营。利用这种模式和不断进步的网络信息技术，可以实现多元化的联网经营。

　　图 4-8 是某企业经营部门将其经营的业务外包出去的一种网络结构。该网络组织的核心是企业经理部门，它们的工作是直接监管公司内部开展的各项活动，并协调其他制造、分销活动和执行网络组织中的业务关系，在合同经营的基础上获取经营效益。从本质上说，网络结构的管理者将他们的大部分时间花在协调和控制这些外部关系上了。

　　网络结构也可以为大型组织所采用，例如，美国埃斯普里特公司（Esprit）、利兹·克莱本公司（Liz Claiborne）等大型公司，虽然不拥有或只拥有少量的制造设备，每年也可以通过网络组织形式的经营，出售数百万美元的产品，从中获取可观的收益。当前，国际互联网的迅速普及，为网络组织活动的开展创造了新的条件，基于网络的结构形式日益成为一种应用普遍的业务模式。

　　以上对于组织结构的划分是从主体结构出发的一种粗略的划分，在组织结构的实际设计中，出于管理上的需要，完全可以将上述各类组织结构模式结合起来使用。例如，可以将职能型和分部型模式相结合（如图 4-4 所示的

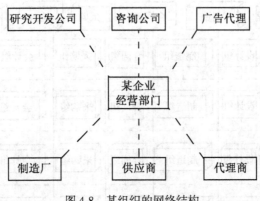

图 4-8　某组织的网络结构

赫希尔软糖分部的下属机构划分），将职能管理部门和分部管理机构并列为同一个层次，以有利于实际问题的解决。应该强调的是，在现代组织管理中综合结构模式的采用是十分普遍的，这一点值得我们高度重视。

4.3　组织岗位设计与权力分配

任何组织的运行都是通过一定组织结构下的劳动与管理组合来实现的，组织结构中的各个部门的职能工作需要一定的人去完成，这就需要在各部门已设置了各种职业岗位的基础上，赋予这些岗位一定的责任和权力。这一组织管理工作可以归纳为组织岗位设计与权力分配。

4.3.1　组织岗位与岗位责、权

岗位也可以称为职位，它是根据组织目标和任务的基本要求，按一定的组织结构所设置的具有相应的责任与权力的工作职位。工作任务、责任和权力是岗位设置中不可分割的三个方面，因此我们说岗位是责、权的统一体。岗位的产生随着组织的产生而产生，在各派管理理论中都有对"岗位"的解释。虽然人们存在着管理上的认识差异，但对岗位的设置以及岗位与责、权关系的理解却是一致的。这说明，岗位作为组织化劳动分工协作的产物，它的存在是组织运行与管理的基础。

岗位具有如下特点：

首先，岗位是以一定的工作内容和任务为基础设立的，组织活动的需要

决定了岗位的存在形式和从事岗位工作的责、权体制。

其次，岗位存在于一定的组织结构之中，某一层次上的岗位具有对关联层次的依赖性，从科学管理的角度看，岗位并不受人的主观作用的影响，而由组织的客观需求与要求决定。

再次，岗位的数量是有限的，它体现在一定体制和结构下的任务配置、职能发挥和目标实现的组织活动的实际要求上，与组织发展及其环境等因素有关。

最后，岗位具有专业性，不同的岗位有着不同的专业要求，从事一定岗位工作的组织成员必须具备必要的专业工作素质和条件。

任何岗位上的工作都必须承担相应的岗位责任，且有一定的岗位（职位）权力作保证，二者不可分割。所谓职责（responsibility），是指由组织制度正式确定的，与岗位（职位）相应的承担和完成特定工作任务的责任。组织结构中的任何岗位（职位）都具备相应的责任，这种责任由组织工作任务、管理目标和业务活动规范所决定。所谓职权（authority），是指由组织制度正式确定的，与一定岗位（职位）相连的决策、指挥和从事一切责任工作的权力。在管理活动中，职权由管理工作及其责任要求决定，与从事其管理岗位活动的个人没有直接的关系，一个人离开了管理岗位便不再享有其岗位活动的任何职权。

责权一体化的岗位设计在组织管理中具有关键性作用，设计的科学性、严密性不仅关系到组织绩效，而且关系到组织内各部门、成员的相互配合的关系。因此，在岗位设计中应遵循规范性的原则。

① 系统性原则。在组织结构中各个岗位的设立并不是孤立的，而是相互关联的。这是由于各个部门都是围绕组织目标建立的，部门中的工作分工和任务分配应该相互协调。因此，在岗位设计中应突出系统整体的作用，按系统任务进行岗位划分，按岗设责，使各个岗位责任既相互独立，又有机结合成为一体。

② 最低岗位数量原则。任何一个组织，其岗位数都是有限的，数量的多少受组织工作任务性质、工作量大小、管理复杂性程度、履行职责的条件以及组织各方面因素的制约。为了使组织以最小的耗费获取最大的效益以及树立良好的工作作风，其岗位数量应限制在有效完成任务所需岗位的最低数，促使各岗位工作高效化地开展。

③ 分层设岗的原则。对于一个组织系统来说，无论采用何种结构，都存在着一定的管理工作层次并产生工作上的上下级关系。在岗位设计中应遵循从总到分、从上层到下层的逐层分解设岗的原则，这样有利于上层职位对

下层职位的有序连接和协调岗位责任工作关系。分层设岗，在上下层岗位数的比例上应做适当控制，使之保持一定的梯级数量结构。

④ 基层倾斜的原则。组织运行的基础在基层，因此基层又称为第一线的工作层次。在岗位设计中，首先应优先考虑基层的需求，适当增加基层岗位；对于上层岗位，则采取适度从严的原则，使上层岗位精练而有效。这样，才可能使组织指挥及时，运行灵活。

图4-9是一个典型的制造公司的主要管理（领导）岗位的设立情况，它的设计不仅体现了我们所说的四个方面的原则，而且符合公司的实际情况。为了掌握现实的管理工作需要，在岗位设计中应强调正常程序的采用，即通过结构分析、岗位调查、方案设计、系统论证、规范要求、责权分配、组织确认，最终确立组织的管理及工作岗位。

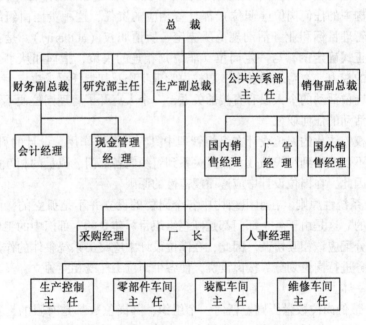

图4-9 典型制造公司的主要管理岗位的设计

资料来源：孔茨等. 管理学. 经济科学出版社，1993：240

4.3.2 以岗位责任为中心的权力配置

在组织运行中，管理权力的配置是以岗位责任的履行和管理任务的完成为前提的，即以岗位责任为中心进行权力配置。从管理职责对权力需要角度看，一方面需要从事岗位责任活动的个人具有职位所需的人格权力、知识权力，另一方面（也是最基本的组织保障方面），也需要组织管理中的制度职权、参谋职权和职能职权。这些权力构成了一个管理岗位应具备的职权。

① 人格权力。人格权力是指生活于社会中的个人，由于人们相信他的思想，尊重他的人格以及接受他的影响，所产生的一种自然权力。如美国人权活动家马丁·路德·金（Martin Luther King）正是凭着他的人格力量，他的思想和行为，有力地影响着他人，由此形成了"支配"他人从事社会活动的无形的权力。人格权力在管理中体现为一种信誉权力，是管理者本身应具备的重要素质。

② 知识权力。知识权力是指个人因具备超出他人的知识（包括自然科学知识、社会科学知识、实际工作经验以及思维活动知识等），在与他人接触中所形成的影响他人思想和支配他人活动的无形权力。知识权力产生的前提是，知识拥有者的言行对他人有利或者可以满足他人的某些需求，可以激发他人自觉接受知识影响的行为。知识权力是管理活动中管理者应拥有的权力，它是管理行为的重要支撑。

③ 参谋职权。参谋职权是指组织内的各层管理岗位上的管理者所具有的向直线主管人员提供信息，提出建议，支持并协助其进行直线管理工作的权力。拥有参谋职权的管理人员除特许行使其他权力外，并不允许利用参谋职权直接作出决策或下达管理指令，因而，参谋职权仅是一种建议、咨询和督促的辅助性权力。

④ 制度职权。制度职权是指任职于组织不同管理岗位上的管理者所具有的指挥、领导、命令和监督下属工作的权力。制度职权是上下级垂直指向的权力配置，是一种主动的决策与行动权力，行使制度职权无需他人同意，但须接受直接上级的监督和组织条例的约束，由此形成由组织的最高层贯穿到最基层的直接指挥权力链。

⑤ 职能职权。职能职权是在组织管理中，某一层次的主管人员在自己的管理权限范围内将一部分职权授予组织中的他人或部门的权力。在授予职权时，必须规定工作任务、工作进程、方针或其他与职权活动相关的事项，以便在授予权力的同时，明确他人或部门的任务与职责。

在以岗位为中心的权力配置中，对于人格权力和知识权力，不可能由他人来配置，但可以要求从事一定管理职业工作的个人，通过自身的修养、学习和锻炼来获得。因此，在权力配置中可以对有关人员提出基本要求和提供其获取这两方面权力的实践机会。关于这一问题，我们将在人力资源管理中作出更深层次的探讨。这里，我们强调的是制度职权、参谋职权和职能职权的配置（参见表4-1）。

表4-1　　　　　　　　　　管理岗位的权力配置

权力及其来源		权力作用	权力主体责任	权力限制
管理者个人修养、学习、实践获得	人格权力	表率作用、影响他人和组织。	符合道德、伦理规范，符合法律规范。	在组织内没有限制。
	知识权力	优化管理、促进组织活动知识化。	对利用知识所进行的业务活动负责。	在组织内没有限制。
组织结构、管理制度决定	参谋职权	参谋作用、咨询作用、服务作用。	对组织管理负责、对组织发展负责、对接受咨询的个人和部门负责。	在组织内行使参谋权，对外保密。
	制度职权	指挥、协调、监督下属行为，管理专门业务，完成管理任务，沟通上下级关系。	对管理的下属负责，对上级负责，对组织绩效负责，对与组织活动相关的社会个人和部门负责。	在管理体制与制度的允许范围内行使权力。
管理授权	职能职权	完成上级分配的任务，协助上级做好管理工作，对下属行使管理职权。	对授权的上级负责，对行使权力的结果负责，对组织绩效负责。	限制在上级授权时所规定的职权范围内行使权力。

在表4-1所反映的管理岗位的权力配置中，人格权力和知识权力是管理者必须自我获取的。作为管理权力主体的职权，一方面由组织结构和制度决定，即制度配置；另一方面由组织内部各层管理人员逐级授权。由于管理职权的形成和来源不同，其权力作用、权力主体的责任以及权力限制也有所不同。

在岗位职权配置中，参谋职权是组织成员共有的一种权力，它包括对各层次管理、决策的咨询权、建议权、意见反映权和民主监督权等。如企业员工为提高管理效率和实现组织目标所提的合理化建议，为管理层提供的调研报告等，均属于参谋职权的行使范围。这里，可以区分三种情况：一是在组织中正式承担参谋岗位责任的参谋职权，要求按岗位的参谋职权规范完成好参谋职责任务；二是各层管理者在行使制度职权的同时所享有的参谋职权，要求在制度范围内承担一定的义务和与直线职权相关的参谋任务；三是组织中的其他人员，要求按道德、伦理规范努力尽参谋之义务。参谋职权的分配对组织活动是重要的，无论怎样估计参谋职权的作用都不过分。现代组织中参谋职权的作用，一是参谋职权的扩大有利于组织管理的民主化，使组织成员在参与管理决策中寻找自己的价值，其结果表现为组织凝聚力的增强；二是充分利用专业人员的智慧，以便在复杂多变的竞争环境中提高管理决策的科学性。参谋职权的配置和参谋作用的发挥反过来促进组织的改革，一些成功企业的参谋、智囊团的作用为参谋职权配置提供了成功的范式。

组织管理的制度职权和职能职权既相互区别，然而在管理职权的行使上，又是一个有机的整体。与职能职权相比，制度职权比较固定，由于由组织结构和制度决定，所以在结构与制度没有发生变化的情况下，其职权是稳定的。因此制度职权的行使，首先要对组织负责，在组织目标制约下指挥、协调、控制下属活动，同时沟通上下级关系。职能职权由于是上级授予，职权行使中除受组织结构和制度约束外，更直接受授权者监督，因此必须直接对授权者负责，以完成授权时所下达的任务为主要目标，同时对组织他人负责。职能职权的授予，可能是短时的，即按一定时期内下达的某些特殊任务授权，当任务完成时，权力收回；也可能是长期的，即在授权者担任主管工作的任期范围内授权，授权的同时明确相应的责任。这两种授权相互补充，形成完整的职能职权体系。图 4-10 显示了某组织部分职能职权和制度职权的配置情况。

在图 4-10 所示的公司职权配置中，制度职权按公司章程（制度）和组织结构配置。公司总经理对公司全部经营事务、目标和绩效负责，为公司法人代表、公司的职能经理分担销售、财务、行政和人事责任，按分工配置制度管理权力；公司所属分公司的事业部经理负责各自的全部业务工作，对总经理和公司负责，按分部配置直线管理权力。职能职权采用逐级授权、职能部门归口的方式配置。首先，总经理将一部分专门化管理职权分别授予职能经理，使职能经理与分部经理的同层次横向关系，在授权上部分转化为业务管理的纵向关系；其次，各职能经理再将职能管理的部分权力授予各分公司经理。制度职权与职能职权的综合配置构成了完整的权力结构体系。

在制度职权和职能职权的配置中，以下几个问题值得注意：

① 制度职权是管理职权的主体和基础，在配置中应严格按组织结构、岗位功能和组织制度的规定进行职权分解与安排。

② 职能职权除特殊情况外，一般分层次逐层配置，尽量避免越权情况发生。

③ 在职能职权配置中应对配置的职权加以限制，做到按需授权，坚持

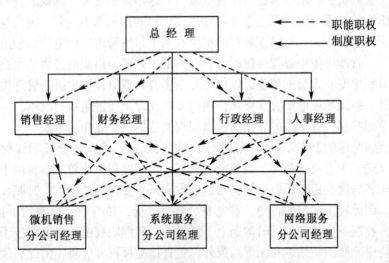

图 4-10 某公司的制度职权与职能职权配置

有限授权的原则（即授权者不能将拥有的所有职权或主要职权授予下属或相关的他人）。

④ 在职权配置中，使制度职权与职能职权协调、统一，当二者发生冲突时，以制度职权为主进行权力调整。

⑤ 建立职权监督制度，在组织运行管理中采用。

4.3.3 集权与分权管理的推进

组织管理权力分配中的一个重要问题是如何处理好集权与分权之间的关系问题。组织中不同部门拥有的权力范围不同，会导致部门之间、部门与上层管理者之间以及部门与下属单位之间的关系不同，从而决定了一定结构下的运行机制的差别。例如，同是按产品划分设立的管理单位，既可以是单纯的生产管理单位，也可以是一个充分享有自主权的分权化经营单位。这里所涉及的主要是集权与分权的处理问题，前者大多存在于权力相对集中的组织，后者则是分权化组织的典型安排。

我们所说的集权，是指管理决策权在组织系统中较高层次的一定程度上的集中；分权则是指管理决策权在组织系统中较低管理层次上的一定程度的分散。

集权和分权是相对的。绝对的集权意味着组织中的一切权力全部集中在一个管理者手中，组织活动的所有决策均由一人作出，其结果将使他面对所有实施、执行者，没有任何中间管理层次和机构，这在现代社会的组织管理中显然是不可能的。组织管理中的绝对分权意味着全部权力都分散在各个管理部门，甚至各个执行、操作者手中，没有任何集中的权力，其结果必然是一种无组织的活动状态，任何管理也就不复存在。因此，任何组织都应做到集权与分权的协调统一。所不同的是，可以是集权的成分多一些，也可以是分权的成分多一些；其集权度与分权度由组织结构与运行机制决定。

组织管理中的集权是一种很自然的现象，集权的产生是组织化活动的结果。如果组织是在较小规模上逐渐发展起来的，发展过程又无其他组织加入的话，那么集权倾向是十分明显的。这是由于组织规模较小时，大部分决策都是由最高主管层直接制定和组织实施的，其习惯性的管理模式一直延续到组织规模扩大之后。同时，各组织之间的相互交往和作用，使得这种集权管理被社会认可。尽管在组织发展中不断进行权力改革，但其倾向性的影响依然存在。管理集权还与社会文化背景、传统和管理者素质等方面因素有关。

组织管理分权是社会进步和组织规模扩大、技术复杂化及业务开放化的必然产物，与组织发展相适应的高效化的管理不可能在高度集权管理的体制下完成。过分集权的弊端在于：大规模组织的集权管理者远离基层，基层发生的大小问题均需经过层层请示、汇报，再由最高集权层作出决策，其结果一是延误了决策时机，降低了组织对环境变化的适应能力；二是由于信息的层层传递导致决策信息失真，影响了决策的正确性。同时，高度集权不利于充分发挥各层管理者和基层执行、操作者的积极性，使他们总是在一种被动状态下工作，从而影响了组织绩效。由此可见，在部分集权的基础上进行分权是必要的。

就组织管理的权力配置机制看，在组织结构决定以后，分权是权力配置的核心工作。没有分权，也就谈不上有效的权力配置。组织管理分权的依据主要有：

① 组织规模。组织规模与管理层次有关，组织规模越大，管理层次也就越多。多层次的管理人员为了协调和指挥下属活动必然要求有适当的权力作保证，管理职权也由此而增加。同时，当组织规模发展到一定程度以后，由于组织的灵活性和规模效益的需要，也应扩大分权规模。

② 组织结构。一定的组织结构对应着一定的权力结构体系，而组织结构是由组织内、外部因素的综合作用决定的。这说明，组织要素通过结构化的组织作用于权力体系，成为分权的基础。一般说来，职能型组织比分部型组织的权力要集中，简单结构的组织比复杂结构组织的权力集中度要高。

③ 组织活动。组织活动对分权的影响主要是活动的分散与集中、简单

与复杂。例如，在企业分权中，如果企业分部远离总部，为跨地区的活动组合，则需要较高的分权度，以保证各分部活动的有效开展；同时，如果企业的产品结构复杂、业务活动相对独立，也需要强调构建有效的分权体系。但是，这种分权是以目标责任的集中管理为前提的。

④ 决策管理的幅度。在组织管理中，如果决策幅度较大，作用范围较广，则权力集中度高，而分权度小；相反，如果决策的作用范围小，则需要较高的分权度。组织的决策管理幅度与组织性质、环境等因素有关。适当控制决策幅度、减少风险，是进行组织分权管理的重要依据之一。

⑤ 组织建设与发展。组织建设与发展，作为控制分权的依据在于，适当分权可以使各层各级管理者拥有更多的自主管理权，有助于他们的工作积极性和创造性的提高，一旦组织规模扩大，他们就可以分担更多的任务。所以，在权力分配中应根据组织建设和今后发展的需要进行分权结构的设计。

分权过度也会造成相应的负作用。例如，过分的分权会导致决策分散，造成组织活动的多元化指挥，甚至引发内部的矛盾冲突。同时，分权不适当也会造成组织管理的权力失衡，反而会影响组织的凝聚力。因此，集权下的分权应该适度。

权力分配（分权）是一种将组织管理权力分配到各岗位（职位）的过程，它可以通过制度分权的方法和授权的方法进行。在一定组织制度下按结构岗位分配的制度职权是制度分权的结果；由上层管理者对下属授权的结果是职能职权。周三多教授在这一问题上，针对将二者不作区分的现实进行了系统的分析，强调应以制度分权为主体进行组织管理的权力分配。

制度分权的要点是，在组织设计时充分考虑组织规模和组织活动特征，在部门、职位（岗位）和结构设计的基础上，根据各管理岗位工作任务和职责的要求，规定必要的岗位职权；同时，对各层次管理岗位限定其授权的范围，规定授权的基本准则，以保证按岗位分配权力的客观性和主导性。

在组织的权力分配与建设中，如何推进集权与分权相结合的管理是进行权力建设的关键。开展这一关键性的工作理应注意以下几个问题的解决：

① 不断完善集权与分权相结合的组织管理的权力结构体系，明确集权管理的主导作用和分权管理的自主地位；

② 在集权与分权、制度分权与授权过程中，强调依法、按制度行事，避免任何超制度的权力分配行为发生；

③ 明确分权中的责任制，最高管理者向组织和组织成员组成的委员会负责，受相应的监督，其他各层管理者的权力活动受上层直接控制，并接受监督；

④ 加强组织权力建设，在组织体制、结构创新中进行权力分配的创新，其基本指导思想是，有利于组织发展和管理绩效的提高以及职务权力的淡化和制度权力与知识权力的增强。

4.4 组织运行设计与制度安排

组织结构、岗位设计与组织机构设置和岗位权力的配置，是组建一个组织的基础性工作，而组织目标的实现和效益的获取将在组织运行中实现。因此有目的地进行运行设计，科学地进行制度保障则是组织管理的关键。这里，我们从系统观点出发，讨论组织运行的基本原则以及运行设计和运行保障的基本管理问题。

4.4.1 组织运行模式设计

在组织结构、岗位和权力决定之后，组织绩效最终将取决于它的运作，其中模式设计是组织运行首先要遇到的问题。在组织运行中，传统的模式主要有以工作任务为中心的运作、以绩效为中心的运作和以关系为中心的运作三种模式。

① 以工作任务为中心的组织运行模式。以工作任务为中心的组织运行模式在于，从组织的总体工作目标和任务出发，按任务要求和组织分工，将工作任务进行分解，然后下达给组织各部分，并由相应的管理部门具体管理并督促完成。例如，具有稳定市场需求的生产制造企业，为了达到增产增收的目的，一定时期内可以采用以生产任务的完成为中心的组织方式，进行企业运行组织，其管理控制手段主要是从产量的角度促使各车间、班组完成生产任务，促使材料供应部门、保障部门完成辅助服务任务，促使生产技术部门完成相应的生产技术工作任务。以工作任务为中心的组织运行模式，一般用于任务明确、组织环境稳定、组织业务技术成熟、基本业务流程清晰的企、事业组织。在以任务为中心的组织运行管理中，简单结构组织强调按直线管理关系分解、下达任务和进行工作任务管理；职能型结构组织注重任务完成的各个业务环节，从动态角度依次规定各职能部门的任务，组织完成任务的基本流程，以此出发进行职能部门的协调管理；分部型结构的组织在管理中主要是分部下达任务，总部宏观控制，组织分部开展业务活动；矩阵型结构的组织以事业部为主，将任务按事业部和职能部门两个方面进行二维分解，在时间和空间上控制各部分的运作，以确保任务目标的实现；网络型结构的组织则将任务分散到各个网络部分，利用网络的协同优势，组织以完成

任务为中心的机动性强的工作运行。

② 以绩效为中心的组织运行模式。以绩效为中心的组织运行强调的是组织效益，如企业的经济效益（经营利润、投资回收率等）、公益性组织的社会服务效益、科研组织的最终科研成果效益等。这种运行模式并不追踪工作任务完成过程，而是以工作任务完成或业务活动的结果为标准进行组织管理，因而在管理中注意组织各部分运行的机动性和自主性，有利于组织成员主动地创造工作业绩。采用这种模式进行组织运行管理的典型实例，是在我国国营企业推行的以提高效益、增加利税为中心的综合改革中，除体制与结构变革外，在企业运行中强调企业运作的自主性和在市场经济中寻求发展的灵活性。以绩效为中心的组织运行模式比较适用于组织外部环境不稳定、组织业务技术更新较快、组织运行关系不够明确、经营风险性较大和具有良好发展潜力的组织。在以绩效为中心的组织运行管理中，简单型结构的组织在直线集权管理中始终以获取最佳绩效为目标，支配各部分活动；职能型组织在各职能环节效益分析的基础上，以预期的效益指标为前提，规定各职能部门的部门业绩指标，以此进行过程控制；分部型结构的组织由于分部的相对独立性，在运行管理中总部向各分部下达的是绩效指标，同时提供实现绩效目标的条件，进行结果考评与监督；矩阵型结构的组织在运行中采用绩效结果与过程管理相结合的方式，进行综合运行管理和职能与分部的有目标的协调工作；网络型结构的组织在网络构成上便以绩效为中心，在建立高效网络组织的基础上进行动态化的运行组织。

③ 以关系为中心的组织运行模式。无论何种组织，随着社会的发展和组织活动的开展，其基本关系日益复杂，这一发展趋势使得单纯地从工作任务或组织绩效出发的组织运行管理愈来愈困难，以关系为中心的组织运行模式正是在这一背景下形成的。面对组织结构的多元化、动态化和复杂化，组织运行的关键是协调和管理业务活动中错综复杂的关系，并从协调和配合中寻求最佳的运行组织方案。在环境发生激烈变化和管理中的不确定性因素增多的条件下，如何处理好组织运行与环境、组织中的要素与条件以及各部门成员之间的关系，往往关系到组织的生存与发展。以关系为中心的管理，一是权衡组织工作任务、绩效与结构、环境的多元化关系，确立整体化的运行方案；二是以最优方案为基础立足于运行中的关系协调，使组织各部分得以有效配合。以关系为中心的运行模式在网络结构型组织管理中的应用是十分普遍的，其原因在于网络组织本身就是"关系"的结合，特别是网络环境下的虚拟企业，它本身就是一种业务流程运作的动态化的优化组合。以关系为中心的运行组织，一般从多维角度（任务、利益、结构、结果等方面）

出发，寻求最佳的关系协作方案，在传统的简单型结构、职能型结构、分部型结构和矩阵结构的组织中，以关系为中心的运行模式主要是从目标结构出发，明确各部门对目标活动的责任与业务关联，以此构建目标控制下的协调运行管理体制；与此同时，在组织运行中进行结构调整和业务重组，使之适应于动态化的组织环境的挑战。

在现代组织发展，特别是企业发展中，组织运行模式正在发生深刻的变化。这一实践的结果导致了新的组织运行理念的产生，表 4-2 对 20 世纪中后期的企业发展作了代表性的概括。

表 4-2 现代企业运行中的生产管理模式

生产管理技术和模式	英文名称	基本含义	提出国家及时间
1. 准时生产制（JIT）	Just In Time	采用看板系统和倒流水拉动方式的追求零库存的生产管理模式，保证成品在销售时能准时生产出来并发送，组件能准时送入总部，部件能准时进入组装，零件准时进入部装，原材料准时转为零件。旨在消除超过生产绝对必要最少量的设备、材料、零件和工作时间部分。	日本丰田汽车公司 20 世纪 60 年代
2. 制造资源计划（MRP Ⅱ）	Manufacturing Resource Planning	在闭环 MRP 的基础上，不仅涉及物料，而且将生产、财务、销售、技术、采购等各个子系统结合成一个一体化的系统，是一个广泛的物料协调系统。	美国 20 世纪 80 年代初
3. 最优生产技术（OPT）	Optimized Production Technology	吸收 MRP 和 JIT 的长处，以相应的管理原理和软件系统为支柱，增加产销率、减少库存和以运行为目标的优化生产管理技术。	以色列 20 世纪 70 年代
4. 柔性制造系统（FMS）	Flexible Manufacturing System	按成本效益原则，以自动化技术为基础，以"及时"的方式适应产品品种变化的加工制造系统。	英国 20 世纪 60 年代
5. 一个流程生产方式（SPS）	Single-unit Production System	JIT 模式中的一种形式，指在生产过程中，零件（毛坯、半成品）投入时不停顿、不堆积、不超越、按顺序、按节拍一个一个地产出；整个生产线如同一台设备，实现劳动集成同步化均衡作业。	日本 20 世纪 70 年代

续表

生产管理技术和模式	英文名称	基本含义	提出国家及时间
6. 精益生产（LP）	Lean Production	美国麻省理工学院研究者 John. knafcik 给日本汽车工业生产管理模式界定的名称。可以表述为：通过系统结构、人员组织、运作方式和市场营销等各方面的改革，使生产系统对市场变化作出快速适应，并消除冗余无用的损耗浪费，以求企业获得更好的效益。在某种意义上，LP 与 JIT 有相同的含义。	美国 20 世纪 90 年代初
7. 计算机集成生产系统（CIMS）	Computer Integrated Manufacturing System	借助计算机技术集成产品设计制造系统。	日本、美国 20 世纪 60—80 年代
8. 敏捷制造（AM）	Agile Manufacturing	一种以先进生产制造技术和动态组织结构为特点，以高素质与协同良好的工作人员为核心，采用企业间网络技术，从而形成的快速适应市场的社会化制造体系，被称为 21 世纪的生产管理模式和战略。	美国 1992 年

注：现代生产管理技术和模式很多，本表仅列出主要、常用、较为成熟的技术及模式。

资料来源：陈佳贵. 现代企业管理理论与实践的新发展. 经济管理出版社，1998：186-187

　　表4-2 列出的是 20 世纪 60 年代以来创新的企业生产运行管理模式，其共同特点是逐渐突破了单纯从某一方面出发进行组织运行管理的传统方法的限制，其生产运作不仅追求生产任务的适时完成、生产效率的提高、生产的低成本、高效益和各种生产关系与要素的整合，而且注意到市场和环境的变化，力求生产运行的快速性、灵活性以及对市场与环境反应的敏捷性。如果说规模生产和企业生产的规范化组织是对分散作业和小规模生产的变革和发展的话，那么准时生产、制造资源的计划性组织、最优化生产、柔性制造、流程生产组织、精益生产、集成化生产以及敏捷制造，则是生产运行管理的又一次革命。这一革命性变化从多方面提出了生产组织运行模式的优化问题，在传统的任务模式、绩效模式、关系模式的应用上，创造了一种多元化的适时管理模式。表中所反映的生产运作环节，充分显示了组织运行管理的

发展趋势。

在包括企业在内的组织运行模式选择与设计中，我们应从组织的实际情况出发，进行最佳的模式选择组合，以此实现组织运行目标。

4.4.2 组织运行中的团队与委员会活动规范

团队与委员会作用在现代社会组织运行中的重要作用愈来愈为更多的管理者所认识，许多组织纷纷将团队与委员会活动纳入其运行管理体系。

团队的最初形式是任务小组结构（task force structure）。所谓任务小组，是来自组织内不同部门和单位并各有专长的人所组成的合作集体。它是一种临时性的组合，在组织运行中围绕特定任务的完成而组织，待任务完成后，小组也就随之解散；待新的复杂任务下达后，组织中的有关管理部门又将组织新的小组来完成并实现新的任务目标。任务小组的工作旨在解决涉及面广、难度大的专门任务，这些任务往往需要多方面人员的配合才能完成，因此，任务小组作为一种任务组织形式，在组织运行中具有特殊的作用和地位。

"任务小组"是企业组织常用的一种手段，其中，一个成功的范例是美国的凯洛格公司（Kellogg Co.）的任务小组的活动。该公司每开发一种新的食品，总是将产品设计、食物研究、市场营销、制造、财务和其他相关职能领域具有专门知识的人员集合起来，成立小组进行产品配方、设计包装、市场运作和生产保障方面的系统而完整的开发工作，当产品形成批量生产以后，任务小组的使命便宣告结束，产品生产与经营将纳入企业的永久性结构之中。我国组织运行中的任务小组的活动也是十分活跃的，如作为我国企业传统的组织运作方式的技术革新小组的运作、国防研究中的攻关小组、高等学校教学改革中的教改示范小组以及政府部门围绕中心工作组建的工作组、调研小组等。这些小组的活动已成为组织运行的一个不可缺少的部分。

在任务小组的活动中，一些组织着手建立具有一定知识结构的团队，甚至跨组织的知识联盟。事实上，在科学与技术发展中，其团队作用早已为人们所认识。例如，18 世纪后半期的苏格兰已存在各种由不同组织部门甚至组织之间有关人员组成的类似俱乐部的团队组织。它们在推动科技进步、生产发展和文化繁荣中起了重要作用。与任务小组相比较，现代组织中的团队比较稳定，其参与活动的范围更广，是非正式组织的正式化发展的结果，是组织运行中的一种具有优势的组织形式。

组织运行中的委员会结构（committee structure）是指跨越组织中固有的部门和等级层次，由具备不同知识结构和工作职责的人共同讨论协商，解决非程序化问题的运行组织。委员会可以是临时的，也可以是永久的。临时委员会往往以某一时期的组织活动需要为基础组建，其活动目的是解决一定时期的有关问题；永久性委员会作为组织规范结构的重要补充，围绕组织的长期发展目标的实施进行组建，其目的是解决经常性的问题。委员会的隶属比较灵活，它可以隶属于一个职能部门或组织分部，也可以是组织总部或跨组织的组合。

一个委员会可以是第一线的，也可以是第二线的"参谋"，这取决于它的权力规范。如果它的职权涉及作出管理决定，并因此对负责此事的下属产生影响，它就是一个第一线的委员会；如果它同相关管理层次的职权关系只是顾问性的，那么它就是一个第二线的委员会。委员会可以是正式的或非正式的。如果它作为组织结构的一个组成部分而成立，并且委以专门的职责和职权，它就是一个正式的委员会，具有具体任务的委员会大多属于这一类；如果委员会在没有具体授权的情况下成立，且由对某一特定问题发生兴趣的人所组成，以便对组织的专门活动进行咨询，那么委员会可以是非正式的。

委员会在组织运行中的作用是不容忽视的。例如，美、欧国家的政府，每一个立法机构都拥有一些常务委员会或特别委员会，美国联邦政府及州政府机构成立的各种专门委员会（如联邦储备委员会、区域管理委员会等），都拥有相应的工作职能。在大学，委员会的作用主要是解决一些具体的学术问题，涉及学校发展的决策问题以及对校、院行政职权的监督问题等。我国的教育法在学校建设中，以立法形式规定了学校学术委员会的责任和权力，为委员会的活动提供了法律依据。科研组织的委员会其作用在于充分发挥学术民主，为科研管理提供决策保障。委员会在企业中的存在与作用已为各国企业家所认同，一些大型企业已建立了专门的委员会工作制度。就实质而论，一些企业的董事会就是一个具有宏观决策和最终决定权的委员会，经理部门在董事会的安排和监督下开展工作。企业委员会的存在形式还包括集团顾问委员会、财务委员会、审计委员会、奖励委员会、发展委员会等，多种形式的委员会在各自不同的工作领域发挥决策、咨询或监督作用。

在企业发展中，一些大公司一般都设立了各种专门委员会，以发挥它在组织运行中的作用。图4-11是一家大银行的委员会的组织结构及业务活动的系统图示。

如图4-11所示，诸多委员会是对银行运行管理的重要补充，是银行运作和效益的保障。所有委员会都对银行管理政策及决策产生影响；一些委员会（如职位评价委员会）还能就诸多实际问题作出决定；其他委员会则在咨询、顾问方面发挥主导作用；信托投资委员会等则具备决策与咨询的双重

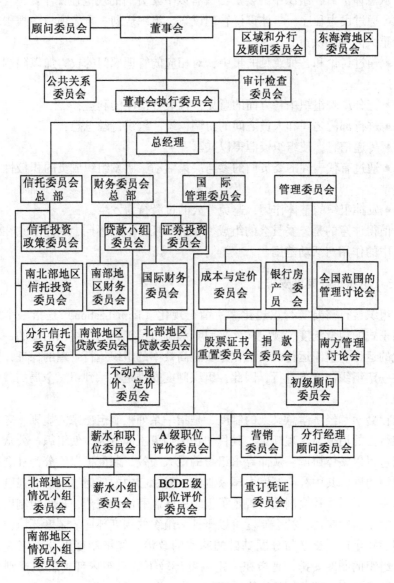

图 4-11 一家大银行的委员会组织及业务活动

资料来源：孔茨等．管理学．经济科学出版社，1993：278

功能。大多数委员会成员都是各重要部门的高级管理人员或其他关键岗位的
从业人员，其次，委员会成员还来自各专门部门和特聘的专家等。委员会的
民主结构和运行规范，保证了决策、咨询的客观性、科学性和有效性。

从总体上看，组织中的委员会具有以下几方面的规范性工作：

● 通过民主程序，集体审议管理议案、组织规划、重大项目、报告以及关于重大问题的决策；

● 通过讨论和各种意见的集中，对相应的管理部门的权力加以限制和监督；

● 充分反映组织中各方面的意见，代表各集团的利益；

● 进行部门之间和人员之间的协调，统一组织行动思想；

● 传递信息，使组织资源得以共享；

● 通过有代表性的委员们的参与决策活动，激发组织成员的积极性和创造热情；

● 发挥组织的整体作用，避免个人的过激行为发生。

值得注意的是，委员会的组成、目标和任务上的不同，决定了它在组织运行中的作用与活动范围。

4.4.3　组织运行制度安排

组织运行需要实行正规化。所谓正规化（formalization）是指一个组织运用正式的规章制度、规定文件来引导和调节员工行为及组织活动的一种规范化的运作。组织运行的正规化是实施高效率的组织运行管理的保证，正规化在一定组织制度下进行，因此，组织制度安排是关系到组织全局的基础性工作。

社会学和经济学意义上的制度，是指一系列被制定出来的规则、守法程序和行为的道德、伦理规定，其目的在于约束主体行为，使组织、公众和个人利益得以整体协调，从而寻求组织的最大绩效。制度可以区分为社会制度和组织制度，其中社会制度由国家制定，对社会中的任何组织都有强制、约束作用。同时，社会制度还规定了组织的体制和活动规范，是组织制度的基础。对于组织来说，社会制度可以概括为组织的制度环境。制度环境包括一系列建立生产、交换与分配基础的基本的政治、经济制度以及国家法律体系。组织的制度安排，是指在一定制度环境下的组织内部的各项规则与规定，它是组织管理条例的制度化产物。

在社会与组织的发展中，制度随着社会的变革和组织的进步而变迁。从制度变迁的角度看，我国政治体制、经济体制的改革和完善就是政府履行国家管理职能中的有计划、有目标的制度变迁过程。制度变迁改变了组织环境，提出了组织运行中组织内部制度的变革问题，由此可见，组织制度安排，一是服从社会制度，二是在社会制度变迁中进行相应的变革和调整。

组织制度安排作为组织建设的一项基本内容,应涵盖组织活动的各个方面,主要围绕以下问题制定。

① 组织制度。这是基本的制度规定,主要是对社会制度与法律基础范围内的有关组织的组成、体制、所有关系以及活动作出的规定,它是组织组建与运行的强制性的准则。组织制度的制定在一定制度环境中进行,即组织按国家制度和法律的规范制定自己的制度。例如,新创立的公司必须在政府颁布的公司法和其他有关制度规定的前提下,拟定自己的章程;这样才有可能经注册取得法人地位。

② 法规制度。法规制度是根据国家法律规范和要求在组织中制定的强制性的行为规定和规则,其内容包括对违犯国家法律的有关人员的组织处理、国家法律责任在组织内部落实的规定、对法人代表的行为规定、对所有组织成员不正当行为的强制性约束以及对组织内各种纠纷的强制性解决、调解的规定等。

③ 行政制度。组织运行管理主要通过行政手段进行,它涉及组织各管理层之间和管理层与操作层之间的复杂关系,因此必须对行政手段的管理作出统一规定。作为组织规章的行政制度包括对行政管理权、执行权的规范;行政管理中各纵向、横向部门关系的规定;行政管理行为规则的确立以及行政管理中对各种矛盾的解决办法的认可等。

④ 经济制度。无论是营利性组织,还是非营利性的公益组织,其运行都应有一定的经济基础,没有经济基础的组织不可能成为组织。这说明,任何组织运行都必须有相应的经济制度作保证。组织的经济制度包括:对组织经济体制和所有权的规定,对资金管理与资产管理的规定,对经济活动的规定,对财务管理与核算的规定,对资本配置和投资的规定等。

⑤人事制度。组织是人们在一定目标下的结合,这种结合必须以制度的形式作保证。组织人事制度在社会的人事体制、劳动与人事保障规定的基础上,针对组织的具体情况作出具体的制度规定。人事制度的主要内容包括:人事聘任的条件规定、聘任程序规定、聘任合同规定、任职规定、人才流动规定,人事管理规则制定、职务升迁规定以及组织内所有成员的权利、利益保障规定,人事纠纷调整规定等。

⑥ 责任制度。组织中所有成员在组织中都承担着一定的任务,都负有一定的责任,责任制度是从制度上对其目标责任活动的强制性规范,内容包括:对责任人责任的确定规定、对责任事故的后果检测与评价规定、对责任划分的规定、对责任免除的规定、对责任事故的防范规定、对责任惩罚的条例规定以及责任活动中的奖励规定等。

⑦ 分配制度。组织成员在组织中享有分配权,在非规范的管理中,组织成员的劳动报酬或其他收入的分配往往由主管人员决定或集体讨论决定,其结果难以做到合理。将分配以制度的形式确定下来,是组织进步和管理科学化的必然结果。分配制度的内容大体上应包括分配规则、分配核算程序、分配实施条例和有关一些特殊问题的处理原则和权限等。

⑧ 作业制度。组织的作业制度主要包括岗位制度、工作量考核制度、作业操作规定、作业安全制度、作业的技术规定、作业培训规定、合作作业的规则等。作业制度作为一种专业性制度,有着很强的技术性,它不仅涉及作业任务的完成、人员安全,还直接关系到作业质量和效益,因此,作业制度又是一系列专业制度的综合。

⑨ 其他方面的制度和规范。组织运行管理的其他方面的制度还包括教育制度、福利制度等,这些制度从不同的侧面保证了组织的正常运行。同时,作为非强制性制度的规范还包括组织成员的行为道德规范、人际关系规范。作为强制性的条例还包括保密制度、权益保护制度等。

所有这些制度构成了组织运行的制度保障体系。

4.5 组织变革与组织创新

运动和变化是自然物质世界和人类社会存在的基本属性,是不以人的主观意志为转移的客观规律。面对变化着的环境,各类组织的管理理念、工作方式、结构体系、人员配备与组织文化等也随之而变化。变化着的环境给各类组织提供了一个自然竞争和生存发展的新空间,如何适应社会变革带来的发展机遇,进行组织体制、体系和管理的主动变革与创新,成为摆在管理决策者面前的一项重要任务,由此构成了组织建设的一项基本内容。

4.5.1 组织变革过程与组织变革动因

从系统论的观点看,组织变革是组织内、外部因素综合作用的结果。其一,环境的变化对组织的生存与发展,既是一种压力,也是组织寻求新的发展机会和发展空间的动力;其二,组织内部成员对新目标的追求和要求改变现状的愿望,促使组织在改革中发展。这种作用的动力一旦超过组织管理层和执行、操作层维持现有目标、体制和利益的阻力,组织将会发生革命性的变化,其结果是导致新的组织模式的产生和新的制度的发展。

组织变革是一种客观存在的事实,如果没有变革,社会将永远停留在一个静止的发展阶段,加之环境的变迁,甚至还会导致组织活动的倒退。作为组织管理者，只有从不断变革出发，有意识地利用有利的条件和时机，才可能保持组织稳定发展的势头。综合各方面因素，不难发现，组织变革具有如图 4-12 所示的内部机制。

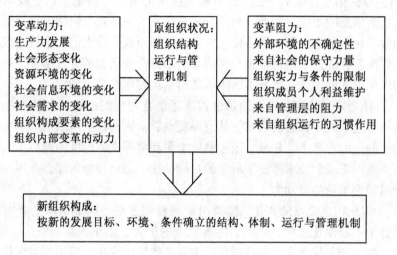

图 4-12　组织变革的动力与阻力作用

（1）推动组织变革的动力

如图 4-12 所示，推动组织变革的内、外部动力主要包括以下几个方面：

① 生产力的发展。生产力，特别是作为第一生产力的科学技术的迅速发展，决定了社会生产组织方式与管理的新模式。以科学技术进步为标志的技术革命在推动社会经济与文明发展的同时，也创造了新的生产组织方式和流程，这一进步直接作用于社会各类组织，推动着组织的变革。当前，高新技术产业的发展以及传统产业的技术化，对各类组织提出了新的挑战，产生了组织变革的强大推动力。

② 社会形态的变化。一定的社会形态对应着一定的社会发展阶段，它体现了由生产力和生产关系决定的政治形态、经济形态、资源配置形态和社会意识形态，决定了社会体制与各种基本的社会关系的变化。社会形态由社会发展的内部机制决定，社会形态的变革反过来作用于社会组织，由此决定组织形态和管理模式的变化。

③ 资源环境的变化。自然和社会资源是组织赖以生存和发展的基础，组织活动的目的就在于在开发、利用各种资源的基础上，创造物质财富与知识财富，从而实现资源的增殖与增值。正是由于组织活动，资源环境处于不

断变化之中，作为组织活动基础的物资、能源和信息资源的关联作用，决定了组织结构和运行机制的新模式，例如，当前企业改革中的资源重组计划正是在新的资源环境下企业资源管理体制的新发展。

④ 社会信息环境的变化。随着科学技术的进步，特别是信息技术的发展，社会信息的组织、流通与利用方式正在发生一系列革命性变化，信息资源的数字化和信息组织的网络化，愈来愈深刻地改变着人们的生活面貌和社会工作面貌，促进了经济信息化和信息活动与业务活动的有效结合，基于网络的组织形式的出现，揭开了组织活动信息化的序幕。

⑤ 社会需求的变化。无论是公益性还是营利性的组织，它的存在和发展从根本上取决于社会的需求。从发展观点看，人的社会需求永远不会停留在一个静止的水平上，相反，随着物质文明和精神文明程度的提高，人们必然产生新的需求和需求激励下的新的目标。这一总体目标的综合作用，便是社会组织变革新的推动力。

⑥ 组织构成要素的变化。随着组织经营与发展，构成组织的基本要素总是处于不断变化之中。例如，随着规模的扩大，组织人员、资产、投入、目标、技术和其他要素及其要素作用关系必然发生变化。组织要素变化的结果促使组织机构不断调整结构，以适应变化着的组织活动环境。

⑦ 组织内部变革的动力。组织内部变革的动力来自组织自身的成长、战略的改变、组织成员对未来组织发展的期望以及组织管理层对新目标的追求，其结果是促使组织改变现有结构和运行模式，创造新的有利于组织发展的运行机制。组织内部变革的动力来源于竞争、环境和机遇对组织成员及管理者的激励，使得他们不得不主动考虑组织变革问题。

（2）组织变革的阻力

组织变革中的阻力有外部的作用，但主要是内部的作用，主要包括以下6个方面：

① 外部环境的不确定性。组织活动对社会的依赖性和社会环境的复杂性，使得变化着的环境具有不确定性，特别是区域性的政治经济环境，一定时期的变化往往难以准确地把握，在这种情况下进行组织结构与经营战略的变革，具有客观上的风险性。因此，许多组织往往静观其变，难以作出改革的决策。

② 来自社会保守力量的影响。社会体制的改革是一场涉及社会各方面的综合改革，既有改革的动力，也有制止改革的阻力，有时阻力的作用有可能大于动力作用。在这种情况下，组织进行适应社会体制改革趋势的变革，难免要经受来自社会保守力量的影响，以至于使有些组织延误变革时机。

③ 组织实力与条件的限制。组织变革是要付出代价的，许多情况下它不可能一次变革成功，而要经过多次试验才能获得理想的结果。这对于本身实力不足、条件较差的组织来说，无疑是一种挑战，使得管理者难以作出改革的决策。因此，在组织变革中应从多方面着手，将改革与建设结合起来，以便在增强实力、创造条件中获得改革的成功。

④ 组织成员的个人利益维护。任何改革都要付出代价，组织变革从全局上有利于组织发展和整体目标的实现，但这在局部上有可能损害一部分组织成员的个人利益，而受到他们的反对。例如，组织结构变革导致的岗位合并，很可能形成岗位竞争的压力，使部分成员面临岗位选择的困境，从而形成组织成员心理、行为上的阻力。

⑤ 来自管理层的阻力。在组织变革过程中，组织管理者必然要承担变革失败的压力，必然要采用各种方法解决变革中的困难，必然要付出艰辛的努力。如果管理者的指导思想是保守、求稳、维持现状，那么他就不可能积极投入改革。同时，管理者自身水平的限制，可能影响到他对改革的理解，使其难以下定组织变革的决心，而成为改革的阻碍者。

⑥ 来自组织运行的习惯作用。在客观物质世界，任何运动着的或相对静止的物体都有惯性，其结果为保持原有的状态不变。社会中的组织活动也是如此，组织运行的惯性是客观存在的，它体现在组织作为整体对其结构、目标体系和运行机制的自然维持，表现为管理层和操作层对组织体系和关系的习惯性保留。

在上述推动组织变革的动力和阻碍组织变革的阻力的相互作用下，组织将经历一个连续变化的过程。这一过程既是自发的，也是有目的的系统化改革过程。

4.5.2 组织变革的内容与创新活动的组织

生命在于运动，组织的生命也在于它的变革与发展。从这一观点出发，任何组织的维持都是相对的、一定时期的，而立足于组织变革的创新则是持续的、长期的。

创新（innovation）概念，源于美籍奥地利经济学家约瑟夫·熊彼特（J. A. Schumpeter）的《经济发展理论》。熊彼特把创新界定为"执行新的组合"，对于企业来说，便是建立一种新的生产关系，即将组织要素进行一种新的调配和整合，以此为基础创造一种新的组织运行模式。西蒙·库兹涅茨（S. Kuznets）将创新定义为，为达到一定目的而采用的新方法。奈尔逊（R. Nelson）和温特（S. Winter）在生物进化理论的启示和借鉴下，创立了新的进化论，认为创新是一个包括生产、经营、管理、组织等系统的总体概念。德鲁克（P. F. Drucker）认为，创新行动产生于资源组织及一切社会财富的创造活动之中。可见，创新的范围是十分广泛的，其活动涉及社会的各个领域。组织创新作为创新活动的一个主体方面，是指对组织要素的创新性组合和组织运行机制的创造，旨在使组织适应变化着的环境，以达到持续、稳定的发展目的。

组织变革是组织在新环境下的变化过程，变革的核心是创新，这是一种有目标、有计划地在科学理论指导下的主动性的组织变革活动。

以创新为核心的组织变革的内容包括以下几个方面。

① 组织要素结构的变革。知识生产力的作用不断改变着社会整体的面貌，其作用在组织结构上的反映便是"要素"重组。这种重组不是要素的简单变化，而是以"知识"要素为中心的组织要素的创造性组合。对于企业来说，知识资本作为企业的一种生产要素的重要性已超过物质资本与资金，成为一种决定企业发展的基本要素。如美国微软公司，1997 年的有形资产为 143 亿美元，无形资产（知识资产）的评估价值竟高达 1 600 多亿美元。这一状况决定了创新的基本组织形式。

② 组织管理任务的变革。传统的组织管理是一种相对正规化的管理，具有相对固定的程序化的内容和计划、指挥、协调、控制与决策环节，在管理中突出以人为本，组织管理的创新则是创造一种指向未来的动态管理模式，实现以人为中心的各种要素管理的有机结合，同时，现代管理还十分注重流程，由此构成以流程为主导的模式。这种管理，旨在强化管理的控制功能和管理人员的服务功能，以利于在复杂多变的环境中不断创新组织机制，达到组织的持续发展目标。

③ 组织功能的变革。在组织变革中，功能的变化是一个重要方面。例如，工业化初期的企业，其功能主要限于商品的生产与交换，随着社会的变迁和环境的变化，企业组织的功能已扩展到物质商品生产、流通、服务以及知识、文化的创造和相应社会责任的承担方面。在管理上，现代条件下的企业，要求具备以学习为基础的自适应组织功能和将流程管理与结构管理结合的集中控制功能。

④ 组织制度变革。组织的各方面变革必须以制度变革作为基本保证，制度变革的主要内容包括组织体制、组织机构条例、组织运行规则、组织管理章程等方面的系统变化。现代组织制度的创造性变革还在于，层次管理与流程管理的规范和组织、知识产权与其他权益的制度化维护、国家创新制度与组织创新的协调等方面的变化。组织制度的变革既是其他方面创新的结

果，又是推动组织综合创新的基本保证。

组织创新，就其创新规模和对系统的影响程度看，可分为局部创新和整体创新。局部创新是指在系统性质和目标不变的前提下，组织活动的某些内容、某些要素的性质或其相互组合方式的变革；整体创新以改变组织目标、使命为前提，其内容涉及组织结构、运行机制的各个方面，其创新活动对外部影响是综合性的。

从创新与环境的关系上看，组织创新可以区分为适应性创新和主动性创新。适应性创新是一种被动创新，是由于外部环境的变化对组织的存在和运行的影响已超出现有组织所能承受的范围，从而产生的调适性创新；主动性创新是有目的的、面向未来发展的组织创新。主动创新要求管理者具有远见和具备较强的战略调控能力。

在现代组织创新中，我们十分强调主动的、全局性的创新。实现这一创新的基本程序为：在组织管理中寻找创新机会；在系统分析的基础上提出创新构想；根据构想和预期目标制订创新方案并进行论证；实施创新方案，控制创新过程；进行创新评估，完善创新机制；在创新基础上，发挥优势，寻求新的发展机会。在组织创新中可以选择多种方法和途径，以下介绍的是仅限于比较常规的两种方法。

战略管理过程分析方法（SWOT 分析）。战略管理过程分析是在战略管理中寻求组织发展机遇的分析方法，它在组织创新中的应用在于从组织内部要素和外部环境两个方面确定组织变革的方向，选择组织创新的方式与途径。S 和 W 是指通过对组织拥有的内部资源进行分析来评价组织的优势与劣势，即找出组织管理中的成功经验和有待解决的问题；O 和 T 是指在环境分析的基础上，针对组织可能面临的挑战，寻找改革发展机会与途径。这两方面的分析反映了组织与环境的适应性，旨在通过相关关系研究，明确组织创新的时机、要素整合与变革方式，变革中的关键问题和组织创新的指导思想。在分析中，强调从宏观的发展战略着手的原则，而不是一些具体问题的解决。采用这一方法的依据是，当前的组织创新已有成功的范例和模式，它可以供包括企业在内的各类组织选择、利用；而利用何种模式，则要从组织要素和环境关系出发，在一定战略原则下进行。如果在创新中没有现存的模式可以采用，也可以在战略原则指导下，通过微观的深层分析进行要素组织，在试验中进行创新选择。

层面分析方法（TPC 方法）。组织的变革需要在多层面上进行，层面分析法正是基于这一原理，从主要的三个层面（T、P、C 层面）进行分析，以寻求多层面的变革方案。在 T、P、C 层面中，T 是指体现组织整体特征的"硬件"层面，P是指包括组织结构和组织制度在内的行政层面，C是指组织文化、行为方式等的"软件"层面。从层面内容上看，这一创新分析的方法在于揭示组织内部要素、管理和社会环境三方面的三维作用机制，以构建立体化的组织变革模型。因此，这一方法也可以称之为全方位的变革分析方案。利用TPC方法进行组织分析时，应注意组织三个层面之间的关系和动态作用，以便在各要素与环境的综合作用中寻求最佳的因素组合方案。同时，在组织变革中应注意组织的管理层、操作层和组织外部环境的联系，将结构与流程结合起来进行组织再造。

4.5.3 组织创新模式的选择

20世纪80年代以来，在全球化、知识化和信息化背景下，社会组织呈现出多元化的发展趋势，传统的层级制组织形式正受到各方面冲击，形成了非层级制的发展潮流。在各类组织的探索发展中，企业组织的变革尤为引人注目。因此，我们以分析企业创新模式为主，研究现代条件下可供借鉴的一些新的组织结构与管理模式。

（1）扁平化组织

以韦伯的官僚行政组织体系理论为基础，在工业化时代建立和发展起来的金字塔式的层级组织，依靠高层主管的权力自上而下地垂直指挥运作，在员工知识素质有限和以生产为中心的管理中给组织带来了成功。但是，时至今日，庞大的组织管理机构和繁多的管理层次，不仅使组织难以面对迅速变化着的外部环境，而且限制了组织内部成员创造能力的发挥，不利于以"知识"为核心的组织发展，由此提出了压缩层级、扩大管理幅度和实现组织结构上的扁平化问题。

20世纪90年代，西方企业机构变革的重要措施是将原有金字塔式的管理层次进行改造，通过减少中间管理层次，使高层管理者直接面向基层，进行直接沟通式的领导，这在结构上使企业组织结构趋于扁平。为了适应组织结构调整的需要，美国SEI公司在1993年取消了全部秘书编制，削减中层管理人员数量，将最高层管理人员增加到20人左右；从事汽车制造的克莱斯勒公司，其新任总裁艾柯卡（Lee Icocca）在1981年上任后的第一个重要举措就是关闭52个工厂中的16个，同时实现管理结构的扁平化；通用电气公司在原有130个副总裁和两万余名经理中精简人员、压缩层次，实现了管理机构从12层到15层的转变。现在，著名的微软公司（Microsoft Co.）设有6个管理层次，联邦运通公司从公司董事长到最低一级职员之间只有5个管理层次，SUN公司的层级只有3个。

实现扁平化变革以后的组织，其运行效率与效益得以大幅度提升。以通用电气公司家用电器事业部为例，创新后的管理体制规定由一位总经理负责领导几位生产线经理，每个生产线经理直接面向百名工人，中间再也不存在工长、班组长，也没有副职，这一做法为员工的主动发展提供了良好的条件，同时也有利于上层的科学决策。

组织结构扁平化需要两个最基本的条件。其一，对管理信息的传递、处理必须敏捷、集中，保证基层人员与高层人员的直接沟通；其二，组织成员的工作能力、知识水平和主动精神符合独立工作的要求。由此可见，"扁平化"是组织综合改革的结果。

（2）柔性化组织

组织结构柔性化的目的是使一个组织的资源得到充分利用，增强组织对环境变化的适应力，它表现为集权和分权的统一，稳定与变革的统一。组织柔性化对于企业来说，也是为了适应生产柔性化的需要。在组织生产中，企业为了组织订货化和个性化生产，需要根据客户需求适时组织生产，实现范围经济，淡化产品生命期。转而重视过程周期，这就要求进行柔性资源的组织，实现组织的柔性化经营、管理。

组织结构的柔性化需要集权和分权的有效统一，只有二者统一，才能完成组织柔性化生产的任务。为了避免分权所带来的消极影响，柔性化组织在进行分权的同时，要求实现权力的机动性集中。这一体制要求最高层确定整个组织的战略发展方向，明确规定上、下层之间的权限关系；对于中、下层管理部门和一线业务人员，应授予处理柔性事件的基本权力。集权与分权的统一通过直接和间接的信息沟通进行，以此为基础调整组织的权限结构。

组织结构上的柔性化还表现为结构的稳定性和变革性的统一，这一目标的实现意味着组织应具有双重结构。一方面，为完成组织的一些经常性的任务，需要建立相对稳定的组织结构；另一方面，为了完成各种机动性的柔性任务，需要建立诸如项目小组、团队等方面的可变结构。这两部分结构构成了柔性组织的基本结构。

柔性化组织中的权力分配和临时团队的活动是重要的。在柔性组织内部，临时团队以柔性生产任务为中心组建，是一种随任务而变的活动单位。这种形式在当今欧美国家的企业中比较盛行。如美国著名的霍尼韦尔公司就曾通过设立临时团队来巩固它的客户关系，在生产中，它围绕气象监控装置的订货，针对激烈的市场竞争组建了由销售、设计和制造部门组成的柔性团队，专门进行该类产品的订货、生产和供给，取得了很好的经营效果。由于组织结构的可塑性，柔性组织较好地满足了柔性订货、生产的需要，在个性化生产不断发展的今天，已成为一种有效的组织创新形式。

（3）网络化的蜂窝式组织

随着市场竞争的日益加剧，越来越多的公司认识到，庞大的规模和机构设置不利于企业竞争能力的提高。因此，许多企业在调整机构的基础上，突破了层级制组织纵向一体化的特点，组建了由小型、自主和创新经营单元构成的一体化的网络制组织。这种组织结构是网络型组织结构的新发展，可称之为网络化的蜂窝式组织。

网络化的蜂窝式组织以"信息"作为链接各部分的黏合剂，组织中的各部分（企业集团或联合体中的组织单位）既具有相对完整的组织功能和独立机制，又具有彼此之间以及成员与组织整体之间的有机联系。网络形式的链接使各部分的命运休戚相关，它们在自我约束、自我管理中，共同发展。20世纪80年代以后，一些著名的大公司在调整中纷纷采用蜂窝式的组织形式，获得了良好的效果。例如，AT&T公司通过企业重组，把企业改组成为由20个独立经营单元组成的网络化组织，在公司历史上首次让每个基层组织自主定价、自主营销、自主研发和生产，取得了良好的组织绩效。

企业组织结构的网络化，具有两个基本特点。其一，用特殊的市场手段代替行政手段来协调各个经营单位以及经营单位与公司总部之间的业务。这种特殊的市场关系与一般的市场关系不同，一般的市场关系是一种并不稳定的单一的商品买卖关系，而网络化蜂窝式组织中的市场关系是一种以资本投放为基础的包含产权转移、人员流动和稳定的商品流通关系在内的全方位市场关系。其二，处于网络上的各单位（蜂窝）都具有完善的组织功能，它们可以以各种方式对外交往，进行资产组合和经营，然而，这种交往和运作又是以组织整体的战略发展和目标为基础的。

（4）虚拟组织

虚拟组织是一种借助于网络结合的多个组织的一定时间的联盟，其联盟成员彼此之间形成一种紧密的合作关系，在组织结构上形成一种团状结构，因此又称为团簇型组织（Cluster Organization）。在企业运行中，虚拟企业中的各组成企业，可以充分发挥自己的竞争优势，共同开发或经营产品，共同享有彼此经营带来的利益。虚拟组织的目标一旦实现，如果没有新的联盟目标，即可以解散。因此，虚拟组织又是一种流动型的网上联营组织形式。

虚拟组织与传统组织相比较，具有如下特点：

①组织结构上的松散性。虚拟组织打破了传统组织的结构层次和界限，是一些独立组织在自愿基础上为了一定的战略目标或为解决一定的具体问题而组成的联盟。它虽然有发起和牵头单位，但没有层级式的管理层次，其管

理由各成员组织按协议或规范协调进行。

② 信息联网是虚拟组织组建的必要条件。虚拟组织以组织间的快速信息传递与沟通为基础，是基于高技术的联盟。在联盟中各加盟组织实现优势互补、利益共享。由于组织的虚拟性，在组织管理中主要采用非面对面的管理形式，因而对信息的传递、处理、沟通技术要求特殊，信息安全和权益保护显得十分重要。

③ 虚拟组织活动是一种高效益、高风险的组织活动。虚拟组织的灵活性和优势互补使之具有很强的竞争合力，具有敏捷反应的能力，这是它获取高出一般组织效益的重要保证。然而，虚拟组织的松散性、临时性，使得组织处于不稳定的运行状态，导致信誉管理的困难，而这一切又决定了组织运行的高风险。

针对虚拟组织的三个特点，我们在组织模式应用中应针对不同组织的情况，寻求最佳的解决方案，以便获得预期的组织绩效。

思 考 题

1. 组织设计与建设的要求、依据与原则是什么？
2. 举例说明，如何进行组织设计与建设。
3. 试析组织结构理论及其发展。
4. 组织结构的常规模型有哪些？其应用如何？
5. 组织岗位设计的原则有哪些？如何以岗位责任为中心进行权力配置？
6. 组织管理中的权力有哪些？在组织管理中如何推进分权工作？
7. 在组织运行中应如何发挥任务小组和委员会的作用？
8. 简述组织运行中的制度建设内容。
9. 试析组织变革的动因。
10. 简述现代组织创新的组织模式。

5 组织流程与流程管理

结构精练、行动敏捷、反应快速、立意创新、运行高效，已成为现代社会中组织活动所要追求的目标，要实现这一目标，单纯依赖"静态"的管理是难以达到的。它必须深入到组织的业务活动之中，从基本的业务流程出发，进行基于流程的动态化管理，以此作为组织综合管理的补充。在现代管理中，流程管理不仅是一种方法，而且是一种重要的管理思想。以下我们集中讨论的正是这一思想指导下的流程管理的实践及其发展。

5.1 基于业务流程的组织活动管理

组织活动是组织为实现一定目标的行动过程，它不仅包括各方面管理人员的管理活动，而且包括其他所有成员与组织相关的一切活动。与其他非组织活动不同，组织活动有着鲜明的目标性和具体的业务内容；同时，业务活动的序化组织构成了组织基本的业务流程。组织的业务流程不仅是决定组织中各种关系的重要因素，而且决定了组织管理的基本模式。这就是我们进行业务流程管理研究的出发点。

5.1.1 组织的业务流程及其特征

流程（process）是有目的、有意识地产生一定结果的一系列相关的人类活动或操作。在组织活动中，基于流程的行动以确定的方式发生，最简单的流程由一系列单独的任务组成，有一定的输入和输出，输入经过流程后变为输出。我们可以认为流程实际上是一定组织任务或工作完成的一系列环节的有序组合，或者说是事物发展的逻辑状态结构。它包含了事件发生和结果，事件发展和变化，可以是关于事件的时序组合，也可以是一定时间范围内的事物变化的空间过程。关于流程的典型事例，如生产流水线中产品的生产流程；科学研究与开发（R&D）中科研成果的产生流程；出版物出版流程；医院治疗流程；生态环境控制流程等。

在组织管理中，我们要分析的是组织的业务流程（business process），这是一种面向组织机构的流程，企业业务流程是其中之一。在流程研究中，鉴于企业流程管理的普遍意义，人们研究最多的组织流程是企业的业务流程，因而我们也主要限于企业流程的讨论。然而，其基本的业务流程管理理论与思想同样适用于其他组织的流程管理。

对于企业业务流程，达文波特（T. H. Davenport）和肖特（J. E. Short）将其定义为，为特定顾客或市场提供特定产品或服务而组织的经过一定规范设计的活动。哈默（M. Hammer）认为，业务流程是将一个或多个输入转化为对顾客有用的输出活动，即企业集合各种原料，制造出顾客需要的产品的一系列活动。斯切特（A. L. Schert）将企业业务流程定义为，在特定时间产生特定输出的一系列客户-供应商关系。约翰逊（H. J. Johansson）将企业流程解释为把输入转化成为输出的一系列相关活动的结合，它增加输入的价值并创造出对接受者更为有用和有效的输出。卡普兰（R. B. Kaplan）则将企业业务流程归纳为一系列相互关联的活动以及关联活动中决策、信息流和物流的集合。

以上对于企业流程的定义从不同角度揭示了流程的实质和流程作用过程，尽管诸位学者的说法不尽一致，定义的范围有大有小，然而，就其实质性认识而言都是一致的。从综合角度看，现代企业的业务流程是指企业运行中一系列规范化的、有序结合的业务活动，它包括研发、供应、生产、销售、经营等基本的业务环节。在企业流程中，人、物结合和以人为中心的作用是基本的，它反映了企业的系统化作业过程。

业务流程具有以下基本特征：

① 目标性。包括企业在内的任何组织，其业务流程都是围绕具体的组织活动目标形成的，组织目标决定了流程的基本方向。例如，生产制造企业的目标是为了制造适销的产品，通过市场营销获取利润。为了实现这一目标，必然要投入一定的资金，招聘足够的人员，开发技术、购进设备，保证原材料与能源供给，进行生产，在产品的市场经营中回收成本，实现盈利。这说明，组织活动各个环节形成的流程，是组织目标活动的有效组合，流程环节受目标的严格控制。

② 整体性。按组织的目标活动环节，流程可以分解，如企业流程可以分解为资产组合流程、研究与开发流程、物资供应流程、生产制造流程、市

场营销流程、财务管理流程等，这些流程活动是组织分工的结果。随着分工的专业化，各环节的流程还可以进一步分解，如生产制造可以进一步按生产流水线组织或按流程的规范生产活动。另一方面，无论怎样分解，各环节流程都具有整体上的意义，如果脱离了组织的整体流程，任何活动都将失去作用。所以，专业化的流程分工，必然以流程的整合为前提。

③ 有序性。由分工导致的业务流程是由一系列独立活动按一定顺序结合而成的。这种固有的工作顺序构成了独立活动之间的逻辑关系。例如，在专业化的生产作业中，我们可以将一项整体性强的复杂工作，按操作技术分解成为一些相对简单的操作，建成产品生产流水线，来实现生产目标。显然在流水作业中，各个工序的结合是有序的组合，即分工之前的技术操作顺序决定了流程的整合顺序。在管理工作中，流程的有序性决定了管理的逻辑性，即在管理中按管理对象的有序组合进行全方位的组织管理工作。

④ 关联性。组成流程的相对独立的活动，其实并非完全独立，相反，它们之间具有内在的必然联系和关联。例如，在生产流水线的作业流程中，各工序之间密切相连，任何一道工序的问题都将影响全局。在企业业务流程中，如果某一环节脱节，将无法实现流程管理的整体目标。组成流程的各种活动之间相互联系和相互作用的方式，可分为串联、并联和反馈三种结构方式。通过这些基本的方式，组织的复杂活动变得相对简单和有序。

⑤ 动态性。组织流程是一系列独立活动的有序化的动态结合，其动态性在于：按专业分工的独立活动总是处于不断变革之中（如企业生产流程中某工序技术的更新或生产方式的变化），按分工安排的独立活动之间的关系随组织内、外环境的变化有所改变。流程的变化决定了基于流程的管理方式的变革，这意味着流程管理的组织具有极强的时效性，由此提出了动态管理的实施问题。

5.1.2 基于流程的组织活动

在基于流程的组织活动中，企业的流程活动组织是十分典型的。因此，企业流程的组织机制同样适用于科研、教育、文化及其他组织。这些组织之间的流程管理差别不在于管理中所采用的方法，而在于流程的不同内容。基于这一认识，我们完全可以从企业流程分析入手，研究流程管理的普遍原则和方法。

企业业务流程的基本要素包括企业活动中最基本的物资、能源和信息，这些基本要素的组合和转化，构成了企业基本的业务流程。从要素作用和业务活动组织的角度看，企业的业务流程由商流、物流和信息流三个相互关联的系统构成。其中，商流是指在完成商品财产所有权转移的商务活动中所形成的流程，如购销合同签署与实施流程、货款支付转移流程，企业资产组合流程等；物流是包括物资、能源在内的物质性资源配置、开发、利用以及将其转化为产品的生产过程的流程；信息流伴随着商流和物流而产生，是沟通企业各作业部门以及管理层、作业层和环境之间各种业务关系的基本保证，因而是实施管理的基础。

企业的业务流程是分工的产物，是组织结构化运行的结果。原本一个人从事的工作，经多次分工交由不同的人来共同完成，这些共同活动以一定的方式连接，构成了完成这一工作的特定工序，这便是关于这一工作的业务流程。在流程组合中，活动是组成流程的基本要素，但组成流程的活动并非简单的迭加，而是通过一些固定的业务连接形式联结起来的一个完整的动态过程。在活动连接中，每一活动的承担者都是流程环节的主体，主体在一定的环境和技术条件下完成流程组合中的分工任务。

从流程组成的各要素和要素作用看，基于流程的组织活动可以从价值链、对象分工和作业结构等业务关系出发，进行有序化组织。

（1）按价值链的流程活动组织

在流程管理研究中，美国迈克尔·波特（Micheal Porter）从价值分析的角度构造了价值链（value chain）模型。他把企业按价值链组成的流程分为两类，即基本价值链活动和辅助价值链活动。其中：基本活动包括原材料储运、生产制造、产品储运、市场销售、售后服务；辅助活动包括基础设施投入、人力资源管理、技术开发、采购等。企业的基本活动是一种基本的增值活动，使输入通过活动形成增值性的输出，由此构成基本的生产、经营价值链。企业的辅助活动也可以称为保障活动，其目标是支持目前和未来的基本增值活动，由此构成了管理与保障价值链。图 5-1 显示了组织活动的增值机制。

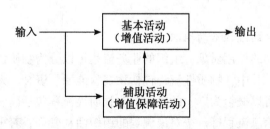

图 5-1　组织的价值链活动

对于企业来说，在向顾客提供产品与服务的流程中，价值链中的基本活动之间紧密衔接，保证了流程的畅通；价值链中的辅助活动以基本价值链为基础，各活动密切配合，形成有序的层次。表5-1对价值链活动进行了有序的归纳。

表 5-1   价值链上的各种活动说明

基本活动

原材料储运	接收、保管和分发生产投入的活动，如物料搬运、库存控制、仓储管理、与供应商签订合同等。
生产制造	制造产品的生产活动，如机械加工、组装、包装、检验等。
产成品储运	保管和向顾客分送产品活动，包括仓储管理。
市场与销售	一系列与顾客提供购买产品的渠道和使得顾客产生购买意愿的活动，如广告、销售、定价、推销、促销等。
售后服务	提供产品服务和维护产品价值的活动，如安装、修理、备件、培训等。

辅助活动

采购	购入生产和非生产性资本货物。
技术开发	设施、机器、计算机、电信等。
人力资源管理	组织人力资源管理有关的活动，如员工的招聘、培训、发展、报酬等。
基础设施	基础管理、财务、发展战略、计划、质量保证。基础设施向整个价值链提供支持。

资料来源：Micheal E. Porter. *Competitive Advantage*. New York：The Free Press，1995. （转引自 苗杰. 面向信息系统的业务流程再造研究. 南京大学博士学位论文，2001）

（2）按对象的流程活动组织

按流程活动的作用对象，组织的业务流程可以分为物质性流程和非物质性流程两大类。其中，物质性流程包括物资、能源、资金、人员等有形实体形成的流程，可以概括为广义的物流；非物质性流程包括商业活动业务流程和基于管理的信息流程等。按对象流程的组织活动管理，着重于流程中对象之间的作用和转化机制的建立，以便在此基础上形成合理的业务规范。

在企业流程管理中，企业物流的研究始终处于核心位置。物流（physical distribution）一词最早出现在美国，早在 1915 年人们就开始了企业产品销售中的物流问题研究。第二次世界大战期间，美国军队建立的后勤部门，对战时物资生产、采购、运输、配给等活动系统化、整体化，从而建立了一个追求效率的物流保障体系。战后的数十年，随着各国经济的发展，物流被赋予了新的含义，目前欧美国家企业界所指的物流（logistics），其外延更为广泛，其内容已涵盖采购、供应、生产、销售、经营全过程（见图 5-2）。

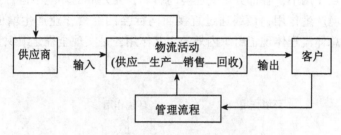

图 5-2　面向对象的物流活动

如图 5-2 所示，企业物流活动以满足客户需求为目的，通过供应商获取原材料、技术和设备，而将生产的产品在市场中提供给客户。在物流活动中，由管理部门进行协调组织。

在物质性与非物质性流程组织中，我们可以按活动的环节将流程进行细分，以利于流程活动的规范管理。例如，对企业物流可作如下划分和衔接：

① 企业供应物流。供应物流活动是企业生产与经营的基本物质保证，它包括原材料、零部件、能源、辅助材料的采购、存储、分配与供给等过程。供应物流的基本活动目标是在保证生产供给的情况下，追求理想的价值-成本效益。

② 企业生产物流。企业生产物流活动是从原材料、设备、技术、能源保障、供给开始，到产成品合格、出厂为止的完整过程。生产物流活动是企业经营的价值转化基础，其基本目标是追求理想的劳动生产率和高性能的产成品。

③ 企业销售物流。企业销售物流包括产品仓储、配送、分销、经营以及售后服务等基本过程。企业生产物流，只有与销售物流结合，才可能产生实际的效益。在销售中，按销售渠道的不同，还存在着多种物流方式。

④ 企业回收物流。企业供应、生产、销售中总会产生一些废料、不合格品和积压产品等，对这些物质的回收涉及各个环节的活动，由此形成了企业回收物流。回收物流活动的组织，旨在为主体流程服务，以组织的科学性

和合理性为基本准则。

（3）按作业结构的流程活动组织

组织作业基本上可以分为决策管理、经营作业和条件保障三大部分。其中，经营作业是指组织的具体业务活动；条件保障为经营作业提供必要的支撑，决策管理则控制着经营作业和条件保障部门的运行。这三大部分之间的业务关系以及基于功能发挥所形成的组织活动流程如图5-3所示。在组织各部分的相互作用中，各部分均受环境的影响，在开放的环境中运行；同时它们也对环境产生作用，最终通过直接面向社会的经营作业产生增值性的输出。这一总体流程体现了组织内外的交互作用，是实现全程化组织管理的基础。

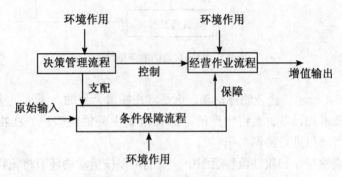

图5-3 按作业结构的流程活动组织

在图5-3所示的作业结构中，决策管理流程活动起着对条件保障流程的支配和对经营作业流程的控制作用。按决策管理的结构，它又区分为战略性决策、战术性决策和业务决策三个层次，这与传统的组织结构基本对应，二者的区别在于，金字塔式的组织结构是按组织结构权力体系规范各层次决策管理工作的。决策管理流程结构并不涉及各层次结构的权力分工，它可以是一个统一的管理集体的不同内容的战略-战术-作业三者结合的整体化决策流程。这一结构具有较广泛的适应面，可用于不同类型的组织管理实践。

图5-3中的条件保障流程包括资产组合（如企业资产重组）、资源供给、资金投入运作、技术研发、信息支持以及其他方面的保障。这些方面活动的序化组织构成了基本的业务流程。条件保障流程全面作用于经营作业流程各方面活动，基本上与经营作业保持一致。作为主体的经营作业流程包括资源配送、设备运行、技术操作、生产作业、产品检测、仓储运输、营销、服务及资本运行等活动。

以经营作业为主体内容的流程化管理是组织目标实现的基础。

5.1.3 组织流程管理的实现

以上我们针对组织的运行机制大致将流程活动的组织分为三类，这三类活动的组织原则从不同的方面提出了流程管理的问题。由于组织各部分、各环节和各种活动的内在联系，在现实管理中理应将各种方法结合起来，实施综合性的流程管理方案。

在方案实施中有两个问题值得特别注意：一是流程中的活动和流程组合问题，这是流程构成的组织化基础；二是鉴于流程的动态性和可能发生的变化，存在着基于流程的组织再造问题（即重新构建流程，以适应新环境下的组织发展目标），其中，尤其要重视流程活动组织中的信息技术（IT）的应用。

在流程实施中，首先要针对组织业务进行流程设计，然后在实践中不断改善和优化整个流程。图 5-4 反映了流程改善的循环过程。

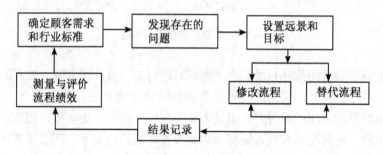

图 5-4 流程改善循环图

在获得比较完善的流程方案后，我们面临的就是流程活动的组合问题。同样的活动，由于活动之间的关系不同，可以导致不同的流程结果。就流程的组织方式而言，我们可以选择活动串行、活动并行和活动反馈的方式。这些方式在组织业务流程构建中相互结合，成为一体。图 5-5 归纳了外部环境作用下的企业活动内容，我们可以以此为基础构建其业务流程。

流程中活动的串行组织旨在将具有先后次序的活动串联起来，将前一个活动的输出作为后一个活动的输入，使最后一个活动的输出作为整个流程的输出，从而保证活动的有序化。企业流程中大多数活动关系体现为串行关系，如采购供应流程，即由供应商选择、制订采购计划、签订供应合同、组织采购、物资验收入库和配送出库等活动串联而成。

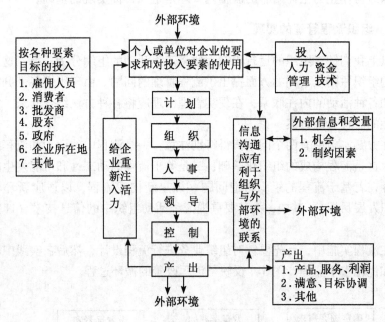

图 5-5　企业活动与流程构造

流程活动之间的并行组织在于将同时进行的、彼此独立的、在相同输入条件下产生并对共同输出产生直接影响的活动连接起来，使之配合、协调。企业流程活动之间的并行关系也是大量存在的，例如，企业生产流程中的原材料供给、能源配备和设备运行活动就具有并联运行关系；产品销售中的广告宣传和分销活动也具有相互配合的并行关系。

流程活动间的反馈是指业务活动之间的交互作用具有反馈关系的活动，其输入、输出是相互的。如前一活动的输出作为后一活动的输入，后一活动的输出又作为前一活动的输入，流程总的输入和输出是反馈作用的最终结果。企业流程活动中的反馈组织不仅存在于业务工作之中，也存在于管理工作中。例如，管理活动中的目标控制、新产品开发中的试制与试销工作，都需要有关活动的配合和反馈。

包括企业在内的组织流程活动需要一对以上的信息交换作保障。图 5-6是一个经过简化的业务流程图。

在图中虚线框内的每一活动都有三对信息交换关系。此时，我们就认为这些活动对于流程而言，是最需要进行信息系统保障的环节。如果我们将虚线框里的活动看做一组活动，这时我们会发现，虚线框内应有 4 对信息交

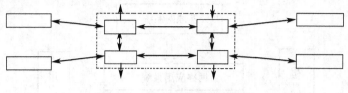

图 5-6 一个经过简化的流程图

换。此时，我们可以对框内的活动予以全方位信息保障。

基于流程的组织活动，应有完备的信息支持，而这种支持是依托于信息技术的全面支持。表 5-2 归纳了企业流程运作中的信息技术的作用领域及其影响情况。

表 5-2　　　　　　　　　　**信息技术对企业流程运作的作用**

序号	IT 的作用领域	对流程运作的影响和作用
1	流程活动执行	使非结构化程序变为常规的处理。
2	地理位置	使信息能远程传输，流程不再受地理位置限制。
3	自动化	代替或者减少流程中的人力劳动。
4	分析	为流程提供复杂的分析方法，提高流程运作能力。
5	信息	为流程提供大量详细的信息。
6	次序	导致流程中任务顺序的变化，使多项任务并行处理。
7	知识管理	获取和应用知识技能，从而改进流程。
8	消除中介	使过去依赖中介（内部或外部）才能沟通的部分，直接连接起来。

企业根据当前业务、可预见的发展及其对信息采集、处理、存储、流通的要求构筑信息平台是必要的，而通信基础设施构成了企业与外界的基础通信网络；信息交换与服务平台主要提供基本网络功能服务（电子邮件、远程登录、文件传输等）和信息服务（网络管理、网络记账、网络安全等）；网络应用系统提供网络上运行的多元化业务；信息源系统主要是由系统与数据库文件构成的信息获取与再生系统。互联网系统提供了与外界的互联，如与 Internet 或专用系统的互联等，用户系统为不同类型的用户提供了友好的界面。见图 5-7 所示。

围绕流程活动的组织，表 5-3 从流程运作的需求出发，分析了信息技术

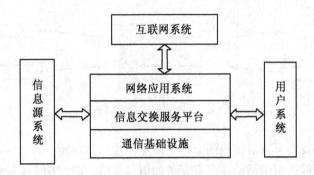

图 5-7　信息基础设施和技术在企业再造中的应用

的利用范围、要求、途径以及信息技术潜能的发挥。表中所显示的分析结果从管理角度为我们提供了战略决策依据。关于流程活动实施的一些现实的技术问题，我们将在有关管理信息化的章节再作更深层的研究。

表 5-3　　　　　　　　　　　　信息技术/过程分析表

流程类型	典型的创新需求	IT 的潜能
运营流程	改变流程中某些活动次序，使其能并行执行。	降低处理时间和成本、提高输出品质的信息技术，如电子商务技术。
管理流程	需要与流程有关的复杂的分析方法。	有助于提高分析能力、员工参与程度，专家经理信息系统（EIS）的建立。
物质流程	降低执行中人的干预。	提高流程输出柔性，增强流程控制能力，计算机辅助制造系统（CAM）和机器人。
信息流程	为流程的运行提供大量的信息。	能够提供非结构化信息、辅助决策人工智能（AI）、多媒体技术、WWW 技术。
组织间的流程	把非结构化的流程转变为常规性业务。	降低交易成本、消除中间环节的 EDI、共享数据库技术。
职能之间的流程	提高信息传递的速度。	支持异地同步工作的 CAD 和 WANS。
个人之间的流程	取消流程中的中间环节，把活动集中起来。	能够使活动集成的群件技术。

续表

流程类型	典型的创新需求	IT 的潜能
串行流程	降低活动之间的相互依赖程度。	降低流程之间的依赖性。
反馈流程	提高活动的合作度。	形成反馈网络。
并行流程	加强活动之间的信息交流与沟通能力。	支持并行工程的技术。

5.2 供应链流程与供应链管理

供应链管理是在流程管理的基础上实现的，它的发展大致经历了三个阶段。第一阶段是20世纪60年代至70年代中期，供应链管理主要采用以物流管理为中心的模式，实现从原材料到成品，到客户的系统化组织；第二阶段从20世纪70年代中期至80年代末，企业开始集成内部资源，其运行模式转变为以客户需求与市场为源动力的全方位链式管理；第三阶段始于20世纪90年代，面对信息化中的全方位竞争，企业认识到跨组织合作的重要性，供应链管理逐渐从企业内部扩展到外部，形成了开放化的供应链管理理论与模式。目前，处于第三阶段的供应链管理仍然在不断发展之中，体现为理论和方法的全面创新。

5.2.1 供应链管理理念的形成及其对管理思想变革的推动

随着科学技术的发展和社会信息化的加速，技术成果和产品的更新周期愈来愈短，研发和生产企业面对竞争激烈的市场环境和客户愈来愈高的产品与服务需求，它们在强化创新的同时，不得不考虑生产和经营方式的变革。这种变革要求企业转变原有的大规模生产与流通的管理理念，实现从企业内部生产过程管理向产品生命周期中的供应环节和整个供应链系统管理的转变，以达到减少库存、灵活生产、优化配给和提高效益的目的。

从流程上看，企业从原材料或零部件采购、运输、仓储、加工生产、产品分销，直至获取盈利，是一个链式活动过程，这一过程所构成的流程就是供应链（Supply Chain，简称SC）。供应链管理是指对供应链全流程的管理，它将企业的生产管理活动，向前延伸至供应商（包括原材料、能源、信息、技术、设备等方面的供应商）管理，向后延伸至销售商管理，乃至最终用户（客户）管理。从这一实践出发，供应链可以定义为，是企业通过流程控制，从采购原材料开始，到制成中间产品和最终产品，最后将产品提供给消费者的一连串的活动，将供应商、制造商、代理商、零售商及最终用户连成整体的功能性流程结构。供应链中的企业或组织构成了一个链式网络，因而它是一个更广泛的企业或组织模式，它包含具有多种功能的节点企业，有利于实现企业或组织的动态联盟。

供应链管理（supply chain management）体现了一种集成化的管理思想和方法的应用，其管理链由以下四方面构成：

- 供应流程与供应商管理；
- 生产流程与生产组织管理；
- 产品物流组织与管理；
- 需求物流与客户管理。

在围绕供应、生产、产品和需求的管理中，实现管理集成化的前提是以现代信息技术为支持（特别是以 Internet/Intranet 为依托），以同步化的供应、生产作业、产品流通和提供为主体内容，以物流组织为主体形式的企业或组织的业务流程的整合。显然，供应链管理的发展带动了组织管理思想的变革和管理技术的创新。具体说来，供应链管理对企业管理有着以下几方面的影响：

① 从部门管理向环节管理转变。传统的企业管理以职能为基础，按采购、制造、开发、营销和服务等部门的划分进行业务管理，这种管理虽然涉及企业运行的各个方面，但管理的实施难以在总目标控制下，实现各环节管理的协调，甚至有些目标计划在实施过程中还存在部门冲突的现象。基于供应链的管理，使得企业内、外部物流得以沟通，从而构建了全方位的流程管理体系。这一变化有利于各环节的协调和企业各部门工作的配合，其流程的优化组合，为企业的发展创造了新的条件。

② 从面向对象的管理向面向过程的管理转变。传统的管理以面向对象为主，通过对象管理过程，这样往往难以实现过程的优化，甚至难以有效地控制组织运行的过程。传统企业的管理对象是承担各种任务和执行业务工作的人，其作用机制是通过管人来控制工作过程。如果说，在组织内部这种管理具有层次分明、控制严格等方面的优势的话，那么，对于企业与外部的交往以及对外部人员（供应商、客户等）的行为管理，则难以有效地实现。供应链管理改变了传统管理的组织方式，它在构建具有优势的供应链的情况下，按过程环节管理过程链中执行各种任务的人，不仅使人员管理与过程管理有机结合，而且构建了企业内、外管理协调一致的一体化运作模式，这是传统理论在现代条件下的新发展。

③ 从以效率为中心的管理向以效益为中心的管理模式转变。传统的企业管理追求生产效率与效果,其他组织的管理也重在组织绩效,未能与企业客户需求或组织的社会作用效益有效结合,难以做到组织管理与环境作用的协调。供应链管理将客户作为一个支配其他环节的关键节点,通过流程的反馈形成了以客户需求为导向的管理控制体系。这在管理实施上,构建了以价值链为主线的效益控制系统,是对生产过程调节控制理论的发展。以客户为中心的管理理论的形成还为企业再造奠定了新的理论基础。

④ 从静态结构的管理向动态结构的管理转变。传统的企业管理具有固定的模式,管理体系与体制的确立往往以企业的组织结构为基础,在组织结构不变的情况下,其管理方式不会发生根本的变化。然而,由于组织结构本身的可调节性和一定的抗干扰性,往往存在结构变化滞后于环境变化的情况,如果不采取相应的变革措施,必然导致管理的滞后。供应链的企业管理以动态化的企业供应链中的各环节活动控制为基础,有效地克服了静态结构管理的弊端,保证了企业管理与环境变化和发展同步。在现代管理中,动态化控制理论不仅是一种新的理论取向,而且是组织建设适应信息化社会的发展需要。

⑤ 从单纯的业务管理向业务与关系相结合的管理转变。传统的组织管理往往从业务组织出发,存在重业务而忽视组织活动关系的缺陷,如企业管理往往局限于以人为中心的业务管理,较少注重开放环境下企业与外部组织所构成的关系网络。在以供应链为基础的企业管理中,人们首先强调的是企业活动与供应商、分销商和最终客户群的交互作用和链接,管理的核心问题是寻求企业与外部合作者、市场和客户的整体化结合。这一管理思想可以归纳为以关系为切入点的业务与关系结合的一体化管理思想。

⑥ 从依赖于传统技术的管理向依赖于现代技术的管理转变。与传统管理不同,基于供应链的企业管理对现代技术有着强烈的依赖性,其中,现代信息传递、组织技术和现代化信息网络的利用是开展高效化的供应链管理的必要条件。现代企业的国际化发展,使得供应链中的供应商、生产商、分销商和用户遍及全球,一些跨国公司业已实现了国际化的采购、供应与分销模式。显然,要进行供应链各环节的有效沟通,必须以 Internet/Intranet 技术的全面应用为基础,改变管理的技术面貌。

5.2.2 供应链管理中的流程模型

企业供应链涵盖企业的全部经营业务,其流程模式由企业经营活动决定,按企业业务范围和经营方式、条件的不同,可以大致区分为基于物流的供应链管理模式、基于客户需求的供应链管理模式、基于企业联盟的供应链管理模式和基于全球网络的供应链管理模式。

(1) 基于物流的供应链管理模式

在企业生产、经营中，物流活动贯穿于企业管理的全过程，按业务环节形成的业务部门（包括供应、采购、生产、销售、服务等）承担着各自的任务，这些部门的链接构成了企业的物流系统。物流系统向前延伸，与供应商衔接；物流系统向后延伸，与代理、分销商和最终客户相连。在企业生产、经营的物流活动中，企业的其他部门（包括决策管理、计划财务、人事、保障、研究开发等）与物流部门的工作相互协调，构成了以功能为中心的采购系统、研发系统、生产系统、销售系统，系统最终与供应商、代理商、零售商和客户链接，形成了基于物流的供应链管理模式（图5-8）。

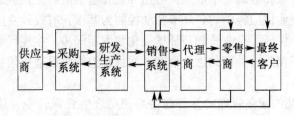

图5-8　基于物流的供应链管理模式

在如图5-8所示的基于物流的企业供应链管理中，采购、研究开发、生产与销售在企业内部完成，是企业内部的供应链；企业采购系统与供应商之间的业务以及企业销售系统与代理商、零售商和最终客户之间的营销业务交往，为企业与外部的链接。这两方面的物流合为一体，形成企业供应链。值得指出的是，传统企业基于物流的供应链管理模式是一种以物流和资源配置为中心的推动式供应链管理模式。在管理中，企业内部活动始终处于主导地位，在经营环境相对稳定的情况下，推动式模式的应用有利于提高企业的劳动生产率和物流效益。当前，许多企业对外链接基本上采用并联与反馈方式（特别是销售系统与代理商、零售商和最终客户的链接），这样将有助于业务的开拓和管理沟通。

(2) 基于客户需求的供应链管理模式

基于物流的供应链管理的出发点是从原材料、技术到产成品、市场，最终推向用户。随着市场竞争的加剧，企业生产出的产品必须经过消费才能转化成为利润；为了赢得客户，赢得市场，企业（特别是非稀缺性商品制造企业）不得不将注意力集中在客户需求上，由此形成了以客户需求为中心的管理理念与经营模式。这种模式在供应链管理中的体现便是基于客户需求的供应链管理模式。

基于客户需求的供应链管理是一种以客户需求为原动力的拉动式物流管理。这种模式改变了企业决策滞后、对市场适应较差的状况,确立了按需生产的管理范式,因而对环境的适应能力大大增强。由于是"客户拉动",在供应链管理上采用了循环管理和反馈的实现。图 5-9 显示了供应链的构造与运行流程。

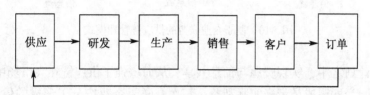

图 5-9　基于客户需求的供应链管理模式

在如图 5-9 所示的模式中,企业内部结构、外部关系和活动必须作出调整,实现内、外活动管理的整合。具体要求是,将企业采购系统与供应商活动整合,通过多渠道的合作以合同形式或其他法定方式构建整合后的供应体系;在销售中建立有效的代理商、分销商、零售商体系,实现最终用户的统一管理,经过整合后的客户订单即为企业实际市场需求订单。在基于客户需求的供应链构建中,各活动的链接采用闭合串行链接方式;在运行中,客户需求既是供应、研发、生产的组织依据和起点,也是产品的最后归宿和流动的终点;在闭合式的循环运行中,资源得以增值,企业在运行中发展。在链式管理中,各活动环节均由决策管理部门控制,以保证管理的一致性和时效性。

(3)基于企业联盟的供应链管理模式

在国际竞争的大环境下,任何一个企业都不可能在各方面均占有优势,因而需要进行优势组合,建立供给、研发、生产、经营的企业联盟。就目前情况看,企业联盟形式多样、经营管理灵活,且处于不断发展之中,因此基于联盟的供应链组织也具有多种形式。然而,形式上的差别并未改变企业内部供应链扩展到外部联盟和面向全行业发展的实质。基于此,我们可以通过基本关系的分析,研究联盟供应链的共同模式(见图 5-10)。

如图 5-10 所示,首先,整个联盟建立一个环环紧扣的供应链,使供应商企业、生产企业、流通分销企业、批发零售企业能在整体化的协调下实现协作经营的联盟运作目标,这样做实际上是将这些企业的分散计划纳入整个

171

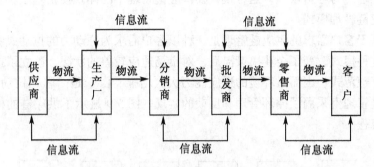

图 5-10　基于企业联盟的供应链管理模式

供应链计划之中，实现资源与信息共享，从而增强了供应链在大市场中的竞争优势，为联盟成员带来实际利益。其次，联盟企业按分工形成的供应链，实现了产品的适时生产、适时交付、适时配送、适时消费、适时反馈的物流机制，其生产组织以客户市场为导向，具有控制上的灵活性。

在联盟供应链管理中，物流是一种单向的有序化流动，信息流却是双向的反馈流动。在作用上，信息流控制着流程的运作；在管理上，最高管理部门支配着联盟的链式活动，安排资源共享和利益分配。

（4）基于全球网络的供应链管理模式

因特网的全球化发展与应用为企业经营的全球化创造了新的信息环境，一些有实力的企业集团（如国际著名的汽车生产集团）纷纷将供应链扩展到全球范围，实现全球采购、全球生产、全球流通、全球利用。这种全球化的经营必然采用全球化的信息沟通和链接方式，这便是因特网环境下的网络化的供应链管理模式（见图5-11）。

基于因特网的供应链管理完全打破了传统模式的限制，使信息资源得以全方位共享。在全球网络供应链中，企业形态与边界已发生根本性变化，整个供应链的协作取代了传统的订单或电子订单；供应链中以客户和市场为导向、以技术开发为依托的经营活动，已发展成为一种交互式的透明化的协同工作；企业将通过虚拟合作和电子商务的方式进行链式运行，构造业务流程系统。在网络化的供应链活动中，一些新型的代理服务商将取代传统的经销商，企业将会发现更多的商机。

基于因特网的供应链管理将企业活动中的物质资源、人力资源、技术和信息等基本要素有机结合，使企业流程发生根本性变化。关于与此相关的问题，我们在管理信息化中将作更深入的研究。

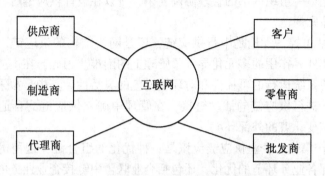

图 5-11 基于因特网的供应链管理模式

5.2.3 供应链管理的实现原则与步骤

在现代企业发展中，不同的企业具有不同的环境、条件、业务活动范围、规模、性质、目标和结构，在供应链管理中不可能采用同一个模式和办法，而应针对各自的情况作出安排。这里，我们仅限于集中讨论企业供应链管理的原则和实施的具体步骤。

（1）供应链管理的实现原则

从整体上看，供应链管理应适应于企业的现实情况，同时满足持续发展的需要，做到与企业整体决策的有效协调。具体说来，企业供应链管理的实现应遵循以下八方面的原则。

① 合理定位。供应链管理的模式选择应有一定的定位，如对于小型企业来说，基于全球因特网的复杂模式，一是难以实现，二是暂无必要，因而可选用基于物流或基于客户的基本模式，然后进行有针对性的开发。合理定位还包括一定模式下的供应链性能定位、供应链管理与职能管理的协调定位、供应链管理目标与管理决策的综合定位等。

② 系统简洁。无论是中小型企业，还是跨国公司，供应链系统应尽量简化，以明确链接系统中的各种基本关系。片面追求系统的复杂，不仅增加了供应链管理的费用，而且有可能使系统无序。要使结构简洁，必须对供应链中的各业务环节的组合有序，同时进行必要的活动归并，例如，在基于客户需求的供应链管理中，供应活动由物质供应和技术提供综合而成。

③ 关系协调。供应链中的活动具有密切的内在联系，供应链运作绩效不仅取决于各环节的活动质量，而且取决于它们的配合。在企业联盟的供应链组织中，各联盟的成员企业之间的相互配合尤为重要。由于供应链中的关

系协调远比单一组织内部的管理协调复杂，所以在设计供应链时，应制定相应的协调原则规范。

④ 灵活可控。无论是串行供应链，还是网络结构的供应链，链接活动的复杂性和外界作用的多元化导致了管理上的困难。因此，在供应链管理中应优先考虑系统运行的可控性和对环境反应的灵活性。其中，拟采用动态化的结构设计进行供应链的活动链接，在管理中确立供应链的自适应控制机构，以适应变化着的外部环境。

⑤ 运作集优。企业供应链应该是一种优化的组合链，这种优化不仅包括企业内部各业务环节的优化，还包括企业联盟中链接企业业务的优化和基于全球网络化的供应链运作的优化。集优原则的要点还在于，进行链接活动和单位的优势互补，以及在整体化的最优管理中的优势方案的实施。

⑥ 反应敏捷。企业的供应链管理使基于组织结构的功能管理变得十分灵活，其目的是提高企业的应变能力，以适应迅速变化的竞争环境。那么，在供应链运行中就应特别注意各管理部门彼此的合作，防止结构化分层管理在供应链管理中的变相出现。确保供应链的反应敏捷还在于，进行决策环节的简化和权力的重构。

⑦ 信息畅通。供应链管理是基于信息技术的管理，其信息的畅通直接关系到管理绩效和组织效益。值得指出的是，不同形式的供应链对信息沟通有着不同的要求，因此，在供应链管理实施中应针对不同模式，制定不同的信息系统规范，以便在规范基础上组织供应链。"信息畅通"在操作上，可归为信息资源共享、信息传递迅速和信息反馈及时。

⑧ 创新发展。供应链管理是一种新的管理方法，对于任何组织来说都存在不断完善和发展的问题。在供应链管理的创新发展中，应跟踪环境变化，探索供应链的客观变化规律，不断进行供应链的改革。另外，处于不同发展阶段的企业，其供应链也处于不断变革之中，因而也应不断探索供应链管理的变革方法，以适应企业长期发展的需要。

（2）供应链管理的实施步骤

基于供应链的企业管理（或供应链管理）是在现有企业管理基础上实施的，其基本步骤包括企业现状调查研究、供应链构建分析、供应链设计、供应链管理实现和基于供应链管理的企业发展等基本步骤。

① 企业现状调查研究。企业现状调查研究的目的在于，根据竞争环境、经营条件、技术与市场的变化，分析企业的运行与管理现状，找出企业经营发展中的矛盾与困难，以便发现企业现有管理中的问题。在发现问题的基础上，研究供应链管理在企业管理应用中的可行性，通过可行性论证，提出实

施供应链管理的初步方案，提交决策和审议。

② 供应链结构分析。根据论证并通过的供应链管理初步实施方案的要求，系统分析企业的业务活动流程、企业的对外交往关系、企业的生产作业、供销与客户关系，明确企业活动的基本构成，以此出发，按供应链管理的基本理论，结合企业实际，选择合适的供应链结构，同时将结构进行细化，提出供应链的详细设计规范与要求。

③ 供应链设计。根据供应链管理的基本目标，按供应链结构分析的规范与要求，进行供应链设计。设计的基本内容包括：供应链的组成（包括从供给到生产、从经营到客户的各环节）、供应链的链接方式、供应链规则、供应链运作、供应链管理等。通过设计建立完善的供应链系统，同时确定供应链建设、检验与实施的操作方法，解决实施中的各种技术问题。

④ 供应链管理实现。按设计方案进行供应链的建设，将企业的业务活动按规范进行调整，其相应的管理也进行变革。在供应链管理实施中，一是进行原有管理机制的变革，使之按供应链要求有序运行；二是进行供应链管理的规范，建立必要的规章制度；三是完善供应链管理的信息系统，进行有效的信息保障。同时，在供应链管理实现中，应注重原有管理向现实管理的有效过渡，在过渡中进行检验、调整，以保证管理的完备性。

⑤ 基于供应链管理的企业发展。供应链管理的最终目的是使企业更好地适应外部环境，进行资源与流程的优化组合，在获取效益中获得进一步的发展机会。所以从发展观点看，企业供应链总是处于不断变化的动态发展之中，这就要求对基于供应链的企业管理进行创新性研究，不断实践新的管理模式。

5.3 基于流程的全面质量管理

质量管理是指用有效的质量保障手段对产品（或服务）的生产过程和最终形成的物化产品（或服务）进行测控、监督，以保证其最终质量的管理工作。质量管理的方法很多，既包括静态的技术质量检测与监督，又包括对质量有影响的各要素与环节的监测与管理。我们讨论的全面质量管理则是一种系统化的，按质量流程进行全面管理的方法。

5.3.1 全面质量管理的要求

全面质量管理（Total Quality Management，简称TQM）是指企业为了保证和提高产品质量，组织流程中全体人员及有关部门参加，综合运用管理控制和技术管制方法，控制影响质量全过程的各种因素，结合改善流程中生产、管理、经营各环节的系统性的管理活动。

在企业生产、经营与服务中，各个环节都存在质量问题。全面质量管理活动也应该贯穿于产品质量产生、形成和实现的全过程，存在于质量活动的各个环节，主要包括：市场调查、开发设计、工艺准备、采购供应、制造、检验、销售、技术服务。这一方面的因素可以归纳为流程因素；另一方面，包括组织机构职责、人员素质、设备控制、质量文件资料、纠正措施、质量成本、质量审核在内的七方面作用要素对质量流程中的各个环节产生作用，从而构成了质量体系的全部质量活动。

产品（包括服务）质量是一个广义的概念，它是产品、过程或服务满足规定或潜在要求（或需求）的特性总和。就物化产品而言，其产品质量特征包括：产品达到使用功能要求的性能，产品在规定条件下满足功能要求的工作期限，产品在规定时间内、规定条件下实现规定功能的可靠性，产品在流通和使用中的安全性，产品在规定使用期内的经济性。

从综合角度看，质量涉及企业运行的全过程。质量控制要素、质量形成流程和质量特征体现三个层次交互作用，构成了综合性的质量体系，图5-12归纳了这种基本关系和质量体系的动态结构。

在质量管理中，存在着两种管理思路：其一，按组织机构管理职能进行分散管理，最后由质量检测部门进行控制；其二，按质量的形成流程、特征体现，实行流程化的全面质量管理。全面质量管理的推行，正是基于第二种思路的管理。企业存在的基础是为用户提供高质量的产品与服务，因而质量管理理应贯穿企业管理的全过程，全面质量管理正是基于这种全程化管理思想的产物。概括地说，全面质量管理的要求包括以下四个方面：

① 实行全过程管理。企业产品与服务质量的全程化管理的目标在于，将不合格的产品与服务消灭在它的形成过程之中，而不是等出现质量问题后再处理。这种全过程化的管理要求从质量形成环节和影响因素出发，建立有效的质量监督、控制与处理体系，做到防、检结合，将质量控制的重心从单纯的事后检测转移到预先的环节控制。全程质量管理的实施，还要求进行企业管理上的整合，突出产品市场调研、产品开发设计、原材料采购、生产制造技术、产品检测、市场销售和用户服务管理中的质量控制功能，实现满足用户最终需求的环节管理模式。

② 实行全员管理。从产品与服务的流程上看，包括管理人员、研发人员、生产人员、供应人员、经营与服务人员在内的所有组织成员都负有各自的责任，其责任区分的依据是他们在质量流程中所承担的工作。因此，质量

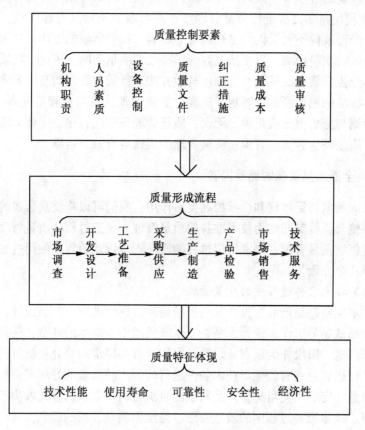

图 5-12 质量形成与控制流程

管理的本质在于对企业各类人员工作质量的要求与控制，离开工作质量的监督管理，任何质量管理都将成为空话。全面质量管理的关键也在于从组织活动的安排和衔接出发，制定质量活动的岗位责任制，将总的质量目标进行责任分解，以确保质量管理的完整性。

③ 按质量流程进行管理。从质量形成过程上看，各质量要素的作用是有序的。例如，产品调研中如果对用户需求和产品生产技术不能准确把握，必然影响产品设计；产品设计中的问题如果不能及时发现和解决，又会影响到生产、制造，即使工艺质量再好，也难以生产出高质量的产品；另外，原材料质量如不加以严格控制也将影响到成品质量；同时，即使产品质量过硬，如果技术服务质量跟不上，最终将导致使用质量的下降。这说明，质量的形成是有序的，质量体现是综合的，要进行全面质量管理就必须按流程控

制影响质量的各环节，做到环环紧扣，最终确保产品与服务的综合质量。

④ 利用科学方法进行质量管理。产品与服务质量具有客观性，产品与服务一经形成便不再受人们主观因素的影响，我们所做的工作只是利用一定的方法进行质量检测，以便依据客观标准处理质量问题。因此，在质量管理中应十分强调管理的科学性。利用科学方法进行质量管理的基本要求是：质量管理标准的制定要做到客观、准确；质量管理体系与流程应完备、合理；质量检测与分析方法应正确、无误；质量管理环节应有序、完整；质量管理中的矛盾处理应客观、有据；质量管理的实施应有效、可靠。

5.3.2 全面质量管理的流程内容

根据质量特征体现和质量控制要素作用，我们可以将质量形成的流程进行有序整合，将其归纳为技术准备的质量管理、制造过程的质量管理、辅助生产过程的质量管理、物资供应过程的质量管理以及销售和使用过程的质量管理等几个方面。

(1) 技术准备过程中的质量管理

技术准备是指产品在投产前的市场调查、科学试验、产品设计、工艺组织、产品试制等工作。设计，是企业生产活动中最基本的环节，任何产品的制造都以这一阶段作为起点。设计是在调查市场需求、研究经济可行性的基础上，根据企业现有的生产技术条件进行的。产品质量的好坏很大程度上由设计质量决定。由此可见，产品质量能否满足用户要求，首先取决于技术准备过程。技术准备过程中的质量管理，是全面质量管理的起点，对产品质量具有保证作用。

技术准备阶段质量管理的具体任务是：根据用户需要改进老产品或设计新产品，使之具有更好的使用效果，在保证满足用户需求的同时，根据生产的现有条件，尽量采用先进的生产工艺，保证产品设计应有的质量，以求获得最佳的生产效果。

(2) 制造过程中的质量管理

在质量管理中，设计质量是期望值，而制造质量才是实现值。制造质量是按照规定的质量标准最后形成的产品质量。

根据是否符合设计质量的程度，可以评价制造质量。符合设计质量要求的产品即为合格品，不符合设计质量要求的为次品。同时，制造质量也是对设计质量的一种检验，用以检验设计质量的合理程度及能否满足用户的需求。如果不符合设计要求，其原因就出在生产制造过程。

产品制造质量管理的任务是：组织对制造过程各环节的质量检验工作，

发挥把关作用，保证不合格的原材料不投产，不合格零件不转工序，不合格的成品不出厂，使出厂产品都符合产品质量标准，把废品、次品、返修品减少到最低程度。

(3) 辅助生产过程中的质量管理

辅助生产工作包括原材料、外购件等物资的供应、工具制造、设备维修、运输服务等。所有这些工作都是为生产第一线服务的，是为直接加工提供质量良好的物质技术条件。因此，这一过程的质量管理要面向生产，充分发挥各自的质量保证作用。制造过程中许多质量问题都同辅助生产部门的工作质量有关。为保证生产优质产品，不仅要抓好制造过程的质量管理，而且要抓好辅助生产的质量管理工作，如设备的状态、操作标准的制定、人员的技术素质等都直接影响着产品质量的优劣。因此，辅助生产的质量管理应抓好，以便为制造过程提供良好的生产条件。

(4) 物资供应过程中的质量管理

全面质量管理也对物资供应提出了严格的质量要求。它要求采购部门努力完成采购质优、价廉的材料及零部件的任务。在原材料入库时，必须有严格的检验制度，杜绝不合标准的物资入库；对库存物资的保管要有严格的维护保养措施，防止物品的损坏和变质。在制造过程中一经发现不合格材料或部件，必须立即剔除。同时，也应保证物资的及时供应。为保证物资供应质量处于稳定状态，还应把物资供应的质量管理延伸到供应单位。如检查了解供应单位是否确能保证质量，要求供应者提供控制质量的计划和措施，规定对供应厂商的定期访问和调查，执行连续的供应监督等。

(5) 销售和使用过程中的质量管理

产品质量的好坏只有在使用过程中才能表现出来，并可作为提高产品质量的依据。这一管理既是企业全面质量管理的归宿，又是企业新一轮全面质量管理的出发点。因此，销售和使用过程中的质量管理是全面质量管理的关键。

销售和使用的质量管理就是保证产品质量以良好的状态进入消费使用阶段，并在消费中呈现良好的效果，以此实现产品的使用价值。为此，必须做好产品的检验和发运工作；积极开展技术服务工作；进行使用效果与使用要求的用户调查；认真处理出厂产品质量事故等问题。

总之，全面质量管理是科学地按照产品质量产生和形成过程的规律来进行管理的。它不仅要保证设计和工艺加工过程的产品质量，保证产品的出厂质量，而且还要保证产品的使用质量。这就把质量管理从原来的制造、检验管理，扩大到产品的市场调查、研究、设计、制造、工艺、技术、包装、原材料供应、生产、计划、行政、销售和为用户服务等各个环节的全面管理，形成从产品设计到销售使用的总体质量管理体系。

以上是对制造行业企业全面质量管理的内容归纳。对于服务企业、流通企业、科研组织和其他组织的全面质量管理，虽然与制造企业的内容存在差别，但质量管理的组织原则却是共同的。基于最终质量目标实现基础上的管理，仍然可以分为准备过程、实现过程、辅助过程、保障过程和服务过程的全面管理阶段。因而，我们针对制造行业的研究具有普遍的意义。

5.3.3 全面质量管理的循环组织与质量分析

全面质量管理是连续性很强的管理工作，它以全面的质量保证为目标，将各个环节的质量活动严密地组织起来，形成一个有明确任务、职责、权限、相互协调、相互促进的以质量为中心的管理有机体，从而达到从组织管理上保证企业长期、稳定发展的经营目标。鉴于质量工作的连续性，在管理上拟采用按环节循环组织的方式和常规性的分析方法。

（1）全面质量管理的循环组织模式

全面质量管理的工作方式是"计划——实施——检查——处理"的循环管理方式（简称 PDCA 循环），它包括 P、D、C、A 四个阶段的工作，或者说，按四个阶段划分的八个工作步骤。图 5-13 归纳了基本的工作程序。

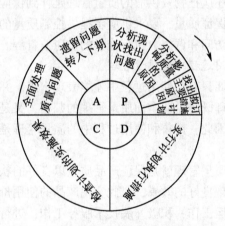

图 5-13　全面质量管理中 PDCA 循环步骤

在如图 5-13 所示的循环中，各个阶段具有以下一些基本的分工：

① 计划阶段（P）。计划阶段包括分析现状，找出问题，分析影响质量的原因，找出主要原因和拟订措施、计划等四个方面的工作，其要点是通过

系统的程序化分析，按质量管理目标制订实施计划和拟订管理控制措施。

② 实施阶段（D）。在全面质量管理实施中，针对各个环节出现的问题，按计划和措施、要求组织质量管理活动，同时协调质量流程中各环节的关系。

③ 检查阶段（C）。对质量及质量管理进行检查是这一阶段的基本任务，其要点是将实际质量管理工作效果与预期的质量目标进行对比，检验管理执行情况，作出检查结论。

④ 处理阶段（A）。质量处理阶段包括全面处理质量问题和将遗留问题加以确认，转入下一循环各阶段的工作。这一阶段既是该循环的结束，又是新一轮循环的开始。

PDCA循环工作方式具有两个基本特征：

第一，"计划——实施——检查——处理"是一个连续性的循环工作，各个环节的工作彼此有机连接，从不间断。

第二，计划、实施、检查、处理每循环一次，产品与服务质量就提高一步；然而，由于产品与服务活动的周期是有限的，在流水作业的管理中，我们可以适当安排进行PDCA循环的频率，以保证达到一定的质量水准。图5-14反映的就是这一客观的"提高过程"。

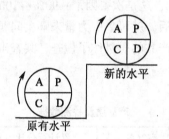

图 5-14　PDCA 循环上升过程

在利用PDCA循环方法建立和健全质量保证体系中，以下几方面的工作值得重视：

① 制订明确的质量计划和质量目标，使质量保证体系协调而有效地运转。

② 建立一套灵敏、高效的质量信息反馈系统，使质量保证体系始终处于不断改进、提高、上升的过程中。

③ 建立专职的质量管理机构，确保质量保证体系目标、计划的实现和质量信息的畅通。

④ 组织外协厂的质量保证活动，使外协厂的质量保证活动同本企业联成一体。

⑤ 实现质量管理业务标准化和程序化，即把质量管理业务按客观要求分类归纳成为制度，作为全体职工遵守的准则，同时确定质量管理固定程序，并使之规范化。

（2）全面质量管理中的质量分析

在全面质量管理中可以从具体环节和需要出发选择适当的分析方法，其中比较典型的是排列图方法和因果分析方法的结合应用。对于其他一些常用方法，我们可以根据需要适当选用。

① 排列图法。排列图法也叫巴雷特图法，是找出影响产品质量主要因素的一种有效方法。该法利用"关键的少数和次要的多数"原理，对影响产品质量诸因素，按影响程度大小排列，从中找出关键因素，以确定从哪里入手解决收效最大。

排列图中纵坐标表示频率或频数，横坐标表示影响质量的各因素。直方形高度表示某个因素影响的大小，曲线表示各影响因素大小的累计百分比，则这条曲线为巴雷特曲线。在实际工作中，通常把累计百分数分为三类：0~80% 为 A 类因素，是累计百分数在 80% 的因素，显然这是主要的；80%~90% 为 B 类因素，这是次要因素；90%~100% 为 C 类因素，这是一般因素。明确关键因素后，就可集中力量来解决问题。

例如：某厂对一个产品的质量作了检查，共查出不合格产品 195 件，其各类废品因素如表 5-4。

表 5-4 　　　　　　　　　　　　**产品质量检测数据**

不良因素	数量	比率（%）	累计百分比（%）	备注
尺寸	60	30.7	30.7	
材料	46	23.6	54.3	
零件	38	19.5	73.8	
划伤	24	12.3	86.1	
光泽	17	9	95	
其他	10	5	100	
合计	195	100		

根据统计资料，画出巴雷特排列图（如图5-15）。从图中可以看出产品的尺寸、材料、零件和划伤是主要因素。

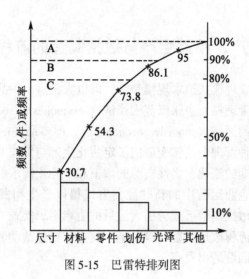

图5-15　巴雷特排列图

② 因果分析法。因果分析法又称特性因素法。它是寻找产生质量问题原因的主要方法之一，是采用开会的办法，集思广益，将所有意见反映在一张图上，探讨一个问题产生的原因；从大到小，从粗到细，寻根究底，直到能查明和确定主要原因为止（如图5-16）。

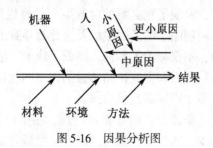

图5-16　因果分析图

进行因果分析时应注意以下问题：

● 在流程化的全面质量管理中，其因素应按程序化的流程结构进行寻找；

● 影响质量的原因可以细化，细化中可以采用层次分析的方法进行因果关系的剖析；

- 因果分析中，要重视数据的采集和分析；
- 因果分析的结果可以利用排列图方法进行显示，以便发现和解决主要矛盾。

5.4 准时生产、精益生产与敏捷制造的流程管理

传统的企业管理模式追求规模经济，即以大批量、少品种为生产的主导方式，新的企业管理模式主张以范围经济（economies of scope），即小批量、多品种，以及集约经济（intensive economies），即多品种的混流生产为生产的主导方式。这种管理上的转变适应了定货化生产与供应的客观环境，它体现为产品生命周期的淡化、柔性资源的增值和个性化需求的普遍化。面对环境的变化，现代企业运营中的新的经营方式得以产生和发展，其中准时生产、精益生产和敏捷制造已成为引人注目的生产组织模式。这些新的生产方式的采用提出了流程改造问题，以及基于流程的管理活动的变革问题。这就是本节我们讨论问题的出发点。

5.4.1 准时生产及其流程管理

准时生产方式（Just In Time，简称 JIT）是日本丰田汽车公司首先创立的一种具有现代特色的生产组织方式，经过二十余年的发展，逐渐形成了包括经营理念、生产组织、物流控制、质量管理、成本控制、库存管理、现场管理在内的完整的管理技术与方法体系。准时化生产方式通过看板管理，成功地制止了过量生产，实现了在必要的时候生产必要数量的产品（或成品）的生产组织模式，从而消除了制品过量以及由此而导致的各种浪费。由于严格地控制了生产产量，不仅减少了库存，降低了成本，适应了需求市场的变化，而且使产生次品的原因和影响产品质量的许多问题得以充分暴露，从而使全面质量管理和均衡生产问题凸显出来。

为了使企业提高竞争能力，增加整体利润，在生产组织中，JIT 以小批量和同步化生产为基础，其生产产量与产品完全由适时定货决定。据此，企业进行弹性化的人员配置（即按需组织生产团队和研发团队），整体化的设备与技术保障，标准化的原材料、能源采购供应以及全方位的质量保证。所有这些工作都需要公司全员参与，在管理上进行合理化分工，同时调整劳动组合，改进管理流程。由此可见，丰田的准时生产模式是一种基于需求和环境的柔性化组织生产模式，它将静态化的流程管理转变为动态化的看板管理和适时控制。图 5-17 反映了这种准时生产的大致流程以及流程中的各主要

环节。

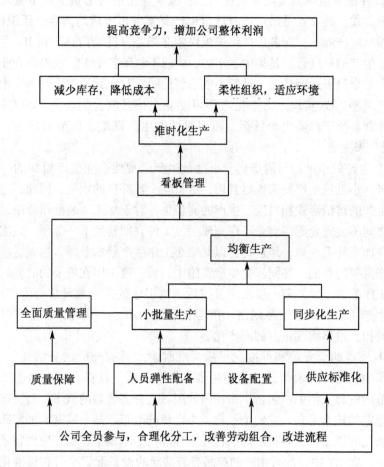

图 5-17　日本丰田公司 JIT 流程示意图

按图 5-17 所示的流程，JIT 具有以下工作要点：

① 适时适量生产的实现。JIT 的实质就是在需要的时候生产所需的产品，实现产品的零库存和准时供给。面对市场需求的个性化、高技术化和高节奏变化的挑战，大批量的生产和周期性的产品开发已难以适应新的客户环境。客观环境的变化要求企业所生产的产品必须能够灵活地适应市场需求量的变化，否则，将造成生产产品过剩，不仅引起人员、设备、资源的浪费，而且将失去传统市场。正是基于市场需求与经营的变化，JIT 摒弃了原有的生产组织模式，从客户需求出发适时生产出市场需要的适量产品，以此出发

进行资源配置。

② 在流程组织上实现看板管理。看板管理是适时适量生产中极其重要的管理方式，其要点是通过适时适量生产要素分析，从均衡生产组织出发，进行即时生产调节，向各生产组织板块传递指令，反馈信息。在 JIT 生产方式中，生产的月度计划是集中制定的，同时下达到各个工厂及协作企业，而且生产指令只下达到最后一道工序或总装配线，对于其他工序的生产指令均通过"看板"来实现。由于生产不可能完全按月度计划进行，相对而言，月度计划着重于总体生产目标，而即时性的生产调配、调节和均衡，则由"看板"来完成。

③ 生产的小批量与同步化。小批量生产是现代企业生产组织的一个必然趋势，小批量生产要求物尽其用，尽量减少零部件的积压，因此，它与同步化生产的组织形式相对应。生产的同步化，对于加工、装配作业来说，在工序之间不设置仓库，前一工序完成后，工件立即转到下一工序，装配线与零部件加工几乎一对一地进行，以此缩小工序生产量的差异，达到适应小批量生产需要的目的。在同步化生产实施中，后一道工序在需要的时候领取前一道工序的加工品，前一道工序只按后一道工序的需求数量进行生产加工；同步生产的最后一道工序则由"准时化看板"决定。这样，在生产组织中环环紧扣，最终实现生产的同步化。

④ 资源的全方位和标准化供应。准时生产具有充分的灵活性，然而，对资源的利用和技术与设备的使用都是标准化的，这样，将有助于降低成本、节约资源。例如，包括丰田在内的国际上许多著名的汽车厂商，都有着相对稳定的技术平台，它们个性化、小批量的汽车产品，其基本的零部件却是标准化的通用件；各批次产品往往在标准化的基础上作出相应的技术变革和创新。在 JIT 中，准时生产的产品有着共同的设备配置平台和标准化的原材料供应，只不过在生产过程中，通过生产均衡化，使通用设备专用化，专用设备通用化，从而可在小的改革中利用通用设备制造专用产品，利用小批量生产的专用设备生产其他通用产品。

⑤ 作业人员的弹性配备。JIT 生产改变了传统的大规模生产的劳动分工形式，由于产品的变化频繁，使得生产加工人员的组合总是处于不断变化之中。解决这一矛盾的有效办法是灵活性地配备作业人员，弹性地增减各生产线的作业人数，动态管理作业人员的技术组合。这种弹性化的人员配置彻底改变了传统大规模生产中的"定员制"人员管理模式，是一种全新的按流程组织进行人员管理的方法。在实行弹性化的人员管理中，要求实施独特的设备布置和劳动组合。从作业操作角度看，标准作业时间、作业内容、作业

范围、作业组合和作业顺序均应随着生产产品的变化而变化，这就要求作业人员的综合技术素质与弹性作业需要相适应。

⑥ 全面质量管理的实现。一般说来，质量与成本之间存在一种负相关关系，即要提高质量，就得花费大量的人力，增加质量保证投入。但在 JIT 生产方式中，却有相反的情况。它将质量管理贯串于每一工序之中，以求实现质量与成本的统一。在具体操作上，JIT 实行两种机制：一是使设备或生产线能够自动检测不良产品，一旦发现异常情况或不良产品，设备或生产线可以及时处理；二是处于生产作业第一线的人员在发现产品或设备运行问题时，有责任和有权力处理或反映问题。这一全面质量管理办法实际上是一种人 – 机结合的质量保障方式，它代表了现代化生产作业的质量保障发展方向。

5.4.2　精益生产及其流程管理

精益生产（Lean Production，简称 LP）是美国在全面研究以 JIT 为代表的现代企业生产方式的基础上，于 20 世纪 90 年代形成的一种较为完善的适时生产、经营管理方式。20 世纪 80 年代以后，经济全球化与全球信息化的加速，给研发型企业的发展创造了一个良好的经营环境，精益生产正是在这种背景下产生的。

从原理上看，精益生产是对准时生产的进一步提炼和发展，其内容不仅限于生产系统的运营与管理，而且包括市场预测、产品研发、生产制造、质量控制、设备安全、物流组织与营销服务的全过程管理。显然，这是一种适时化的、注重生产经营环节的、对流程进行精细组织的扩大化管理模式。它不仅适应了适时适量生产的需要，而且适应了生产-经营一体化、制造 – 管理一体化的发展趋势，有利于促使企业按资源组织的内涵发展。精益生产流程与管理实施的基本关系如图 5-18 所示。

由图 5-18 中可以看出，在企业精益生产的管理中，研究开发源于客户需求，同时取决于企业的研发实力与生产水平；生产中的原材料、设备供应来自开放化的市场供应系统，在供给上可以与优秀的供应商建立合作关系，但这种关系必须受控于生产企业；产品开发与生产的人员配备，在企业中按生产、研发团队组合，既具有稳定性，又具有适应外部环境的灵活性。精益生产中的生产作业以及作业所需的技术组合和质量管理保证，在资源有效配置的情况下形成一个有机结合的系统，在流程中发挥其主体作用。最后，精益生产的产出品（包括产品与服务）通过营销与服务系统对外输出，在开放性的市场合作与竞争中，寻求精益生产的利润，创造社会、经济效益。

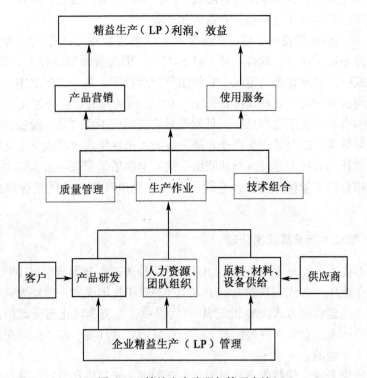

图 5-18　精益生产流程与管理实施

采用精益生产方式的企业与采用大批量方式生产的企业相比，其生产经营效果具有以下优势：产品开发、生产、管理、营销的作业人员可以大幅度减少；新产品开发周期明显缩短（可减至原有周期的一半以上）；生产过程中半成品的库存可减至大批量生产时的1/4；生产程序可以简化，管理效率得以上升；产品质量可以得到大幅度提高。

在精益生产的流程化管理中，以下几个专门性问题值得注意：

① 在生产方式上，改变大批量生产方式下的流水作业形式。精益生产要求围绕专门化的生产产品，以独特的技术组合完成特定生产的要求，同时将质量控制融入每一生产工序或环节，以此构建以生产作业为主体的技术与质量管理体系，使之能够适应产品设计变更、产品换代以及多品种混合生产的需要。这种做法实际上是 JIT 方式的进一步发展。

② 在零部件供应上，采用有别于大量生产的大规模采购方式。精益生产的零部件供应与设备提供有着特殊的要求，供应品种、来源远比大批量生产复杂。因而，在供应系统的建设上，强调在竞争环境下择优选择供应商，

以此为基础建立长期稳定的合作关系，做到生产、供应信息的共享。在合作中，强调包括资金、技术和人员的全面合作，以提高双方的技术实力。

③ 在产品研究与开发上，以客户合作、开发团队和并行工程的组织作为研究与开发的主体形式。在系统化的研究与开发过程中，强调产品开发、设计、工艺、制造等不同部门之间的信息沟通和全方位组合。就研究与开发的保障而言，企业内部各方面的整合以及客户、供应商与企业的合作处于并列运行的状态。这样做的目的在于缩短开发周期，降低开发成本。

④ 在产品流通上，强调营销与服务的结合。具体说来，要求与客户以及分销商、零售商建立长期的关系，使来自客户和销售商的商品需求与企业的生产系统直接挂钩，进而使销售成为生产活动的起点，以尽量减少流通环节与库存，达到适时按需组织生产的目的。另外，营销活动作为客户服务的开始，将服务作为营销的延续，以此构建精益生产中产品流通的新体制。

⑤ 在人力资源管理上，确立适应精益生产的新机制。精益生产的流程决定了人力资源管理的特殊要求，在人员配备上可以考虑按流程的优化组合和人员的合理流动，实现岗位工作向任务的转变。精益生产中的人力资源组织强调组织内员工的知识化以及人员安排层次上的淡化，实现团队或项目形式的人力资源管理机制。

5.4.3 敏捷制造及其流程管理

敏捷制造（Agile Manufacting，简称 AM）于 20 世纪 90 年代初在美国兴起，一些美国企业希望利用敏捷的市场反应与产品制造方式，组织动态化的生产，借此与日本及欧盟国家抗衡。敏捷制造以先进的制造技术和灵活的动态组织方式为基础，依靠素质良好的员工和企业的动态联盟网络，组织以市场为导向的柔性生产与经营活动，以达到增加利润的目的。图 5-19 概括性地归纳了敏捷制造的流程与管理模式。

在图 5-19 所示的流程中可以发现，敏捷制造的根本目的是将柔性生产技术、高素质的生产劳动者和灵活的高效管理集成起来，通过整体化的敏捷作业活动，适应市场、技术和环境变化的需要，使企业在竞争中盈利，在竞争中发展。敏捷制造中的技术、作业和管理的有效结合，形成了主导企业活动的三大主流。

敏捷制造技术是一种高度集成化的技术，它由产品设计技术、产品开发技术、生产制造技术、质量控制技术、流通技术和信息支持技术等方面的技术集合而成。这种集成以产品的适时开发和敏捷制造为导向，按产品研究、开发、生产、销售服务的技术环节有序结合；在技术的集成运用中，随着科

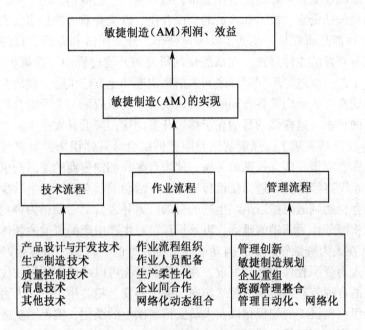

图 5-19 敏捷制造流程与管理模式

学技术环境与信息环境的变化不断更新。

敏捷制造中的作业包括作业流程的组织、作业人员的配备、生产柔性化活动、企业间的合作以及网络化的动态组合。作业流程涉及企业活动的各个操作环节，流程组织的科学性和有效性是敏捷制造目标得以实现的基本保证。其中，流程组织的关键是流程活动的有序化以及按产品生产流程的各方面作业的协调。鉴于生产活动的复杂性和多变性，其流程组合可以采用并行为主的运行方式。

敏捷制造中的管理包括针对敏捷制造流程所进行的管理创新，敏捷制造的规划、企业按流程的重组、资源管理的整合以及管理自动化与网络化的实现。敏捷制造的灵活性以及环境制造业务、活动性质和企业水平等方面的差异，决定了管理模式的多样性。因此，在管理实施中可以按需进行流程设计，有针对性地解决各自的问题。

敏捷制造在准时生产和精益生产基础上，结合制造资源计划（Manufacture Resource Planning，简称 MRP Ⅱ）的实施而发展。因此，我们说，它实质上是适时生产、市场导向、技术领先和资源综合的结果。在这一前提下，组织敏捷制造活动还应注意以下几个方面的实际问题的解决：

① 以市场为导向，组织企业生产。敏捷制造的优势首先在于它对市场的快速反应以及对市场变革的适应性。其生产组织始于市场，终于市场，这是一个循环式的经营形式。因此，在企业活动中应突出市场的导向作用，组织任意批量、多种系列、高技术含量和高质量的产品生产、供应，以满足客户市场多方面的高水平需求。

② 以技术领先为背景组织产品研发。敏捷制造的优势还在于它能够运用最新的技术，开发出高质量、高性能的产品，使产品设计、开发与技术发展同步。技术上的敏捷反应决定了在研究开发中的知识创新组织模式，具体要求是进行产品设计、生产准备、加工制造和进入市场的有效连接，使开发生产周期与相关的技术更新周期一致，从而保证研发与技术发展同步。

③ 实现制造、经营的集约化。由于制造技术更新速度的加快和市场变化的加剧，敏捷制造要求有高效、集成化的生产与经营作保证。在生产上，进行集约化的柔性生产组合，保持生产组合的高度灵活性；在经营上，力求客户参与经营过程，使经营活动、生产活动和客户活动结合成一个整体，以达到内外合一的敏捷制造效果。

④ 以制造、经营需求为基础，实现资源的有效整合。由于敏捷制造具有快速反应和迅速变化的特点，生产中的原材料供应、技术配备和信息保障必须与生产和经营协调，即资源配置与敏捷制造同步。显然，传统的供应方式远远不能满足这一新型生产、经营流程的需要，必须利用社会供应系统进行内、外部资源的快速整合，以适应流程需要。

⑤ 进行人力资源的发掘，使之适应新的生产、经营环境。人力资源的发掘包括两个方面：其一，企业内部人力资源的发掘，要求以灵活的团队式的组织形式组合生产、研发和经营团队，实现知识化的管理；其二，跨时空、跨地域进行企业联盟建设，在联盟中实现分工协作，以增强企业的竞争力。在人力资源管理上，注重成员之间的沟通和人员的内、外流动。

5.5　组织业务流程再造

组织业务流程再造的研究与实践主要集中在企业业务流程再造上。1993年，美国麻省理工学院教授迈克尔·哈默（M. Hammer）和詹姆斯·钱皮（James Champy）提出企业流程再造理论，主张将企业的业务流程进行重组，以期在企业成本、产品和服务上进行整体变革。目前世界范围内不仅理论界已形成研究、探讨流程再造的热潮，而且实业界已进行了多方面的实践和尝试。1994年开始，许多国际著名的公司纷纷推进再造工程，且取得了多方面成效。这里，我们集中讨论的是流程再造的基本思想、原则和方法。

5.5.1 企业流程再造的核心思想与实践

按哈默等人的说法，企业流程再造（Business Process Reengineering，简称 BPR）是对企业的业务流程作根本性变革与重组的过程，其目的是在成本、质量、服务和速度等方面得到显著的改善，使企业能够最大限度地适应以客户、竞争、变化为特征的现代经营环境。

BPR 的基本内涵是以业务流程为中心，以客户需求和业务的序化组织为导向，实现以职能为核心的传统管理向以流程为基础的管理转变。BPR 的核心思想可以理解为企业再造的两个不同层次的目标：

① 通过对企业原有的业务流程的重新塑造，包括进行相应的资源结构调整和人力资源结构调整，使企业在盈利水平、生产效率、产品开发能力和速度以及顾客满意程度等关键指标上有一个巨大进步，最终提高企业整体竞争力。

② 通过对企业业务流程的重新塑造，使企业不仅取得经营业绩上的巨大提高，更重要的是，使企业形态发生革命性的转变，其内容是：将企业由以职能为中心的传统形态转变为以流程为中心的新型流程导向型企业，实现企业经营方式和企业管理方式的根本转变。

企业再造不仅是机构调整，不仅是减员增效，甚至也不是单纯的重新设计企业组织，所有这些改革都不足以涵盖企业再造的最终目标——将企业由过去的职能导向型变为流程导向型。再造的这一目的意味着，不仅企业的流程设计、组织机构、人事制度等会在再造中变革，更为重要和基本的是一个经过真正意义上的再造企业，其组织的出发点、领导人和普通员工的思维方式、企业的日常运作方式、员工的激励方式乃至企业文化，都得到了再造。一个以流程为中心的企业和一个传统的以职能为中心的企业的根本区别不是企业运营流程的不同，而在于维系企业的基本结构不同。在传统企业中，组成企业的基本结构是与职能相对应的部门，由这些部门分别完成不同的任务，这些任务构成每一个流程的片段；而在一个以流程为中心的企业中，企业的基本组成单位是不同的流程，不存在刚性的部门，甚至流程本身也不是刚性的，而是随着市场的变化和技术的进步而随时增减、改变的。在传统企业中，流程（指对客户而言，具体体现一种有效价值的任务集合，不是作为流程片段的子流程）隐含在每个部门的功能体系中，没有人专职对具体的流程负责，流程成为片断式的任务流，任务和任务间的脱节和冲突司空见惯；而在以流程为中心的企业中，每个流程都由专门的流程主持人负责控制,由各类专业人员组成的团队负责实施,流程成为一种可以真实地观察、控制和调整的过程,仿佛每个顾客都得到了特殊对待,而流程本身却变得紧凑,任务之间不再有过去那种冲突和拖延。

坚持以流程为导向的原则,就是使再造的目的始终围绕将企业由过去的以任务为中心改造成以流程为中心。

以流程为中心的企业还意味着企业形态的弹性特征,流程是直接面对客户需求的,随着环境的变化,流程也必须随时变化。现代企业,必须以流程为中心,在这样的企业里,每个人都关心整个流程的情况,人们从"要我做"变成"我要做",这是企业再造的最高境界,也是坚持团队式管理的精髓所在。

一个企业要想成功,必须赢得用户,无论有多么优秀的产品,得不到顾客定单的企业只能眼看着别人盈利。今天的市场竞争,在很大程度上归结为顾客的争取。一家能充分满足顾客需求的企业,必须是一家以顾客为导向的企业,这就是企业再造的另一个核心原则——顾客导向的原则。

以顾客为导向,意味着企业在判断流程的绩效时,是站在顾客的角度考虑问题的,尽管这样做,时常会和企业的其他需要发生冲突。

以流程为中心的企业,既关心人,也关心流程。作为流程小组的成员,企业员工共同关心的是流程的绩效。但是作为个人,他们有不同的背景,不同的兴趣,不同的工作。因此,他们还要学习一些其他的技术,为他们未来需要离开流程时做准备。传统企业所面对的相对静止的市场环境决定了细致分工的任务型管理是高效率的,传统企业中除了领导人以外,其他人思考问题的出发点是如何完成本职工作,衡量一个职员称职与否的标准也是他工作的努力程度和本职工作绩效。

以顾客为中心必须使公司的各级人员都明白,企业存在的理由是为顾客提供有价值的产品和服务,而价值是由"流程"创造的。只有改进为顾客创造价值的流程,企业的改革才有意义。顾客要的是流程的结果,所以,任何流程的设计和实施都必须以顾客为中心,这是企业再造的成功保证。

企业流程再造还在于提高业务工作的效率,通过简化或优化流程达到减员增效的目的。关于这方面的工作,福特(Ford)汽车公司的实践是一个成功的案例。

福特公司是美国三大汽车公司中的一个,但在20世纪80年代初,福特像美国的许多大企业一样面临着来自日本竞争对手的挑战。为了应对挑战,在管理上他们设法削减各种行政开支,同时实现包括全球采购在内的业务处理自动化,在有关业务部门裁减了20%的人员(其中,应付账款部门雇员从 500 余人裁减到不足 400 人)。然而，由于未能进行业务流程的重组，与福特公司拥有 22% 股份的日本马自达公司相比，业务管理上的差距仍然很大。这一情况让福特的决策者震惊，为此，公司决定首先对与应付账款部门有关的业务流程进行彻底再造。图 5-20 和图 5-21 显示了福特公司再造前后应付账款的流程①。

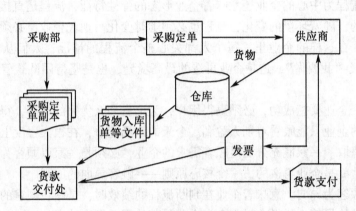

图 5-20　福特公司再造前应付账款流程图

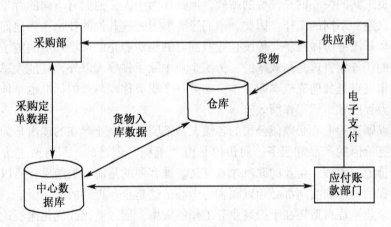

图 5-21　福特公司再造后应付账款流程图

　　如图 5-20、图 5-21 所示，业务流程再造后，应付账款部门需要核实的

---

　　① 转引自 苗杰. 面向信息系统的业务流程再造. 南京大学博士学位论文，2001：26-27

数据减少为三项，即零部件名称、数额和供应商代码；采购部门和仓库分别将采购订单和收货确认信息输入计算机系统后，经电子数据匹配运算即可进行处理。由此，大大减少了原有流程环节，应付账款部门的员工减少了75%，而不是原计划的20%。

从福特汽车公司的业务流程再造中我们可以看出，流程再造不能仅仅面向单一部门，而应作为企业全局的业务流程重建。如果福特公司仅仅重建应付账款部门，那将是徒劳无益的。福特公司的业务流程再造虽然只反映了一个方面的问题，但是它却显示了全局性再造中的一个基本的业务环节和流程的工作基点，反映了企业组织从以职能部门为中心向以流程为中心的管理转移。

5.5.2 企业业务流程再造的要求与原则

我们已经了解到，全面质量管理（TQM）、准时生产（JIT）、精益生产（LP）、敏捷制造（AM）以及以职能为基础的传统管理都存在着流程组织的问题，存在着从流程的角度对作业进行全面管理的问题。然而，它们与BPR却存在着实质上的差异。除传统管理与BPR的基点不同、导向不同和机制上的区别外，与准时生产、精益生产和敏捷制造相比，BPR并不局限于某种生产组织方式以及由于方式变革带来的流程变化，而在于从全局上、根本上变革企业的运行与管理机制。因此，我们可以认为，包括全面质量管理、准时生产、精益生产和敏捷制造在内的流程管理的变化，提出了进行系统性的、完整的流程再造问题，这些成功的实践为BPR的实现奠定了新的基础，而流程再造可视为这些工作的深化与拓展。与此同时，BPR与企业组织变革相互促进和影响，从而构成相关性很强的企业管理创新的主要内容。

从整体角度看，BPR的基本要求可以概括为以下几个方面：

① 实现从职能管理向流程管理的转变。流程再造的最终目的是实现管理职能的流程化，要求面向流程组织其管理工作，进行岗位调整和人员配备，使基于职能管理的纵向关系转变为包括横向与纵向联系的流程关系，以便建立适当的控制程序，消除原有职能部门之间的摩擦，降低管理成本，提高管理效能。

② 在流程再造的基础上进行企业重组。传统的管理是从现有的组织结构出发设计业务流程，即以职能为主体组织流程业务，这种管理的弊端是二者之间难以有效地协调；基于流程再造的管理要求组织结构为流程而定，即在流程再造的基础上，根据流程需要设立部门、调整关系、压缩管理环节和

层次，使组织扁平化、网络化。

③ 将客户和供应商纳入流程管理的控制体系。现代企业竞争已不再是单一企业与单一企业之间的竞争，而是一个企业供应链与另一个企业供应链之间的竞争。这就要求在业务流程再造中不仅要考虑企业内部的业务流程，而且还应对客户、企业、供应商组成的整个供应链的全部业务流程进行改造或重新设计，以便实现企业与环境的有机融合。

④ 注重流程的整体优化。重新设计和再造的业务流程必须是一种优化的流程，否则与原流程相比，将不具备应有的优势。这种优化是从企业运营整体目标出发的优化，因此，要求利用系统工程原理，在作业流程分解的基础上进行简单任务、资源与人员流程的系统化整合，使各流程环节彼此协调，从全局上达到绩效优化的要求。

⑤ 充分发挥人在流程中的作用。在人与流程的关系上，人是主要矛盾，这就要求在业务流程再造中充分发挥人的作用。在操作上，建立以流程为基础、以人为主体的有机组织，实现在流程中有利于充分发挥组织成员主观能动性和潜能的管理目标。发挥人的作用还在于处理好人与流程的关系，建立基于流程的人员协调机制。

⑥ 以信息技术为基础，实现资源共享。业务流程再造不是业务流程的简单改变，而是以现代信息技术为基础的组织、人员、流程的再造和集成。其中的基本要求是充分发挥现代信息技术的优势，以信息流管理取代物流管理的模式，以便在全方位信息沟通的情况下，实现资源的共享，为企业持续发展创造条件。

按以上的基本要求，在业务流程再造的实施过程中应坚持下列原则：

第一，坚持以客户为中心的发展原则。即强调客户满意，建立快速响应和以客户需求为导向的流程管理与运营体制；强调客户参与流程工作，实现流程目标与客户利益的有效统一；强化流程的反馈功能，使流程中的企业管理更贴近客户市场。

第二，坚持流程运行的开放化原则。现代企业在开放化的环境中运营、发展，其流程再造也应该是开放的。开放化的流程再造和管理要求坚持经济全球化、资源共享化、人员流动化和信息技术通用化的流程设计理念，使流程与开放化的社会环境相互适应、相互作用，使企业与社会发展同步。

第三，坚持以人为本的团队管理原则。在流程再造中以人为本，并非因人设流程，而是注重人在流程中的作用。具体说来，人的作用的发挥应基于流程来组织，这就要求在流程中发挥团队的作用，按流程需要进行人员组合，按流程目标要求，实现以人为本的知识化管理。

5.5.3 企业流程再造的实施

企业再造的业务流程具有一定的逻辑结构，其逻辑结构包括事件、关系、状态和规则四大要素。其中：事件是指逻辑参与人在进行业务流程操作中所发生的活动；关系是指两个或多个事件之间的逻辑联系；状态即逻辑参与人在业务流程中所承担的任务、责任或权力状况；规则则体现为流程组织中对各要素的约束或规定。这些要素的逻辑组合即构成了基本的业务流程逻辑结构。

图 5-22 从某企业销售中的客户关系及渠道出发构建了销售业务流程的逻辑结构。从中可以看出，逻辑结构的构建，一是以业务需求为基础，二是在一定规则下从基本的状态出发建立流程业务联系。在结构的设计与实现上可以利用软件工程原理，采用结构细分的方式来解决。

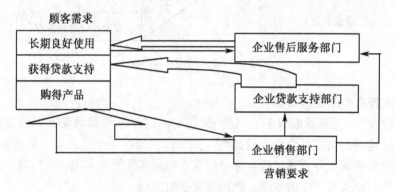

图 5-22　某企业营销流程逻辑结构

流程结构的逻辑设计解决了业务流程再造中的流程重建问题，而重建的准备、重建试验以及新流程的投入则是一项系统性的工作。对此，我们可以利用系统工程的方法分步组织企业再造流程的工作（图 5-23）。

对图 5-23 中所示的阶段性工作，可作进一步归纳：

阶段 1：构思设想（S1）。这一阶段主要是为企业的流程再造作立项准备。企业流程再造首先要得到企业高层领导的支持，基于高层领导和员工对企业流程的理解以及企业的发展战略和信息技术/信息系统支持流程再造的基础，确定需要改善的企业流程。

阶段 2：项目启动（S2）。这一阶段包括建立流程再造小组；制订项目实施计划和预算；通过设立标准、外部顾客的需求分析以及成本效益分析，

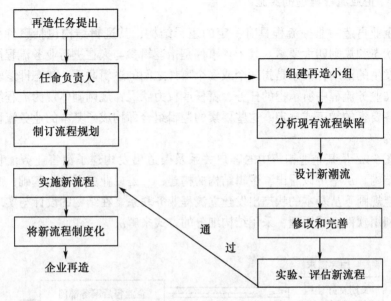

图 5-23　企业再造流程阶段

确定流程再造的绩效目标。

阶段 3：分析诊断（S3）。这一阶段的主要任务包括对现有流程及其子流程的建模，描述各个流程的属性，如活动、资源、交通关系、管理职责、信息技术和成本等；通过确定流程的需求和顾客价值的实现，分析现有流程存在的问题及其产生的原因，确定非增值的活动。

阶段 4：流程设计（S4）。这一阶段主要任务是完成新流程的设计，提出新流程的各种可行方案。新流程的方案应该满足企业的战略目标，同时要设计与新流程运营相适应的人力资源和信息技术/信息系统的体系结构，产生新流程的模型及其相应的说明、新流程的原型系统以及支持新流程运营的信息系统的详细设计方案。

阶段 5：流程重建（S5）。这一阶段主要应用变化管理技术来确保向新流程的平稳过渡。在这个阶段，需要建立信息技术平台和信息系统，完成员工的培训以及组织结构及其运行机制的转变。

阶段 6：监测评估（S6）。对其中的一些关键任务和企业的流程体系中各个子系统的关系进行分析，评估企业流程再造项目的完成情况，为企业流程再造后的企业运行奠定基础，同时，这个阶段的评估结果可以指导我们更加有效地实施企业流程再造。

必须注意，上述阶段中的一些关键任务和企业的流程体系中各个子系统的关系是非常密切的，它体现了企业流程再造项目的本质。

在企业业务流程再造中应注意企业虚拟化与网络化的动态结合，这种结合保证了企业在时间（time）、质量（quality）、成本（cost）和服务（service）竞争中树立自己的形象和优势。

动态结合（VO）的主要特征如下：

① 集成性。集成是流程动态结合的最主要职能，也是实现系统再造的主要手段，它将集成那些完成特定任务所必需的流程。

② 敏捷性。敏捷性是企业驾驭变化、把握机遇和发动创新的能力，包括可重构（reconfigurable）、可重用（reusable）和可扩充（scalable）能力，从企业管理角度看，敏捷性是指连通性、跨组织参与性、生产灵活性和管理相关性。

③ 虚拟性。VO 虽具有制造、装配、营销、财务等功能，但在企业内部却没有执行这些功能的机构，此即功能虚拟。虚拟企业是市场多变的产物，为了适应市场环境的变化，企业的组织机构必须及时反映市场的动态。企业结构不再是固定不变的，可根据目标和环境的变化进行组合，动态地调整组织结构，当企业策略目标改变，产品方向更换时，随即解散现有的虚拟组织，重新组织另外的虚拟企业，此即组织虚拟。

④ 时效性。VO 随着市场机遇而诞生，随着市场机遇的结束而解体，实现成员企业的充分自治，保证各自的独立性。

VO 是一个高素质的人员、动态灵活的虚拟组织结构和先进的柔性生产技术的全面集成体。

① 高素质人员。高素质人员是 VO 的核心支柱，靠人的创造能力、判断能力、推理能力、处理随机突发事件的应变能力来实现机器无法实现的敏捷性，靠人的合作组成工作小组乃至动态联盟。VO 的劳动者应是具有较大的柔性、能够适应不同工种、掌握了多种知识和技能的"多面手"。只有这样，才能适应市场竞争和技术发展，以便面向项目而进行工作小组的重组。

② 组织结构。VO 是由一个最早发现市场和知识创新机遇的核心企业和若干个合作企业组成的动态联盟。VO 组织具有三个层次：上层：VO 层，由若干个动态联盟项目组（VG—Virtual Group）构成。中层：VG 层，联盟企业间的合作层，体现了 VG 的构成方式，各 VG 由相互合作的企业 Team 参与组成。下层：Team 层，构成 VO 的联盟企业层。

③ 关键技术。关键技术包括：计算机集成制造（CIM）技术，它通过信息集成实现企业内部技术、组织和人员的全面集成，极大地提高企业自动

化和生产灵活性程度；计算机网络通信技术，这是 VO 跨企业、跨行业、跨地区的组合的沟通技术，计算机网络通信技术是其中最基本的技术基础；并行工程技术作为一种协同技术，是对产品及相关过程进行并行、一体化设计的一种系统化技术，它支持产品开发及其相关过程设计的集成，支持异地设计、异地制造，支持多功能项目组的并行方式生产；标准化技术，包括电子数据交换（EDD）标准化，可为不同信息的交换提供共同基础，是 VO 进行信息传递的基础；模型与仿真技术——虚拟技术，在产品设计和制造过程中虚拟原型系统的设计等都是以模型和仿真技术作为基础的。

思 考 题

1. 什么是业务流程？业务流程具有哪些基本特征？基于流程的组织活动方式有哪些？

2. 如何实现组织的流程管理？

3. 试析供应链管理实践对管理理论发展的影响。

4. 简述供应链管理的主要模式及各种模式的适用范围。

5. 全面质量管理的要求和内容有哪些？如何进行全面质量管理的循环组织？

6. 准时生产及其流程管理的要点是什么？

7. 精益生产是如何实现的？在精益生产流程管理中应注意哪些问题？

8. 企业敏捷制造实践分析。

9. 企业流程再造的核心思想是什么？业务流程再造的基本要求与原则有哪些？

10. 简述企业业务流程再造的实施步骤。

6 领导工作与人力资源管理

任何一个组织成败的关键在于领导，在于组织中所有人员积极性和创造性的发挥，在于组织行为的协调和统一。现代管理中人本理论的形成和发展，将传统的人事管理提升为以人力资源为核心的行为和活动管理；在现代组织管理中，缺乏领导的组织将不成其为组织，有了正确的领导，人力资源才有可能充分发掘，组织活动也才可能有效组织。本章将从基本的领导关系出发，讨论以领导活动为主导的人力资源管理问题，研究一般的组织原则与方法。

6.1 领导、领导行为与领导工作

关于领导，目前存在着的一些解释是：领导是解决问题的初始行动；领导是指挥部下的过程；领导是对制定和实现组织目标的各种活动施加影响的过程；领导是一种统治形式，其下属或多或少地愿意接受同一个人的指挥或控制等。尽管各种解释的基点有所不同，且着重于一些基本的方面，但人们对领导的实质性理解却是一致的。我们可以将领导综合地理解为：领导是指挥、带领或引导、鼓励下属为实现一定的目标而采取行动的过程。

领导和管理既有共同之处，也有内含上的区别。从总体上看，管理者是被任命的，他们有合法的权力进行奖励和处罚，其影响力来自他们所任职位的正式权力；相反，领导者可以是任命的，也可以是从某个群体中自然产生出来的，领导者可以不运用正式权力影响他人的活动。在正式组织的理想情况下，所有的领导者都应是管理者，但并不是所有的领导者必然具备完成其管理职能的潜能，即所有的领导者并非都处于管理岗位上；一个人能够指挥、影响他人，并不意味着他可以正常承担管理责任。鉴于领导与管理的基本关系，我们仅限于从管理角度探讨领导问题，我们所说的领导者（leader）指的是那些能够影响他人并拥有管理权力的人。从这一基点出发，领导被认为是统率组织成员实现组织目标的基本保证。

6.1.1 领导作用与领导素质

领导活动是领导者与被领导者的交互作用和影响，其目的是通过"指挥"、"引导"、"协调"、"激励"等作用达到组织目标。显然，在领导活动中领导者必须拥有影响被领导者的能力和力量，这些能力和力量包括由组织赋予的职位与权力，也包括领导者本身应具备的品德、才能、知识等方面对他人的作用或影响力。这说明领导作用的发挥是以组织管理和领导者的素质为基础的。

从组织活动上看，在一定组织体系中处于组织、协调、指挥、控制他人的地位的个人或集体被视为组织的领导者。他们在率领被领导者实现组织目标的过程中扮演着主导性的角色，发挥着指挥、协调和激励等方面的作用。

指挥作用。在组织管理中，指挥是一项重要的功能，这一功能的实现在相当程度上是从领导角度来完成的。无论是职能式的结构管理，还是流程化的过程与活动管理，负有领导责任的管理者必须使各部门人员的行动符合组织的利益，其行为必须统一。这就意味着制定具体的政策，指明活动的方向，实现行动导向和行为约束，即发挥其指挥作用。组织领导中指挥作用的发挥，要求组织整体赋予领导者相应的指挥权，同时提出领导者约束自身行为的规范要求。这一工作必须在制度上予以保证。

协调作用。组织是由许多因素构成的有机系统，其中组织成员是诸因素中起主导作用的首要因素。在组织运行中，这些因素在矛盾统一中交互作用，这就要求对诸因素的作用进行全面协调。除管理职能化手段外，组织的协调主要通过领导对下属的协调来实现，其基本内容包括：思想、认识与意见的协调；全局目标与局部目标、长期目标与现实目标之间的协调；组织中的权力与管理协调；组织成员的利益协调；组织中各部分的关系协调；组织业务协调；组织运作与环境协调等。

激励作用。组织要求一定社会成员在共同目标活动中基于共同利益而结合，其成员具有积极工作的愿望与热情。但由于受内、外部条件、环境和关系的限制，当人们的某种需求得不到满足或遇到困难、遭受挫折时，必然会影响工作热情，这就需要对组织成员进行多方面激励。领导活动中的激励在于，创立满足组织成员各种需求的条件、调动下属的工作积极性、激发他们的创造热情、鼓舞士气，使组织成员自觉地将个人行为融入组织的目标体系，确保活动任务的完成。

要发挥领导的三大作用，必然要求领导成员和领导集体具备良好的素质。领导素质是指领导者在一定环境中和一定范围内从事领导活动所具备的主体条件，包括生理、心理以及各方面的基本条件。领导素质是客观的生理条件以及通过学习、实践创造的各种能力条件的综合。

领导者的个体素质主要包括四个方面：

① 思想素质与道德素质。尽管各国的社会制度有着根本的区别，但对领导都有着思想和道德方面的素质要求。具体说来，在思想上要求能够适应社会生产力的发展及一定的社会制度和社会环境，确保在领导工作中引导组织向有利于社会发展的轨道上运转；在道德上，领导者必须是组织成员的表率，以人格的力量树立良好的风范，要求善于多做实事、不图虚名，勇于开拓进取，以便率领组织为实现共同的目标而努力工作。

② 知识素质。合理的知识结构和水平是领导者必备的基本素质，领导者的知识素质由组织性质、规模、结构、目标、任务和环境等因素决定。例如，科研机构领导和流通企业领导的知识素质就有很大区别。领导者应具备的知识素质包括基本的政治、经济理论素质，必要的科学技术、文化知识，与组织活动相关的专业知识与管理知识素质等。领导者的知识素质应随着环境的变革、社会的进步和组织的发展而不断提高。

③ 能力素质。能力素质和知识素质是相互联系和作用的两个方面，它表现为：提高能力有助于获取知识；知识素质的提高又为能力素质的提高创造新的条件。领导者从事领导工作的能力素质包括分析问题的能力素质，决策能力素质，指挥、组织与控制能力素质，协调关系的能力素质，开拓创新的能力素质，知人善任的能力素质，以及适应环境的能力素质等。可见，领导的能力素质是从事领导工作的需要，基本的领导活动决定了能力素质结构及要求。

④ 生理心理素质。领导者的行为和心理活动的外在作用，直接影响着被领导者，关系到组织的行为绩效，因此在领导活动中领导者还应具备良好的生理心理素质。良好的生理心理素质可以提高领导行为的自觉性、有效性和目的性，有助于提高影响、引导他人行为的能力。在很大程度上，领导的心理状态决定组织行为的活动。领导者的生理心理素质包括从事领导工作的应有气质、有利于担任领导角色的性格和良好的意志品质。

集体领导的素质是领导集体中个体素质的综合作用结果，它取决于以下几个方面：

① 年龄结构。集体领导中的最佳年龄结构，应该是不同年龄段领导成

员的组合。生理心理学研究结果表明，人的各个年龄阶段，其能力发展各有优势。例如，吸收新知识的优势当属中青年人，而领导经验和实际影响力又随着年龄的增长而增长。这就需要在领导集体中，按组织活动需要，建设具有年龄层次分布的领导结构体系，以实现优势互补。

② 知识结构。在社会活动中，每个人的知识往往具有一定的片面性，即个体成员不可能在各个知识领域都具有优势，而只是具备某些方面的专业优势。对于领导集体来说，其成员构成应做到各方面知识的优化组合，以形成合理的知识结构。领导集体知识结构包括各方面专业人才的专业结构以及基于领导实践的知识结构。

③ 能力结构。能力结构是指领导集体中领导成员的能力构成。按个体的能力特长区分，领导成员的能力可分为"实践型"、"开拓型"、"组织型"、"协调型"、"管理型"、"业务型"等，这些领导的能力结合可以构成一种互补型的综合能力，它决定了领导集体的工作效能和组织的活动绩效。

④ 心理相容。领导集体应该是一个团结、统一的整体，除个体成员的思想、品德素质要求外，就是要使领导成员彼此理解，在心理上能够相互接纳。领导成员中的心理相容，还包括各成员的性格相容、气质相容，以及相互信任、相互依赖、相互配合和相互支持的人际关系的建立与发展。

6.1.2 领导行为

在组织领导中，领导者具有非领导者所不具备的地位和权力，这就决定了领导者的特殊行为过程。从极端情况看，领导行为方式集中体现为专权型、民主型和放任型三种。

所谓专权型领导，是指领导者个人决定一切，部署下属执行，被领导者只是服从，而将权力集中于领导者本身。民主型领导，是指领导者要求下属参与决策，共同商讨问题，集思广益，最后作出决定，它强调上下一致，合作融洽地工作。放任型领导，是指领导者对下属采取自由放任的态度，他只是为下属提供各种信息，负责联系，使下属完全自由地工作。

对于领导行为方式的划分并不是绝对的，三种极端的方式仅仅适用于一些很特殊的情况。一般说来，在组织领导中往往是各种方式的有机结合，由此形成不同的领导风格和作风。在领导行为活动中，人们从不同的角度展开研究，从而构造了在一定理论指导下的行为组织模式。以下，我们对于管理学界流行的几种理论加以分析，旨在为领导行为规范提供理论与实践依据。

(1) 领导行为的连续统一理论

适合于不同情况的领导行为方式之间的差别并不是绝对的，任何组织的领导都可以在专权型和民主型之间作出选择。美国学者罗伯特·坦南鲍姆（Robert Tannebaum）和沃伦·施密特（Warren H. Schmidt）研究了领导行为方式从专权型向民主型的过渡，认为领导行为的变化是连续的：专权和民主共同存在于组织的领导活动之中，领导方式的差别无非是"专权"和"民主"所占的比例不同而已。图 6-1 反映了领导行为的连续性变化情况。

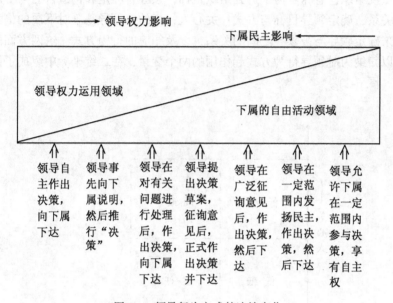

图 6-1　领导行为方式的连续变化

　　如图 6-1 所示，在处理领导权力的应用和下属享有行动自由的关系问题上，坦南鲍姆等人列出了 7 种行为方式，它反映了"专权"和"民主"在不同环境下、不同组织的不同活动中的结合。领导连续统一模型最初出现在 1958 年，直至 20 世纪 70 年代初，已发展成为相对完备的理论。利用"连续统一"理论开展领导活动应注意以下问题：

- 注意环境对领导行为方式的影响，使领导与社会环境相适应；
- 从组织活动中的上、下级关系出发，寻求专权与民主的有机结合方式；
- 从组织的价值观出发，确立有利于实现目标活动最高价值的领导行为方式；
- 从优化管理出发，建立有效的领导活动行为规则。

（2）领导行为的二维模型

美国俄亥俄州立大学的斯多基尔（R. M. Stogdill）和沙特尔（C. L. Shartle）在分析领导行为的基础上，提出了关于领导行为方式的二维模型。他们认为，在决定领导行为方式的诸多因素中，重视组织（initiating structure）和关心人（consideration）是最基本的、决定其他因素作用的要素。重视组织，意味着为了达到组织目标，领导者界定和构造自己与下属的角度关系，确定领导目标与方式；关心人，指的是领导基于对下属的信任和关心来确定领导与被领导之间的关系，以及相应的行为方式。这两方面的因素可以归纳为对领导行为方式起作用的两个变量，在二维坐标中组成了四种方式（图6-2）。

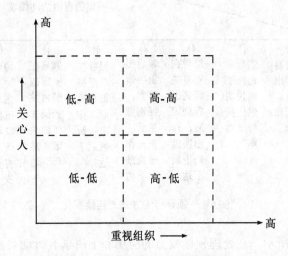

图6-2　领导方式的二维分析模型

根据二维结构理论，组织领导可以区分为：
- 高-高型领导：以高度重视组织和关心下属成员为基础的领导；
- 低-低型领导：对组织结构和人员均不重视的领导；
- 高-低型领导：对组织高度重视，但却忽视了对人的关心；
- 低-高型领导：对人特别关心，但对组织不够重视。

实践证明，基于二维分析的"领导四分图"，与其说是对领导行为方式的划分，不如说是对领导作风和水准的评价。人们在实践中，毫无例外地追求高-高行为方式的实现。

"四分图"的运用推动了二维模型理论研究的发展。美国得克萨斯州立大学教授布莱克（R. R. Blake）和莫顿（J. S. Mouton）随后对领导行为方式进行了更为详尽的分析。他们在二维坐标中，以横坐标表示领导者对组织生产的关心程度，以纵坐标表示领导者对人的关心程度；然后从低到高将其分为 9 等，在图中形成 81 个方格，每个方格表示"关心生产"和"关心人"的不同程度的结合（见图 6-3）。

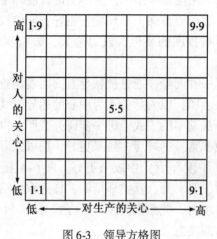

图 6-3　领导方格图

尽管在领导方格中存在 81 种类型，但布莱克和莫顿主要归纳了以下 5 种：

1·1：贫乏型：领导者对生产和人均不关心，仅以最小的努力完成工作；

9·1：任务型：领导者只重视任务而不重视下属的发展和下属的士气；

1·9：俱乐部型：领导者只重视支持下属和关心下属，而不关心任务和效率；

5·5：中间型：领导者限于维护足够的工作效率和较满意的上、下级关系；

9·9：团队型：领导者通过协调和合理安排工作，不断提高工作效率和下属的士气。

从方格分析中可以看出，9·9 方式是最为理想的领导行为方式，然而，实现这一方式需要通过"组织成员"和"组织工作"两方面的合理安排和有效协调。因此，我们可以利用方格分析的方法找出问题，不断改进领导工作。

（3）菲德勒模型

菲德勒模型的建立是基于对领导权变因素的分析。弗莱德·菲德勒

(Fred Fiedler) 认为环境决定领导行为方式，据此，他将领导环境具体化为三个方面：领导-成员关系（leader-member relations），任务结构（task structure），职位权力（position power），然后通过环境的影响分析，得出相应的分析结论。这里的领导-成员关系是指下属乐于追随领导的程度，关系愈好，追随程度就愈高；任务结构是指组织任务的明确程度和下属对承担任务的责任心，任务愈明确、责任心愈强，则环境就愈好；职位权力则是指领导所处职位的权力大小和影响程度的高低，权力愈大，影响度愈高，环境也就愈好。

菲德勒曾设计了一种问卷，通过被领导者的问卷调查来分析人们习惯采用的领导方式，结果表明，以人际关系为中心的领导方式和以工作任务为中心的领导方式是两种最基本的方式。进一步研究表明，以工作任务为中心的领导取向在非常好或非常差的环境中效果更好，而以人际关系为中心的领导取向则在一般环境（中度环境）中效果更好。图 6-4 显示了菲德勒的调查结果：当面对Ⅰ、Ⅱ、Ⅲ、Ⅶ、Ⅷ类环境时，任务取向型领导方式有利；当面对Ⅳ、Ⅴ、Ⅵ类环境时，关系取向型领导方式有利。菲德勒的研究，对于领导方式的改进具有现实意义。

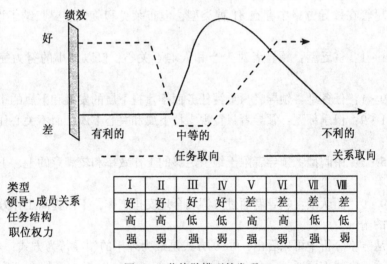

类型	Ⅰ	Ⅱ	Ⅲ	Ⅳ	Ⅴ	Ⅵ	Ⅶ	Ⅷ
领导-成员关系	好	好	好	好	差	差	差	差
任务结构	高	高	低	低	高	高	低	低
职位权力	强	弱	强	弱	强	弱	强	弱

图 6-4　菲德勒模型的发现

资料来源：罗宾斯. 管理学（第 4 版）. 中国人民大学出版社，1997：418

6.1.3　领导工作与领导方法的改进

　　领导活动不是一种单纯的领导行为，而是有目标、有方向的指挥、导向性活动，旨在组织下属完成组织任务，达到预期的目的。在领导活动研究中，罗伯特·豪斯（Robert House）所提出的路径-目标理论（见图 6-5），揭示了这一问题的实质。

　　按路径-目标理论，领导者的工作是为了引导下属实现他们的工作目标，从而提供必要的指导和支持以确保各自的目标与组织总体目标相一致。正是基于这一认识，"路径-目标"方法的采用旨在使领导者通过对下属的指导，使他们明确现实工作目标，帮助他们寻求合理的工作途径来完成各种任务，从而获得他们及组织感到满意的结果。

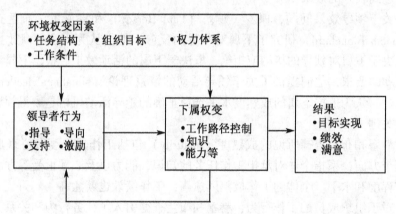

图 6-5　领导活动中的路径-目标方法原理

　　按路径-目标理论，领导的指导、导向、支持和激励活动被下属接受的程度，取决于下属是否将领导活动视为实现目标、产生绩效和获得自身满足感的必要手段，是否认识到在领导者的指导、导向、支持和激励下能够确立正确的工作路径，是否能在自己的知识、能力范围内产生作用。由此可见，领导活动首先由预期的目标结果和下属权变因素决定。另一方面，在组织运行中，任务结构、组织目标、权力体系、工作条件等环境权变因素对领导者和下属都有着直接的影响，其综合作用影响了路径-目标活动过程。对于这两方面的作用，在领导活动中应全面考虑。

　　在路径-目标体系中，领导活动的作用在于：它使下属的需要与目标活动的满足和有效的工作绩效相联系；它提供了有效绩效所必需的指导、导向、支持和激励；形成了有效的工作路径。在活动中，豪斯确定了指导型活动、支持型活动、参与型活动和成就导向型活动等 4 种活动方式。他认为，领导者可以根据环境和下属权变因素的变化，综合利用这 4 种方式形成自己的领导风格。

按路径-目标理论，我们可以引申出关于领导活动方式与方法的假设：

与高度结构化和安排好的任务比较，当任务不明或压力过大时，指导型领导活动具有更高的满意度；

当下属执行结构化任务时，支持型领导活动导致了下属的高绩效和高满意度；

当环境复杂、压力增大时，参与型领导活动具有良好的领导效果；

当任务结构不清时，成就导向型领导活动将有利于提高下属的工作热情，达到较好的效果。

关于领导效果问题，保罗·赫塞（Paul Hersey）和肯尼思·布兰查德（Kenneth Blanchard）研究了下属对领导的反应。他们认为，领导绩效最终将取决于下属对领导的接纳或拒绝，取决于下属的活动效果。根据下属对领导活动的要求，他们提供了关于领导活动的情景理论（situational leadership theory），认为依据下属的成熟度水平选择正确的领导活动风格是取得领导成功的关键。

赫塞和布兰查德所说的成熟度（maturity）包括工作成熟度和心理成熟度两个方面，系指个体对承担工作任务的知识、能力以及心理承受等方面的适应程度和水平。个体的工作成熟度愈高，工作绩效也就愈高。

对于组织成员的工作行为，赫塞和布兰查德引入了任务行为和关系行为两个维度，对于两个维度都有从低到高的变化，形成了低关系-低任务，高关系-低任务，高任务-低关系，以及高任务-高关系的多种程度不同的状态。对此，科曼（A. K. Korman）认为，有效的领导应该把任务行为、关系行为和被领导的成熟度结合起来考虑。这与赫塞和布兰查德的说法是完全一致的。据此，领导活动可以分为 4 个阶段：

第一阶段：下属对执行任务可能既不适应，又缺乏能力，因而需要领导者给予明确而具体的指导。

第二阶段：下属逐步适应工作，但技能有待进一步成熟，这时领导者需要采取高任务-高关系的方式进行领导。

第三阶段：下属逐步适应工作，成熟度提高，但工作可能不稳定，因此领导者需要采用支持、激励、成就导向的方式开展领导活动。

第四阶段：下属成熟度的提高使他们完全适应工作任务要求，领导者可以不断减少对活动的具体控制，通过参与活动寻求组织新的发展机会。

值得提出的是，任何组织的任务都不是永远不变的。随着组织的发展和新的任务与工作关系的形成，组织成员的"成熟度"也会发生变化，即出现"成熟→不成熟→新的成熟"循环。因此，领导活动也有一个周期性发展的问题，这说明应针对组织的发展和下属状况，进行领导活动的情景式组织。

无论领导活动如何变化，不断改进领导作风和领导方法是共同的。这方面的工作可以归纳为在具备良好的领导素质情况下的领导方法和艺术的不断改进，其基本内容包括：

● 注意处理好自己的工作与下属工作的关系，发挥领导参与的作用，提高行为导向的能力；

● 在领导过程中合理授权，充分调动下属的积极性，提高下属的责任心，培养下属执行任务的能力；

● 倾听下属的意见，及时调整领导关系，改进领导工作；

● 建立良好的领导与被领导关系，平等待人，行事公正；

● 充分利用激励方法，通过激励增强组织的凝聚力；

● 提高领导过程中的宏观控制能力，将组织的任务目标和长远目标结合起来，加强战略性领导环节的工作；

● 合理用人、因才施用，强化"人才"导向作用；

● 科学支配工作时间，提高领导工作及下属工作效率；

● 强化组织理念的形成和统一，塑造有特色的组织形象和指向未来的创新风格。

6.2　人力资源配置与管理

人力资源（human resource）是指一定范围内人口总体中所蕴含的劳动能力的总和，具体说来，它表现为一定范围内的社会劳动力的构成和来源。在一切资源中，人力资源是占主导地位和起决定作用的资源，人力资源配置和管理是组织活动的最本质的基础工作。现代意义的人力资源管理源于人事工作，它是对人力资源的取得、开发、保持和利用等方面所进行的系统化管理，是组织运行的基本保证。对于组织来说，人力资源的配置与日常管理是一项基本的常规性工作，组织及其赖以生存的社会环境决定了配置与管理机制。

6.2.1 工作任务设计与工作时间、报酬安排

组织的工作任务设计在组织岗位设计和流程组织的基础上进行，旨在将大量具体的工作任务安排到一定的组织岗位上。工作任务设计的要点是，根据组织结构、流程和目标的要求，按工作任务的技术要求、任务性质、工作内容和它们的内在联系，有目的地将任务配置到各个岗位，实现各个岗位任务的有序组合，以保证组织的有效运行。工作时间与工作报酬的安排，旨在根据工作任务的需要，按国家法律的具体要求，进行工作时间和报酬的制度性安排，与任务规范相结合，形成人力资源配置与管理的基本依据。

（1）工作任务设计

组织中的任务多种多样，有的是经常性的重复并适合于标准化管理的常规任务，有的则是非常规性的专项任务或特殊任务；有些任务只需要单一的专业技能就可以完成，有些任务则需要多种技能和多方面人员的合作去完成。在任务设计中，早期的管理者都力求工作任务的尽可能简化、分解和专业化，以便提高每一个劳动岗位的工作效率。现代社会的发展和组织模式的变革，使得传统的任务设计发生了深刻的变化，任务的扩大化、丰富化和协同化为工作任务设计提供了新的思路，使之形成了以岗位任务为主体的专项任务和综合任务相结合的设计体系。

工作任务设计可以概括为以下几方面的工作：

① 工作岗位分析。工作岗位分析在岗位设置的基础上进行，分析的目的在于从岗位角度寻求岗位任务安排的基本内容和模式，明确工作任务按岗分配的基本要求，研究各岗位任务的组合方式以及按岗设计工作任务的设计原则。岗位分析的出发点还在于从岗位设置的角度，研究岗位的应聘条件，制定按岗设立工作任务目标的设计方案。

② 工作关系分析与任务分解方式分析。组织是一个完成任务的有机体，从机构和流程角度看，工作任务必须有效地分解，按从总到分的原则下达到各个机构和从事岗位工作的成员，这就需要进行系统性的工作关系分析，制定任务分解的具体方案。工作关系与任务分解分析还在于弄清相关任务之间的关系，寻求岗位合作和协作运行方式。

③ 工作任务规范设计。工作任务规范是安排任务的基本准则，规范设计的内容包括：工作任务目标要求规范，工作任务分解规范，岗位任务组合规范，工作任务设置程序规范，工作任务职责规范，完成工作任务的技术规范，工作任务量的规范，工作任务时间规范、工作任务报酬规范，任务责任人规范以及工作任务管理规范等。

④ 工作环境与条件设计。在组织活动中，工作任务一旦下达，就必须为承担者提供相应的条件，创造适合的环境，这就需要对工作环境和工作条件进行设计。环境与条件设计的要点是，从工作内容与目标出发，按实际需要和相应的标准对完成工作任务的自然环境、信息环境、物质技术条件和管理保障条件进行设计。

⑤ 工作任务资格设计。工作任务资格设计的内容是，根据工作任务的性质、目标、内容、要求和环境与条件，对承担相应任务的应聘或任职岗位人员的知识结构、实际技能、基本素质、必要的经历或经验进行设计，提出按任务配置人员的方案。工作任务资格设计，要求详细、具体，具有可操作性。

⑥ 工作制度设计。工作制度设计即工作任务完成的制度保障设计，其要点是从组织性质、目标任务要求和环境与条件出发，通过工作任务分配、组织、实施的环节分析，设计相应的制度化管理体系、制度管理方法，提交完整的工作制度建设方案。

在工作任务设计中，应注意工作任务扩大化和岗位任务的合成要求，注意工作任务安排与管理的创新，使设计工作与组织的发展同步。

（2）工作时间安排

鉴于工作任务的性质、业务流程的要求、设备使用的特征和人力资源状况与组织环境等方面的差异，工作时间安排也有多种多样的组合和选择。这里，我们通过基本的工作时间安排方式的讨论，提供其有效组合和选择的途径。

① 固定工作时间安排。固定工作时间安排是一种最传统的和最简单的工作时间安排，首先按年确定工作日和休息日，然后在工作日中安排每天的固定工作时间。如世界上许多国家采用的在一年中按 52 周计算，每周安排 5 个工作日，每天固定工作 7~8 小时，另外按所在国统一规定安排公共节假日（在工作日中扣除），同时按年实行休假制度。固定工作时间制度是一种以法律形式确定的制度，所在国的组织必须严格执行这一制度。由于行业和工作的特殊性，在固定时间安排上是可以灵活的，如：工作日中的工作时间可以划分为 3~4 班，按组织工作需要转换交接班，以使工作连续进行；对于节假日不能停止工作的行业，可以采用调换休息日或采用其他方式进行劳动补偿等。固定工作时间安排是工作社会化的需要，是分工合作的职业化工作的产物，目前和将来仍是一种主体安排方式。

② 弹性工作时间安排。弹性工作时间安排是一种具有较大灵活性的工作时间安排方式。在国家法定的工作日和休息日安排的基础上，对于劳动者

来说，只确定工作日的劳动总时数，允许其在限定的范围内自由调整工作时间和决定休息时间。弹性工作时间安排应根据组织的活动性质和运行需要作出，它比较适合于独立性较强工作的时间安排，对于相关度很高的工作（如生产流水线上的作业）不宜采用。弹性工作时间安排使组织成员在时间支配上有更多的自主权，人们可以较机动地选择最佳的工作时间段完成工作任务，有利于工作效率的提高。然而，弹性工作时间制的执行会带来较大的管理难度，它要求管理者科学地进行弹性的人员组合，以保证组织工作的连续性。

③ 以任务为标准的工作时间安排。对于某些创造性强的工作（如科学研究工作、文艺创作工作等），为了给承担工作的专业人员提供更大的自主工作空间，促进工作效率的提高，可以采用以任务为标准的工作时间安排。具体做法是，将组织下达给专业人员的工作任务进行量化，科学地计算完成任务所需的工作时间，确定任务工作时数；然后，按国家规定的工作时间制度，将任务工作时数折合成工作日，核准任务开始时间和完成时间，即任务工作期间；最后，由专业人员在任务工作期间内自主地决定工作和休息时间，以保证任务的完成。这样的任务工作时间安排能够充分地调动专业人员的积极性，具有较强的针对性，不仅可以用于组织中承担特殊工作的专业人员的时间安排，也可以适用于诸如学校、研究机构等组织的业务人员（教师、研究人员等）的时间安排。

（3）工作报酬安排

工作报酬安排应在国家法律基础上进行，基本的法律依据包括劳动、社会保障等方面的法律、法规。由于各国制度和法律上的差异，工作报酬安排存在很大的差别。在世界上普遍采用的按工作支付报酬的工资制度中，包括我国在内的许多国家实行统一的工资制度，有些国家则由组织决定工资，由国家进行监督。但是，就报酬安排规则而言，各国却是一致的，其主要安排方式有：

① 岗位级别工资。岗位级别工资是按工作人员（包括管理人员、操作人员等）担任的岗位职务支付报酬的固定工资制，可以按年计算发放总工资，也可以按周或月发放工资。它分为单一型和范围型两种：单一型实行一职一薪，即一个岗位职务只设一个工资额；范围型则是一岗多额，即在一个岗位中设立若干个工资额等级。目前，两种岗位工资制在不同的范围皆得到了应用。如我国国家所属企、事业单位采用范围型工资制，一些民营企业采用单一型工资制。

② 计量差额工资。计量差额工资的最早形式是企业生产中的计件工资，

即按产品生产量计量和发放工作报酬。当前，计量差额工资不仅存在于生产加工企业，而且存在于其他活动之中（如某些服务行业按服务人次计算和发放工作报酬）。计量差额工资制的执行有利于提高生产效率，在有效控制工作质量的情况下有利于工作者潜能的发挥。

③ 任务工资。任务工资的计算与发放是以完成任务为前提的报酬支付，如在市场营销中给营销人员下达任务，签订合同，按任务完成情况支付其工作报酬。这种形式是一种单纯的以"任务"计算并发放报酬的形式。另外，"任务工资"还可以作为岗位级别工资制的补充形式采用，它可以在发放固定的岗位级别工资的基础上按任务完成情况进行工资调节或奖励。

④ 其他工作报酬。对于有些特殊性的工作，可以采用多种灵活的形式计算并发放报酬，例如，出版商向作者支付的著作稿酬、文艺演出的报酬等就是如此。这种灵活性的报酬支付，标准复杂，彼此差异很大，因而需要国家颁布相应的法规，同时在执行中需要强有力的社会监督。

6.2.2　人力资源配备与流动

组织的正常运行需要充分的人力资源作保证，其人力资源的配备在人力资源开发的基础上进行。与此同时，实行有利于人才作用发挥的聘任和流动制。

（1）人员聘任

在组织机构、流程及工作任务确定以后，便是人员配备工作的开展。人员配备工作以充分的人力资源开发为前提。社会的人力资源是指社会人口中法律所认可的具有劳动能力和资格的社会成员，组织的人力资源配置应在社会人力资源环境中进行。

组织中人力资源配置的通行做法是实行人员聘任。所谓聘任，是指按国家法律规定，根据组织活动的需要，安置、确定和吸收有能力的社会成员担任组织内的职业工作，同时按法规限定工作期限和给予工作保障与报酬的人员配备活动。它包括按法定的手续（如合同）进行招聘、终止聘用和解除工作关系的解聘活动。在现代社会中，进行职业工作人员在双向选择（即用人单位挑选应聘人员，应聘人员同时挑选单位、岗位或工作）基础上的聘任已成为人员配置的主流。这种社会化的聘任活动是一种法律认可的活动，整个工作在社会监督下进行。对于组织来说，理应在政策导向下，依法制定聘任规则，明确聘任人员来源、聘任程序和具体的规定。

一般说来，聘任人员的来源包括以下几个方面：

① 内部聘任。内部聘任在组织内部中实现，它以聘任制的执行为基础，

按一定的聘任周期对组织内部的所有成员进行聘用，聘期届满时自行解聘或按规定中止聘任（或解聘）。内部聘任的优点是，人员相对稳定，有助于组织工作的连续性发展；缺点是，因聘任范围的限制，不利于组织内、外部人才的合理流动，影响组织的开放化运作。

② 社会公开聘任。社会公开聘任是组织向社会公开招收、任用和按法规进行中止聘用或解聘职业工作人员的活动。社会公开聘任可采用广告招聘、就业中介机构推荐或其他直接面向公众的途径进行，在聘任活动中，具有法人资格的组织和应聘者依法进行双向选择，确定聘任关系、形式、期限和权益。社会公开聘任的优点是，人才辐射面广、选择余地大，有利于优秀人才的聚集；缺点是，由于情况的复杂性和信息交流的障碍，难免存在聘任失误率高的现象。因而，"试用期"的办法普遍被作为一种辅助手段而存在。

③ 委托人才机构招聘。为了有利于社会上各类人才的合理流动，各国都存在相应的人才就业机构，如美国的公共就业机构和私人就业机构，我国的人才交流中心等。这些机构都有着完备的人才档案，其工作有相应的法律保障，因此可以通过委托形式，由人才机构代理招聘业务人员。这种方式的优点是，效率高、招聘面广；缺点是，由于委托方式的间接性，使聘任的优化遇到困难。因此，在委托方式的使用上，往往离不开招聘单位的深层介入和合作。

④ 学校分配或推荐。学校所培养的专业人才是未来工作的主体，他们的知识结构新颖，具有工作活力和创新精神，是各种组织补充人才的主要来源。对于学校来说，按国家规定业已建立完备的分配或推荐制；对于用人单位来说，完全可以按学校的分配或推荐意见，综合考虑人员选配问题。值得注意的是，由于各国的体制不同，各国的学校分配或推荐制度存在着一定的差别；作为用人单位应制定相应的规定，以适应学校分配或推荐环境。学校推荐或分配方式的优点是，人才来源可靠、可信度高；缺点是不能适用于一切人才的配置，而应与其他方式结合。

以上几种人才聘任方式和途径可以有机结合，构成综合性的人员招聘、任用体系。

人员聘任的工作环节包括资格审查、笔试或面谈、工作测试和规范化聘任。

① 资格审查。一般说来，几乎所有组织都会要求应聘者填写相应的应聘表格，除应聘者姓名、联系方式外，主要包括个人学历、经历、专业、专长和已取得的成绩等基本情况和拟受聘岗位工作要求等，同时应聘中由应聘

者提供相应的证明文件和推荐材料等。对这些资料，一是审查它的可靠性，确认基本情况的真实性；二是与组织的聘任要求及所提供的条件（工作任务安排和时间与报酬安排等）相对照，进行资格认可。通过这一工作，确定选聘对象。

②笔试或面谈。笔试或面谈是组织聘任专门人员中的一个重要环节，已被企、事业组织广泛采用。有些情况下，采用笔试方式或面谈方式进行应聘人员的测试，有时却两种方式结合应用。一般说来，笔试适用于应聘者知识结构、知识水平和综合智力的测试；面谈则着重于能力测试和应聘者素质和气质的直观性认可。这两方面的测试内容由组织聘任目标、内容和基本要求决定，可采用规范化的测试方法进行。

③工作测试。工作测试是对应聘人员进行实际工作能力及水平的一种综合性的现场测试，它可以选取一些有代表性的工作内容或环节，让应聘者现场完成，如高等学校接收教师的课堂试讲、企业营销人员招聘中的营销试验、技术人员应聘中的现场操作等。工作测试主要用于测试应聘人员的实践效果，是笔试和面谈的重要补充，在聘任高级管理人员和技术人员的工作中是必不可少的。

④规范化聘任。通过组织和应聘者的双向选择，应聘者和组织之间的聘任关系得以初步确立，但聘任的实施还应通过规范化的聘任程序。规范化聘任的基本要求是，以文件或合同的形式，按法定程序，明确聘任工作的内容、岗位职务、时间范围、业务要求、工作条件、工作责任、工作待遇以及聘任关系的确立和终止等。同时，还必须明确双方纠纷的解决办法和聘任的社会责任等。

（2）人员流动

在组织活动中的人员流动是一种普遍存在的现象，也是组织运行与发展的需要。一般说来，组织内、外的人员流动通过招聘与解聘的方式进行，组织内部的人员流动则是组织内部的纵向和横向流动。

组织中的横向流动是指同一结构水平上的从事一种岗位工作或职业活动的成员向另一种岗位工作或职业活动变动，因此又可以称为岗位轮换。通过岗位轮换，可以使组织成员适应多种岗位的业务工作，有利于知识面的拓宽、综合素质的提高和业务发展，因而是一种动态化的人力资源配置方式。在企业管理中，优秀的管理人员往往从本企业基层产生，从全局上看，他只有熟悉企业各方面的基层管理工作，才能适应全局性管理的需要。这就要求在升任前，对基层优秀人员进行重点培养，实行全岗位轮换，使之能适应研究开发、生产管理、物质供应、市场营销等全方位的工作，为担任高层次管理职务作准备。

组织中横向流动的另一个目的是，通过岗位轮换增加组织活动，防止静态管理的弊端。例如，长期从事物资供应的管理人员有可能凭经验习惯性地工作，更有甚者，可能凭老关系工作，从而影响物资供应工作的效率，甚至导致一些不正常的情况发生。对此，进行横向的岗位变动，可以利用新人新的工作方式来改变物资供应的现状，使之在变化中发展。

横向流动带来的问题主要是，由于岗位轮换，导致业务人员对新的岗位难以及时适应，其工作绩效可能暂时受损。对此，应在岗位轮换中组织全面的岗位培训工作，在培训基础上进行流动。同时，在组织横向流动中，应有周密的完整方案，保证流动的科学性和合理性。

组织活动中的纵向流动是指组织成员职位的升降，这是一种组织结构上的上下流动。在层级式的组织结构体系中，组织成员从较低层次向较高层次的升迁叫向上流动，从较高层次向较低层次的转变称为向下流动。组织中的上、下流动是组织人力资源管理的一种重要手段，利用这种手段可以将业绩突出、有创新能力的管理人员及时升迁到工作范围更广的岗位上，以发挥其作用；同时，也可以将不能继续胜任工作的人员从较高管理层次安排到较低层次去工作，以便使工作能力与岗位相匹配。由于组织在不断发展，组织中所有成员也处于不断变化之中，因此实现纵向的动态化管理是必要的。

组织内部进行上、下流动管理的优势还在于，它可以激活组织的管理工作。由于看到职业道路上的发展希望，人们将自觉地不断充实自身的知识，创造业绩，努力向上；与此同时，处于高层的管理人员和技术人员等，也会感觉到内部竞争的压力，从而保持拼搏向上的激情。因此，在组织活动中这种上下的纵向流动是非常重要的。

组织活动中的横向和纵向流动相互依存，成为一体，在流动中应有完备的制度作保证。与此同时，人员流动还必须与人员考核与培训工作相结合，使之形成一个整体。

6.2.3 人员考核与培训

在组织活动中，无论是组织成员个人，还是作为整体的组织，都十分关注考核工作。他们要求通过考核，及时对工作业绩进行正确的估计，针对问题进行业务培训，以利于工作的改进。同时，考核与培训的结果又是人员流动的重要依据，而在组织管理中发挥作用。

（1）业务考核

对组织内各种人员进行业务考核是以工作绩效为中心的评估工作，考核的内容不仅包括工作态度、工作责任的履行与工作过程的考评，而且包括工作结果以及业务人员对组织贡献的全面评价。业务考核的基本作用在于：

- 通过考核，找出工作中的问题，为优化管理和业务工作提供依据；
- 考核结果可作为分配报酬、人员流动和进行奖惩的依据；
- 通过考核，将信息反馈给被考核者，作为改进业务工作的参考；
- 通过考核，分析影响工作绩效的原因，以便有针对性地进行业务培训；
- 通过考核，全面分析组织中的人才利用情况，为人力资源管理规划的制定作准备。

对于以上几方面的作用，管理决策人员和一般业务人员都有比较一致的认识。美国学者哈罗德·孔茨和海因茨·韦里克对美国企业的问卷调查表明，企业的业务考核和业绩分析的目的依次排列为：工作反馈，报酬管理，晋升的决定，确定管理发展的需要，人员计划，选拔程序的合法化等。这说明，考核的目的和考核作用之间大体上一致，两者之间的一些小的差别主要表现在目的与作用的不同倾向上。因此，在组织考核中应立足于一定目的控制下的考核作用的全面发挥。

美国通用电器公司在人力资源管理中十分重视业务考核工作，他们在长期实践中制定了一项称为"工作计划与检查"（WP&R）的考核方案，强调在考核中进行经常性的工作研讨，而不是简单的业绩等级评定。这样做，有利于从深层上发挥考核的作用。

在业务考核中存在着两方面关联性的工作：其一，考核标准与指标体系的制定；其二，考核的程序化组织与考核方法的选用。

业务考核标准与指标体系的制定应从组织的实际情况出发，分成几个基本的方面进行分项考核，然后综合分项指标得出考核结论。一般说来，考核标准与指标体系可分为：工作态度与工作素质；工作过程及工作表现；工作绩效和工作影响。以这三方面的要求为基础，业务考核指标还可以进一步细化。图6-6反映了这一基本情况。在业务考核的实施中，管理者可以根据组织性质、工作范围、活动目标和业务类型的不同，从考核目标出发，进行有针对性的考核标准与指标体系的设计，在统一认识的基础上组织实施。

在业务考核中可以根据需要确定考核的基本程序，其基本环节包括：

① 按管理工作的需要制定完整的业务考核方案和实施办法；
② 制定业务考核标准与指标体系，经论证付诸实施；
③ 建立考核实施小组或在现有机构中明确其考核职能；
④ 选用适当的方法进行业务考核，分析并归纳结果；

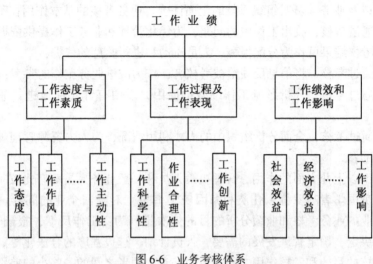

图 6-6　业务考核体系

⑤ 提交考核结果，作为从事多方面管理活动的依据，同时向有关人员反馈考核结果信息。

值得强调的是，组织业务考核是一项常规性的不间断的工作，因此在连续性考核中应针对所发现的问题进行多方面改革。

在考核中可以根据考核的要求、内容、指标体系和组织实施考核的需要选择考核方法，其主要方法包括实地跟踪调查与考评方法、定量测试方法、工作绩效鉴定法、专家评定法、综合分析法等。由于这些方法属于软科学研究中的常用方法，在此不再介绍。在使用中，我们只需注意各种方法的适用范围，综合考核需要进行选择，按方法规范合理使用。

(2) 人员培训

为了适应组织发展对业务人员愈来愈高的素质要求，以更新知识和培养能力为目标的人员培训工作，愈来愈受到包括企业在内的所有社会组织的重视。据斯蒂芬·罗宾斯的估算，20 世纪 90 年代中期，美国工商企业每年用于提高工人技能的培训费用就高达 300 亿美元；100 人以上的公司，其员工培训经费已接近工资总额的1.5%。随着科学技术的进步和社会信息化的加速，组织培训自 20 世纪中期开始，正处于蓬勃发展阶段，其主要培训内容已涉及技术、工艺、管理，乃至心理训练等方面。

组织的人员培训工作应结合业务考核、岗位轮换和其他形式的人员流动工作进行。培训工作的开展具有以下基本环节：

① 根据组织环境的变化以及人员结构和工作现状，按组织运行与管理的需要拟定培训目标，制定培训方案；

② 针对组织内各类人员的工作状况、考核结果，确定培训的基本内容，进行培训前的准备工作；

③ 区分不同情况，开展多种类型的培训工作，将培训工作与业务工作相结合，以利于现实问题的解决和业务素质的提高；

④ 进行培训后的业务考评和培训质量评估，发现培训中的问题，保证培训的综合质量。

组织活动中的人员培训可以采取在职培训的方式，也可以采用脱产培训的方式。这两种方式往往在同一个组织中，可以结合起来采用。其中，在职培训作为一项常规性工作，可以与考核相结合，针对考核中的问题进行在岗培训、学习；脱产培训可以与岗位轮换、人员流动相结合，即在承担新的岗位工作前夕，系统地组织岗位业务培训工作。另外，业务培训的开展应与现代学习型组织的建设相结合，使组织在新环境中不断更新知识，与时代发展同步。

在组织作业和管理中，业务知识、技能和管理培训是当前人员培训的主体内容。其中，业务知识、技能方面的培训主要有与业务工作相关的知识更新培训、知识获取与学习方法训练、新型实用技术培训、业务工作中的能力训练等方面的内容；管理培训主要包括基于信息化环境的管理创新培训、管理知识更新培训、管理能力训练、管理问题研究与实践锻炼等。

组织的人员培训是一项面向未来的连续性工作，在培训中应坚持实事求是的态度，在解决现实问题中建立和完善培训体系，以利于人力资源素质和组织绩效的不断提高。

6.3　人力资源管理中的激励

在组织活动中，人的积极性和创造性的发挥是重要的，如何激发组织成员的工作激情已成为现代人力资源管理中的一项引人注目的工作。从某种意义上说，没有"激励"，也就谈不上人力资源的深层开发与管理，甚至难以发挥现代管理的以人为中心的目标控制功能。基于这一认识，以下集中讨论的是人力资源管理中的激励机制、原则、方法以及组织管理中人员激励的实现。

6.3.1　人力资源管理中的激励机制

所谓激励（motivation），是指激发和强化人对自身内在需求的意识，推动和鼓励人为满足这些需求采取行动，支持和帮助他们为实现目标而努力的过程。对于激励，美国管理学家贝雷尔森（Berelson）和斯坦尼尔（Steiner）从心理-行为科学的角度进行了机制研究，他们认为，一切内心要争取的条件、希望、目标和动力等构成了对人的激励。图 6-7 集中归纳了激励的理论化模式。

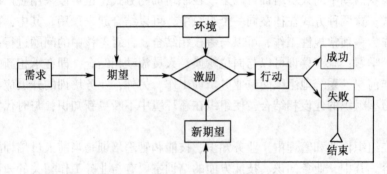

图 6-7　激励的理论化模式

从图 6-7 中可以看出，人们的需求是产生行动的原动力，在需求作用下，行为主体会产生某种达到目的、满足需求的期望，这种期望与目标活动相联系，在一定环境下激励主体的行为意识，驱使主体采取行动，以实现目标，满足需求；如果遭受失败，行为主体有可能消极对待，结束行动，也可能在失败中总结经验，产生新的期望，再次激发行为活动，直至成功。

人的行为不是孤立的，而是在一定环境中产生的，外界环境对人的影响只有通过自身的作用才能体现。在组织活动中，我们可以把组织中的人看做是独立的行为主体，将组织及其组织的外部联系作为环境对待。那么，组织中的人的需求以及需求欲望驱使下的作用因素就是"激励"的内因；组织目标活动及其外部联系则是外因的"激励"作用；组织中的个人在外因作用下，最终通过内因激发其行为，驱使他采取行动。如果将人的行为（B）看成是其自身特征（P）及其所处环境的函数，则有：

$$B = f(P,E)$$

在组织活动中，为了引导人的行为，达到激励的目的，领导者既可以在了解组织成员需求的基础上，创造条件促使这些需求的满足，也可以采取措施，改变个人的行动环境，以激发他们追求目标的实现。心理学家库尔特·吕恩（Kurt Lewin）运用力场作用原理，建立了人的活动模型。根据这一理论，人被看做是在力场作用下的行为主体，力场内存在着驱动力和遏制力，人的行为便是场内各方面力量作用的结果（图6-8）。领导者对在"力场"中活动的组织成员（行为主体）行为的引导，关键是借助于各种激励方式，减少遏制力，增强驱动力，提高成员工作的绩效，改善组织的运行环境。

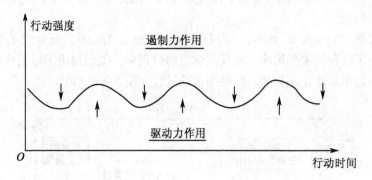

图 6-8　吕恩的力场作用原理

如图6-8所示，在组织成员为实现某一目标采取行动时，行动过程中的积极性和客观上的强度会产生一定的波动，这种波动是正向驱动力和负向遏制力相互作用（即正、负激励作用）的结果。其中，正作用的驱动力如人的需求、希望、爱好、利益等，负作用的遏制力如行动中的疲劳、遭受挫折、经受批评等。如何在有效领导中强化正作用，尽量消除负作用的影响，是我们应集中研究的问题。

心理学家希尔加德（Hilgard）在赫尔（Hull）研究的基础上，提出了内驱力理论。这一理论与吕恩的力场理论有很大的相似性。希尔加德所说的内驱力，是指当环境变化时，主体产生的一种趋向适应环境的动力。如果用 E 表示主体的反应潜力或行为，H 表示主体反应的习惯强度，D 表示内驱力，V 表示刺激，K 表示诱因，则有：

$$E = H \cdot D \cdot V \cdot K$$

式中的任何一项为0，反应都为0。显然，如果将其理论表达式实践化，这一结论是成立的。根据该理论，在 H、D、V、K 中，我们应该寻求最有效的方式，从最有效的方面入手采取行动，以获得最优的效果。

心理学家弗雷姆（Victor Vroom）在1964年出版的《工作与激励》一书中提出了被称之为诱发力期望论的理论。他将某个人要采取某种行动的内力看做是外界诱发的结果，称其为诱发力作用结果。在诱发力作用下，人们产生完成某项工作的期望和行动。其行为由期望的目标结果所控制，并与个体因素有关，其量化表达为：

$$F = f(E \cdot V)$$

式中，F 为动力，E 为目标引发的期望值强度，V 为结果（效果）的诱发力。如果是多方面诱发，其结果则由多方面期望和效果决定。在组织激励中，我们可以从多因素分析出发，通过主观刺激、组织奖励、绩效激发等手段，激励组织成员的行动。

波特（Lyman W. Porter）和劳勒（Edward E. Lawler）所建立的激励模式综合了各种因素的影响，在模式建立的过程中，他们提出了以绩效和奖励为中心的激励理论。模式所反映的激励过程如图6-9所示①。

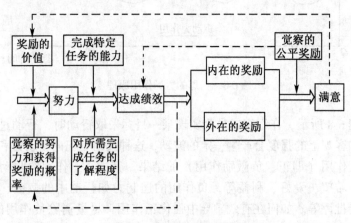

图 6-9　波特-劳勒激励模式

波特-劳勒激励基于以下几个方面的事实：

● 个人是否努力以及努力的程度，不仅取决于利用奖励手段进行激励的价值，而且还受个人觉察出来的努力和个人获奖概率的影响，表现为个人对奖励的期望；

● 个人实际能达到的目的和工作绩效，不仅取决于其努力的程度，而且受到个人能力的大小以及对工作任务认识深度的影响；

● 要使"奖励"成为激励个人努力达到组织目标的有效刺激因素，必须使受激励的个人认识到奖励的客观性，即以实际达到的工作绩效为价值

①　周三多．管理学——原理与方法．复旦大学出版社，1997：316

标准；

● 个人对所受到的奖励是否满意以及满意程度如何，取决于受激励的个人对结果评价公正性的感觉，这一感觉将影响今后的行动；

● 个人所受激励的行为过程是一个连续过程，现实的激励机制将影响到未来的行动过程。

波特-劳勒理论告诉我们，激励和绩效之间并不是简单的因果关系作用过程，要使激励产生预期的效果，就必须从客观因素与作用的主观认识的关系分析出发，使受激励的组织成员感到满意，在激励反馈中保持过程的连续性。

6.3.2 组织激励的基本原则

组织活动中的激励必须有正确的理论指导，这种理论指导与实践的结合，便是我们必须坚持的组织激励的理论原则。从内在机制看，组织激励的基本理论原则主要有需求激励原则、利益激励原则、公平激励原则和强化激励原则。

（1）需求激励原则

在管理学基础理论研究中，我们已经强调了"需求"对行为的激励作用以及以马斯洛为代表的需求层次理论的形成。这里需要说明的是，在人类社会发展中，需求的激励作用经历了从低层次激励向高层次激励的转变过程。在社会欠发达的情况下，对行为起作用的是与衣、食、住、行有关的生存需求和维护自身安全的需求，随着物质生产的丰富和社会文明的发展，基本的生存与安全已得到基本的满足，在这种情况下，对行为起作用的已不再是最低层次的需求，而是高层次的情感需求、尊敬需求和自我实现需求。利用赫茨伯格的"双因素理论"，我们也可以从深层要素分析得出同样的结论。这说明，从宏观角度看问题，人类的需求激励因素作用是不断变化的。

根据这一情况，在组织活动的需求激励中，我们应该从需求因素对人的行为影响分析出发，研究组织活动中可以激励其成员行为的需求因素的变化，不断以新的需求的实现去引发组织成员的行为。

坚持需求激励原则，不仅要掌握需求的变化规律，而且要将需求与目标结合起来，确立一定目标体系下的需求激励准则。这意味着，组织在达到一定的目标后，必须满足其成员的新的需求，从而激励组织成员为实现新的目标去努力工作。在具体的行为激励操作上，我们可以将目标原则转化为需求原则，在需求的不断满足中，以新的需求激励组织成员去实现组织的新目标。

（2）利益激励原则

组织成员的结合在一定程度上是为获取共同利益的结合，当组织利益与个人利益完全吻合时，必然产生激发行动的强大推动力。但是，在某些情况下，组织利益和某些组织成员的利益并非一致，甚至产生矛盾。例如，我国企业制度的改革在给企业发展带来"利益"的同时，会使一些因循守旧的企业管理者"利益"受损，因而产生个别人的利益与组织利益的矛盾。在发生利益冲突和矛盾的情况下，必须从组织整体和大多数人的利益出发，采取有力的措施去激发组织的工作热情。由此可见，利益激励原则，实际上是一种追求组织整体、全局或多数人利益的组织行为激励原则。

无论是个人，还是组织，其利益都包含两个方面，即物质利益和精神利益。物质利益是指人们因获取经济上的报酬和物质上的享受，所得到的利益；精神利益则是人们因得到某种荣誉和精神上的支持，所获取的利益。这两种利益都是人们所期望的，它给我们提供了物质激励和精神激励两种手段。

物质利益的激励是通过提高物质生活待遇、改善工作条件和提高报酬的方式来实现的，精神利益的激励是以奖励、表彰、授予公众尊敬的称号等形式来实现的。在这两种方式的运用中，一是使二者做到有效的统一，即让业绩卓著者同时获得物质和精神上的利益；二是注意处理好利益激励与组织其他成员的利益保障关系，即在不损害或维护组织及其他成员利益的基础上进行激励。

（3）公平激励原则

公平激励问题是亚当斯（J. S. Adams）于 20 世纪 60 年代首先提出来的。他通过报酬的公平性对人们积极性的影响研究，从受激励的个人与他人的投入/报酬比出发，用下列公式表明了激励的内在作用机制：

$$Q_P/I_P = Q_X/I_X$$

其中：Q_P 为受激励个体对所获报酬的感受，I_P 为对自己投入的感受；Q_X 为受激励个体对他人所获报酬的感受，I_X 为对他人投入的感受。

在接受激励的组织成员感到完全公平的情况下，式中的等号成立，这时将产生理想的激励效果；当个人感受到自己的报酬/投入比例大于他人（$Q_P/I_P > Q_X/I_X$）时，出于心理上的反应，受激个人会自觉地增加投入量或者仅限于心理作用而较少行动；当个人感受到自己的报酬/投入比例小于他人（$Q_P/I_P < Q_X/I_X$）时，受激个体会感到"不公平"，而减少投入量或产生消极行为。从人际关系上看，非公平的激励必然导致人事关系紧张而影响组织工作的全局。

非公平的激励在组织活动中是存在的，例如，高等学校中的一些领导可能采用圈定重点培养对象的方式培养学术带头人；在同等投入和同等业绩的条件下，圈定的对象可能会获得比他人高得多的报酬（表现为晋升职务、奖励、待遇等方面）；甚至在投入和业绩不如人时，也会获得高于他人的实际利益。这种圈定重点、区别对待的激励的负面影响远高于正面作用，其结果，一是挫伤多数人的积极性，二是使组织利益和组织中多数人的利益受损。

坚持公平激励的原则，首先要求管理公开、公正；其次，提倡全员参与，使组织中的所有成员都能客观地、准确地感受自己和他人的投入/报酬比。

另外，亚当斯还对受激个体对自己目前的感受与过去的感受进行了对比分析，提出了公平激励原则的连续性问题。

（4）强化激励原则

强化激励原则源于强化激励理论。该理论由斯金纳（B. F. Skinner）首先提出，随后在应用中得以发展。斯金纳认为，人的行为如果是其所受刺激引发的，刺激对他有利，则行为会重复出现；如果对他不利，行为则会减弱，直至消失。因此，领导者必须采取各种强化方式，以使人们的行为符合组织目标。

强化激励包括正强化和负强化两个基本方面，它与奖励和惩罚手段相对应。

正强化激励在于，对于符合组织目标的行为及时给予肯定、支持和鼓励，以促使组织成员在类似的条件下重复和强化给予肯定的行为。在实践中能够增强反应力度的强化包括提高物质刺激和精神鼓励的强度，在具体运用中可视环境、组织工作的难度以及组织成员的行为影响力而定。正强化激励还在于，应注意强化的时间安排，合理使用强化的时间间隔。这是因为，连续、固定的正强化，虽然能持续起作用，但由于其强度增加有限，如果不持续增加激励强度，其激励作用便会逐渐递减。改变这种状况的有效方法是视组织活动状况，进行周期性的激励强化，使激励作用得以阶段性地发挥。

负强化激励在于，对那些不符合组织目标的行为进行及时的惩处，从而保证组织目标的实现不受干扰。负强化是从反面抑制不良行为的激励活动，旨在通过惩处，消除不良行为对实现组织目标的影响。与正强化相比较，负强化的强度，一般不应作周期性的变化，而应随着组织凝聚力的增强，加强对不良行为的惩罚强度，避免因惩处不力导致负面作用影响的扩大。

6.3.3　人员激励的实现

在正确的理论原则指导下，人员激励还需要采用正确的方法和手段来实现。就激励的实施体系而言，组织激励可以包括工作激励、绩效激励和思想激励三个方面。

（1）工作激励

工作激励是指通过分配恰当的工作和任务来激发组织成员的工作热情，以期达到组织目标的一种激励活动。工作激励以"工作任务"为轴心，恰当的工作分配，不仅能使组织成员人尽其才，使他们充分体验到承担所向往的挑战性工作的乐趣，满足尊敬需求与自我实现的需求，而且可以获得与工作相适应的地位、职务、待遇和报酬。

进行工作激励，首先应充分考虑组织内所有成员的知识结构、工作能力、实践经验、兴趣爱好、专业特长和水平，以便将他们安排到合适的工作岗位。如果不从个人条件出发，仅凭领导的主观判断和被领导者的个人要求安排工作，不仅难以达到激励的目标，甚至会适得其反。这是因为，看上去很好的工作，如果分配给不适宜承担这一工作的人去做，不仅难以获得理想的结果，甚至还会造成双方的被动而产生负作用。因此，在工作分配中应充分考虑工作对其承担者的吸引力，考虑做好工作的可能性，做到既能通过工作分配调动组织成员的积极性，又能取得良好的工作效果。

工作的分配与安排，不仅要使工作的性质和内容符合接受者的特点，而且还要使工作的要求和目标为接受者所认识，以便在激发其创造热情、调动工作兴趣的前提下得到理想的结果。实践证明，如果工作的能力要求略高于承担者的能力，那么将取得最理想的激励效果。

我们可以这样设想：领导者为保险起见，会将一项工作交给一位能力远高于工作任务要求的人去做，但这位高能力的承担者一经了解工作的实质后，他必然会感到自己的才能得不到充分的发挥；随着时间的推移，他可能潜意识地对工作失去兴趣，甚至感到厌倦，从而影响工作热情和精力的投入，极有可能得不到好的工作结果。与此相反，如果领导者甘冒风险，将工作交给一位能力远低于工作任务要求的人去完成，刚接受工作任务时，承担者或许会感谢领导的信任，以极大的热情去投入工作，但是，在几经努力仍未获得理想的结果之后，他会灰心丧气，不再愿意做新的尝试。对于前一种情况，领导的工作分配起不到激励的效果；对于后一种情况，因激励过度、脱离现实，使激励后的行为走向反面。因此，工作激励应该适度，即既能调动工作承担者的工作激情，激发其创造精神，又使他可以通过努力取得好的结局。

（2）绩效激励

绩效激励是一种以工作结果评价为基础的激励，其要点是根据工作结果（绩效），给予承担者以奖励或惩罚，以保证工作承担者持续而稳定的工作积极性、主动性和创造性，进而取得新的业绩。绩效激励应做到合理、合情、合法。

要使组织中的所有成员都保持高昂的工作热情，首先要做到公平合理。公平合理的要求包括三方面内容：其一，对工作结果的评估、业绩的认可要客观，要用统一的标准、统一的程序、规范化的方法去评价每一个人的工作绩效，防止出现任何人为的偏差，在具体操作上可以采用公平、透明的评估方式对组织中所有成员的业绩进行量化评估；其二，激励强度要合理，如对工作优秀者的奖励力度和对失误者的惩罚力度，应视工作结果和对组织的影响而定，即奖惩与工作效益相适应，偏高或偏低的激励力度都会带来不良的后果；其三，对当事人的奖惩要公正，做到业绩面前人人平等，严格按原则办事，一般情况下，应对绩效激励进行有效的群众监督。

绩效激励要合情，是指在奖惩中要注意方式，做到以情动人，以便保护组织中所有成员的积极性。在激励过程中应使接受奖励和接受惩罚的人员能够互助、相容，不至于因奖惩而造成新的矛盾。为了在调动组织成员工作积极性的同时，增强组织的凝聚力，在业绩激励中提倡采用情感激励的方法。所谓情感激励，是指领导者通过与其下属建立良好关系，以情感沟通和情感鼓励为手段，对业绩卓著者，在实行奖励的同时，善意地指出可能存在和有待改进的问题，鼓励他更好地发展；对工作任务完成欠佳的人员，在实行惩罚的同时，肯定其积极的方面，促使他奋发努力，在未来的工作中做出成绩。与此同时，充分注意工作方式，使激励者和被激励者相互理解，以提高激励的情感水平。

绩效激励要合法，是指在人员的奖励和惩罚中严格依法行事，避免与法律冲突的激励行为产生。由于组织之间的竞争关系，在业务交往中，某一组织的某一成员很可能为了本组织的利益，而采取有损于对方的行动，如果这一行动是违法的，不管它是否会给本组织带来经济上的"好处"，都应依法进行惩处。依法进行绩效激励还在于，奖惩手段、处理方式和结果都必须遵守法律规定，确保激励的合法性。

（3）思想激励

思想激励也称为教育激励，是指通过教育，调动组织成员的工作积极性，树立良好的工作形象，提高思想认识，增强工作责任心，促进工作效率的提高。

通过思想政治工作调动广大群众的积极性是我国企事业管理的一大优势，在社会主义建设事业的发展和改革开放的实践中，探索新环境中和现代条件下的思想政治工作的规律，已成为摆在我们面前的一大任务。在马克思主义指导下的思想激励，旨在使人民大众树立为全人类的利益、为实现共产主义伟大理想而无私奉献和努力拼搏的精神。提倡、鼓励崇高思想指导下的行为，是思想激励的本质所在。

在思想激励过程中，应突出代表最先进的生产力、代表广大人民群众的利益，强调以最先进的思想指导工作。要做到这一点，组织领导应起表率作用，将组织业绩与社会进步密切结合起来，以远大的发展目标为动力进行自我激励和自我约束，为改善组织领导工作创造条件。

进行思想激励在于培养和启动组织成员的自我激励机制，不仅要强调思想政治教育，而且要强调专业技能和业务素质的提高。在自我激励过程中，进取心与个人素质的提高是相互促进的。强烈的进取心会促使人们努力地掌握新的知识和提高工作能力，从而实现个人素质的改善。从另一角度看，良好的个人素质又使个人有较多的成功机会，能够由此带来心理上的进一步满足，从而使进取心进一步增强。因此，这一自我激励过程是一种正反馈的良性激励与循环过程，是人们自我完善的必然结果。

为了促进组织成员个人素质的提高和自我激励的实现，领导者应根据组织成员的具体情况，有针对性地开展教育工作。同时，注意将普通员工吸收到组织的团队活动中，使他们有机会参与决策，听取领导关于组织发展的意见，以便增强他们的责任感，激发他们的进取精神。在领导与被领导的交往中，领导处于矛盾的主要方面，应特别提倡平等待人的原则和民主式的工作作风，从而确立领导与被领导之间相互作用的激励机制。

组织激励的实现是一项涉及面很广的系统性工作，开展这一工作还必须与其他方面的工作相结合，以利于"激励"与其他工作的同步发展。

6.4　组织活动中的协调

组织是其成员在一定基础上的结合，组织活动的开展最终将体现在成员的行动上。组织成员的行动既有实现组织目标的统一面，也有因个人观念、利益、习惯等个性差异所引起的非统一面，乃至冲突的方面。同时，对于组织整体化工作的配合，也存在是否一致的问题。因此，调整好组织内部的人际关系，进行组织力量的整合，全面协调组织活动，是一项重要的工作。在管理学研究中，有关组织活动协调问题已成为人力资源管理的一项基本内容。

6.4.1　组织活动中正式关系的协调

人际关系是人与人之间的直接关系，是个人进入社会、参加群体或组织活动的条件。对于组成组织的个体成员来说，规范的组织结构体系、岗位和任务，决定了他们在组织活动中的角色，由此形成了人际关系背景下的组织活动中的正式关系。由于组织角色的人际关系和个性特征等方面的差异，组织活动中的正式关系必然受人的因素的影响，这就需要进行旨在发挥组织成员潜能的关系协调，以增强组织活动中的合力。

组织活动中的正式关系由组织结构、岗位设置、工作任务以及属于组织活动的管理和业务流程决定，正式关系包括组织中的纵向关系和横向关系。纵向关系是一种具有上下组织层次结构的上下级关系，横向关系是指具有业务流程关联的同层次人员之间的关系。正式关系的确立和管理是组织运行的基础。由于组织成员的个性差异，即使在相同的环境、条件和任务情况下，不同的人员组合也有着不同的关系作用。例如，某领导在行使职权中善于放权，且习惯于下属独立工作，而下属乐于接受这种领导方式，敢于承担挑战性的工作任务，则会形成良好的上下级关系；如果下属习惯于听任领导的安排，且只具备从事具体操作性事务的能力，那么很可能引发领导与下属之间的关系不协调，以至于影响工作。由此可见，正式关系并非单纯地依赖制度管理就可以调整好，它需要从人际关系出发进行有机地调节和沟通。以下，我们从上下级关系调整和同级关系协调出发，讨论其中的主要问题。

（1）上下级关系调节

在上下级关系中，由组织化活动的特征，决定了上级的主导地位。从实质性关系看，上下级关系实际上是一种领导与被领导的关系。在领导与被领导关系调节中，存在着主体和客体作用问题。

① 领导（主体）的调节。领导者的调节是指领导者的自我意识、个性品质结构以及使自己进入领导角色，按组织规范处理好组织内人际关系的心理-行为调整活动。领导调节是以领导者的个人修养和领导实践的锻炼为前提的，它包括角色调节和领导品质培养等方面的内容。角色调节源于对领导角色的规范性认识，其中包括对角色责任、义务和工作范围的理解和对角色作用发挥的理解，以此出发使自己适应角色的规范要求，树立尽职尽责、严于律己的领导风范。领导品质的培养在于从思想意识、意志品质、心理素质、工作作风、性格特征等方面出发，进行自我改造和完善，建立从事领导

工作必须具备的良好的人际交往关系，不断提高处理复杂关系的能力。

② 被领导（客体）的调节。被领导关系的调节在于解决领导与被领导关系优化问题，使二者能够很好地协调。从组织管理的角度看，被领导（客体）调节属于领导工作的一个重要方面，它包括对被领导者的角色分配规范、被领导者的需求满足与行为导向等。在上下级关系调节中，领导者应将自己置身于下属之中，进行换位思考，即从被领导者的需求、所扮演的角色、地位、愿望和利益出发，调节下属与组织利益的关系，合理安排下属的角色活动，从根本上消除因上下级层次关系所引发的层次沟通障碍；同时还必须对被领导者进行引导，使之能够自觉地摆正位置，自觉维护组织利益和接受正确的领导，能够既独立，又协同地开展工作。

（2）同级关系协调

同级关系包括组织中处于同一级别的结构层次中的从事相同工作的同事关系，以及从事不同工作的同事关系。对于从事相同工作的同事关系来说，由于其工作内容相同，且相互独立操作，不存在业务流程上的协调问题；对于从事不同工作的同事关系来说，其工作内容不同，有的甚至具有流程上的关联性，因而存在工作协调问题。然而，工作流程上的协调与否并不影响本质上的同事关系的共同特征。因此，我们可以从同级整体关系出发讨论问题，以便得出具有普遍意义的结论。

组织的同级关系是组织中职业群体内的横向人际关系，它与上下级纵向关系一起构成组织内纵横交错的人际关系网，形成人际关系网状结构。从纵向与横向关系的联系上看，横向的同级关系受相应的上级领导的调节，因此我们可以从上级领导出发讨论同级横向关系的确立与协调问题。

从关系主体上看，同级关系的主体处于平等、自主的地位，他们按照组织的职业分工，在同一水平层次上担任角色性质相同的职业工作。无论是分工相同的职业，还是分工不同的职业，都具有组织上的联系纽带。这些联系，构成了他们共同拥有的组织活动空间，如同一办公室、同一车间、同一研究小组等。这种空间上的共有性以及职业活动对同级交往的强制性要求，使得他们的日常联系和联合性活动必不可少。事实上，经常重复的工作接触和业务活动，使同级关系具有固定和稳定的特征。正是由于这种特征和人们的个性差异，提出了关系协调问题。

从内容上看，同级关系的协调主要有以下几个方面：

① 利益协调。首先，处于同一层次的同事有着共同的利益，他们在为组织目标而工作的同时都有着大致相同的基本需求，这种利益上的一致性和他们地位上的平等性，决定了他们彼此相容和合作共事；然而，同事之间的

个性、工作以及与上级关系等方面的差别，决定了共同利益之外的不同要求与目标，由此引发了利益要求的不同，甚至冲突。利益协调的目的就在于调整同级中的利益关系，其原则是按组织的最高利益和同层次绝大多数人的利益，进行利益分配的协调，以保证共同利益下的共同活动的开展。

② 行为协调。如果说利益协调是一种思想认识上的协调和统一，那么行为协调则是利益驱动下的同级之间的行动的统一。如果在一个组织中，各层次人员各行其是，必然影响组织目标的实现。进行行为协调必须以正式的规章制度作保证，而规章制度的建立与完善必须体现组织利益和绝大多数成员的意愿。制度协调工作的开展包括同事关系行为准则的规范、个人意见的体现、同事互助关系的确立与利益保障、各种纠纷的解决以及各方面行动的协调管理规定等。

③ 情感协调。同级关系之间的情感协调旨在强化人们的情感联系，建立良好的人际关系，具体的协调工作包括：集中同事之间的良好愿望，使他们在组织中友好相处；在职业群体中解决好情感冲突问题，通过化解各种矛盾使同事之间互相谅解、支持和理解；建立合理的竞争与合作关系，倡导优良的工作作风，优化人事环境；提倡严于律己、宽以待人，促进同事之间的情感交流；强化集体意识和荣誉感，增强组织的合力。

6.4.2　组织活动中的冲突与协调

冲突（conflict）是人们对于共同目标的争夺，组织中的冲突是由于某种抵触或对立状况而引发的组织成员之间或部门之间相互反对的思想、行为过程。长期以来，对于组织的冲突有着三种不同的观点。第一种观点是应避免冲突，认为冲突本身就意味着组织内部机能的失调，它将会给组织带来消极的影响，甚至灾难性的后果。第二种观点为冲突的人际观点，认为冲突是任何组织都不可避免的，但它并不一定会导致不幸，问题的关键是应该承认这一现实，接纳冲突，解决冲突，促进组织的发展。第三种观点可以概括为冲突的相互作用观点，认为冲突不仅可以成为组织中的积极动力，而且其中一些冲突对于组织活动来说是非常必要的，它可以促进组织的深层次变革。

我们认为，在现代组织的发展过程中，各方面因素（特别是环境的作用）影响着组织活动的深层次结构，导致了人们思想和行为方式的变化和观念变革，而变化中的差异决定了冲突的存在形式和内容。从这一角度看，冲突是引发组织变革的促动因素，冲突的不可避免性决定了我们必须面对它，在冲突的解决中寻求组织变革的优化途径。从组织中个人关系的角度看，局限于个人利益的冲突是有害的，它的离心作用不可忽视，因而应该及时处理，进行协调。由此可见，冲突的复杂性和多样性决定了冲突的不同解决模式。

美国学者罗宾斯将组织冲突分为建设性和破坏性两种类型的冲突。对两种不同的冲突，应采用两种不同的解决方案。

（1）建设性冲突

建设性冲突对于组织来说，是一种积极的冲突，它支持组织目标的实现，有利于暴露组织活动中的弊端，就功能而言，可称为功能正常的冲突（functional conflict）。发生建设性冲突的各方，其主要动机并不是为了自己或某些小团体的利益，而是基于对组织的热爱，为了实现组织目标和维护组织整体利益、整体形象而引发的冲突。就冲突的主导方而言，包括：

• 对组织管理决策失误的不满，而引发的对组织内某些成员或部门的严厉批评；

• 对有损于组织利益和形象的言行感到气愤而引发的人事冲突；

• 对组织的现状不满，在环境变化的压力下强烈要求推进改革；

• 对领导者的作风提出质疑，以维护领导的公正性；

• 对组织业绩不满，强烈要求改变现状，采取措施，强化激励；

• 对组织内部深层矛盾进行揭露，促进问题的彻底解决；

• 其他是非原则问题的冲突等。

在建设性冲突发生过程中，冲突的主动方往往以严厉、甚至过激的方式提出问题，希望通过激化矛盾、弄清是非，彻底解决问题；冲突的另一方因此也会作出反应，在交往中采取针对性行动。面对建设性冲突的发生，领导者应着手以下工作：

① 以平静、客观、严肃的态度分析问题，明确冲突发生的原因、冲突的性质以及冲突各方的态度；

② 允许冲突各方充分陈述各自的观点、立场、意见以及希望解决冲突的方案；

③ 在正确评价冲突性质和动机的情况下，沟通各方面意见，利用民主、科学的方法辨明是非，寻求有利于组织和各方根本利益的解决方案；

④ 对于明显的是非问题，在弄清事实的基础上得出协调各方行为的结论，对于其他问题，作淡化处理；

⑤ 对于暂时无法判断的问题及由此引发的冲突，沟通冲突各方的思想，寻求达成原则上的共识。

（2）破坏性冲突

破坏性冲突是有碍于组织目标实现和有损于组织利益的冲突，罗宾斯将其称为功能失调的冲突（dysfunctional conflict）。破坏性冲突往往由组织内的部门之间或成员之间的利害关系引发，是一种消极的利益冲突。

对于破坏性冲突，采取回避矛盾、迁就迎合、妥协或强制性的解决问题的态度，显然是错误的。如果这样，不仅冲突不能有效解决，而且会引发新的冲突和矛盾。解决破坏性冲突的正确态度应该是，在维护组织利益和冲突各方正当权益的前提下，化解冲突，调动积极因素，寻求真诚合作、共事的途径。具体说来，这种冲突的协调工作应着手以下问题的处理：

① 求同存异。心理学研究表明，人与人之间如果能够求得某种"认同"，就会在心理上相互谅解和接受。为此，在解决由于某种分歧发生的矛盾冲突时，应引导冲突各方暂时避开某些分歧点，寻求某些共同点，以便进行换位思考、解决矛盾。其中，共同点的寻找包括引导各方回忆过去和现实交往中的共同点，以此为基础分析分歧点对各方的影响，在寻求对未来交往新的共同点的基础上，探寻各方都可能接受的解决方案。

② 澄清事实。对于因误解或事实扭曲引起的冲突，宜在各方冷静的状态下澄清事实，明辨是非，只有澄清了事实，才能使各方吸取教训和经验，从根本上解决矛盾冲突。澄清事实主要是从客观上弄清事实真相；真相清楚后，使各方以大局为重，以共同利益为重，取得谅解，以便在新的基础上达成新的共识，形成新的团结。

③ 沟通情感。对于冲突带来的后果，可以在沟通各方情感的基础上使他们能够相互弥补因过失给对方造成的损失或伤害。根据冲突发生的责任和影响，可以区分各方的弥补方式和要求，其主要方式包括给对方情感造成伤害的情感弥补，使对方利益受损的利益弥补和因主观责任造成影响的责任弥补等。

6.4.3 基于人际关系的组织力量整合

自梅奥在霍桑实验中提出"非正式组织理论"以来，人们对正式组织中的非正式组织行为的研究从未间断。随着管理学的发展和社会的变革，如何实现非正式组织活动的协调管理，在充分发挥它的作用的同时，克服其负面影响，已成为管理学界关注的一大课题。以下，我们从非正式组织的产生与作用分析出发，以组织力量的整合为目标。讨论正式组织中的非正式组织作用的发挥以及基于人际关系的组织力量的整合。

组织的非正式形式来源于群体活动，凡是两个或两个以上的个体产生相互作用、相互依赖的经常性行为，便会结合成为一个自然存在的群体。作为组织中的自然群体，出于组织利益和群体利益，往往会自觉地进行正式组织活动或岗位性常规工作以外的专业活动，其行为因此而逐渐规范。这时候的自然群体便成为事实上的非正式组织。现代组织活动中的非正式组织的存在并非个别现象，它普遍地存在于各类企、事业组织之中。例如：中小学学生自发组成的学习小组、课外小组的活动，高等学校教师在学术研究中的自由结合以及以课题组的形式所开展的研究，企业中所存在的业余技术攻关小组的活动，以及业务人员所开展的非正式论坛活动等，在各国的同类组织中的作用都是不容忽视的。

事实上，非正式组织伴随着正式组织的运行而形成，在正式组织开展活动的过程中，组织成员必然发生业务上的联系和工作、生活上的接触。这种基本的人际关系促进了他们之间的相互交往，共同的爱好、兴趣和责任感必然会使组织中的某些人自然地结合成为非正式组织。

对于从自然群体活动开始的非正式组织的形成，美国社会心理学家莫利诺从人际关系的作用角度出发进行了问卷式的调查研究，其结论是：非正式组织的形成是组织内正式成员互相选择和结合的结果。韩淑娟等人在《人力资源管理》① 一书中反映了其模拟研究结果（图 6-10）。

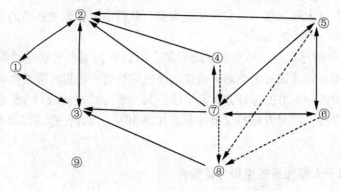

图 6-10　一个 9 人班组的非正式群体活动

在图 6-10 中，班组成员分别用①~⑨表示，圆圈之间的实线表示成员之间的好感（其中箭头表示"吸引"的方向），圆圈之间的虚线表示成员之间的反感（其中箭头表示"排斥"的方向），成员之间无连线则表示彼此不关心。从中可以看出：该班组存在着两个非正式群体①②③和⑤⑥⑦，其中②赢得了多数人的好感，在非正式群体向非正式组织的演变中，两个群体有

① 韩淑娟等. 人力资源管理. 安徽人民出版社，2000

可能以②为核心结合成为一个非正式的组织。

非正式组织的存在是以情感、共同的兴趣、爱好和责任为基础的，其成员遵守共同认可的行为规则。由于非正式组织以正式组织为依托，它对正式组织具有以下积极作用：

● 非正式组织形式可以满足组织成员的非正式交往需求，其活动有助于他们良好的合作共事关系的建立；

● 非正式组织活动，如果加以引导，将会成为实现组织目标的重要力量；

● 非正式组织的存在会改变组织中人际关系的状态，对正式组织的人际关系与公共关系工作具有促进作用；

● 非正式组织活动可以使组织中的非正式组织成员经受锻炼，这是他们进行学习的一种业余形式。

如果非正式组织的目标与组织目标发生冲突或者发生背离正式组织的行为，也会给组织造成危害，而成为一种离心力。这一矛盾的解决向我们提出了进行组织力量的整合问题。从人际关系与组织发展的角度看，以下四方面的整合途径值得重视：

① 进行目标协调，使非正式组织与正式组织活动协调。在目标协调的过程中可以从两方面着手：其一，在正式组织建立和调整中，可以考虑将人际关系良好的个体安排在一个部门或相关工作岗位上，这样可以使正式组织与非正式组织相吻合；其二，吸收非正式组织的核心人物参与正式组织的管理工作，充分听取非正式组织的活动意见，保持行为上的一致性。

② 引导非正式组织为组织的发展作贡献。在组织活动中，应重视非正式组织的存在，特别是因组织目标活动需要而产生的一些非正式组织（如技术创新小组），更应引导、帮助、提供条件，使之能承担一些可能承担的工作。在引导中，应强调借助组织文化的力量，影响非正式组织的行为规范。

③ 使非正式组织向学习团队方向发展。非正式组织的人际关系和交往优势，在其成员的知识更新方面十分突出。作为一种补充形式，在组织活动中完全可能强化非正式组织的团队作用，使其成为学习、改革、创新的集体。与此同时，注意发挥非正式组织的影响，充分利用非正式活动的人力资源。

④ 积极创造条件，实现非正式组织向正式组织的转化。一定条件下的非正式组织可以向正式组织形式转化，例如，非正式的业余研究小组，当其研究成果实现了产品化，且具有良好的发展前景时，完全可以调整其成员的

工作关系，使之成为组织中的一个正式的研发机构。当然，这种转化必须以有利于力量整合和发展为前提。

思 考 题

1. 试析领导的作用与领导者的素质要求。
2. 试述领导行为的基本理论与模型。
3. 工作任务设计的内容有哪些？如何安排工作时间和工作报酬？
4. 人员聘任的途径有哪些？人员流动在组织中应如何进行？业务考核的内容如何？
5. 试析人力资源管理中的激励机制。
6. 组织激励的基本原则和方法是怎样的？
7. 组织活动协调的实证分析。

7 管理中的决策

决策是管理的核心，美国管理学家西蒙认为，管理的实质就是决策。在管理工作中，只有拟定了决策方案，才能实施具体的计划、指挥、协调和控制。事实上，管理人员经常需要对做什么、谁去做、何时做、何地做、怎样做等问题作出抉择，对他们来说，决策是一项最频繁、最重要，也是风险性最大的工作。管理中的决策因此而成为管理成败的关键。本章将从管理特征出发，讨论决策的基本原理和组织管理中的决策实施。

7.1 管理决策与管理决策过程

管理中的决策，亦可称为管理决策，是指在组织管理中人们为实现一定目标制定行动方案，经抉择后付诸实施的过程。管理决策既有决策活动所具有的一般特性，又有着管理活动的特殊要求。这说明，决策和管理的有机结合决定了管理决策的目标、内容和过程。

7.1.1 决策与管理决策

自有人类存在以来，就有人们对客观世界的选择和以生存与发展为目标的活动抉择。然而，作为现代科学意义上的决策概念却是在 20 世纪 50 年代建立起来的，管理意义上的决策术语来自英文"decision-making"（作出决定）。随后，人们通过实践总结，从不同的角度描述了决策活动。哈罗德·库恩兹（Harold Koontz）认为，决策是拟定前提条件，提出可供选择的方案，然后根据人们所要追求的目标评价各种方案，从中选取某个备选方案付诸实施的过程。艾勒特尔·阿达姆（Eretertl E. Adam）等人认为，决策在于分析现实问题，针对一定目标拟定不同的备选方案，评价备选方案并择其一付诸实施。亨利·西斯克（Henry L. Sisk）从决策程序出发，将其规范为确定问题、分析资料、制定多个行动方案、进行选择、执行并引出新问题等活动过程。丹尼尔·格里菲斯（Danniel E. Griffiths）进一步将决策过程作了详细说明，认为其主体工作包括：发现问题、确定问题、限定问题的范围；分析问题；收集数据资料；确立评价解决方案的标准；选定解决方案；实施选定方案。赫伯特·西蒙（Herbert A. Simon）则将决策概括为情报活动（探查环境，寻求要求决策的条件）、设计活动（发现可能采用的备选方案）、选择活动（选择实施方案）、审查活动（事后的再评价）等程序化的活动环节。

从上述学者对决策的定义和描述中可以看出，决策是指在一定环境和条件下，为达到某种目的，从多种行动方案中择其一进行实施和评价、反馈的过程。尽管上述定义或描述的文字表达存在一定的差别，但都反映了决策的基本操作和实质性特征。

社会活动中的决策是十分普遍的，它存在于人们的衣、食、住、行和各种职业活动之中，既包括个人行为的决策，又包括集体和组织决策；既存在面向某一客观对象的决策，又存在面向管理活动的决策。就活动范围而言，决策包括个人的、组织的、社区的、国家的和国际性的决策；就活动领域而言，决策还可以区分为科技决策、经济决策、文化决策等不同的专门决策。这些决策的要求不同、内容也存在区别，然而，就其基本环节和构成要素而论，却是一致的。从总体上看，决策要素包括：

- 决策者（主体）；
- 活动的目标客体；
- 事件的自然状态和环境；
- 多种备选方案；
- 方案实施的客观结果；
- 状态、方案与结果之间的客观关系；
- 方案选择与评价准则。

决策要素的内容和要素关系决定了决策的内容和具体的规范要求。

管理决策在管理活动中发生，就其作用面而言，它与限于个人行为的个人决策的区别在于，管理决策是管理者面向组织的抉择，其行为对组织负责；个人决策体现在对自身行为的抉择，仅限于对本人及其行为后果负责。管理决策贯穿于管理活动的各个环节，在各项管理职能工作中都有着大量的决策问题，如：

① 计划活动中的决策。计划活动面向组织的未来发展，需要解决的决

策问题包括组织发展目标的确定、实现目标的方法选择、计划的内容安排、计划实施中的资源调配抉择以及计划活动中的细节决策等。

②组织设计与建设决策。组织设计与建设决策包括组织设计要求与结构决策、结构模式选择、组织职位与岗位设置决策、组织管理体制决策、组织业务流程决策、组织对外合作方案决策、组织再造决策以及组织设计方案实施中的具体问题决策等。

③领导活动与人力资源管理决策。领导活动与人力资源管理需要进行领导体制、权力实施、制度制定、人员分配、工作安排、报酬、聘任、流动、奖惩等多方面的决策，既包括宏观的体制方面的决策，又存在关于人事的日常决定和领导方法的采用等方面的抉择。

④控制过程中的决策。控制过程中的决策具有系统性，主要包括控制中各环节的抉择，如：控制目标的确定、控制方式的选择、控制指标体系的安排、绩效评价决定、控制结果的处理和具体问题的控制决策等。控制决策作为管理决策的一个重要方面，也是各种决策方案的保证环节，因而还包括决策控制的实施决策等工作。

7.1.2 管理决策过程

管理决策是针对管理活动中需要进行选择和决定的问题所开展的指向未来的活动，其过程包括发现问题并提出问题，拟定多种备选方案、对策，作出方案（包括对策）选择，以及执行方案、评价和处理结果等基本环节。管理决策中存在着连续性的决策、执行和反馈活动，因而是一个不断发现问题、分析问题、作出决定和解决问题的过程。就一个完整的程序而言，决策过程可以细分为如图7-1所示的8个阶段。

（1）管理决策问题的提出与识别

管理中的决策问题是指管理活动中值得专门研究、作出决定的问题。如果这些问题不及时解决，必将影响组织活动的有效开展和目标的实现。因此，决策的关键，首先是发现问题，这是决策的起点。为了发现问题和客观地判断问题的所在，必须进行科学的调查研究，把握客观事实，在分析组织环境、内部因素以及组织绩效的基础上，找出组织管理中的矛盾，归纳出所要集中解决的问题。为了准确、及时地提出问题，还必须对所发现的问题进行识别，要求对问题的现状、成因、性质和后果进行分析，弄清问题的实质，确保问题提出的客观性。管理决策问题的提出与识别，一是依赖管理人员的知识、经验、洞察力、分析和判断能力；二是依赖于组织成员的集体智慧和科学而有效的管理。在提出与识别问题中，应强调主要矛盾的解决，避

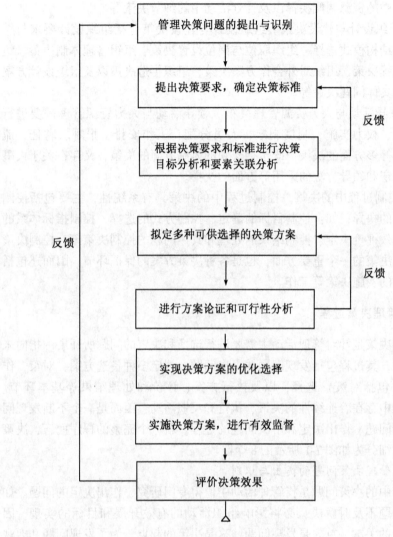

图 7-1　管理决策过程

免枝节问题的干扰，以保证问题提出的有效性。

（2）提出决策要求、确定决策标准

发现、提出和识别决策问题，只是弄清问题的存在、初步确立解决问题的思路。管理者一旦确定了需要集中作出决策的问题，必须明确决策的基本要求，确定解决问题的标准。所谓决策要求，是指对决策作出和实施的时间限制、决策方案的风险性程度、决策方案的可操作性、决策的合理性等方面的整体要求。所谓决策标准，则是指对决策的具体规定以及按规定提出的决策技术指标，借以判断、评价决策效果。决定要求的提出和标准的拟定，应立足于决策活动的各个技术环节，尽量做到详细、具体，使之定量化；同时，注意要求和标准的客观性、现实性，使之合情、合理。

（3）决策目标和要素关联分析

决策目标分析是指对拟解决的管理问题进行分析，从而确立问题的解决目标，即决策方案目标。决策方案目标是制订方案的基本依据，因为只有实现拟定目标的方案才能得到认可。为了确定正确的目标，必须全面分析影响决策问题的各种因素，研究各因素之间的关联作用和关键因素（要素）的作用，预测要素作用的结果，以便根据可能产生的结果，决定对策。任何事物的发展都具有自身的客观规律，管理活动中的人的主观作用只能在有限的目标范围内解决现实问题，取得相对满意的结局。因此，目标分析应在实事求是地分析现状的基础上和充分考虑管理者及组织成员主观能动作用的前提下，通过各种要素关联作用的研究，依照规律，预测解决问题的理想结果。只有这样，决策方案才可能有效、有据。

（4）拟定多种可供选择的决策方案

为了解决决策问题，需要根据目的要求和决策标准拟定方案；为了使方案有选择余地，一般情况下应寻求解决问题的多种方案。方案的拟定思路是，分析产生问题的原因，寻找解决问题的方法、具体措施、已经具备的条件和实施方案的人、财、物。方案拟定的过程是一个创造性的研究过程，在方案制订中应考虑内外部环境变化对组织目标活动的全面影响，特别是那些不可控因素的影响，要估计实施方案的风险性。在方案制订中，应全方位地分析实施方案对组织管理和组织成员的影响，以及达到预期目标所要采取的临时性对策、适应性对策、纠正性对策和预防性对策，明确决策实施中对管理活动的新要求。

（5）进行方案论证和可行性分析

方案拟定以后便要进一步对各种方案进行论证和对方案实施的可行性进行分析。方案论证与可行性分析的内容包括：通过方案实施的过程分析，进行各种方案的技术论证，确认实施路线、方法和技术操作的可行性；分析方案实施中与实施后对组织的社会环境与自然环境的影响，从国家政策、法律、经济、文化的角度确认其环境可行性；从组织管理的角度进行方案实施的组织分析，研究方案的正、负作用，进行实施管理上的认定；通过方案实施后组织状态的改变，分析、预测方案的绩效，对方案的科学性进行论证。

决策方案的论证与分析结果应进行规范化的汇总，进行方案的初步筛选，将筛选出的基本可行的方案提交给管理者作最后选择。

(6) 实现方案的优化选择

方案拟定和分析、论证是相互关联的两项工作，在操作过程中这两项工作往往交互进行，即通过论证、分析对方案作出进一步修改，直至基本符合要求为止。对于基本可行的方案，应全面比较各种方案的绩效、投入、条件、风险、对策、影响等方面的指标，从中挑选出最优方案，以利于实施。在方案选择中应注意将各种方案的优、缺点作综合比较，不应仅从一方面出发进行分析，同时应突出主要决策问题的解决。另一方面，各种方案都有一定的适用范围，有些很好的方案，由于对执行的条件要求较高，而组织管理基础存在问题，导致执行中的风险性增大，因此也应放弃最优方案，转而采用次优化的但符合组织实际的可行方案。

(7) 实施决策方案

一个好的方案，如果实施不力，组织不当，也不会产生好的结果，有时甚至会带来负面效果，这就对方案实施提出了高的要求。决策方案的实施本身就是一场变革，实施中需要组织、技术和其他方面的综合保障；同时，实施过程中要善于发现新的问题，进行方案的适时性调节，以确保决策目标的实现。在方案实施过程中，还必须进行有效的实施监督，以便保证具体对策与措施的落实。在决策方案的实现中也可能会影响组织内部分成员的利益，从而引起他们的反对，这就需要管理者从组织全局出发进行说服，同时采取一些辅助措施，化解方案实施中的矛盾，引导他们自觉地执行既定的决策方案。方案实施中，还应进行适时跟踪分析，以便有效控制方案实施的全过程。

(8) 评价决策效果

决策方案的实施是以达到决策目的，产生理想的绩效为结果的，然而，由于方案本身及实施上的原因，有时结果并不理想，这就需要对决策及其实施效果进行系统的评价，以利于总结经验，改善决策。如果方案实施后，发现原来的问题并没有解决，管理者便要进一步分析出现问题的环节，找出产生问题的原因，拟定新的方案加以补救。如果决策方案实施顺利、绩效突出，也应在全面评价的基础上发现新的问题，以便在下一轮决策中进一步解决。在组织决策中，决策效果的评价应由包括管理决策者、决策实施者、组织的有关成员、组织聘请的专家等方面的人员参与，以利于结果评价的全面、合理和客观。

7.1.3 管理决策条件

管理决策是一项涉及面很广的管理工作，在决策及其实施过程中需要多方面的条件作保证。这些条件主要可以概括为组织条件、人员条件和信息条件。

（1）组织条件

以现有的组织结构为基础，建立科学的决策体制是进行管理决策的先决条件。决策体制既与组织的领导和管理体制有关，又与和决策活动相关的管理活动密切相连。鉴于决策与管理目标活动的密切联系，其决策体制的建立必须与组织的管理体系相适应。

从组织管理上看，决策中枢系统应由授权作出决策的核心领导者、管理者主持建立，其主要任务是对组织的决策工作进行统筹安排和组织实施，使组织活动中各方面的决策工作能够协调和统一。对于管理决策来说，组织中的各个管理层次和职能管理部门都有着各自的目标。例如，企业总经理部门对企业整体效益和发展负责，决策目标体现为一种总体目标；而供应管理、研究开发管理、生产管理、财务管理、营销管理、人力资源管理等职能管理部门则对各职能管理的目标和绩效负责，其决策活动围绕职能管理进行。因此，明确组织总目标与各部门目标之间的关系，是进行组织决策协调的基础。从组织结构、工作设计和岗位设置的关系上看，组织各种职能化决策目标必须服从总目标，与此同时，各职能目标之间必须统一、协调。要做到这一点，就必须创造决策的组织条件。

决策组织条件的创造，主要着眼于两方面的工作：首先，在管理岗位责任制的基础上，规范各管理岗位的管理决策功能，制定组织决策的纵向和横向协调体制，使总体决策与各部门决策统一，并对此进行制度上的保证；其次，进行管理决策的价值规范，确立管理决策的思想行为准则，加强责任制，通过组织手段和组织形式控制各级各类决策者的行为，按决策价值的最终体现——绩效，来衡量管理决策者的业绩，为实行奖惩提供依据。

（2）人员条件

管理决策的主体是承担决策任务的管理决策人员，鉴于管理决策的特殊要求，从事管理决策工作的人员必须具备基本的素质条件、实践与工作条件。

① 思想素质条件。管理活动中的决策者必须具备基本的思想素质，必须对社会负责、对组织负责、对自己的决策行为负责。在决策过程中必须以不损害他人的正当利益为前提，使自己的思想行为符合社会道德与伦理规

范。同时，要善于处理各种矛盾，特别是处理好全局与局部、个人与整体之间的关系，从而体现管理决策的根本目的。

② 知识素质条件。决策是一门综合性的科学，决策者必须具备从事管理决策工作的知识面，以适应管理决策的需要。概括地说，决策者所具备的知识应包括管理决策理论、方法方面的知识以及组织活动的专业知识，应该熟悉组织业务。只有这样，才能从组织管理出发，进行科学的决策活动，从而保证决策的客观性与正确性。

③ 实践能力条件。决策是一项实践性很强的活动，管理决策只有通过实践才能解决。管理决策人员的决策决不能从单纯的经验出发，而应凭自己分析问题、解决问题的能力，去寻求实现组织目标的合理方案。决策者的能力源于工作实践和学习、探索，是基于学习的实践经验的升华，因此，为管理决策人员提供良好的学习、实践条件是十分必要的。

④ 心理素质条件。管理决策是一项具有风险性的管理工作，其活动既有成功的希望，又有一定的失败危险。同时，环境的多变性和管理活动的目标要求的变化，更使决策者难以面对现实问题作出决断。这说明，决策过程中决策人员将承受远大于组织中其他人员的心理压力，要胜任其职业工作，必然要求具有良好的心理素质。具体说来，决策人员应处事冷静、临危不惧，善于承担风险、控制事物发展的全局。

（3）信息条件

从信息作用机理看，组织结构、环境及目标直接影响着决策，其中，信息是开展决策的先决条件。不仅在决策方案的制订、选择上离不开信息，而且信息沟通与反馈也是决策实施与效果评价的基本保证。

用于组织决策的外部信息包括与决策及组织目标活动有关的一切信息，如组织活动的外部环境信息、目标形成的条件信息、组织的竞争与合作对象信息、组织的外部交往信息等。用于组织决策的内部信息包括组织管理的基本结构关系信息、组织机构对实现目标的适应情况、组织内部的各种关系信息、组织活动对于目标的偏离情况等。这些信息是决策中不可缺少的。没有基本的信息沟通与保障条件，管理决策人员就无法发现组织运行中的问题，更无法针对问题进行适时决策；没有组织内、外部信息的获取，就不可能通过信息分析，预测未来的发展，更不可能根据预测结果和组织目标的实现要求制定决策方案；没有对组织活动的监控和对管理过程的分析，决策方案也就难以实现。这说明，组织决策的信息条件是基本的保证条件。

决策是一个动态的信息流通和反馈过程。反馈是决策系统中的基本行为，没有反馈的决策只是一种单向的开环控制，不能保证组织活动与环境的协调。决策反馈渠道的沟通和信息双向流动的实现，有利于随时掌握决策效果，以便调整决策方案、优化决策过程。

决策具有风险性，而这种风险性又是由于信息占有不充分、不完整引起的。不充分、不完整条件下的决策，我们称之为不完全信息条件下的决策。然而，由于决策是指向未来的活动，完全预知未来几乎是不可能的，因此，人们无法在理想的完全信息条件下进行决策。我们只可能在准确、及时地获取信息的情况下，尽可能使决策信息完备，以减小决策风险和达到理想的目的。

决策信息条件还包括收集、处理、分析信息和组织信息流动的信息技术条件。目前，信息网络的发展与组织的管理信息系统的优化，为我们实现决策的网络化、适时化和智能化创造了新的条件，使组织管理进入到了基于信息资源全面开发和决策支持的新的发展阶段。如何充分利用现代信息技术来改善组织决策的信息条件，已成为人们十分关注的课题。

7.2 管理决策的组织

管理决策是组织管理与运行的需要，组织管理的不同业务形式和内容决定了相应的决策组织形式。从组织管理的结构上看，我们可以从战略、战术和业务三个层次组织决策；从常规性管理和非常规的问题处理上看，可以通过程序化的方式和非程序化的方式进行决策；从管理者所负的责任上看，可以采用个人决策或集体决策的形式处理决策问题；从决策实现上看，可以进行理性化的决策与科学化的决策。

7.2.1 战略决策、战术决策和业务决策

按组织管理层次和管理内容，组织决策可以分为三级管理决策：即战略决策，战术决策和日常业务决策。这三种决策在不同的组织管理部门完成，构成了如图 7-2 所示的金字塔式的结构。

如图 7-2 所示，组织的三级决策的组织要点如下：

（1）战略决策

战略决策是决定全局的总体决策或关于组织运行与管理的重大问题的决策，如企业的经营方针、资产组合、机构变革、发展目标等方面的决策。战略决策起作用的时间长、影响范围大，其成功与失败直接关系到组织的生存

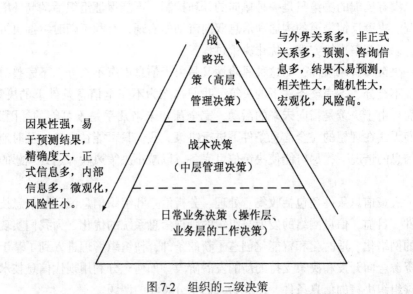

与外界关系多，非正式
关系多，预测、咨询信
息多，结果不易预测，
相关性大，随机性大，
宏观化，风险高。

战
略
决
策（高层
管理决策）

因果性强，易
于预测结果，
精确度大，正
式信息多，内部
信息多，微观化，
风险性小。

战术决策
（中层管理决策）

日常业务决策（操作层、
业务层的工作决策）

图 7-2 组织的三级决策

与发展。同时，组织的战略决策具有风险性大、不确定性因素多，对组织管理的目标结果难以预测的特点，因而战略决策的组织难度最大。从组织发展上看，涉及组织发展全局的重大问题是任何组织都无法避免的，其战略决策项目的产生正是源于这些重大问题的处理。战略决策的客观存在和决策的基本特征决定了决策的组织方式和应力求解决的问题。从总体上看，在决策的组织中应注意以下几个方面的工作：建立组织的战略决策制度，实行决策过程的宏观管理；建立常设的战略决策机构或顾问机构，实现战略决策的专业化；进行全方位的战略决策信息保障，使决策信息完备、准确和及时；坚持在开放的环境中进行决策，适时分析环境对组织的影响；将战略决策的风险控制在组织可以接受的范围之内；与战略管理结合，确立有效的决策支持、评价与监督体系。

（2）战术决策

组织的战术决策是组织管理中的中层决策，战术决策在战略管理基础上进行，是组织的中层管理部门关于解决具体问题的管理决策，如企业围绕战略管理所需的人、财、物所进行的管理决策。战术决策以制定具体的管理实施方案为主要内容，如企业新产品开发实施方案、企业技术引进中的结构调整决策等。战术决策所面对的问题是组织运行中各方面的业务管理问题，进行决策的第一步是发现问题。如果不及时发现战术决策问题，就不能及时地作出决策；如果对问题的认识有误，就难以作出正确的决策判断，导致决策出错。从本质上看，不能识别问题与未能采取行动，其结果是一样的。因此，战术决策通常应纳入战术管理（或职能管理）的范畴，以此构成中层管理的一项常规内容。另一方面，战术决策的关键是拟定多种解决具体问题的方案，从中进行优选。这一点，与战略决策和业务决策应该有所区别。关于决策方案的拟定，重在有效地解决管理问题，按组织目标要求、结合管理机制，确定可行的管理办法。方案的拟定，不仅包含目标的确立，而且包括战术目标的实现路线和管理策略。从协调机制上看，战术决策方案应与战略思想相一致，并有助于业务决策活动的开展。在关系协调上，战术决策应由职能管理层承担，上层管理者对其负有总体控制责任。

（3）业务决策

业务决策是一项常规性的决策管理工作，又称为事务决策。业务决策是关于具体业务的处理决策，如企业供应部门对供应商的选定和价格/性能比的确定，供货时间与经费流动安排决定等，其决策的主体是组织中的各类业务人员、管理活动中的基层业务组织者、管理指令的执行者等。组织的活动，从高层到基层的纵向组织，其绩效最终取决于业务工作的效率与效益。业务决策在战略决策和战术决策的背景下展开，是在上层与中层决策基础上的关于具体业务的安排。业务决策具有作用范围小，作用对象固定，决策关系简单，决策目标要求明确，决策针对性、时效性强的特点。同时，业务决策的主体单一，往往由具体任务承担者直接负责其方案实施。从这一点看，它更依赖于日常的业务信息与组织管理信息，只要信息保障充分，决策的风险性就较小。业务决策应立足于业务操作层次的需要来组织，决策问题的产生来自基层操作，其中大部分问题（如产品制造环节中的质量问题、某一工作进度影响了整个工序的时间等）的存在是明显的，并不需要花费大的精力来发现它。然而，对业务问题的解决却需要花大工夫，需要从多方面进行研究，通过反复实践来解决它。在组织管理中，对业务决策应着重于决策效果上的规范要求，使问题的解决适时、有效。同时，对于经常性的普遍问题，则应向组织的上层反映，力求从更高的战术，直至战略层的操作上解决问题。

特里克和布兰德（R. I. Tricker and R. Boland）在《管理信息与控制系统》（*Management Information and Control Systems*）一书中对公司的业务决策、管理上的战术决策和战略决策进行了对比分析，其结果如表 7-1 所示。这一对比分析的结果可供我们组织业务、战术与战略决策参考。我们认为，这三方面的决策对于任何组织来说，都具有通用性。

表 7-1 公司的业务决策、战术决策与战略决策比较

业务上的	管理上的、战术上的	战略上的
关心即将发生的事件、如操作车床、支付工资，采购物资。	决定如何利用资源以及进行控制，如确定购销日程、安排职员工作职务、控制周转资金。	决定公司业务、拟定策略、对外部挑战作出反应，如按投标情况改变和调整技术。
时间期限很短，通常是几小时或几分钟。	决策者预见到几天或几星期以后的情况。	长时期决策，其时间范围通常是几年。
决策的作出趋于与资源紧密结合，资料直接来自决策作用对象。	所需资料一般来自机构内部，经常通过一些数据库获取和集中资料。	所需的资料处于企业的外部环境中，资料是难得的。
存在少量的不确定性事件。	一些未来不确定的事件可能包含在其中。	主要是不确定的未来事件影响决策。
风险资源的规模很小。	与战略水准相比，其风险是小的。	大规模的资源决策通常是担风险的。
决策是直接的，决策实行可以程序化。	决策中需要通过智力活动去识别和选择相应的方案。	富有想象力，因而具有人为性和模糊性（启发式的）。
决策本身不需像从识别到执行那样花较长时间。	这类决策与工作决策相比，需要更多的时间用于思考问题。	决策可以从原始的零星资料着手分析，一直延续到决策作出后的执行评价。
工作决策趋于较高的重复性，其操作系统的改进是可以实现的。	管理决策趋于一次单独发生，管理控制系统可以起部分作用。	战略决策主要是一次性的，需要特定的关于环境的资料。

7.2.2 程序化决策与非程序化决策

按决策的形成过程和组织方式，管理决策可以分为程序化决策和非程序化决策。程序化决策是一种常规性的决策，它所解决的是组织中经常重复出

现的常规管理问题的例行安排和处理。对这些问题的裁决和处理，一般有章可循，只要通过固定的决策程序便可以解决。如处理企业库存问题、产品质量问题、客户纠纷问题和合同履行问题等，按照基本的管理条例，在社会法制范围内便可以作出判断，予以解决。非程序化决策是一种非常规性的、针对无章可循的特定问题的管理决策，其问题的分析和处理，没有固定的模式和规范化的程序，它解决的是偶然发生的、新颖的、性质完全不清楚的、结构不分明的且具有重大影响的问题，如组织结构变革问题、新的资产组合问题、组织业务转向问题等。对于这类非常规问题，需要作出专门性处理。

在程序化决策（programmed decision）中，可以根据已有的制度和规则，按固定的程序处理，不需要管理人员花费过多的时间和专门的精力去拟定解决方案，选择解决方案。在非程序化决策（nonprogrammed decision）中，由于无固定的模式或没有现存的处理方法，故需要按照解决问题的思维过程，寻找专门的解决办法，需要发挥决策者的创造能力，拟定方案、作出选择、控制实施、产生效益。

程序化决策出现在组织的常规管理活动之中，例如，某高等学校按学校条例授予教师的业绩奖励，按年度发放，其获奖人员的确定和额度的确定，就是一个程序化决策问题。对此，可以由职能管理部门按业绩奖励条例的规定，核定指标、确认标准，通过固定的评审程序，最终决定业绩奖励的实施。对于这类问题，不存在例行决策之外的活动，其中的操作问题仅限于如何衡量客体的作用（如案例中，学校教师的业绩），以决定最终的方案。

关于非程序化决策问题，罗宾斯通过 IBM 公司的新产品营销战略的制定，分析了决策的实施机制。IBM 于 20 世纪 80 年代初引入了个人计算机生产、营销业务，这与 IBM 以前的计算机制造与经营业务完全不同，由于个人计算机的消费需求不同于大型计算机的市场需求，而 IBM 又不具备大规模经营低成本个人计算机的足够经验，因而无法利用程序化的决策方式解决问题。面对苹果公司、惠普公司及数据设备公司等强有力的竞争对手，IBM 采用了超常规的手段进行了经营战略分析，他们所制定的百余个营销战略决策，是公司的常规化的"程序"所不能解决的，显然，它属于典型的非程序化决策。由此可见，非程序化决策出现在组织的结构调整和变革时期，它是一种组织不得不作出的面向未来的抉择。

在现实活动中，程序化决策和非程序化决策只是两种理想化的极端情况，事实上，极少的管理决策是完全程序化的或完全非程序化的，绝大多数决策介于两者之间。一方面，极少有程序化决策完全排除了决策者的个人非程序化判断；另一方面，程序化的决策程序有助于进行那些毫无先例的、只有用非程序化决策方法制定决策的辅助工作。这说明,一般情况下的决策,只不过是以程序化为主或是以非程序化为主。在这种意义上,程序化决策是一种以程序化方式为主的管理决策;非程序化决策则是以非程序化方式为主的管理决策。

关于程序化决策和非程序化决策的实现,既可以采用传统方式,也可以采用现代方式。其中,采用现代方式的程序化决策,一定程度上存在着传统的分析方法的应用;采用现代方式的非程序化决策,除传统方式外,也存在着利用计算机程序进行判断、分析的问题。这说明,程序化决策和非程序化决策中的"程序"并不是指计算机"程序",而是一种固定的模式安排和规则。表7-2对几方面的相关问题进行了比较,通过比较,我们可以进一步明确管理决策的组织问题。

表 7-2 程序化决策与非程序化决策中的方法

决策方法 / 决策类型	决策要点	
	传统方法	现代方法
程序化决策:常规性、重复性决策,模式固定,有章可循,有具体的规范和管理决策方法。	事务性常规化的工作;标准的操作规程;习惯性的工作方式;按组织的管理目标进行问题判断,解决具体决策问题;计算机的辅助应用。	主要利用计算机程序处理决策问题;数据的电子化分析;其他常规方法的辅助应用;决策支持系统应用。
非程序化决策:非常规性、无重复性、专门化决策,无章可循,模式不固定,要求应用专门的方法解决决策问题。	逻辑分析和判断;数据分析和处理;探索与创新研究;概率分析、风险预测;计算机程序化的辅助分析。	探索式分析技术的应用;系统化的开放研究;计算机辅助分析与程序的应用;现代信息技术的全面应用,决策支持系统的应用。

在管理决策中,存在着一个通用的决策问题处理模式。当管理者面对某一问题时,首先要决定这个问题是否需要决策。如果需要,则判断决策是程序化的,还是非程序化的。如果是程序化的决策,即按现有程序、规则、制度进行处理,作出决策;如果是非程序化的决策,即组织专门的人员进行系统研究,提出决策方案,在优选方案和可行性论证的基础上,付诸实施。图7-3反映了这一基本过程。

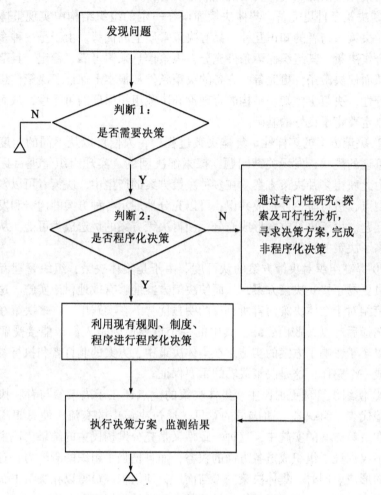

图 7-3 程序化决策与非程序化决策的组织

7.2.3 个体决策与集体决策

个体决策是指决策主体只是组织中的某一个人的管理决策。个体决策由个人承担决策责任，职责分明，对问题的反应速度快，因而常常利用"个体决策"方式处理常规的管理问题和比较简单、明确的问题。对于比较复杂的问题，由于个体的知识、能力、关系和所处条件的限制，往往难以对其进行判断，这种情况下，则需要集体进行决策。

在一个组织内，完全的个体决策是很少的，更多的决策都是两人或两人以上的集体作出的。集体决策的优点主要有：

① 决策条件更完备。集体决策强调在一定的组织结构中实现整体化的决策，决策参与者的知识互补，具有决策素质上的优势。由于是一种多人参加的合作决策，其组织保障条件充分，决策信息来源可靠、稳定，且范围很广，从而使决策条件更完备。完备的决策条件从根本上保证了决策信息获取的充分性，决策主体知识结构的合理性和决策组织保证的可靠性，从而为决策的制定奠定了良好的基础。

② 决策方案的多样性。集体决策过程中，人们可以从不同的角度分析组织管理的现状，发现关键问题，探索解决问题。实现组织管理目标的途径，由此获得多种决策方案。在多种决策方案的产生中，决策者可以发表不同的观点，进行争论，形成共识；可以充分地展示各种方案的优势和发现存在的问题。由于决策方案形成充分，使得决策方案的优选成为可能，从而大大提高了决策的科学性。

③ 提高组织对决策方案的认可度。由于是集体决策，组织管理者和其他成员更易于接受决策方案，从而使决策方案能够有效地付诸实施。这是集体决策相对于个体决策而言所具有的明显优势。在实践中，许多决策在作出最终选择后却以失败而告终，其中的一个重要原因是人们未能接受解决方案，以至于影响了方案的实施。在集体决策中，方案的制订者和执行者可以统一成一个整体，这是决策成功的重要保证。

④ 使组织管理更加民主。集体决策的优点还在于决策参与者和执行者充分地代表了组织各方面成员的意见，通过决策中的交流，使思想高度一致，在决策方案的实施中，这种一致性又是充分发扬民主的结果，民主化的管理不仅保证了组织成员各方面的权益，而且增强了组织的凝聚力，有利于团队的形成。同时，集体决策的参与面广，使组织成员得以在决策中获得锻炼、提高的机会，有利于组织力量的整合和素质的提高。

集体决策也存在着一些固有的缺点，主要有：

① 耗时过多。与个体决策相比，集体决策需要进行参与决策者的人员组合、任务分配、工作安排，需要进行业务沟通和程序化的活动组织。这样无疑增加了决策中组织活动的工作量，使得耗时增加，甚至，决策参与者之间的相互影响还会导致决策效率降低。

② 少数人统治。一个决策集体的成员永远不会是平等的，他们的地位和发言权可能会因职位、经历、知识结构、交往能力、语言技巧、自信心等方面的不同而不同。这就为某个成员或少数成员创造了发挥优势、驾驭集体中其他人员的机会；同时，也使得其他成员的作用发挥受到限制。其弊端

是，支配集体的少数人经常会对最终决策产生过分的影响。

③ 屈从压力。集体决策中的个人往往会受到集体活动的限制，在心理、行为上屈从集体的压力，使得一些创新性的见解难以有效地发表，甚至使具有不同观点的少数派不得不隐瞒观点，以保持和他人的一致。这种集体思维和作用的结果，有可能削弱集体中的个人作用，使决策效果受到影响。

④ 责任不清。有时候集体决策容易造成责任不清的局面。这是由于，决策方案的筛选和决定往往采用"少数服从多数"的民主裁决原则，如果决策的主要负责人不具备对结果的有效否决权，则很难使其对决策结果负实质性责任。对于其他参与者来说，应负的责任也会因集体活动而冲淡。

集体决策的优点可以在决策活动的组织中有效地发挥，集体决策的缺点则应在实践中克服。在现行条件下，克服集体决策的缺点可以从决策的组织和体制上着手，具体措施为：进行决策的有效组织，尽量减少环节，提高效率，缩短时间；完善集体决策的管理，建立民主决策制度；实行集体决策的目标责任管理和岗位管理，明确参与者和主持者的责任；充分利用信息技术，提高决策效率。

在组织决策中，个体决策和集体决策有着各自不同的适用范围。一般说来，个体决策与管理职权的行使相结合，用于解决常规的管理决策问题；集体决策用于解决全局性的问题和重大问题，应通过规范化的方式来组织。

7.2.4　理性决策与有限理性决策

一般说来，管理决策被认为是理性的（rational），然而在实际工作中，其理性往往受到限制，因此存在理性决策与有限理性决策之间的差异。

理性决策是指完全客观的和符合理性逻辑的决策。一个完全的管理理性决策，具有客观上的明确目标，决策的制定始终导向选择使目标最大化的方案。理性决策的前提是，问题是清楚的、无歧义的，决策信息是完备的，决策者的逻辑思维是完全客观的。

罗宾斯在其经典的《管理学》（第4版）专著中对理性决策作了分析，图7-4归纳了他的实质性结论。罗宾斯将理性决策的制订归为7个基本前提：

① 问题清楚。理性决策的问题必须清楚，在问题的发生中，人们对于因果关系的理解应该是无歧义的，即任何决策者，只要通过正确的逻辑分析都可以得出相同的结论，由结论导致的方案也应该是明确的。

② 目标导向。在理性决策中，没有目标冲突，决策者对于目标的选择具有惟一性，由此形成了目标导向下的决策组织模式。对于双重目标或多重

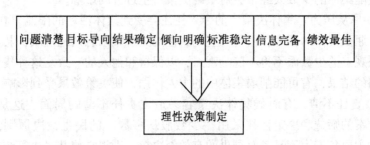

图 7-4　理性决策制定

目标的决策，由于其目标相互联系，因而形成了一个整体化的目标体系。

③ 结果确定。理性决策的结果是确定的，对于任何富有创造性的决策者来说，他们可以一致地确定所有可行的方案；而且，决策者预见到的所有方案的执行结果也是确定的，从量化角度看是可测的。

④ 倾向明确。理性决策的标准和方案具有可析性，其选择倾向应该是明确的，即从客观的、现实的标准出发，所有决策者的倾向都具有一致性，因而标准和方案的选择是明晰的。

⑤ 标准稳定。除有明确的目标和倾向外，理性决策的具体标准应该是一致的，这些标准的权重不会因时间变化而变化。当然，这种标准上的稳定是相对的，即具有时间上和空间上的相对稳定性。

⑥ 信息完备。理性决策是一种在完全信息条件下的理想化决策，决策者必须完整、无误、及时地获取和利用关于决策的所有信息，因而没有时间上的约束和信息利用上的约束条件，从而不受信息条件的限制。

⑦ 绩效最佳。理性决策者总是选择那些产生最大绩效的方案，这种假设适用于任何决策。理性决策的期望是绩效最佳，即保证组织利益的最大化，这就要求决策者的决策与组织的利益目标完全一致。

管理决策可以遵循理性决策的假设，但实际上理性决策的条件不可能完全满足，它往往会在实践中出现一些问题。这些问题包括：

① 个人信息处理能力有限。当决策变得复杂时，有限的个人信息处理能力将导致决策信息支持的不完备，从而影响决策方案的制订。

② 决策者可能将决策问题和解决问题的方法混在一起。决策者如果将决策问题和解决问题的方法混淆起来，将使问题变得模糊，以致影响分析过程。

③ 感性偏见可能歪曲问题本质。决策者如果从个人情感出发考虑问题，

将无法客观地进行逻辑思维，以至于产生决策中的偏见，从而影响目标导向的结果。

④ 决策者存在着固定的思维模式。决策者固定的习惯性思维模式会影响决策过程中的逻辑思维作用的发挥，从而容易产生不客观的结论。

⑤ 从前的决策先例制约着现在的选择。决策者很可能从经验出发进行现实的决策方案的选择，从而导致决策中经验导向的出现，以至于产生对现有决策的约束。

⑥ 决策中的利益冲突。管理决策中，决策者的利益目标可能与组织目标发生冲突，如不加以协调，将影响决策效益。这一情况的存在是普遍的，因而其影响不容忽视。

⑦ 其他方面的问题。决策中的其他问题还包括组织对决策时间的限制、决策者知识水平的差异，组织成员的偏见、环境的不确定性等，这些因素也将导致决策的非理性。

从以上的分析中可以看出，如果我们克服了上述 7 方面不利因素的作用和影响，将使管理决策完全理性化。然而，由于现实与希望的差距，这种想法难以完全实现。但是，我们完全可以通过有效的改进措施，改善决策工作，使之尽可能理性化，即实现有限理性决策。

有限理性决策的要点是，把问题的本质抽象为简单的模型，而不是直接处理全部复杂性的决策问题，然后在组织的信息处理限制和约束下，力求在简单的模型参数下采取理性决策方式，获取理想的决策方案和效果。

表 7-3　　　　　　　　　**理性决策与有限理性决策的实现**

决策制定步骤	完全理性	有限理性
1. 提出问题	确定一个重要的、相关的组织问题	确定一个反映管理者利益和背景的、可见的问题
2. 确定决策标准	确定所有的标准	确定有限的一套标准
3. 给标准分配权重	评价所有标准并依据它们对组织目标的重要性进行排序	建立一个简单的评价模型并对标准排序；决策者自身的利益强烈影响排序
4. 制订方案	创造性地制订广泛的各种方案	制订有限的一系列相似方案
5. 分析方案	依据决策标准和重要性，评价所有方案；每一方案的结果是已知的	从希望的解决方法出发，依据决策标准一次一个地评价方案

决策制定步骤	完全理性	有限理性
6. 选择方案	最大化决策：获得最高经济成果的方案（依据组织目标）	满意决策：寻找方案一直到发现一个满意的、充分的解决方法为止
7. 实施方案	由于决策是最大化单一的、明确的组织目标，所以所有组织成员将会接受此方案	政治和权力的考虑将会影响决策的接受和执行
8. 评　价	依据最初的问题客观评价决策成果	对决策结果的评价只有消除评价者个人利益才能客观；对先前承诺的资源配置逐步升级的可能，而不管先前的失败和不顾追加资源配置仍难以成功的事实

资料来源：斯蒂芬·P. 罗宾斯. 管理学（第 4 版）. 中国人民大学出版社，1997：127

表 7-3 通过完全理性决策和有限理性决策的比较，从决策实施的 8 个阶段出发，归纳了决策的组织要点，为我们提供了实现理性或有限理性决策的途径。罗宾斯的这一研究成果，值得我们借鉴。

7.3　管理决策方案的选择

管理决策是一项系统性很强的工作，在实际决策问题的解决中需要应用多种方法进行目标分析、结果预测、方案选择和决策优化工作。这里，我们立足于决策方案的选择问题的解决，讨论其方法应用问题。

从总体上看，决策方案选择是多学科方法交叉、融合的结果；从方法特征上看，大致可以分为定量方法和定性方法两类。当前，决策的科学化发展，导致了定性方法和定量方法的有机结合。基于这一认识，我们将从定性-定量决策分析的角度阐述其中的基本问题。

7.3.1　专家决策方法

专家决策方法是指依靠管理决策者和咨询专家的智慧和经验，由他们直接对有关问题作出判断，寻求决策方案的一种方法。专家决策法按处理问题的方式和组织形式，分为因果关系分析法、逻辑推理法、专家会诊法、特尔斐法等。这些方法具有大致相同的程序，就其方法的基点而言，大多是定性分析结果的认证和采用。对此，我们将结合定量方法的应用，在对比分析、因素分析、模型化分析和随机分析中作进一步说明。这里，仅限于特尔斐方法在决策中的应用讨论。

特尔斐法（Delphi）是美国兰德（Rand）公司的赫尔默（O. Heirmer）和多尔基（N. Dalkey）于1964年推介的一种分析专家意见，用于决策的方法。特尔斐法的要点是，选择一定的专家作为意见征询的对象，以匿名方式通过几轮出询，征求他们对特定决策问题的直观意见，然后将其意见进行综合、归纳和整理，匿名反馈给这些专家，再次征询意见，然后再进行综合与反馈，如此循环，直至得出比较一致的决策意见为止。

利用特尔斐法进行决策的关键是，凭借专家的知识对各种方案的实施结果进行预测，通过预测结果的分析得出结论，其基本特点是：

① 预测分析对象的实现时间、条件和手段，评价对象的诸指标及其相对重要性等，并不由主持信息分析的人员给出，也不由个别专家给出，而是由一批有关专家作出，并经过科学的数据处理，因此，能够较好地保证结论的准确性和客观性。

② 采用匿名咨询的方式，这样克服了专家会议易受专家权威和劝说性的影响。由于被征询的专家之间互不接触，从而保证了各种意见能真实反映，并无需作出说明。而且发函调查，时间相对比较宽松，所以可充分地搜集资料，认真思考得出自己的看法，从而保证在汇总时得到可靠、准确的结论。

③ 反馈是特尔斐法的核心。经典特尔斐法一般要经过几轮答询。对每一轮答询的结果进行汇总、整理，并进一步提出问题和意见再匿名反馈给每一个专家，以便专家们据此作出进一步的判断。

④ 作定量处理是特尔斐法的又一个重要特征。为了评价专家意见的一致性和稳定性，特尔斐法对专家的意见进行了迭代比较的量化处理，从而保证了结果的可信性和可靠性。

特尔斐法用于决策预测的基本步骤如下：

① 根据决策的内容与目的，将决策中的问题分解成若干个提问（如围绕决策方案的选择，将其归纳成若干提问）；与此同时，对提问加以说明，并提供关于提问的背景材料。

② 选定若干专家作为决策预测结果的咨询对象，向他们匿名函送第一轮意见表；随后汇集并整理第一轮调查结果，继而进行第二轮函询调查，比较一、二轮结果，如果结果一致、稳定，便结束调查，否则继续整理结果，

进行下一轮调查，直至最终的两个相邻的迭代轮结果达到一致、稳定为止。

③ 根据迭代调查的最终结果，作出决策方案的评价与选择，从中优选出专家认可度最高的决策方案，付诸实施；为了确保决策的有效性，应对调查结果进行可靠性检验，同时对方案的实施进行监控。

特尔斐调查方法在决策中的应用，其关键问题是进行迭代调查轮之间结果的一致性、稳定性检验。对此，可以利用概率检验中 X^2 判据的方法进行。为了说明问题，我们举一个简单的例子进行示范性计算。

例如，我们利用特尔斐法，通过30名专家的函询，征求对某一决策方案的可行性论证意见，要求调查中按 A（肯定）、B（无明确意见）、C（否定）三个意向区间作出判断；其中，第二、三两轮的函询结果如表7-4所示。以下对该决策方案的可行性进行认证。

表7-4　　　　　　　　　　　某决策方案的特尔斐调查数据

2轮 3轮	A （肯定）	B （无明确意见）	C （否定）	Σ
A （肯定）	14	3	2	19
B （无明确意见）	1	5	1	7
C （否定）	0	2	2	4
Σ	15	10	5	30

表中：$n = 30$（专家数）；第2轮回答的实际值为：$O_{21} = 15$，$O_{22} = 10$，$O_{23} = 5$；第3轮回答的实际值为：$O_{31} = 19$，$O_{32} = 7$，$O_{33} = 4$。

如果，二、三两轮回答结果完全一致和稳定，则两轮的结果应为实际结果的均值，即：

$$E_{21} = E_{31} = 17, \quad E_{22} = E_{32} = 8.5, \quad E_{23} = E_{33} = 4.5$$

对此，引入 X^2 判据，其 X^2 值为：

$$X^2 = \sum_{i=1}^{3} \sum_{j=1}^{3} \left(\frac{O_{ij} - E_{ij}}{E_{ij}} \right)^2 = 1.06$$

此时，自由度 $df = (2-1)(3-1) = 2$，如果取概率误差水准 $\alpha = 0.05$，通过概率计算或查 X^2 检验水准表，有：

$$X^2_{0.05} = 5.991$$

因为 $X^2 < X^2_{0.05}$，其检验合格，特尔斐调查达到了稳定、收敛。这说明决策方案已被认可，可以采用。

7.3.2 对比分析法

利用对比分析的方法进行决策方案的选择，其要点是对各种方案的指标进行比较，从中选择最优方案。为了说明对比分析法的应用，我们以物资采购决策为例，通过方案效果对比和方案综合对比分析，剖析对比分析方法的实际应用情况。

例如，面对物资的采购供应任务，现有四家物资公司可供选择，从而形成了四种可供选择的方案（A、B、C、D）。因此，我们可以对其功能和效果进行对比、分析、评价，评出优劣，择其优者。其步骤如下：

第一步：列出方案功能表，即按企业对设备的需要，用十分制评比打分。现假设结果如表 7-5 所示。

表 7-5 方案功能分析表

因素	好看	好 用			好 修	好 造		合计	初步确定
	外观造型	小型化	可靠性	运转使用	易拆修好保养	结构合理	安全		
A	8	9	9	8	8	8	7	57	保留
B	4	5	8	7	6	5	5	40	不用
C	9	9	8	8	8	9	7	59	采纳
D	6	7	6	5	4	5	7	40	不用

第二步：按采纳与保留的方案进一步对使用此种原材料生产产品的使用寿命和有关费用进行分析（表 7-6）。

表 7-6 方案费用分析表

因素 费用 方案	购置费（元）		使用维护费（元）			合计（元）	使用寿命（小时）	单位使用寿命成本（元/小时）
	设备价	运输费	安装费	维护费	使用费			
A	70 000	500	1 000	5 500	120 000	197 000	240 000	0.82
C	85 000	600	1 200	7 000	90 000	182 800	310 000	0.593

通过以上分析对比，方案 C 为最优，可选择方案 C。

采用方案对比方法强调按多种指标对各种方案进行分析对比，然后择其优者。

在物资采购中，如有三种不同材料结构的元件可供选择，分别以 A、B、C 表示。评价这些元件购买的因素有：a. 结构合理；b. 货源充足；c. 地点适当；d. 价格合理；e. 规格齐全等。先用强制对比法确定各因素重要程度，进而确定购买对象评价因素的满足程度，最后进行综合评价。其方法如下：

第一步：用强制对比法确定评价因素的重要次序（表7-7）。

表7-7　　　　　　　　强制对比确定因素重要次序表

评价因素＼功能对比	a 结构合理	b 货源充足	c 地点适当	d 价格合理	e 规格齐全	得分	重要性次序
a. 结构合理	×	1	1	1	1	4	1
b. 货源充足	0	×	1	0	0	1	4
c. 地点适当	0	0	×	0	0	0	5
d. 价格合理	0	1	1	×	0	2	3
e. 规格齐全	0	1	1	1	×	3	2

第二步：确定购买对象对评价因素的满足程度，评定出哪一种最能全面体现各个评价因素。由于 A、B、C 三种购买对象各有优点，也各有不足，不能全按五个评价因素满足，这就要进行对比分析，找出最佳者（表7-8）。

表7-8　　　　　　　确定购买对象对评价因素满足程度表

评价因素＼对比分析		2:1 强制对比打分				各购买因素对评价因素满足程度		
		A	B	C	得分	A	B	C
a. 结构合理	A	×	2	2	4	4	3	2
	B	1	×	2	3			
	C	1	1	×	2			
b. 货源充足	A	×	1	1	2	2	4	3
	B	2	×	2	4			
	C	2	1	×	3			
c. 地点适当	A	×	1	1	2	2	3	4
	B	2	×	1	3			
	C	2	2	×	4			

262

续表

对比分析 评价因素		2：1 强制对比打分				各购买因素对评价 因素满足程度		
		A	B	C	得分	A	B	C
d. 价格合理	A	×	2	2	4	4	2	3
	B	1	×	1	2			
	C	1	2	×	3			
e. 规格齐全	A	×	2	2	4	4	3	2
	B	1	×	2	3			
	C	1	1	×	2			
合计						16	15	14

第三步：综合评价。用以上两方法将所得的分数加以综合分析，用加权方法来比较（表7-9）。

通过综合分析，可看出购买对象 A 得分最高，应作为购买决策的主要对象。

表 7-9 　　　　　　　　**购买对象与评价因素综合分析表**

购买对象 评价因素 项目 ①	A			B			C		
	重要性 得分 ②	对评价因 素满足程 度③	加权 ④= ②×③	对评价因 素满足程 度③	加权 ④= ②×③	对评价因 素满足程 度③	加权 ④= ②×③
a. 结构合理	4	4	16	3	12	2	8
b. 资源充足	1	2	2	4	4	3	3
c. 地点适当	0	2	0	3	0	4	0
d. 价格合理	2	4	8	2	4	3	6
e. 规格齐全	3	4	12	3	9	2	8
合计	10	16	38	15	29	14	23

7.3.3 期望值分析法

期望值分析法用于解决风险型决策问题。虽然方案实施的结果不能完全由决策者来确定,但是各种结果出现的可能性可以通过概率计算得到。因此,我们可以通过期望结果的概率分析来选择决策实施方案。期望值分析可以通过"决策表"和"决策树"两种形式进行。

(1)决策表法

决策表法是通过列表分析的形式,根据备选方案的损益值和方案的自然概率,计算各种方案可能达到的期望值,从而进行有效决策的一种方式。如果决策目标是效益最大,就应取效益期望值最大的方案;如果决策目标是损失最小,则应取损失期望值最小的方案。

利用决策表法进行最终决策的步骤为:

① 确定决策的效益最大或损失最小目标;

② 进行调查研究,获取各种方案的基本数据,其可能出现的状况用概率表示;

③ 计算每一方案的期望值;

④ 根据决策目标,选择最优方案。

决策表法的应用,可通过以下简单实例来说明:

某生产厂拟对产品进行开发前的评估,市场预测的结果是,产品畅销、一般和滞销的概率分别为0.3、0.5、0.2;按大量、中批量和小批量生产方案,考虑到市场竞争与价格因素等方面的影响,三种方案在畅销、一般和滞销条件下的利润如表7-10所示。据此,我们可以进行损益期望值分析,按目标的效益最大原则择其最优方案。

表7-10 　　　　　　　　　某生产厂生产方案的选择

状态 概率 方案效益 (万元)	市场情况			期望值
	畅销	一般	滞销	
	0.3	0.5	0.2	
大批量(A)	2 200	1 400	1 000	1 560
中批量(B)	1 800	1 800	1 200	1 680
小批量(C)	1 400	1 400	1 400	1 400

按表中数据,各种方案的期望值为:

$$E_A = 2\,200 \times 0.3 + 1\,400 \times 0.5 + 1\,000 \times 0.2 = 1\,560$$

$$E_B = 1\,800 \times 0.3 + 1\,800 \times 0.5 + 1\,200 \times 0.2 = 1\,680$$

$$E_C = 1\,400 \times 0.3 + 1\,400 \times 0.5 + 1\,400 \times 0.2 = 1\,400$$

如果目标是效益最大，则选择中批量生产方案（B方案）。

（2）决策树法

利用决策树法进行分析，也是以损益期望值的计算为依据的，与决策表法的区别仅在于计算的形式不同。利用决策树法进行决策的步骤为：画出决策树图形；在相应位置填上调查数据；计算各种方案的期望值；根据决策要求作出方案选择。

例如：某小型企业为了适应市场需要，设计了扩大生产的两个方案，一是引进生产线，扩大现有的生产规模，需投资400万元；二是对原有的设备进行技术改造，需投资180万元。假定投资有效期是5年，每年的利润情况和自然状态的概率如表7-11。

表7-11   某企业扩大生产方案

概率	自然状态	引进生产线 投资的年利润 （万元）	技术改造投资 的年利润 （万元）
0.7	销路好	200	80
0.3	销路差	– 10	10

关于这一问题，可作如下处理：

① 画出决策树，图示表中数据（见图7-5）。

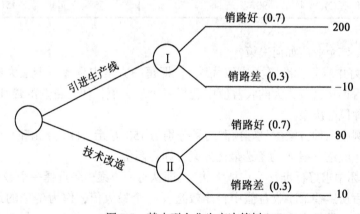

图7-5   某小型企业生产决策树

② 计算两种方案损益期望值：

$$E_{\text{I}} = 0.7 \times 200 \times 5 + 0.3 \times (-10) \times 5 - 400 = 285(万元)$$

$$E_{\text{II}} = 0.7 \times 80 \times 5 + 0.3 \times 10 \times 5 - 180 = 115(万元)$$

③ 比较方案，进行选择：

由于采用引进生产线的方案，5 年损益值为 285 万元，比技术改造的 115 万元要高，故采用引进生产线的决策方案。

7.3.4 综合判断法

作不确定型决策的决策者不知自然状态出现的概率，因为这种决策基本上取决于决策者的经验和主观愿望。然而，这种决策仍要按一定标准进行。决策标准的确定一般有五种方法，现结合实例说明如下：

例：某企业需为一种新产品订价，方案有三：一是高价；二是低价；三是中等价。通过市场预测，在本年内每种方案在不同的市场供求情况下，企业能得到不同的利润，见表 7-12。

表 7-12　　　　　　　　　　**企业的三种定价方案**

预测结果 自然状态 方案	市场需求情况			
	最好	好	一般	差
订高价（A）	150	100	70	20
订中等价（B）	110	90	80	40
订低价（C）	90	70	55	45

问：该企业应如何决策？

① 好中求好标准（大中取大法）。即每一方案中选择一个最大的收益值，然后再从这些最大的收益值中选择一个最大值，作为备选的最佳方案。这是一种风险决策。

实例中三种方案的最好预测结果分别为 150 万元、110 万元和 90 万元。比较之，应选方案 A 为备选最优方案，即订高价。

② 坏中求好标准（小中取大法）。即从每一方案中各选择一个最小收益值，然后从这些最小收益值中，比较选择一个最大值，作为备选的最优方案。这是一种保守决策。

结合实例，这种方案的最坏预测结果分别为 20 万元、40 万元和 45 万元。比较之，应选方案 C 为备选的最优方案，即订低价。

③ 后悔值标准（大中取小法）。即将每一方案的最大后悔值进行比较，取最小后悔值对应的方案作为备选的最优方案。比较后悔值的目的是使后悔值降到最低程度。

结合实例，第一步，求同一自然状态下选用不同方案所造成的后悔值。首先，确定在不同自然状态下几个方案中的最好预测结果（在四种自然状态下依次是 150 万元、100 万元、80 万元和 45 万元）；其次，求最好预测结果与其自身和与其他预测结果的差额，得到不同方案在同一自然状态下的后悔值（表 7-13）。

第二步，比较每个方案在所有自然状态下的后悔值，选出最大后悔值为该方案的备选最优后悔值。由上表可见，三个方案的最大后悔值分别为 25 万元、40 万元和 60 万元。

第三步，比较各方案的最大后悔值，选其中后悔值最小者作为备选的最优方案。比较之，应选方案 A 为备选的最优方案，即订高价。

表 7-13 **方案的后悔值计算**

后悔值　　自然状态　　　方案	市场需求情况			
	最好	好	一般	差
A	0	0	10	25
B	40	10	0	5
C	60	30	25	0

④ 折中标准（折中决策法）。即在每一方案的最大值和最小值之间取一系数 $\alpha(0 < \alpha < 1)$ 进行折中。通过求取各方案最好自然状态和最差自然状态的期望收益值之和，选最高者为备选最优方案。

结合实例，第一步，找出备选方案的最好与最差预测值。三种方案的最好预测结果分别为 150 万元、110 万元和 90 万元。三种方案的最差预测结果分别为：20 万元、40 万元和 45 万元。

第二步，求取各方案最好与最差期望值之和。假定 $\alpha = 0.7$，则：

$$F_A = 0.7 \times 150 + (1 - 0.7) \times 20 = 111(万元)$$
$$F_B = 0.7 \times 110 + (1 - 0.7) \times 40 = 89(万元)$$
$$F_C = 0.7 \times 90 + (1 - 0.7) \times 45 = 78.5(万元)$$

第三步，比较期望收益值，选最大、最小期望值之和大者为备选最优方案，比较之，应选方案 A 为备选的最优方案，即订高价。

⑤ 等概率标准（等可能决策法）。即假定每一种方案市场需求状况出现的可能性（概率）相等，通过计算每种方案的期望收益，选最高者为备选的最优方案。

结合实例，第一步，计算各方案期望收益值：

$$G_A = \frac{1}{4}(150 + 100 + 70 + 20) = 85(万元)$$

$$G_B = \frac{1}{4}(110 + 90 + 80 + 40) = 80(万元)$$

$$G_C = \frac{1}{4}(90 + 70 + 55 + 45) = 65(万元)$$

第二步，比较期望收益值，选最高者为备选最优方案。比较之，应选方案 A 为备选最优方案，即订高价。

最后，综合以上五种决策方法，将所取的备选最优方案次数最多的决策方案作为最后选定的最优决策方案。以上五种决策方法中，方案 A 即订高价作为备选最优方案出现的次数最多，因此，它最后被定为最优方案。

7.4 管理决策的实现原则与决策体系的优化

任何组织的管理决策都是在一定的环境中进行的，复杂多变的社会环境和内部因素必然会对决策产生综合性的影响；为了提高决策效率和效益，必须从客观因素对决策影响和作用的分析出发，探索科学的决策原则和实现决策体系优化的途径。

7.4.1 影响管理决策及其实施的环境因素

组织是在一定的环境中生存与发展的，没有合适的外部环境，也就没有组织的活动。从组织与环境的依存关系上看，外部环境的各种因素对组织的决策活动有着广泛的影响，它不仅决定决策的目标，也决定组织管理决策的作用对象和关系，也就是说，一定的环境决定了一定内容和模式的决策。

从环境构成和作用上看，影响管理决策的环境，可以从经济的、科技的、社会的和自然的环境作用出发，通过其中内在机制的分析去认识。

（1）经济环境

经济环境对管理决策的影响包括一般经济环境对组织的作用和特定经济

环境对组织的影响。一般经济环境是指世界和各国的宏观经济结构、经济体制、经济交往、经济增长以及各种经济成分关联作用所形成的环境，它的变化决定了企事业组织的目标、结构、外部交流以及组织与环境互动关系的变化，从而导致了决策基础的变化。例如，在新的经济环境下，企业的发展愈来愈依赖于以知识创新为依托的资源组织，于是组织再造与流程重组的决策取代单纯的目标管理决策而居于主导地位，由此引起了决策理念与方式的变革。特定经济环境是指某一组织所直接面临和依托的具体的合作者、竞争者和其他交往者所构成的环境，显然，他们的状况也是对组织管理决策的重要影响因素，决定了具体的决策问题的处理方式。

（2）科技环境

科学技术作为第一生产力的作用及对社会发展的影响愈来愈突出，科学技术的进步不断改变着社会运行的机制和组织活动的面貌。作为组织管理决策的环境因素，"科学"的作用在于，不仅为管理决策工作的开展提供"知识"支持，为其奠定理论方法基础，使之与科学发展同步；而且，科学的发展不断改变着组织活动的内容，提出了诸如基于知识创新的组织管理问题，由此对管理决策提出了新的要求。作为组织管理决策环境因素的技术，是人们运用知识，通过生产和其他方面的实践所形成的技能与方法；技术进步导致的环境变化，一是各方面操作方法与技能的变革，二是技术物化产品（如设备、工具等）的进化。这两个方面对管理决策的影响体现在决策技术的进步和效率的提高，特别是作为决策关键技术的信息技术的作用，使现代管理决策处于知识化与信息化的发展之中。

（3）社会环境

任何组织都存在于一定的社会环境之中，从这一角度看，社会环境对组织管理决策的影响是必然的。从环境作用内容上看，社会环境对组织管理决策的影响主要有：政治与制度环境，决定了组织体制、组织性质、组织与政府的关系，以及组织的其他社会联系形式；政策环境，决定了组织管理决策的总体方针、实施要点和决策的政策导向与规范；法律环境，决定了管理决策中的各种法律关系、利益关系和对决策行为的强制性约束；人文环境，从组织成员素质、组织文化层面上影响着组织管理决策者的行为方式、决策中的人际关系和约束条件等；社会人口结构、民族结构以及分布等，影响着管理决策的内容、传统与形式。由此可见，社会环境的变化对管理决策的影响是综合性的、全局性的，任何组织的管理决策都不可能脱离社会环境的约束。

（4）自然环境

自然环境由全部自然物质的存在与作用形成，它包括资源以及受地理、地质、气候等自然条件约束的大环境。任何物质资源都是有限的，而且大部分是非再生的，因而在不同程度上呈现为稀缺性。资源的不平衡分布以及地理、气候等条件的限制，决定了人类的生产活动、科技活动、经营活动和其他社会活动，由于组织所处的地理位置、气候条件和所面临的资源环境的不同，即使是从事同类业务的组织（如稀有材料生产企业），也会因为自然环境的差异产生不同的经营管理模式，从而决定了管理决策上的差别。另外，就一个国家或地区来说，这种自然环境的差异，会对社会、经济、文化乃至科学技术产生全面作用，最终决定了不同的区域性管理决策模式。

以上四方面环境的相互作用和影响，决定了管理决策价值观的形成。我们认为，管理决策价值观离不开客观环境和现实对主体（决策者）的客观作用；从社会角度上看，人们管理决策的相互作用和影响，将导致一定活动范围内的总体价值观的形成。从环境作用上看，其影响主要有：关于管理决策理念与认识的影响；关于决策目标与内容的影响；关于决策实施与作用对象的影响；对于决策责、权的影响；对于价值道德与规范的影响等。

7.4.2　管理决策的实现原则

管理决策是一种高度综合性的行为，是综合各种因素的结果。从这一角度看，管理决策的实现原则应该是综合性的；然而，就决策活动的组织实现来看，它却有着共同的准则。在此，我们限于从管理实施的角度，归纳决策实现的一般原则。

（1）系统原则

在组织活动中，影响管理决策的既有外部环境因素，又有组织内部的各种因素。这些要素相互作用，从多方面影响着组织的管理决策，因此，在决策中决不能仅从一方面或者有限的几方面出发进行问题的分析，而是要从组织系统的各方面因素出发进行关联性的系统分析，以便寻求各因素关联作用下的系统化解决方案。例如，进行新产品开发决策，不仅需要从环境中的市场因素出发，分析产品的市场销售前景，从技术上分析产品开发成功的可能性；从社会影响上分析其正、负作用结果，从而确定产品开发与环境的适应性；而且需要从组织的实力、对外合作关系、资源占有、资金调配、经营管理等方面出发，确认产品开发的可行性。只有在各方面条件都具备的情况下，才能作出新产品开发的决策。

进行管理决策中各方面因素的系统作用分析，旨在权衡系统中各要素间相互关联和矛盾的关系，力求各方面因素的最佳组合。坚持系统原则还在于，将决策活动的各个环节看做彼此相互衔接的有机部分，以便利用系统工程的方法对问题、目标、方案以及策略作整体化研究，只有在权衡系统中的各种关系，进行要素整合的情况下，才可能取得决策的成功。

（2）目标原则

目标原则是实现科学决策的重要条件和前提，即必须将决策纳入组织的目标活动体系。按目标原则进行决策操作，要求做到：确立决策目标不能凭决策者的主观臆断，必须有根据，要求利用科学的方法，根据目标预测的结果来设定；对于一个复杂系统，目标是多层次的，各个层次都有各自的目标，在目标确定中必须弄清目标层次的联系，使低层次目标服从高层次目标；对于多元目标的决策，应协调目标之间的关系，防止目标冲突的现象发生。

在决策过程中还必须保证目标设置的合理性。如果一项决策，其目标选择建立在客观预测的基础上，且预测结果具有可验性，那么就是合理的；如果决策的目标仅凭决策者的主观愿望来设置，且与客观现实相脱离，那么就是不合理的。在目标设置完成后，决策方案应以"目标"为中心来制定，不仅要考虑目标实现的路径和方法，而且要分析实现目标的可行性和实现目标的概率。将决策方案成功的概率控制在组织的目标活动所允许的范围之内。

（3）客观原则

管理决策具有客观性，它必须在客观环境中按照组织活动的规律和内、外部联系，去寻求符合规律的决策方案；但是，决策是管理决策人员作出的，在决策中往往存在一些主观的想象，如果这种主观意识与现实相悖，则会使决策的科学性和可行性受到影响，造成人们难以控制的后果。从实质上看，决策是一个由主观认识反映客观事物并作用于客观事物的过程，决策中主观与客观相互制约、相互作用和影响，最终决定决策效果。

管理决策的客观性原则，是指在决策活动中必须克服决策者主观因素的片面影响，处理好主观与客观的关系，在尊重客观事实的前提下发挥其主观能动性，以获得"主观"满意、"客观"可行的方案。西蒙在分析决策的主、客观作用时指出，"管理人"在决策时必然受到多重决策标准和诸多主观、客观因素的影响，从而最终选择出对决策者来说的"主观"满意方案，决策者不同，其方案就不同，而客观上的最优方案却不会随决策者的不同有任何改变。这说明，在决策中应尽可能地减少决策的主观作用成分，以客观实践为导向，力求主观符合客观，以求决策的正确性。

（4）发展原则

客观事物总是在不断地发展变化的，组织活动中的决策也不可能处在一个孤立、静止的水平上。针对环境变化和组织内各种因素变化的"决策"一经实施，将对环境和组织产生作用，使环境和组织出现新的变化，这些变化又从更深的层次上影响社会大系统以及存在于系统中的相关组织，引发其决策行为，以至于在更深层次上加速环境的变革。这说明，管理决策是一种动态性的决策，它必须面对变化着的环境和组织，即从发展的观点出发，进行面向未来的决策。

战略决策的影响面广，作用时间长，因而在进行决策时应强调决策的远见性。但是，由于事物的发展是曲折的，过分的"远见"也是不存在的，因此，正确的决策应考虑应对未来变化的可行性，增强决策的适应性。

面向发展的决策必须立足于创新。创新的要求是：将决策作为科学研究活动来对待，通过研究，寻求组织发展的新的生长点；针对环境和组织的变革，进行决策管理体制上的创新，使之与未来发展相适应；利用知识创新的最新成果，进行决策方法与技术的创新。

7.4.3　管理决策体系的优化

管理决策体系是在组织管理与运行中形成的，它不仅是按组织结构层次和业务流程建立的决策制定与实施体系，而且是决策实现的完整系统，其中包括方法体系、信息支持体系、执行体系、评价与反馈体系。由此可见，对于决策体系的优化，应从多方面着手。

（1）实现管理决策与组织其他活动的有效结合

管理决策对组织的其他方面的活动有着导向、控制作用，其决策效果体现在各方面的组织活动之中；同时，组织其他方面活动的开展又对管理决策提出了不断需要解决的问题，由此构成管理决策的基础。这说明，管理决策体系的优化，首先应从组织结构体系的优化着手，确立有利于决策和有利于组织业务工作的管理体制。由于传统的管理决策是基于分层结构体系的组织决策，决策分布与权力分布具有等同性，使得"决策"难以有效地面对信息化的社会环境，因此有必要进行组织结构的职能决策和基于流程决策的整合。这一整合工作应该纳入组织创新和流程重组体系，以便使管理决策与组织的发展同步。

（2）管理决策程序科学化

管理决策和其他决策一样，有着大致相同的组织与实施程序，但这并不意味着决策方法上的程序完全一致。事实上，随着决策技术与方法的发展，研究有效的决策程序已成为人们普遍关注的问题。其中,计算机辅助决策、决策支持系统和决策智能化系统的发展,使凭借人的经验所进行的决策向基于知识与信息的决策转变。这种转变不仅提高了决策效率,也极大地提高了决策的科学性、可靠性和决策效益。目前,研究和优化计算机辅助决策程序已成为优化决策的一项重要措施,具体说来,这种优化可以从改善决策方法与技术入手,针对不同类型的决策所存在的不同类型的问题,探索不同的解决方案。

(3) 决策人员知识结构的优化和更新

在管理决策活动中,由于决策者知识的限制,往往使其难以应对复杂、多变的环境和组织发展中的各种问题,对于问题的发现、分析和处理难以胜任。这就需要决策者迅速改善其知识结构,使之与环境的变化和组织发展相适应。在新世纪的社会发展中,基于信息化发展环境的学习型组织模式的确立和网络条件下新型业务的开展,不仅对组织成员的业务活动提出了"知识化"的要求,更重要的是对管理决策提出了新的挑战。例如,高新技术产业的高科技含量、高效益和高风险性,对管理决策人员带来了前所未有的压力,迫使他们不得不在学习新技术、适应新环境中,更新知识结构,以解决决策所必备的高新技术专业知识和决策专门知识的不足所引发的问题。从发展观点看,这种学习型的决策方式将成为知识化组织决策的主流。

(4) 决策信息的全面保障

社会的信息化发展和国际互联网的普及使用,为管理决策创造了良好的信息条件,然而,由此带来的组织业务的拓展和运行节奏的加快,又使组织决策面临着新的信息问题,如果不加速实现组织管理的信息化,则必将导致决策信息的不完备。另一方面,网络的发展使得信息污染趋于严重,从而极大地影响了决策的正常进行。对这些现实问题的有效解决,便是实现全面的信息保障,其基本要求是:克服信息不对称性带来的负面影响,实现尽可能完全信息条件下的决策;防止信息污染的影响,使决策不受干扰;沟通组织内外部的信息联系,确保决策信息的及时性;加速决策活动中的信息反馈,优化决策实施中的信息流动。

(5) 决策风险性的防范

决策的风险性是一个客观存在着的事实,现代社会发展中组织之间竞争的激化,使得风险性愈来愈引人注目。从管理角度看,决策风险性的防范已成为管理决策优化的一个重要方面。决策风险性的防范,首先应分析风险性的来源与产生机制,弄清是哪些关联因素造成的影响,然后采用风险分散或规避的方法进行决策方案的优化。例如,在企业物资采购决策中,可以将价格控制在一定的范围内，选择多家供应的模式构建供应决策方案，从而使风险分散。同时，在多因素分析中，使决策方案尽可能避开风险性大的因素的影响。在具体问题处理上，我们可以从次优化的角度保证决策的稳定性和可靠性。

(6) 建立决策评估和监督制度

进行决策评估和监督制度是优化决策的制度保证，由于管理决策关系到组织发展的大局，它的成功与失败对组织都会产生决定性的影响，这是组织其他方面的业务活动所无法比拟的。为了规范这一工作，就必须使决策置于组织的有效监督之下，监督工作通过制度化的形式进行。具体而言，可以考虑在组织中设置监督部门，其主要任务是进行决策程序的规范性监督、决策责任履行监督、决策合法性监督、决策方案实施监督、决策评估监督等。在决策监督的实施中，力求使之动态化，即在监督中完善决策工作。

思 考 题

1. 什么是决策？决策的要素有哪些？管理决策的基本内容怎样？
2. 简述管理决策条件和管理决策过程。
3. 战略决策、战术决策和业务决策的内容与特征如何？它们之间的关系怎样？
4. 什么是程序化决策和非程序化决策？如何进行组织？
5. 集体决策的改善措施应如何确定？
6. 简析理性决策与有限理性决策的实现。
7. 举例说明如何进行管理决策方案的选择。
8. 管理决策的实现原则与优化措施是怎样的？

8 目标管理与计划管理

决策、目标管理与计划工作是具有内在联系的系统性工作。其中，决策决定了目标管理和计划工作的实现方案，体现了组织的根本利益和目标的实现；目标管理作为实现目标的系统化的管理方式，在组织管理中的应用是十分普遍的；在组织的目标活动中，目标管理的条理化、程序化，则是我们所说的计划。基于目标与计划的内在联系，我们将从组织的目标管理与计划工作的整体化出发，讨论其中的基本问题。

8.1 目标与目标管理

目标是组织目的或宗旨的集中化和具体化，是组织及其成员在一定时期内和一定条件下期望达到的预期结果。目标体现了组织及其成员的活动方向，因而可以围绕目标进行组织的管理工作，以使组织在追求目标中获得理想的绩效。

8.1.1 组织的目标与目标特性

从管理角度看，组织目标是组织活动中所期望得到的结果，从某些意义上说，是管理的最终指向，并且可作为标准用来衡量组织的绩效。初看上去，似乎组织都有一个主要的目标，如工商企业所追求的是利润目标，学校追求的是人才培养目标，服务行业组织追求的是特定的服务目标；然而，与主要目标相关的还有着一系列单一目标，如企业的市场目标，学校的师资培养与科研目标，服务行业组织的多方面社会目标等。而且，组织内部还存在组织总体目标、部门目标和个人目标的不同主体形式；对于管理职能的行使而言，目标又可以区分为不同时期的总目标、具体目标以及定性目标和定量目标等。

对于组织的管理活动而言，其目标可以从多方面进行划分：

① 总体目标和具体目标。一定时期的总体目标和各项具体目标是组织及其成员所要达到的最终目标。每个组织的总目标构成组织的总体发展纲要，为了实现总体目标，组织的各个部门必须围绕总体目标制定自己的各项具体目标，使之与组织总体目标相一致，从而构成组织的目标系统。对于一个结构分明的组织来说，总体目标又可以称为组织目标，具体目标则为部门目标。对于一项流程活动而言，总体目标为流程的终极目标，具体目标则为流程各环节的操作目标。总体目标由具体目标有机结合而成，或者说，具体目标是总体目标按组织活动的分解，二者最终是一致的。

② 定性目标和定量目标。定性目标是指组织所要达到的一种状态或结果的概念化要求，如通过某种活动实现增强组织凝聚力的目标，对组织成员创造性能力发挥的目标，组织成员关系改善目标等。定性目标具有一定的灵活性和模糊性，是一种大致的水平要求。定量目标则是一种量化的结果，它表现为各种指标体系，如企业的年盈利目标，员工的劳动报酬分配目标，产品的市场占有率目标，以及科研组织的成果完成指标等。定性目标与定量目标在组织管理中都是存在的，二者不能相互代替，而是相互配合，形成一个目标整体。

③ 个人目标和组织目标。个人目标是指社会中的个人所要达到的状态和行为的结果期望与要求；组织目标则是组织整体期望的状态与结果要求，它是组织中所有个体成员相互作用的产物。从具体内容上看，个体目标虽然在不同程度上体现了组织目标；但是，由于个体利益行为与组织利益行为的差异，使得个体目标与组织目标难以完全一致。组织中的个体目标与组织目标的一致性，在很大程度上取决于组织及其成员的利益协调，以及组织对组成组织的个体行为的约束。

除以上划分外，目标还可以区分为结果目标和阶段性目标，确定性目标和模糊目标，全局目标和局部目标，物质性目标和精神性目标等。这些区分，可以在前述三方面划分的基础上，根据组织管理的需要进行。

从组织管理角度看，目标具有以下一些重要特性：

① 目标的层次性。一方面，任何组织都需要设计一个总体目标，它是组织通过努力，可以实现的最后结果；另一方面，总目标需要子目标来支持。即需要组织的部门目标和个人目标来支持，或者说，组织的总体目标分解为多个部门目标和个人目标，各部门目标的有机结合，协同工作，共同实现组织的总体目标，从而实现1＋1＞2的效果。因此，组织的目标是一个具

有明显的层次性的目标体系，它是与传统组织结构的设计相适应的。目标的层次结构从广泛的目的到特定的个人目标，这个层次体系的顶层有两个方面的宗旨：一是社会宗旨；二是组织宗旨。任何情况下，组织目标都可以分解和转化为不同层次的具体目标。

② 目标的网络性。从垂直方向来看，组织目标具有层次性，但从水平方向考察，组织目标的网络结构亦清楚地表露出来。因为组织的任何部门目标之间必须相互协作与支持才能实现组织的总目标。由于组织中各部门及其成员的联系是纵横交错的网络联系，其目标也必然是一种网络式的关联目标体系。从组织活动和运行看，多个目标之间的作用是实现目标化的组织管理的基础，决定了从组织的网络结构和流程网络化出发的网络管理模式。

③ 目标的现实性。组织或个人在确定目标时，必须考虑的是目标确立后应该具有实现的可能，即它们要达到的最终结果是必须可以实现的。因此，在目标设置时，不应好高骛远，难度超出组织的承受能力。虽然有证据表明，比较困难的目标通常导致更高的业绩，但是，在组织中，人们一般倾向于制定自己比较容易达到的目标，逃避压力。然而，如果目标太低、太容易，则会滋生懒惰行为，不易挖掘组织与个人的潜力，也不易激发员工的积极性和创造力。上述两种情况的目标都是毫无意义可言的。因此，组织目标的难度，过与不及都不好。当目标难度足以使组织与个人发挥潜力时，这种目标便是最有效率的。

④ 目标的多样性。从组织的目标层次与目标网络可以看出，组织追求的目标不可能是单一的，但组织的总目标不宜过多，具体多少要看组织的规模、运作效率、组织文化以及组织管理层的能力而定。在众多的组织目标中，必定有一个是主要目标，主要目标处于表面，比较明显地被组织成员认识和发现；而次要目标则往往隐藏得深一些，容易被忽略。但是，当多个组织目标之间发生冲突时，如何协调与管理组织目标便成为管理决策的重要职责。应当个人目标服从部门目标，部门目标服从组织目标。

8.1.2　目标管理及其问题分析

组织活动的目标性和"目标"对组织成员思想、行为的约束，提出了通过"目标"来管理组织的问题。长期以来，这种自然形成的目标管理思想存在于各派管理理论之中。以泰罗为代表的经典管理理论，将目标整合在组织、管理者和被管理者的追求"增加剩余"的活动之中；行为科学理论，着重于人们心理需求的满足和对目标的认同，以此实现其行为控制；现代管理理论则从目标的多元化、多功能作用出发，强调目标管理方法与手段的完善。

（1）目标管理的实质分析

目标管理（Management By Objectives，简称 MBO）亦称目标管理法。它是 1954 年美国著名管理学者德鲁克在《管理的实践》一书中首先提出的。德鲁克在论述"目标管理和自我控制"的主张时认为，一个企业的"目的和任务，必须转化为目标"，如果"一个领域没有特定的目标，则这个领域必然会被忽视"，各级管理人员只有通过这些目标对下级进行领导，并以目标来衡量每个人的贡献大小，才能保证一个企业总目标的实现；如果没有计划周密、方向一致的分目标来指导每个人的工作，则企业的规模越大、人员越多，发生冲突和浪费的可能性就越大。因此，他提出，只有让每个职工根据"总目标"的要求，制定"个人目标"，并努力实现它，才能使总目标的实现更有把握，每个职工因此亦为企业作出了自己的贡献。

对于目标管理的定义，美国著名的管理学家哈罗德·孔茨在其《管理学》著作中认为：目标管理是一个全面的管理系统，它用系统的方法，使许多关键管理活动结合起来，有效地实现组织和个人目标。

孔茨的说法，较好地概括了目标管理的实质。目前，目标管理作为一种管理方法，已成为现代管理理论的重要组成部分。这表现在：一方面，目标管理方法注重激发组织成员的协作意愿，强调了组织基层在形成组织目标过程中的决定作用；另一方面，它把组织成员的协作行为纳入了组织正式的信息系统沟通轨道。

目标管理的重要意义在于：

● 目标管理作为一种"工具"，其应用将产生直接的结果，管理者对于目标管理"工具"的掌握，可以大大简化管理过程，提高管理效率；

● 目标管理作为一种"技术"，它的应用将改变组织的现状，使组织成员在"目标管理"激励下，取得与目标相应的业绩；

● 目标管理作为计划工作的基本手段，与计划和控制结合，在组织管理中将发挥其全局性的作用。

（2）目标管理优势的发挥

目标管理对改进组织工作作风，提高管理水平，保证组织目标的完成起到了较好的作用，归纳起来主要表现在以下几个方面：

① 职责、任务明确，能集中每个部门的力量保证组织目标的完成。部门目标管理把组织的总目标层层分解到各部门，提出了实现目标的具体要求以及领导与主管部门的配合，这就能把每个部门、每个人的力量集中到完成组织任务上来，为组织目标实现提供了保证。

② 便于量化考核，克服分配上的平均主义，真正起到按劳分配、奖勤罚懒的作用。由于在目标的制定上坚持以定量指标为主的原则，所以使组织考核工作较为方便，以考核结果作为对部门、个人发放岗位津贴、工资的依据，化解了矛盾，克服了分配上的"大锅饭"，对调动职工的积极性和创造性起到了较好的作用。

③ 便于创造一个培养管理人才的环境，变被动管理为主动管理。目标管理在管理方法上实现了从"命令型"向"信任型"的转变，也就是从以往的由上级制订计划、发布指示、督促检查，下级只是按领导指令实施的被动管理，转移到了下级与上级共同制订本部门目标，并由本部门自己组织实施的主动管理上来。

目标管理是现代企业管理的一项重要管理手段，是一门新兴的管理科学，其核心是让企业管理人员和员工亲自参加工作目标制订，在工作中实行自我控制，并努力完成工作目标。目标管理制度在世界各国应用较广，特别适用于对各级管理人员的管理，所以也称为管理中的管理。

（3）目标管理的局限性及其克服

目标管理并不是完美无缺的，其理论和方法存在许多局限性乃至一些缺陷，分析这些局限性，将有利于我们更好地应用目标管理。概括地讲，其局限性表现在以下几个方面：

① 目标设定有困难。按照目标管理的要求，必须层层设立合理、可行和量化的目标，并且按目标进行管理、控制、分析、考核和评价。但是，组织的一些生产经营活动，目标的设立往往是很困难的，有时是不能量化的，这就不能将组织的全部活动都集中于目标管理之下，从而会出现目标管理之外的活动，使目标管理的范围小于组织生产经营活动的范围，不能通过目标管理实现组织生产经营活动的全面管理，这必然在组织管理的整体范围内产生目标管理之外的其他管理活动，组织的整体目标也就很难实现。

② 目标的稳定性不强。按照目标管理的要求，目标是管理、控制、分析、考核、评价的依据，是管理的标准，是不能经常变动的。目标管理中的"目标"应与企业内外环境条件相平衡和统一，而企业的内外环境是经常变化的，目标的相对稳定性与内外环境的变化相矛盾，这就决定了目标管理在自我调节、自我适应性上，带有很大的局限性。

③ 容易造成用"目标"代替"管理"的局面。目标管理职能并不完全等同于全部的企业管理职能，实行目标管理，往往只重视"目标"，而忽略了"管理"。按照目标管理的要求，要建立目标体系和目标管理制度体系。实行目标管理，往往会使管理工作的开展和管理职能的发挥过分集中于少数

可量化目标的制订、分解、控制、评价、考核上，而忽略目标之外的工作的开展和企业管理其他职能的发挥，从而造成"目标"代替"管理"的局面。

④ 人的"自我控制力"决定目标的吸引力。目标管理强调要经过上下级充分协商以后，由下级自己制订目标，并且上级还要为下级创造实现目标的条件，以提高下级实现目标的信心，从而达到"激励"和"自控"。目标管理的这种出发点是好的，是企业管理的基本出发点。但是在实际工作中，职工的积极性、自觉性和创造性的发挥并不是仅靠目标的吸引所能激发的，职工的行为是受多种因素影响的，必须通过各种方式来激发职工的自觉性、积极性和创造性。

⑤ 目标分解缺少切实可行而又容易的操作方法。目标管理中关于目标应如何分解的问题，缺少切实可行又易操作的方法，往往在实际工作中产生目标分解简单化和主观臆断的倾向，造成目标管理最终变成进度控制或流于形式的局面。针对这种情况，可以将目标管理与计划、控制相结合，实现目标 – 责任 – 过程整体化管理，以期进行功能互补，获得理想的结果。

8.1.3 目标管理的实施

在现代管理中，组织被认为是人的行为所构成的目标活动系统，目标管理旨在以目标为导向和标准对组织进行全面管理。从这一认识出发，实施中的关键问题可以概括为：目标管理实施的原则与程序；目标设置与目标体系的建立；目标管理活动的改善。

（1）目标管理的实施原则与程序

目标管理是以目标为中心的管理活动，强调目标导向下的组织行为的"自我控制"，同时，始终注重目标成果。在实施目标管理过程中，应遵循三个方面的基本原则：

• 系统原则。在目标管理中，强调目标的整体性和系统结构，要求根据环境和组织决策的变化建立动态化的目标管理系统，实现目标管理中组织各部门的有序配合。

• 效益原则。目标管理是一种指向结果的管理，而衡量结果的基本标准就是组织的活动效益，在确保效益的基础上，其管理重在目标的优化以及实施中的计划性。

• 人本原则。目标管理是一种以"目标"作为"动力"的激励化管理，在管理中人的作用的发挥是十分关键的，因此，要求确立以人为本的管理机制，充分保证与目标相适应的人力资源布局与开发。

具体而言，目标管理指的是这样一个过程，即一个组织的上级管理人员和下级管理人员共同确定该组织的共同目标，根据对每一个人所预期的结果来规定他的主要责任范围，以及利用这些指标来指导这个部门的活动和评价它的每个成员所作出的贡献。

它的具体做法是：

① 组织成员共同确定目标。首先是确定整个组织的共同目标；其次要明确组织的职责权限，即按照组织目标来确定组织的信息沟通方式；再次是确定部门目标和个人目标。在确定目标的过程中，应采用参与决策的方法，发挥组织全体成员的主动性。另外，确定个人目标应由下而上地进行，即由下级先根据组织的权责关系定出自己的目标，然后下级将个人目标交付上级，并由双方共同对其进行讨论与修改，直到达到一致。

② 目标实施过程中的控制。即在目标的具体实施过程中，定期地对目标的执行情况进行检查，并根据具体情况对目标进行调整或协调成员的目标行为。在控制过程中应注意信息沟通的双向性，集权的控制方式会对目标管理的基础造成破坏。

③ 对目标完成程度的评价。组织目标的执行告一段落后，要将执行的实际结果与组织目标加以对比，从而对目标的完成情况进行评价。如果执行结果与目标间的差异很大，应对形成差异的原因进行分析，并组织成员协商一致后，落实责任。目标管理就是这样，在检讨前期目标执行情况的基础上，转入下期目标的确定阶段，如此不断循环。

（2）目标设置与目标体系的建立

组织目标的制定是目标管理的前提，组织目标的设置必须与目标管理结合。它应当按照以下几个原则进行设置：一是要能够直接或间接地提高组织效率；二是目标的确定必须具有激励和导向作用，以提高组织的积极性和创造力；三是目标值的确定应尽量做到定量化、数量化，尽量避免使用模糊字句，这样便于评价、考核；四是先进合理并具有一定的难度，但又不能好高骛远，组织目标必须是通过各部门及组织员工一定的努力才能够实现的。

在目标管理（MBO）的目标设置中，应做到目标明确、全员参与、规定限期和绩效反馈：

目标明确。MBO 中的目标是一种作为绩效标准的管理准则，是管理者将组织期望转化为管理指标的规范结果。无论是定性目标，还是定量目标，都应十分明确，以便使目标设置与管理具有可操作性。

全员参与。目标管理是以"目标"为导向组织全员活动的一种管理模式，只有在组织目标被充分认可的情况下，才能发挥人们的潜力。因此，在MBO 活动中必须强调全员参与，利用从上到下或从下到上的方式组织目标制定与选择。

规定限期。MBO 中的目标实现是有一定周期的，在操作中，必然要求按活动的自然周期（如农业生产目标管理的年周期）在一定限期内完成一个阶段的管理任务。与其他管理相比，管理限期是十分严格的。

绩效反馈。MBO 中的绩效反馈是一个重要的环节，它既是一个目标管理周期的结束，又是新的周期的开始。这种反馈，作为管理上的规范，应有相应的制度作保证。

目标管理中的目标应该是组织一定时期的目标整合，从管理角度上看，应该是一个完整的目标体系。在 MBO 目标体系中，组织内的每个部门、每一个人都有一定的子目标。图 8-1 反映了组织整体目标的层次关系和基于总目标的子目标的形成和结构。

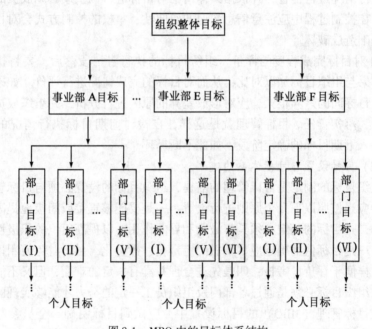

图 8-1　MBO 中的目标体系结构

就目标内容而言，组织整体目标包含各专项业务及管理目标。例如，对于企业来说，其总目标是企业绩效目标，显然它可以分解为利润率目标、市场占有目标、资金周转目标、研究开发目标、产品质量目标、人员效益目标、设备管理目标、供应目标、社会责任目标等，这些目标与图 8-1 所示的结构相对应，构成了组织的目标体系。

（3）目标管理的改进

MBO 作为一项系统性工作，应从多方面进行改进，其主要工作包括：

① 将目标管理扩展到目标保证。在制定、分解目标、展开目标管理各项活动的过程中，建立目标保证体系以强调下道工序是上道工序的用户，以同心协力，突出协调及保证，变被动执行目标为主动保证目标。具体地讲，建立目标保证体系就是以实现总目标为目的，通过一定的制度、规定、方法、程序、机构等把目标保证活动有机结合起来，并加以系统化、标准化、制度化。通过目标保证体系的建立，把企业生产经营过程中的各阶段、各环节的目标活动和各种管理职能有机地结合起来，形成一个以保证总目标实现为目的，各级各单位（职工）既有分工，又有协作，责权利相统一的有机整体。

② 以目标管理为主线，综合吸收全面质量管理、标准化管理、经济责任奖惩制等各种管理理论和方法。各种管理理论和方法都不是相互排斥的，都是从某一角度进行有效管理的手段，从而可以相互渗透和综合运用。在实践中，我们要研究和总结各种管理理论和方法的综合运用，以目标管理为主线，综合运用各种管理理论和方法。

③ 将组织目标管理纳入社会目标管理的轨道。例如，在企业的目标管理中，我们可以将市场经济理论和方法引入企业，建立竞争机制，变纵向的行政命令式管理为主为横向的经济调控式管理为主，这是市场经济条件下企业管理发展的主流。在实践中结合目标管理的推广应用，将市场机制引入企业内部，确定内部市场主体，建立内部市场，使内部市场主体独立核算，自计收支，以收抵支；并将目标的制定、分解、执行与奖惩融于市场化管理之中，运用市场手段调节目标分解、执行中的利益关系和责任关系，增强协作性和保证性。

④ 强化组织的目标协调与认同。在组织的目标管理活动中，由于组织结构的复杂性、业务工作的多面性和目标主体的多元性，总目标与子目标以及子目标之间的冲突难以完全消除，从而导致了管理上的冲突。为此，必须强化目标的协调与认同，使组织成员对组织目标在心理上形成共识，并愿意将个人目标和部门目标置于组织整体目标的引导与约束之下，而将组织目标的实现作为实现个人和部门目标的前提。

8.2 计划目标活动与计划管理

计划是目标活动的产物，是对未来活动的目标设计与行动安排。它包括定义组织目标、考核目标的实现，进行实现目标的战略、战术以及过程安排等。由此可见，基于目标的系统化的组织活动的规定和管理是计划工作的核心。

8.2.1　计划目标与计划活动

计划（plan）是一种在一定目标引导下的协调管理过程，是目标的定义化、过程化和有序化的一种重要的、基本的管理手段。它解决以下几个方面的管理问题：

做什么（What to do）：规定所要开展的活动及活动目标，提出工作内容、要求和所要解决的问题。

为什么做（Why to do it）：说明开展活动或工作的理由、意义和重要性，激发人们从事相应的活动或工作的积极性。

谁去做（Who to do it）：根据目标和活动（或工作）内容的要求，作出人员安排、部门安排和活动（或工作）安排方案。

何地做（Where to do it）：规定活动或工作的地点、范围，作出活动的场所、空间安排。

何时做（When to do it）：规定活动开始时间和完成时间，将活动分解为一系列的行动过程，作出行动过程及活动进度安排。

如何做（How to do it）：提出完成某项工作或开展某一活动的手段、方法，规定任务完成的技术路线和所要采取的策略。

计划所解决的以上几个方面的问题，显示了计划活动的目的，作为管理的一个重要方面，它与决策和目标管理相结合，旨在解决组织、领导、控制与协调中的有关问题。其基本任务包括：

① 规定目标，指明方向。计划活动首先应为组织及其成员规定管理活动和业务活动的目标，展示组织的未来发展前景，以便有关人员明确其基本工作内容、任务和奋斗的方向，从而实现在目标导向下的团队组合，避免各部门和组织成员工作上的不协调。由于目标具体，方向明确，组织及其成员可以少走弯路，达到事半功倍的效果。

② 展望未来，减小风险。任何组织和个人的活动都具有风险性，其主要原因是对未来难以有效地把握。计划管理不同于一般情况下的决策，它是以对未来的准确把握为前提的。无论是全局性的，还是局部性的计划，都必须充分预见到未来可能发生的变化以及组织活动中所经受的各种冲击与干扰，同时，提出合理的进程安排和风险防范措施，向人们清晰地展示组织面向未来的行动方案。

284

③ 进行资源的优化组合，高效化地实现目标。计划活动是一种全方位的统筹工作，其任务不仅在于提出组织的目标，而且在于从诸多的目标实现方案中选择最优的手段、方法、途径。在具体工作中，要求围绕目标进行整体化的资源组合和调配，使目标活动有章可循，从而避免活动的盲目性和各方面协作的混乱。从组织管理上看，计划方案是一种严格的事先安排的行动方案，否则将不成其为计划。这一基础是高效化地实现目标的基本保证。

④ 规定执行标准，实施严格控制。计划管理的一项规范化的任务就是规定一切活动安排的执行标准，特别是对于定量目标的实现，各阶段的进度指标及其要达到的标准应十分具体，在操作上，要求严格把握。这意味着，计划实施中的控制标准是十分明确的，如果实际绩效偏离计划绩效，就将按严格的标准进行调整、补救。这说明，计划是控制拟定的标准，必须利用控制手段来执行。

计划活动的作用在现代组织管理中是不容忽视的。这一点可以通过企业管理中的计划活动来说明。

企业计划的任务，概括地说就是研究市场需求及企业内外部条件，通过规划、计划的编制，组织和实施，充分发掘企业潜力，合理调配企业人、财、物等资源，搞好产、供、销的协调平衡，确保企业理想的经济效益。具体地说，企业计划工作具有以下几方面的作用：

① 使企业生产经营与社会需求相适应。现代企业的经营一定要与社会需求相适应，这就要求在充分调查市场需求的情况下，根据企业的条件编制出企业的生产经营活动计划，将企业的生产经营活动与满足社会日益增长的物质和文化生活需求以及社会经济、科技和各类市场的环境变化紧密结合起来，使其同国内及世界经济发展相适应。基于这一点，我们有理由认为，企业计划首先是战略性的，它规定了企业发展的总方向；其次是战术性的，它规定了企业各个发展阶段中的各部门工作的内容、任务和目标。无论是战略性还是战术性的，计划都要从根本上保证企业与市场的协调。

② 保证企业内部各个环节、各项工作的协调发展。现代企业是一个相对独立的经济实体，按照社会分工承担一定的工业产品生产任务，在生产组织上，从原材料购入、能源消耗、技术开发、产品研制与投产，到市场经营，构成了一个完整的体系。企业内部的各个工作环节，无论在数量上、质量上、还是在时间上、速度上，都存在某种关联，一环脱节势必影响全局。企业计划工作就在于从全局到局部，使各个工作环节保持协调。在企业经营中，环境与经营活动的复杂性使企业工作经常出现各种各样的不平衡，计划工作的作用之一也在于调整企业发展的不平衡状态，使企业的生产、经营和

开发处于动态平衡之中，从整体上保证最佳的综合效益。

③ 充分而合理地利用人力、物力和财力。每一个企业都必须坚持经济核算，注意完成各项经济指标。其主要指标包括：工业总产值，产品销售税利，企业资金提留，工业净产值，商品产品成本以及资金占用率、流通率，固定资产折旧等。这些指标说明，企业经营效益是综合效益，现代企业的发展不仅要求有较高的净增产值和税、利以及合理的投入-产出比，而且要求有较充分的积累，以保证一定的固定资产增长。只有这样，企业才能克服短期效应，保持持续、稳定的发展势头。所有这些工作，都离不开计划统筹协调工作。

8.2.2 计划管理方式及其应用

任何一种指向未来的行动方案都属于计划的范畴。通过计划对组织及其活动进行管理，称为计划管理。计划的种类很多，可以按其时限、内容、指向和形式等进行区分。不同形式的计划有着不同的应用对象与范围。以下，我们从基本的计划类型出发，在讨论其形式和内容的同时，明确其应用问题。

(1) 长期计划、中期计划与短期计划方式的应用

按计划的时限，管理上的计划可以区分为长期计划、中期计划和短期计划。

长期计划的期限一般超过5年，它主要解决两个问题：一是组织的长远发展目标和方向，引导组织持续而稳定地发展；二是实现组织长远目标的基本策略、安排与措施。例如，我国所制定的社会发展五年计划，各类企、事业组织的规划等，都属于长期计划。由于长期计划的实施周期长，各种外部因素的影响难以精确地预测，因而大多限于解决面向未来的组织发展目标、战略、部署以及宏观管理决策问题，因此，在组织管理中，它起着纲要的作用。长期计划中的期限是相对的，如果说对于社会、社区或颇具规模的企、事业组织来说，5年以上的计划被认为是长期计划，那么对于规模较小的组织（如小型企业），2~3年的发展计划则可以视为长期计划。这是由于，计划与组织规模和外部环境具有密切的关系。在计划手段的使用上，这一情况值得重视。

中期计划是指期限在1~5年的计划，当然，对于不同的组织，其情况也有一定的差别。中期计划所要解决的问题是：按长期计划的要求，进行计划目标的分解，决定长期计划期间内的中期发展目标、规定各项发展指标，提出组织发展与管理任务，作出任务时间安排；在时限范围内，确定完整的

工作方案和完成任务的措施，对组织各项业务工作提出原则性的安排，规定方案实施的办法和管理要点。中期计划是落实长期计划的结果，又是制定和实施短期计划的依据，它起着中间衔接作用。对中期计划要求其切实可行，影响计划活动的因素应充分考虑，其计划措施应落到实处。

短期计划的期限在1年以内，有时甚至更短，是面向近期操作的组织活动计划。对于计划管理体制健全的组织来说，短期计划在长期计划的指导下，以中期计划为基础编制和执行；对于项目的组织与实施，也可以采用短期计划的方式，进行项目管理。短期计划直接面向近期的组织活动，其内容详细、具体，要求明确。它不仅规定了近期的具体任务、指标和规范，而且作出了具体的活动安排，是完成短期任务的基本保证。例如，作为企业短期计划的年度计划（包括年度利润计划、销售计划、生产计划、财务计划等）和季度计划、月计划等，就直接规定了各项具体指标，进行了详细的业务安排，因此，是企业日常业务活动的基本依据。短期计划中的关系多属于确定性的固定关系，明确关系是实现短期计划管理的重要保证。

对于一个组织来说，长期、中期和短期计划的协调是重要的。如果没有长期计划，中、短期工作将存在相当的盲目性；而没有中、短期计划，长期计划的目标实现也将难以控制。由此可见，在组织的计划管理中存在着长期、中期和短期计划的综合应用问题。

(2) 指导性计划和具体计划方式的应用

指导性计划和具体计划是按计划的明确度和计划对组织及其成员行动限定程度来区分的。指导性计划一般限于一些原则性的计划要求，是一种引导人们去实现某一目标，且对组织成员的行动给予充分自由的计划；具体计划则规定了实现目标的细节和详细安排，是一种限定性很强的计划。这两种计划模式可以在不同情况下得到应用。

指导性计划只规定最终实现的目标、一般方针或实施路线，它列出工作要点，但不把管理者和组织成员限定在具体的行动方案上。例如，在人力资源管理中所提出的改革计划，要求做到人尽其用，实现报酬与贡献挂钩，岗位聘任流动，并规定改革的进度等，就属于指导性计划；又如，企业实现结构调整中的产品开发计划，要求产品更新速率提高10%～20%，继而颁发的一些导向规定等，也属于具有一定灵活性的指导性计划。从计划管理角度看，导向性计划的主要功能是引导组织实现导向目标，然而其结果却留有一定的余地，以便组织在发展中能充分发挥主动性，创造性地解决问题。

具体计划具有明确的目标，其目标定位准确，要求具体，没有任何余地；同时，具体计划的方案具有严密的逻辑性和操作性，执行者必须严格地按规定的路线、方法行事。例如，某企业经理打算在未来的 6 个月内，企业利润增加 10%，成本降低 5%，销售增加 12%，并以此为前提下达计划任务，要求各有关部门按计划目标，控制业务指标，执行计划中的完整的管理方案。这一计划涉及各个业务环节和指标的落实，因而属于具体计划。在具体计划制定中，必须考虑环境变化对组织活动的影响，以保证计划的可行性。因此，具体计划形式一般用于中、短期活动的安排和完全信息条件下的组织业务管理。

（3）计划的分层形式及其应用

计划可以按组织活动分成目标、使命、方针、政策、战略、规划、安排、程序、规定等形式。这些形式的活动从宏观到微观，从抽象到具体，构成了如图 8-2 所示的具有层结构的多层次计划。这些不同的计划形式在组织管理中有着不同的应用，它对应着不同的管理层次，由此决定了计划的基本内容、目的、原则和要求。

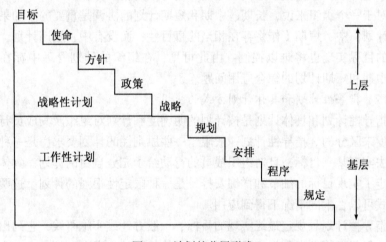

图 8-2　计划的分层形式

在图 8-2 所示的计划分层形式中，各层次计划的内容和应用如下：

目标。目标是组织构成的基础，从计划管理的角度看，作为计划管理的目标也是组织在一定时期内所要达到的目的和所期望的结果，因此，我们有理由认为，提出目标，就意味着宏观目标计划的确定。从组织活动的角度看，计划意义上的目标，与一般目标具有不同的内涵。一般目标系指单纯的组织或个人的行动目的，计划意义上的目标则是一种经过充分论证的组织活动的管理指向和管理上的约束。目标计划的内容包括：组织活动的绩效目的，目标实现的时间，目标要求，以及实现目标的条件与宏观组织等。"目标"作为一种初始的宏观发展计划而存在，在组织组建之时起着行动导向作用；在组织发展中，则是制定全部具体计划的基础。

使命。任何一个组织，在目标实现的过程中都要完成各方面的具体任务，这些任务的完成必须有一定的宗旨，任务承担者必须根据组织的分配，肩负一定的使命。计划范畴内的使命，指明组织是干什么的，应该干什么，应该达到什么样的目的。例如，为了实现获取一定利润的目标，企业的使命是为社会提供可供消费的商品和服务，在这一前提下，企业的总使命将由各个部门和组织成员分担；使命的具体化和由使命决定的工作分配，则构成了使命计划活动的全部内容。

方针。方针是组织发展的宏观指向，是面向未来的发展取向。组织方针由组织目标、使命和内外部各种因素的相互作用决定，它规定了一个时期内的组织活动的计划方向、工作重点及对具体问题的解决意见与办法，同时决定了组织活动的基本定位。方针作为一种宏观的计划，具有导向性强、指向明确、内容精练和作用面广的特点。在管理工作中，"方针"作为一种计划手段，广泛地应用于各类组织，特别是社会和大规模组织的管理控制之中。例如，我国为了实现新的经济发展目标，制定了优先发展高技术产业和可持续发展的方针，由此规定了产业活动的重点，从而有计划性地引导企业向可持续发展的知识型模式转变。方针只在一定时期起作用，一旦目标实现，便可作新的调整或变革。因此，方针始终与组织和环境变化相适应。

政策。政策是组织活动的纲领和指南，它不仅决定组织运行的规范、形式和内容，同时还给出具体问题的解决原则和标准。从内容上看，政策是目标、使命、方针的"操作化"，因此又称为宏观的指导性计划。例如，美国出台的一项典型的面向信息化的发展政策，便是20世纪90年代初克林顿政府制定的国家信息基础结构行动计划（NII）。在计划中，美国根据发展目标，提出了国家信息基础结构建设纲要，规定了政府主导下的全社会协调发展形式，明确了各方面的任务，解决了信息化进程控制等问题。从目前的情况看，它是一项内容完备、可行的政策（计划）。又如，我国在市场经济发展中的各项经济政策和企、事业组织内部实行的政策，在成功地引导我国的计划经济向市场经济转移的过程中，起着关键性的主导作用。

战略。"战略"来源于军事领域的战争决策与计划，现在已普遍用于各类组织的面向未来的方向性计划活动之中。计划意义上的战略，是指为组织目标的实现所进行的全局性管理安排，发展方向、路线的选择，以及对未来发展阶段的规定。从组织运行上看，战略是各种具体计划制定的基础，是决定组织前途和命运的全局性发展计划。国际上的大公司都十分重视战略意义上的计划管理，如福特汽车公司早期为扩大市场份额所制定的大批量生产战略，以及后来的全球采购战略等，在公司发展中发挥了关键作用。在现代管理科学中，战略研究已成为一个十分引人注目的领域，计划性战略手段的运用是各类组织都不容忽视的问题。

规划。规划是面向未来，以具体的目标实现为宗旨，对组织运行所作的总体部署和决策安排。规划在战略基础上制定，是在战略目标引导下的关于组织活动和资源要素的综合计划。规划的制定以充分的信息占有和对未来的科学预测为前提，在组织目标的实现上，需对目标进行阶段性分解，明确各阶段的目标状况和活动内容，规定组织的绩效，提出工作要点。规划手段的运用也是十分普遍的。例如，我国各省（市）政府所作的区域经济发展规划，作为一种管理形式已相当规范，它对地方经济的发展起到了集中导向、总体控制和优化布局的作用。另外，规划作为从战略到具体计划之间的桥梁，在构建完整的计划管理体系中的作用也是不可忽视的。

安排。作为计划手段的安排具有很广的含义，如目标安排、工作安排、人事安排、日程安排等。因此，我们将计划范畴的安排视为规划下的具体的计划性操作。无论是目标、使命、方针、政策，还是战略、规划，都需要落实，而"安排"就是落实计划的活动。从管理功能的实现上看，安排则是指一种具体的业务计划和操作的落实。如国民经济发展指标体系的安排、企业投入资金安排、人力资源安排、组织对外交往活动的安排等，都是计划原则下的业务活动的组织与调配。因此，在日常的管理工作中，我们将"安排"作为一种常规的计划手段加以运用。

程序。程序是关于某项活动的有序化组织，它具有严密的逻辑性和方向性。"程序"一词来源于计算机设计中的算法设计，其典型表达是"计算机程序"。对于常规性的工作而言，采取一定的步骤，组织目标活动，则构成了工作程序的活动内容。所以，我们认为，程序是关于具体工作的实施安排。程序具有鲜明的目标性、可操作性和可控性，是一种关于问题处理的详细计划。在管理的正规化和信息化方面，"程序"提供了一种全新的管理模式，是组织管理从常规走向现代的重要标志之一。程序既有专用性，又有通用性，作为计划方法，具有可移植性。这一特性为程序化管理的实现，提供了现实的可行性。

规定。规定又称为规则，是对组织活动及组织成员行为的一种原则上的约束；在计划管理中，具体的规定或规则作为一种最简单的计划，指示在一定条件下和时间内采取或不采取某种特定的行动，是对组织活动的一种原则上的支配。规定或规则的使用是十分广泛的，各种具体计划的执行都需要一定的规定或规则作保证。规定或规则的制定与实施具有针对性，是计划活动的最终限定和安排。在规则使用上，我们应根据计划需要，从活动的实施出发进行计划规则的制定与落实。

在分层计划的实现中，我们将目标、使命、方针、政策和战略视为战略性计划，将规划、安排、程序、规定等作为工作性计划进行整合，这样有利于实现计划管理的集中性和各层次计划的有效结合。

8.3　组织的计划体系与计划内容安排

在以目标实现为前提的计划管理中，任何组织都必须建立适应于组织运行和发展的计划体系，以协调各种计划的关系，以利于多元目标和计划形式下的合理导向。这种导向，在计划实施中体现为动态化和规范化的体制建设和计划管理的实现。

8.3.1　组织的计划体系

采用何种计划体系，利用哪些计划形式进行组织的计划管理，既有一定的特殊性，又有着共同的基本原则。从组织运行角度看，计划体系的建立，应坚持以下基本原则：

（1）计划体系与社会体制相吻合

组织管理是在一定社会条件下进行的，组织运行必然受社会环境和社会体制的约束，其计划的制订必须以社会发展的宏观计划为前提。为了有利于计划管理的实施和计划的有效执行，在构建组织管理的计划体系时，必须注意到社会体制对组织计划的全面影响，使组织计划与社会发展计划相适应，即计划体系与社会体制相吻合。

（2）计划体系与组织结构相对应

组织的计划体系应具有一定的层次结构，为了有利于组织各层级管理职能的充分发挥，其计划层次可以考虑与组织结构层次相对应。具体说来，在计划管理的分工上，组织的最高层着重于战略性计划、长期计划和指导性计划的编制与实施；组织的中层管理者着重于职能计划、中期计划和业务工作计划的编制与实施；组织的基层则承担短期计划、操作计划和具体业务计划的任务。这样的层次，对于组织的集中化管理是有利的。

（3）计划体系与组织流程相适应

组织业务流程管理是组织管理的一个重要方面，其流程管理必须在计划体系中有基本的体现。由于计划管理不仅强调组织的目标,更重要的是注重过程的计划安排与控制,所以流程计划自然成为过程计划管理的核心。将流程纳入计划体系,应强调流程的目标性、流程组织与再造战略、流程业务计划以及流程的详细安排。这种管理,在原则上应纳入组织管理的计划业务规范。

(4) 计划体系对组织业务的包容

组织的计划管理具有完整性,因此其内容应涵盖组织业务活动的各个方面,而不应有任何遗漏,否则将造成业务计划的空白,不利于组织业务管理功能的发挥,甚至会对组织造成严重后果。例如,企业在产、供、销计划管理中,如果只注重生产计划和供应计划,忽视市场销售的计划管理,必然导致产、供、销脱节,从而影响企业绩效。针对这一问题的正确做法是,以其中的一个环节为中心,在突出先导计划的情况下,全方位地实行产、供、销一体化计划,使企业业务得以按计划协调发展。

(5) 实现各种计划方式的有效结合

计划管理中的各种计划方式都有着各自的应用范围和优势,在计划功能上,它们完全应该成为一体,否则将造成功能上的缺陷。例如,仅有长期战略性计划,而没有中、短期工作计划相配套,组织的战略发展目标将难以落实到具体的业务环节上;相反,只有中、短期工作性计划,没有战略性的指导计划,各阶段的工作也将难以衔接,甚至会产生各种矛盾。所以,计划形式的有效配合是构建计划体系的基本要求。值得指出的是,在多种形式的计划方法的采用中,应注重业务工作的需要,从管理需求出发进行计划方式的组合。

根据以上原则,我们可以构造如图 8-3 所示的计划体系模型。

如图 8-3 所示,对于实施计划管理的组织来说,我们可以按组织结构的三个层次,根据业务流程的计划需要,构建以战略发展计划→业务管理计划→作业操作计划为主线的计划体系。然后按管理职能的发挥,构造下一个层次的详细计划。在这一纵横交错的计划体系结构中,战略发展计划、业务管理计划和作业操作计划,对应着组织的三个管理层次,具有从宏观到微观的作用关系;在这三个方面的计划之下,则可以按计划功能,构造多种形式的子计划或功能计划,以利于计划管理功能的全面发挥。在计划管理的实施中,各类企、事业组织均可根据各自的目标、性质和业务,确立计划管理的内容。

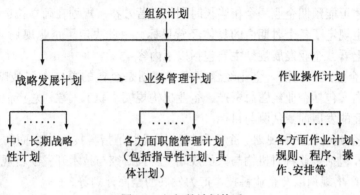

图 8-3　组织的计划体系

8.3.2　组织的计划内容安排

组织的计划，原则上可以按图 8-3 所示的模式进行设置。如对于企业来说，其战略发展计划可以归为企业规划，业务管理计划可归为企业经营计划，作业操作计划则表示为作业计划，以此出发进行计划内容设计。但是，在实际工作中，这种设置具有很大的灵活性，我们完全可以根据实际情况，增减层次、调整内容，其前提是在上述五项原则的基础上，寻求有利的解决方案。

为了说明问题，我们以我国企业计划的传统方式为例，讨论计划内容的安排。在目前情况下，企业规划、经营计划和作业计划可作如下安排。

（1）企业规划

企业规划又叫长期计划，一般是指 3～5 年以上的计划。按计划时间长短，企业规划分为 3 年、5 年、10 年规划等。企业规划是企业在较长时期内生产、技术、经济发展的"纲领性"计划，对企业生产的发展方向、发展规模和主要技术经济指标所要达到的水平作了规定，对实现经营战略的决策作了说明。

编制规划，是任何现代企业发展决策中不可缺少的主要工作，现代企业经营的开放模式对计划管理提出了更高的要求，有些重大的发展问题需要作长期安排。例如，我国国民经济发展对企业生产经营的要求，新技术的发展对企业经营的影响，企业国内、外市场的变化以及产品的更新换代等，都需要企业经营者及早进行研究，寻求发展对策，以适应未来的科技条件和市场环境。

有了规划，企业才有一个明确的奋斗目标，才可能以此统一全体职工的行动，才可能预期企业一个相当长时期的经营效益。规划在确立长远目标的同时，也规定了各个时期内的具体经营目标，由此决定了企业规划的内容。从战略上看，企业发展规划主要包括以下内容：

① 企业经营规模。企业经营规模的规划是企业的总体发展战略计划，其主要内容包括企业经营总资产、企业机构规模、职工人数、总产值和经营额等方面的发展前景估测与目标。

② 企业科技发展规划。企业科技发展规划是指科技工作方面的全面长远计划，包括企业科研机构与人员规划、科技研究与技术开发项目规划、科技投入-产出规划以及企业科技生产力发展的全面计划等。

③ 企业产品规划。企业产品规划包括产品开发与更新战略计划、产品结构规划以及产品研制的经费、人员规划等。

④ 企业市场经营规划。企业市场可分为国内和国际市场两部分，市场规划的内容包括确定国际、国内市场的产品销售比例，国际、国内市场结构及市场经营效益。

⑤ 企业设备规划。企业设备规划包括设备及工艺更新规则、设备投入资金规划以及设备运行效率规划等。

⑥ 主要技术经济指标规划。企业主要技术经济指标包括技术利润的增长、净增产值、总产值、资金周转速度以及投资效益等方面的指标。主要技术经济指标规划是系统分析企业经营的结果。

⑦ 企业管理工作规划。企业管理工作直接关系到企业的经营效益，在信息化过程中，管理工作规划主要包括管理水平、质量、效率等方面的内容，其中的关键是企业信息处理与管理自动化发展规划。

⑧ 其他方面的规划。企业其他方面的规划还包括企业职工教育、培训规划，生活福利规划以及资源规划等。

（2）企业经营计划

企业经营计划是长远规划的具体化，通常分年度制定。经营计划又是编制作业计划的依据和出发点。经营计划规定计划期内的有关生产、技术、经营的各个方面，一般说来，有以下几个方面的计划内容：

① 生产技术准备计划。生产技术准备计划是企业在经营中试制新产品、改造老产品的技术计划，主要内容包括产品生产中的费用、人员、进度等方面的安排。

② 产品销售计划。产品销售计划规定企业在计划期内销售产品的品种、数量、期限、销售收入等指标，它的编制是在对市场调查和企业生产实力调

查的基础上进行的，它是编制生产计划的依据。

③ 企业生产计划。以销定产，从市场需求角度制订生产计划已成为现代企业组织生产的基本策略，以此为基础的生产计划内容包括生产产品的品种和产量，生产设备投入、维修、改造以及生产流水线的组织等。

④ 产品质量计划。企业产品质量计划包括产品质量目标计划，质量指标计划，质量标准的使用计划以及产品性能、效率、耐用性等方面的具体改进计划，全面质量管理计划等。

⑤ 物资供应计划。物资供应计划与生产计划配套，规定企业在计划期内为保证完成生产任务的各种原料、材料、设备、工具和零配件的需要量、采购量、储备量、供应量以及供应来源、质量要求和限期。

⑥ 设备计划。设备计划规定企业在计划期内所要采购的设备、投入的设备以及维修的设备类别、数量和企业投入设备安装、维修保养的工作量。

⑦ 辅助生产计划。辅助生产计划是指企业维持产品生产所必需的能源供应、动力配置、生产条件的维护以及职工生活物资供应等方面的计划。

⑧ 劳动工资计划。劳动工资计划规定企业劳动生产率、职工人数和工资、劳保待遇等，劳动工资计划是关于企业劳动安排的全面计划，是编制成本计划的依据。

⑨ 成本计划。成本计划是关于企业生产经营活动耗费的计划，它规定企业计划期内完成生产经营额所需的费用。成本计划的制定和实施是降低生产消耗和产品售价的需要，它也是编制财务计划的依据。

⑩ 财务计划。财务计划是以货币形式反映企业全部生产经营活动和成果的计划，包括固定资产折旧计划、流动资金计划、利润计划、财经收支计划等。它规定企业在计划期内的全部财务收入和支出、流动资金定额和流动资金周转速度、利润总额等。

⑪ 技术组织计划。技术组织计划是企业在计划期内开展挖潜、革新和进行多项技术开发的业务活动安排，是保证生产计划完成的重要条件。技术组织计划内容包括技术开发与应用的项目，投入的经费和人员、进度以及投入效果等。

⑫ 其他方面的计划。企业经营计划还包括基本建设计划、运输计划、对外交流与合作计划等。

企业经营计划的各个方面是一个有机联系的整体，它们相互制约，决定着企业计划期内的经营活动及其效益。

（3）企业作业计划

企业作业计划是经营计划的具体化，是用于指导和组织企业各部门各类人员进行生产、管理、研究、开发以及供销等方面业务工作的具体安排。它具体规定各部门、各岗位职工在单位时间内（如一月、一周、一天）的任务，使之密切配合，协调一致地完成经营计划。

企业作业计划是一种操作性计划，它规定生产及其他业务工作的劳动定额、物资、能源消耗以及其他方面的定额。因此，在作业计划中首先要规定各方面的定额。

定额，系指在一定时期内根据一定的生产技术条件，对人力、物力、财力的利用和消耗方面所规定的应当遵守和达到的标准。定额计划在现代企业管理中是必不可少的，它不仅确保经营计划的完成，而且使企业生产经营严格有序，使各部门协调。

企业作业定额的内容包括劳动定额、设备利用定额、物资与能源消耗定额、流动资金占用定额等。这些定额在作业计划中是至关重要的。

① 劳动作业。劳动作业计划按"定额"来制定，其基本内容包括定额时间和时间定额两个方面。

定额时间是指完成某项工作的工时消耗，由作业时间、布置工作地时间、休息与生理需要时间、准备与结束时间所构成。作业时间是指直接用于完成任务、实现工艺过程所消耗的时间，是定额时间中的主要部分，包括直接完成基本工艺过程所消耗的时间以及实现基本工艺过程所进行的各种辅助操作所消耗的时间。布置工作地时间是指操作人员用于照管工作地，使工作地经常保持正常工作状态所需要的时间。休息与生理需要时间是操作人员休息和出于生理需要所占用的时间。准备与结束时间是操作人员在操作前的准备工作和操作结束后的清理工作时间。

所谓时间定额，是指如何将劳动定额中应当包括的工时消耗表示为在一个产品或一道工序时间定额之内的一种定额。时间定额的构成在不同的生产类型中有所不同。在大量生产条件下，由于工作地经常固定地加工同样的产品，分摊到一个产品上的准备与结束时间量很小，可以忽略，时间定额因此不包括这一部分。在单件生产条件下，工作地轮番地生产多种产品，其准备与结束时间便不能忽略。

在这两种情况下，应区别不同的生产机制进行劳动定额计划。

② 物资消耗与能源消耗定额。物资消耗与能源消耗定额计划在于规定生产作业中的原料、材料和动力消耗指标和限额，是一种重要的作业计划。

物资与能源消耗定额计划的内容包括：构成产品或零件净重所耗的材料，属于原料消耗的主要部分；生产产品所耗的能源或动力；在作业生产中，由于工艺技术上的要求产生的工艺性原材料损耗；生产中产生的废品，运输、保管不善或其他原因导致的损耗。

③ 设备定额计划。设备定额系指设备完好率和利用率等方面的定额，它关系到作业生产计划的完成。

设备定额计划的具体内容包括：设备的单位时间效率和工作时间定额；设备所能满足的生产产品质量要求定额；设备在使用中的能源和原材料消耗定额；设备使用寿命定额；设备保养和维修期定额；设备的投资效益定额等。

④ 生产流动资金定额。生产流动资金定额是指企业在一定的生产技术条件下，保证生产经营活动正常进行所必需的最低限度的储备资金、生产资金和成品资金数额。

不同的企业，有着不同的生产、供应和产品组织方式，其管理水平差别甚大，因此核定流动资金计划也很不一样。然而，无论何种企业，其计划大体上均包括以下几个方面：储备资金定额，按企业购买各种原材料到投入生产为止的全部占用资金计算；从原材料投入到产品完工验收入库为止，按整个生产流程占用流动资金计算生产资金定额；从产品验收入库到发运销售取得货款为止，计算成品资金定额；最后，按生产经营全过程，计划流动资金使用定额。

8.4 计划方法与技术

就功能而言，"计划"的要点是确立组织与环境之间的持续协调，是一种从组织与环境的交互作用中寻求对组织活动进行合理安排的管理控制方法。这说明，计划的制订与实施必须遵循事物发展的客观规律，在具体工作上利用科学的方法与技术完成计划使命。这里，我们从计划的组织和编制出发，讨论计划方法与技术的应用。

8.4.1 计划组织方法

计划组织是指对计划活动的安排，只有对计划活动本身进行有序化的组织，才可能保证计划的适时性、有效性和前后计划的有效衔接。对于计划活动，人们可以利用多种方法进行安排，其中我们着重强调的，是将计划工作作为一种系统化的活动来组织，因此，主要突出阶段计划方法、滚动计划方法、分解计划方法和综合计划方法的应用。

(1) 阶段计划方法

阶段计划法是根据组织活动的阶段性，在总的战略目标的前提下对各阶段活动进行区分，从而实现分阶段管理的计划组织方法。利用阶段计划法编制计划的前提是，各阶段之间存在着密切的联系，而且阶段的联系是有序的，在计划分解上比较明确；与此同时，各阶段工作或任务之间不允许出现交叉，在阶段的连接上不允许出现复杂的网络连接，而是一种链式连接。从工作或任务的完成过程上看，各阶段工作或任务形成了一种串联关系，即实现组织目标从第一阶段工作或任务开始，经过连续性的、有序的阶段性工作或任务安排，最后一个阶段便是整个工作或任务的结果。对于新的计划目标，可以在此基础上进行新的计划循环，图 8-4 反映了阶段计划的基本组织关系。

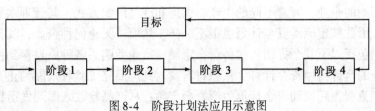

图 8-4 阶段计划法应用示意图

在阶段计划法的应用中，我们可以从不同的方面，按不同的阶段划分，完成计划编制工作。

① 时间阶段。这是一种将完成任务的总时间，按需要分成若干个时间段，然后确定各时间段任务，形成任务计划的方式。例如，一项工程任务的工期为 90 天，为了便于管理控制，我们将其分为三个时间段，各时间段为 30 天，以此出发，制定工程总计划以及各时间段的分计划。由于进行了任务时间区分，所以能有效地控制工期，保证总计划的实现。

② 工序阶段。工序阶段是指一项工作按其操作环节所形成的工作阶段，如生产流水线中的各个工序，科学研究与开发项目的项目论证、项目实施、项目结题和鉴定工作程序等。按工序制订计划可以保证工作实施中的各个环节的有效配合和全部工作的协调。作为一种计划方式，其工序计划的应用在现代化生产、作业和系统化工作任务的管理上具有十分广阔的前景。

③ 任务阶段。任务阶段的划分是从任务的内容、要求和完成任务的实际情况出发的，将总任务划分为若干阶段的任务的过程，从某种意义上说，就是一个简单的计划过程。如果我们在阶段划分的基础上进一步明确各阶段任务的衔接关系，分配各阶段任务的承担人员、资源，提出基本的实施要求和指标，则是一种以任务为中心的完整性的计划工作。当前，这种方法在项目计划管理中的应用日益普及，甚至已成为项目管理的一种主要方法。

（2）滚动计划方法

滚动计划法是根据近期计划的执行情况和客观环境的变化，定期发现问题，调整和修订面向未来的中、长期计划的一种长期、中期、短期计划相结合的，由近及远的灵活性计划编制、调整与修订方法。图 8-5 以 5 年计划滚动为例概括了滚动计划的编制过程。

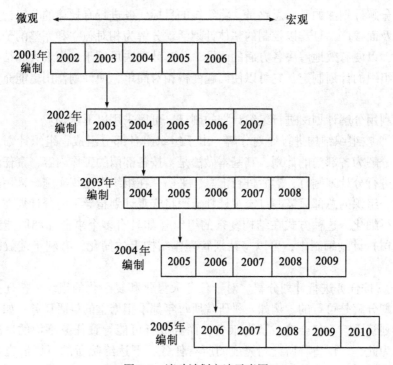

图 8-5　滚动计划方法示意图

如图 8-5 所示，如果从 2001 年开始，我们采用滚动计划法编制未来 5 年的计划，应按如下步骤操作：2001 年编制 2002 年详细计划和 2003—2006 年粗略计划；2002 年在检查当年计划完成的基础上，对 2003 年计划作出调整和细化，同时修订 2004—2006 年计划，增订 2007 年计划；2003 年在检查当年计划完成的基础上，对 2004 年计划进行调整和细化，同时修订 2005—2007 年计划，增订 2008 年计划；随后，在 2004 年、2005 年和 2006 年进行同样的滚动安排。由此可见，滚动计划法采用了近细远粗（即近期计划微观化，远期计划宏观化）的原则，对一定时期的计划作出安排，然后按时间顺序依次滚动到下一个计划周期，不仅具有一定的灵活性，而且可以适时地调整计划，预见未来的发展，从而提高了计划的可行性。

滚动计划法的应用条件是组织体制、目标和活动内容相对稳定，每一计划周期的活动具有可比性；另外，用于制订计划的数据统计必须完整，组织的计划管理制度必须健全。有了这一前提，滚动计划工作才能够顺利地开展。

（3）分解计划方法

分解计划法的基本思路是，将组织的目标任务进行有规律的分解，从而将涉及面很广，且难以控制的整体计划活动分解为相对独立和完整的子计划活动，以便有效地解决各方面的问题。分解计划法可用于规模宏大和结构复杂的组织的计划制定，它可以使问题变得相对简单，使计划作用更能充分地发挥。

利用分解计划法进行组织计划的制订，可以采用以下途径：

① 按组织结构进行计划分解。由于组织由各部分组成，组织计划自然可以分解为各部门的计划，其基本做法是：按各部门的工作内容、责任和目标，进行分计划制订，然后进行汇总、平衡，在组织内组织实施。采用这种方式，组织的总部只需制订宏观计划，而将宏观计划指导下的分计划在各部门进行细化。这种方式在结构复杂的组织（如具有多个事业部和职能部的大公司）计划编制中，可以将计划管理作结构上的简化，有利于绩效的提高。

② 按任务进行计划分解。对于任务大量化和复杂化的组织，按任务进行计划分解是可行的。例如，科研院所每年都承担繁重的科研任务，如不加强计划管理，不仅会造成资源浪费，而且极有可能导致任务不均的情况出现，为此，可以将院所计划完成的所有任务，下达给院所的下属研究室或组，进行以任务为中心的计划分解。采用这种方法的优势是，突出了任务的完成和各方面计划的配套保证，有利于工作效率的提高。

③ 按指标进行计划分解。对于有特定指标要求的计划，可以按指标进行分解，实现以完成指标为前提的计划目标责任管理。例如，生产企业的利润指标可以直接下达给有关责任人，然后上、下结合，按责任单位的情况和要求，制订和落实指标计划。在管理上，对指标分解有利于调动直接责任人的积极性，使组织的绩效指标可以有效地落实。然而，计划活动中的指标分解必须客观、实事求是，否则会产生难以避免的负面效应。

（4）综合计划方法

综合计划方法的基点是，从组织资源的综合利用和合理调配出发，编制完整的各方面有机联系的网络型计划。对于结构复杂、各部分关联度很大的组织来说，拟考虑采用综合计划的编制方式。关于这方面的典型案例便是企业的制造资源计划。

制造资源计划（Manufacturing Resources Planning，简称 MRP II），是在物料需求计划（Material Requirements Planning，简称 MRP）的基础上进一步扩展而成的一种企业的综合性计划模式和方法。

MRP 出于建立库存物料管理系统的需要，根据生产进度计划确定物料需求量，按产品结构、物料供应等对最终存量作出计算，从而制定物料计划，以保证综合性的物料供应与生产计划协调。MRP 的实现不仅大大地减少了库存，保证了物料的及时配送，而且为资源的计划管理提供了科学的管理手段。随后，在初期 MRP 的基础上，引入了资源计划与保障，拓展了物料计划的保障功能，形成了具有监督与反馈功能的生产库存计划体系。

MRP II 在拓展的 MRP 基础上进一步发展，它将生产、采购、销售和财务等管理环节密切结合，形成了一个集成化的综合计划管理系统。作为一个比较完整的生产经营计划体系，通过近 20 年的发展，它已成为当代企业的行之有效的综合计划管理系统。

MRP 也是一种动态的计划系统，它能根据产品的生产量，自动地计算出构成这些产品的零部件与材料的需求量，并能由产品的交货期展开成部件生产日程及材料、外购件的采购日程；当计划执行情况有变时，还能根据情况的变化，调整生产优先顺序，重新作出符合新情况的作业计划。图 8-6 总结了 MRP II 的方法要点与计划流程。

从图中可以看出，MRP II 是一种综合性的计划主导型管理模式，其计划环节组织实为系统方法的应用，它做到了数据共享、动态应变和物流、资金与信息流的统一。MRP II 的进一步发展，构成了新的"企业资源计划"（ERP）模式。关于这一问题，我们将在管理信息化的实现中作进一步论述。

8.4.2 计划编制方法

计划的编制是以准确的预测和科学的分析为基础的，当代组织的计划编制已由以定性为主的方法转变为以定量为主体的系统方法；各种方法的综合应用已成为计划方法的发展主流。这些方法的应用，又以数据模型的建立和分析为前提。以下，我们将通过回归分析法、时间序列法、线性规划法和非线性规划法的介绍，讨论这些方法的应用问题。

（1）回归分析法

回归分析法是一种常用的预测方法，它通过对两个或两个以上因素的关系分析，从定量的角度分析各因素的影响及其发展趋势；在计划编制中，可

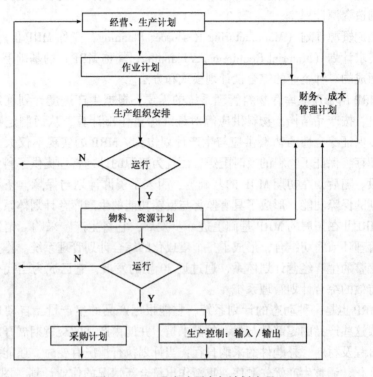

图 8-6　MRPⅡ方法要点与计划流程

以按事物的发展，科学地确定计划目标和决定计划方案。

利用回归分析法进行计划编制中的预测，可以按如下步骤进行：

● 根据计划编制中的基本要求，进行有关因素的历史和现状特征量统计（如编制今后 5 年的企业营销经费投入计划时，可以统计到现在为止的前几年的经费使用情况，其结果如表 8-1 所示）；

表 8-1　　　　　　　　　　　　某企业营销费用的使用情况

x(年)	x_1	x_2	x_3	⋯	x_i	⋯	x_{n-1}	x_n
y(经费)	y_1	y_2	y_3	⋯	y_i	⋯	y_{n-1}	y_n

● 在一定的坐标系中作出反映有关因素历史和现状特征量变化的散点图（见图 8-7）；

● 分析散点图的变化趋势，用一已知的函数模拟散点的变化规律；

- 分析拟合函数，通过特征计划求其表达式（规律）；
- 用相关的概率检验方法检验结果的可靠性，归纳并提交预测结果；
- 根据结果，推算出事物的发展状况，以此为依据编制相应的计划。

对表 8-1 所示的统计数据进行图示：以 x 表示年度，y 表示经费，得出图 8-7 所示的结果。

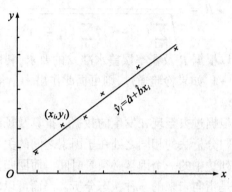

图 8-7　回归分析中的散点图及函数模拟

对于图中的散点变化，如果可用 $\hat{y} = \hat{a} + \hat{b}x$ 模拟，则可以利用最小二乘法求其参数 $\hat{a}$、$\hat{b}$。

因为，使散点与模拟图形（图中为直线）接近，必然使其误差最小：

$$Q(\hat{a}, \hat{b}) = \sum_{i=1}^{n} (y_i - \hat{a} - \hat{b}x_i)$$

于是：

$$\begin{cases} \dfrac{\partial Q}{\partial \hat{a}} = -2 \sum_{i=1}^{n} (y_i - \hat{a} - \hat{b}x_i) = 0 \\ \dfrac{\partial Q}{\partial \hat{b}} = -2 \sum_{i=1}^{n} (y_i - \hat{a} - \hat{b}x_i)x_i = 0 \end{cases}$$

求解此方程可得：

$$\begin{cases} \hat{a} = \hat{y} - \hat{b}\bar{x} \\ \hat{b} = \dfrac{\displaystyle\sum_{i=1}^{n} x_i y_i - n\bar{x}\bar{y}}{\displaystyle\sum_{i=1}^{n} x_i^2 - n\bar{x}^2} \end{cases}$$

式中：$\bar{x} = \sum_{i=1}^{n} x_i, \quad \bar{y} = \sum_{i=1}^{n} y_i$

结果为：$\hat{y} = \hat{a} + \hat{b}x$

对此，须进行理论与实际值的相关性检验，求相关系数 R：

$$R = \frac{\sum_{i=1}^{n} (x_i - \bar{x})(y_i - \bar{y})}{\sqrt{\sum_{i=1}^{n} (x_i - \bar{x})^2 \sum_{i=1}^{n} (y_i - \bar{y})^2}}$$

在检验中，可以根据 R 及概率误差水准 α 的要求，利用有关检验加以确认，这时必有 $|R| \to 1$。如果检验通过，则可据此作出 x_{n+1} 年之后的计划。

(2) 时间序列法

时间序列法是根据过去至现在发生的数据，推算及预测事物未来发展的一种方法。它与回归分析法的相同之处在于因素之间的关系和影响分析；不同点在于，时间序列法中的一个因素必须是时间，而回归分析则没有这种限制。时间序列分析是指向未来的一种状态分析，因而可以较好地适应计划编制工作的需要。

时间序列分析的主要应用包括移动平均法、指数平滑法等。

① 移动平均法。移动平均法将观察期的数据，由远而近按一定跨越期进行平均，取其平均值。随着时间的推移，按既定跨越期的观察期数据也相应向前推移，逐一求得移动平均值，并将接近预测期最后一个移动平均值，作为确定预测值的依据。公式为：

$$M_t = \frac{x_t + x_{t-1} + x_{t-2} + \cdots + x_{t-n+1}}{n}$$

式中：M_t 为 t 时期的移动平均数；

x_t 为 i 时期的观察值($i = t, t-1, \cdots, t-n+1$)；

n 为移动期数。

移动平均法的预测式为：

$$\bar{y}_{t+1} = M_t + (M_t - M_{t-1})$$

式中：$\bar{y}_{t+1}$ 为 $t+1$ 时期的预测值。

② 指数平滑法。这是一种用指数加权的办法进行移动平均的预测方法。它所取的指数叫平滑系数。它是以本期实际值和本期预测值为基数，分别给以不同的权数，计算出指数平滑值作为预测值。其公式为：

$$S_t = \alpha x_t + (1 - \alpha) S_{t-1}$$
$$y_{t+1} = S_t$$

式中：S_t 为 t 时期的指数平滑值；

x_t 为 t 时期的实际值；

S_{t-1} 为 $t-1$ 时期的平滑值；

α 为平滑系数（$0 \leqslant a \leqslant 1$）；

$\bar{y}_{t+1}$ 为 $t+1$ 时的预测值，用 S_t 代替。

平滑系数 α 是由预测人员判断选定的。通常可以选用若干个 α 值作试验，计算出不同的 α 值的预测误差加以比较，选取误差值较小的 α 用于预测。

（3）线性规划法

线性规划法是运筹学最早形成的数学方法，自 1947 年问世以来，一直被广泛应用。特别是 20 世纪 70 年代以来，随着计算机技术的不断发展，利用计算机技术处理大量约束条件下的大规模线性问题得以实现。当前，线性规划法已广泛地应用于国民经济发展计划的最优方案的提出以及一个小组的日常工作计划安排等领域。

线性规划法在计划工作中的应用，主要解决两类问题：一类是在任务和目标确定以后，如何统筹安排，尽可能地以最少的人力、物力去实现任务目标；另一类是在一定的人力、物力条件下，如何最大限度地利用资源，完成更多的工作任务或使工作任务完成得更好。

从原理上看，线性规划是：在一组给定的线性约束条件下，求线性目标函数的极值（最大值或最小值）。具体说来，线性规划可以描述为求出使目标函数 Z 取极值的决策变量 $x_1, x_2, \cdots, x_n$ 的值。

线性规划也是研究确定性模型的数学方法之一。其特点是：线性规划所研究的系统一般都具有不等式约束条件；线性规划着眼于探索规定目标函数下的最优化途径。

线性规划的约束条件可以表示为：

$$g_i(x) \leqslant b_i \quad (i = 1, 2, \cdots, m)$$

线性规划的关键在于使目标函数 $J(x)$ 达到最优化（极大值或极小值）。目标函数中的自变量 x 是 n 维的（$x_1, x_2, \cdots, x_n$），且一般情况下决策变量 $x_i \geqslant 0$，m 个约束条件实际上起着限制变量选择或组合的作用，$m = 0$ 则相应于无约束模型。可见，约束条件的变化决定着规划模型的类型。如果目标函数 $J(x)$ 和约束集合函数 $g_i(x)$ 都是决策变量 x 的线性函数，则从一般规划模型变为线性规划问题，其表达式为：

在约束条件 $\sum\limits_{i=1}^{m} a_{ij} x_j (x_j \geqslant 0)$ 下，使目标函数 $J = \sum\limits_{j=1}^{m} C_j x_j$ 取极大值或极小值。

此时，对以上问题求解便可以得出优化的计划结果。

例如：某工厂生产的 A、B 两种产品具有相同的设备、技术与人员等条件，其边际利润分别为 100 元和 180 元；A 产品的制造和装配工时，每件分别为 2 小时和 2 小时；B 产品的制造和装配工时，每件分别为 4 小时和 2 小时；该厂月生产能力为制造 1 200 小时，装配 900 小时（见表 8-2）。

如果用 x_1 和 x_2 分别表示 A、B 两种产品的月计划生产量，我们即可以根据工厂的生产条件和约束条件，建立以下关系：

$$\begin{cases} 2x_1 + 4x_2 \leqslant 1\ 200 \\ 2x_1 + 2x_2 \leqslant 900 \\ x_1 \cdot x_2 \geqslant 0 \end{cases}$$

表 8-2   **某工厂 A、B 产品生产数据**

部门	每件产品所需工时		月生产工时（能力）
	A 产品	B 产品	
制造	2	4	1 200
装配	2	2	900

利润最大化为：$100x_1 + 180x_2$。

对这一问题可以作图求解（图 8-8）：

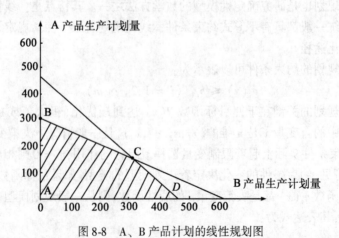

图 8-8   A、B 产品计划的线性规划图

图 8-8 中，约束条件所围成的区域用阴影区表示，目标函数在 C 点上达

到最大值,从中可以在最大值附近寻求其合理的生产计划。此时 A 产品计划为 300 件, B 产品为 150 件。

(4) 非线性规划法

线性规划中的目标函数和约束条件均可以表示成为一次函数,但实际上,不少的计划目标函数和约束条件的诸多因素之间的关系并非简单的线性关系,而是一种非线性关系,这就需要采用非线性规划方法解决计划分析中的问题。

非线性规划的一般数学模型为:

$$\begin{cases} \min f(x) \\ g_j(x) \geqslant 0 \quad j = 1, 2, \cdots, n \end{cases}$$

在只有两个变量的情况下,非线性规划问题可以通过简单的图示方法进行求解。如果是多个变量,则必须利用数学分析方法求解。

在非线性规划的问题求解中,其目标函数在其取值范围内必须具有严格的局部极值,因而对于约束条件应作出一定的限定,以保证工作计划具有实际意义。这一点,与纯粹数学问题的研究是不同的。

由于规划方程的非线性限制,问题求解相当困难,一些复杂的问题难以解决,因此,对于一些复杂的约束条件应作数学上的简化处理。具体方法是,在求解中构造使目标函数值逐次下降(最小值问题)的搜索逼近函数,经迭代处理后寻求解决方案。其中的常用方法为一维的线性搜索,它沿某一已知的直线方向寻求目标函数的极小值,以此求解问题。

对于无约束极值问题,由于非线性问题的最优化相当困难,仍可以利用迭代方法进行非线性规划的求解。具体方法是,从某一近似点 x_k 出发,选取一定的方向 P_k,使目标函数值沿该点方向下降;然后选择步长 λ,沿 P_k 方向移动一个步长,可得下一个近似点 P_{k+1},即:

$$x_{k+1} = x_k + \lambda P_k$$

同时满足 $f(x_{k+1}) < f(x_k)$,

当 $|f(x_{k+1}) - f(x_k)| < \varepsilon$ 时(ε 为控制量),迭代结束。这时,便可以按迭代结果优化计划方案。

对于有约束极值问题,通常的做法是将不等式约束条件化为等式约束条件;将有约束问题化为无约束问题;将非线性规划问题化为线性规划问题。通过问题转化,最后用线性逼近方法近似地求解非线性问题。

除上述方法外,用于计划编制的预测、目标优化、方案选择的方法还包括动态规划方法、系统动力学方法、边际分析方法、对策论方法、排队方法、模拟方法和拟合曲线方法等。这些方法的应用具有与以上我们所介绍的四种方法相同的要点和程序，各种方法的不同之处主要在于数字模型和量化算法上的区别。对此，我们完全可以利用基础数学知识来解决日益丰富的计划实践中的问题。

思 考 题

1. 什么是目标？从组织管理的角度看，目标具有哪些特性？目标管理的优势和局限性有哪些？

2. 试述目标管理的实施原则、程序和目标管理的体系结构。

3. 计划的基本内容和计划工作的任务如何？计划的基本形式有哪些？如何应用"计划"进行组织管理？

4. 组织的计划体系是如何构成的？其构造原则和体系结构如何？

5. 以企业计划为例，分析组织计划的主体内容。

6. 试析计划组织方法和编制方法的应用（通过实证进行计划方法与技术的分析）。

9 管理中的控制

控制是与目标、计划和决策联系密切的重要管理环节，其要点是通过调节和校正组织运行中偏离目标或计划的行为，使组织获得理想的业绩或达到既定的目标。控制的基本职能是确保组织的各项活动朝着既定的方向进行，控制过程是一个不断发现问题，调整组织状态和排除干扰的过程。

实现管理控制的基础理论是控制论，利用控制论的方法解决管理控制问题，是进行科学化管理控制和提高管理水平的关键。基于这一认识，本章将从控制论的应用出发，研究管理中的控制问题。

9.1 控制论及其在管理中的应用

从社会学角度看，控制是人类改造世界的基本过程，控制论方法具有横断性、综合性、定量性和系统性的特点。然而，由于控制论应用领域的不同，在控制论分支学科中又形成了各自的方法体系。因此，管理活动中控制方法的研究，可以从控制论的一般原理、方法和原则出发，通过管理控制问题的分析，来建立有效的应用体系。

9.1.1 控制与管理控制

控制在自然界和人类社会中的存在是普遍的，人们通常说的控制，是指为了实现一定的目标所进行的活动调节和事物发展方向的校正过程。"控制"的思想和实践起源很早，在中国的汉代，人们就已发明了指南车。按现代观点，这是按扰动原理构成的开环自动调节系统。古代中国的北宋时期，苏颂和韩公廉制成了一座水运仪象台，构成了一个按被调节量偏差进行调节的闭环线性自动调节系统。在西方，俄国人普尔佐诺夫于 1765 年发明的蒸汽锅炉水位调节器和英国人瓦特于 1784 年发明的蒸汽机转速离心式调节器被多数人认为是最早的自动控制装置。

控制论作为一门科学是在 20 世纪 40 年代发展起来的。在众多科学家跨学科共同研究的基础上，维纳于 1948 年出版了《控制——关于在动物和机器中控制和通讯的科学》一书，提出了"控制论"（cybernetics）的概念。按维纳的定义，控制论是"关于在动物和机器中控制和通讯的科学"，是自动控制、通信工程、计算技术、神经生理学和病理学等以数学为纽带相结合的产物。

在控制论产生初期，人们就发现了控制与信息的必然联系，即不管是机器运行，还是人的行为、生命遗传或社会现象，都是以信息的传递和反馈为基础的。由此出发，维纳引用"信息"来讨论控制问题。通过研究信息、语言和社会，他强调了社会内的通信问题对社会组织程度的影响，论述了测度一个团体信息传递有效程度与团体自治程度的关系等问题。可见，控制论与包括情报在内的各种相关信息的传输理论是分不开的。

几乎是在与维纳出版控制论专著的同时，香农（Shannon）在美国《贝尔系统技术杂志》上发表了题为《通讯的数学理论》的论文，论述了信息论中原始的数学问题。此后，控制论与信息论开始了有机结合。20 世纪 50年代至 70 年代，工程控制论发展很快，人们在解决实际控制问题的过程中，实现了经典控制论向现代控制论的转变。目前，控制论、信息论和系统论的紧密结合，正在改变着传统科学理论的面貌。

20 世纪 50 年代以后，在控制论向现代控制论发展的同时，经典控制论与现代控制论的应用范围逐渐扩大。它们先后在社会科学中得到了广泛的应用，其 60 年代经济控制论的创立值得重视。在经济控制论等学科的推动下，控制论理论研究进展迅速。70 年代以后，系统理论的发展，为控制论在社会科学、生命科学等领域的全面应用奠定了基础。

控制论在管理科学中的应用是以研究管理中的控制实现为基础的，在管理工作中，控制（control）被定义为：监视各项活动以保证它们按计划进行并纠正各种偏差的过程。控制活动涉及组织管理的各个层面，所有管理者都承担着一定的控制职责，即使基层管理者所在的部门完全按照计划运作，也存在按计划和实施标准进行活动控制的问题；而中、上层管理者更负有对所管组织和部门的运行目标、计划和活动给予控制的责任。一个有效的控制体系，可以保证组织的各项活动朝着实现组织目标的方向进行，可以排除各种因素的干扰，获得理想的结果。

管理中的控制是重要的。法约尔曾经指出，控制必须施之于一切的事、人和工作。这是由于，即使有完善的计划、有效的组织和领导，也不能保证管理者的目的一定能自动地达到，而需要进行强有力的控制与监督。罗宾斯指出，有效的管理始终是督促他人、控制他人的活动，以保证应该采取的行动得以顺利进行，以及他人应该达到的目标得以达到。在组织管理中，许多管理者认为授权是一件非常困难的事，其中的主要原因是担心下属犯错误而承担责任，这使许多管理者往往试图依靠自己而避免授权他人，但是，如果形成了一种有效的控制系统，这种管理上的过多集权便会大大减少。以上情况说明，在组织活动中，我们可以将管理权与控制权分开；将工作管理权更多地授予组织中的有关部门和人员，而将控制权集中于管理上层。这样，不仅可以充分地调动各方面的积极性，也可以有效地把握和控制活动的方向。从这一观点出发，我们可以认为"控制"是组织绩效的"放大器"。

控制的重要性还表现在控制与计划、目标、决策和领导活动的相互作用的关系上。控制工作通过纠正偏差的行动与其他管理工作职能密切相连，使管理成为一项系统性的活动。在管理系统活动中，计划产生控制的标准，计划目标的实现又构成了控制活动的基本内容。一旦实施组织计划，控制便成为一项关键性的管理工作，组织领导将从宏观管理上给予充分的保证。对于一个组织来说，控制功能的发挥关系到组织运行的全局，控制功能完善的组织，其机构职责必然明确。所以，有效控制的实现，从客观上促进了组织机构的建设和管理的科学化发展，使组织活动得以优化。这是实现管理系统化与信息化的一个重要保证。

现代控制论的发展，为管理控制的实现奠定了坚实的基础。控制论方法在管理活动中的应用，不仅使自然形成的管理控制向科学化控制方向发展，而且极大地丰富了控制论的研究内容。基于这一认识，我们将从控制论的基本原理出发，研究和探讨管理控制问题。

9.1.2 管理控制中的系统

系统的建立和管理是实现控制的基本条件，对于管理控制来说也是如此。关于这一问题的研究，我们可以从控制实施中的系统状态分析入手，探讨其中的机理。

(1) 系统与系统状态

控制论作为控制的科学，并不一般地研究一切系统，而只研究控制系统。然而，控制论适用的范围却扩展到形形色色的系统，其条件是只要其中存在着控制。存在控制的各类系统的共同特征是，在控制作用的影响下，它能改变自己的运动和进入各种状态。这里的系统是十分广义的，当然也包括了组织及其活动系统。

状态的概念是现代控制理论中最基本的概念之一。在这一概念的基础上用特殊的方法建立系统的数学模型，用以描述系统内部的运动特性和过程规律是控制论中的一个基本问题。

系统状态系指系统内物质所处的状况。任何时刻，系统都能用一组变量来描述。一般说来，这组变量是时间的函数。用以描述系统状态的变量称为状态参量。一个系统的状态参量超过 1 时，就构成状态向量。

状态可以作如下描述：

$$X(t) = \begin{pmatrix} X_1(t) \\ X_2(t) \\ \vdots \\ X_n(t) \end{pmatrix}$$

现在我们通过研究如图 9-1 所示的水箱系统，来分析系统状态的变化规律。

设水箱的截面积为 C，t 时刻注入水的流量为 $V(t)$；自水箱流出的流量记为 $Y(t)$，与水深 $X(t)$ 成比例，即 $Y(t) = \frac{1}{R}X(t)$，其中 R 为阻尼系数。

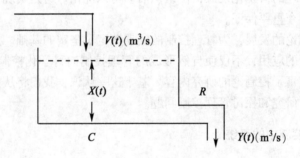

图 9-1　水箱系统

这个系统的输入量显然是 $V(t)$，输出量可以是 $Y(t)$，也可以是 $X(t)$ 或其他可测量，一般是根据对象而定。如果以 $Y(t)$ 作为输出量，当系统处于运动状态时，有很多物理量都可以用来描述这一变化着的对象。但实际上，这些变量之间并不都是彼此独立的，如 $Y(t)$ 与 $X(t)$ 成已知比例，$\dot{X}(t)$ 可以从 $X(t)$ 求得。可见，真正独立的变量只有一个，可取为 $X(t)$。于是，可得到下列关系：

$$\dot{X}(t) = -\frac{1}{RC}X(t) + \frac{1}{C}V(t)$$

如果给定初始值 $X(0) = X_0$，且 $t \geqslant 0$ 时输入为 $V(t)$，解上述方程，完全可以确定 $X(t)$ 在 t 时刻的值：

$$X(t) = e^{-\frac{t}{RC}}\left(X_0 + \frac{1}{C}\int_0^t V(\tau) e^{\frac{\tau}{RC}}d\tau\right)$$

对于一个企业的仓储系统或物料采购与配送系统，完全可以用图 9-1 的"水箱模型"去模拟。其中：如果 $Y(t)$ 表示从系统中输出的物料，$X(t)$ 表示物料存量，$V(t)$ 表示输入系统的物料；则反映系统存料、进料和出料的关系为：

$$dX(t) = [V(t) - Y(t)]dt$$

式中，设 $Y(t) = \alpha X(t)$，α 为出料系数。

于是可得以下方程：

$$\dot{X}(t) = -\alpha X(t) + V(t)$$

如果给定初始值 $t \geqslant 0$ 时的物料输入，亦可确定 t 时刻的物料存储情况。

如果给定初始值和 $t \geqslant 0$ 时的情报输入，亦可确定 t 时刻情报存储情况。

上面例子说明：一个系统可以适当地选择一组基本参量 $X_i(t)$，$i = 1$，2，$\cdots$，n。当这组参量的初始值 $X_i(t_0)$ 和系统 $t \geqslant t_0$ 时的输入确定后，这组参量在 $t \geqslant t_0$ 的每一时刻的值也被完全确定，并均能用状态参量表示。

严格地说，状态参量是为了能决定系统未来的运动而对其现在与过去的历史进行描述的最小数量的必需信息，即确定系统状况的参数。

引入状态参量（变量）只是为了便于对系统内部结构进行数学描述，很多情况下状态是不能直接测量的，有时甚至全部不能测量。但是，系统的输入和输出却始终是具有确定意义的量。因此，研究系统的输入和输出状态是讨论系统与控制的主要依据。

按一定目的给系统的输入称为控制。控制也是随时间而变的一组变量，称为控制向量，可以用 $U(t)$ 表示：

$$U(t) = [u_1(t), \cdots, u_r(t)]$$

r 为其维数。

系统输出也是 t 的函数，如果输出变量多于一个，则称为输出向量，用 $Y(t)$ 表示：

$$Y(t) = [y_1(t), \cdots, y_m(t)]$$

有了状态变量的概念，就容易用状态变量来描述系统。如果向量 $X(t)$ 的 n 个分量构成系统的一组状态变量，$U(t)$ 为控制向量。显然，这些变量可以描述系统状态：

$$\begin{cases} \dot{x}_1 = f_1(t,x_1,x_2,\cdots,x_n,u) \\ \dot{x}_2 = f_2(t,x_1,x_2,\cdots,x_n,u) \\ \cdots\cdots\cdots\cdots \\ \dot{x}_n = f_n(t,x_1,x_2,\cdots,x_n,u) \end{cases}$$

$$\begin{cases} x_1(0) = x_1^0 \\ x_2(0) = x_2^0 \\ \cdots\cdots\cdots\cdots \\ x_n(0) = x_n^0 \end{cases}$$

采用矩阵表示：

$$\dot{X}(t) = F[t,U(t),X(t)], \quad X(0) = X_0$$

上式称为系统的状态方程。

系统的输出方程为：

$$Y(t) = H[X(t),U(t)]$$

状态方程和输出方程共同构成了系统的方程。

（2）系统的激励与响应

系统的输入受外部环境影响而改变称为激励，如以上我们列举的企业物料配送系统，因即将引发的物料市场供货的短缺，导致进货的变化，就是一种典型的激励。在这种情况下，系统必然会作出相应的反应，这种反应称为系统响应。

管理系统中的激励和响应是客观存在的，且具有相当程度的随机性与复杂性。关于这一问题的研究，我们可以进行以下几种模拟：

① 阶跃激励。阶跃激励在组织活动中的发生是比较普遍的，例如，一项新的政策的出台将对组织内员工产生一定的激励作用，其激励过程就可以视为政策作用的阶跃激励过程。我们可以这样设想，政策作用于员工，被员工理解，所需时间为 T，则政策作用于用户的过程为：员工未见到政策前，其作用为 0；从员工见到政策到理解，其作用为 0～1；以后的一段时间，政策的持续作用为 1。于是，这种阶跃激励可以表示为：

$$I_\tau(t) = \begin{cases} 0 & (t \leq 0) \\ 0\sim1 & (0 < t < T) \\ 1 & (t > T) \end{cases}$$

其图形为图9-2所示的激励形式。

在利用政策激励和引导员工的行为过程中，应力求缩短政策的理解时

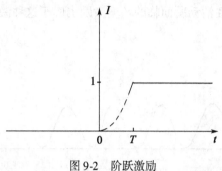

图 9-2   阶跃激励

间，使之达到阶跃性激励效果。

② 脉冲激励。阶跃函数的微商为脉冲函数 $\delta(t)$，亦称 δ 函数，如图9-3所示。

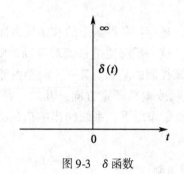

图 9-3 δ 函数

δ 函数的重要性质为：

$$\int_{-\infty}^{+\infty} \delta(t)\,\mathrm{d}t = 1$$

对于一个在 $t=0$ 点的连续函数，有：

$$\int_{-\infty}^{+\infty} \delta(t)f(t)\,\mathrm{d}t = f(0)$$

δ 函数的激励为一脉冲，称为脉冲激励。脉冲激励的存在也是十分普遍的。例如，在人们的管理决策中，外界环境的变化必然对管理决策过程产生一系列影响，而反映外界环境的一系列信息对管理决策人员的作用，就可以用一系列信息作用脉冲激励来模拟。研究环境情报对管理决策的脉冲激励过程，对于合理利用信息及提高决策效果具有一定的现实意义。

③ 正弦激励。正弦激励是一种周期性的激励，其激励可以用正弦函数

315

作近似描述。正弦激励的典型实例是季节周期性变化对季节性产品市场的激励。此外，凡周期性活动所面临的环境激励也属于这种激励（见图9-4）。

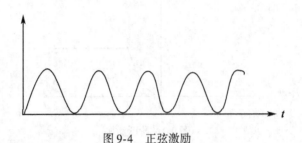

图 9-4　正弦激励

正弦激励的表达式为：

$$f(t) = \sin t \quad (-\infty < t < +\infty)$$

在某一正弦激励源的作用下，系统产生周期性振荡，在有限时间范围内产生影响。

除以上几种激励外，还存在各种复杂的和非规则性的激励。系统一经受到激励，必然作出反应，这一反应便是系统对激励的响应。研究系统响应，探明其中的机理，是实现控制的基础。其一，激励由环境变化产生，在激励作用下，系统将改变现状或偏离既定方向；其二，在管理过程中，激励由"控制"产生，在控制指令作用下，系统作出响应的结果是实现控制目标。因此，激励是综合作用结果。

9.1.3　系统控制的实现机制

管理中的控制，与其他控制一样，具有通用的实现方式，其实现是以系统测控组织和控制系统的构建为前提的。以下，我们结合管理控制的实现，讨论控制论的一般原理问题。

（1）系统的可测性和可控性

系统的可观测性与可控制性研究是控制论中的基本问题。一个系统的输入、输出和内部状态的变化关系可以由状态方程和输出方程来描述，但状态的直接测量往往难以办到，因此自然会联想到用系统输出量的测定来代替系统状态的观测。这就是所谓系统的可观测性问题。同时，能否对系统输入适当控制而使系统转移到一个指定状态，便构成了系统的可控制性问题。

设有一时间连续系统，对于时刻 t_0 存在着另一时刻 $t_1(t_1 > t_0)$，使得根据在时间区间 $[t_0, t_1]$ 内系统的输出 $y(t)$ 能惟一地确定在 t_0 时的状态 $x(t_0)$，

这时系统在 t_0 时刻是可观测的(或称在 $[t_0,t_1]$ 可观测)。如果系统在有定义的时间区间内的任一时刻都是可观测的,那么该系统便完全可观测。

对于离散时间系统,如果对时刻 t_0 存在着正整数 N,使得由输出 $y(0)$,$y(1),y(2),\cdots,y(N)$ [即 $y(t_0),y(t_1),y(t_2),\cdots,y(t_N)$] 能惟一地确定系统在 t_0 时刻的状态 $x(0)$,这时,系统在 t_0 时刻可观测(或称在 $[t_0,t_N]$ 可观测)。如果系统在有定义的任一时刻都是可观测的,则称该系统是完全可观测的。

管理系统应该是一个可测系统,这是因为组织的构成和运行决定了其活动绩效的可测性,同时,管理指令的下达,也是在对组织状况充分了解的情况下进行的。然而,在环境变化时,这种可测性往往因信息的不对称性有所变化。所以,在管理控制中应有一定的准则,即我们随后要确定的标准与衡量方式。

对于不可测系统,在实施控制中,我们可以进行适当的指标和系统调整,适当缩小控制范围,使之转化为可测系统。

系统的可控制性是开展控制的先决条件,在实施控制前,必须对系统的可控性进行确认。

设有一时间连续系统,对于时刻 t_0,如果存在另一时刻 $t_1(t_1>t_0)$,对任意的初始状态 $X(t_0)=X(0)$,可以找到定义在 $[t_0,t_1]$ 上的一个控制 $U(t)$,使 $X(t_1)=0$(即零状态),则称该系统在时刻 t_0 是可控制的(或在 $[t_0,t_1]$ 可控)。如果系统在定义的时间区间内都可控,则系统完全可控。

对于离散时间系统,如果在时刻 t_0 存在正整数 N,使得对任意的初始状态 $X(t_0)=X(0)$,有控制 $U(0),U(1),\cdots,U(N-1)$ 将 $X(0)$ 转变为 $X(N)=0$,则称系统在时刻 t_0 是可控制的(或在 $[t_0,t_N]$ 中可控)。如果系统在有定义的任一时刻都可控,则称系统完全可控。

在管理控制中,系统的可控表现为组织结构的有效性和管理体制的严密性。很难设想,一个结构紊乱、管理分散的组织可以实现有效的控制。因此,我们应按可控的基本特征要求,进行适应于控制的组织建设。

(2) 控制系统构造与控制实现

从系统论的观点看,各种形式的控制都具有一定的同一性。因为任何事物及其运动过程都可以看做是某种系统,而系统和系统之间又存在着一定的相互联系,无论是偶然联系还是必然联系,都具有某种因果关系,其中带目的性的因果联系就是控制,即产生原因系统对产生结果系统有目的的影响和干预。这便是控制的实质。

控制论所研究的系统有控制系统、受控系统与施控系统。通过控制相互联系的若干系统构成了控制系统（亦称控制论系统）；被控制的对象在控制作用下产生某种目标结果，称为受控系统；施控系统作为实施控制的机构而存在，在它的作用下受控系统将按一定的目标调整状态和输出。受控系统与施控系统之间的联系是实施控制的基本条件，其联系方式与效果决定了控制的性质与效率。图9-5展示了控制系统的基本结构以及控制原理。

图9-5　控制系统及其运行

　　值得指出的是，图9-5所示的一些非常简单的控制系统决不会孤立存在。它们与环境介质及其彼此之间，都存在着相互作用，从而可以构成更复杂的控制系统，构成一个控制的一部分或者构成一个复杂系统的控制部分的一部分。

　　施控系统对受控系统的控制作用，可以归结为受控系统可能状态数的减少，也就是使受控系统的不确定性减少，有序性增加。这是受控系统在施控系统控制信息作用下的结果，而控制信息又来自于受控系统的变化及外界的影响。由此可见，控制是通过控制信息的获取和传输进行的。从某种意义上说，一切功用控制信息的传输构成了控制的基本环节。信息输出系统通过这一环节对获得输入信息的系统实施控制。

　　控制系统的性质在很大程度上取决于在控制装置中产生控制信息的状态。我们可以考察一个系统：设由控制装置得到的信息 Z 不包括关于受控对象状态 X 的信息，这时 Z 可以包含控制作用变化序列 $Y_0(t)$ 的一个程序，或者包含扰动 $V(t)$ 的信息。在后一情况下，为了得到一个关于控制 U 的信息 u，控制装置应该含有关于 $V(t)$ 的 $Y(t)$ 值，控制算法为：

$$u = PV$$

式中，算子 P 由控制目的和受控对象的性质决定。

　　如果在一个控制系统中，不把被控量的值的变化信息用于控制过程，构成控制作用，那么这个控制就是开环控制（图9-6）。

　　控制信息也可以从受控量离其预期值的偏差测量中获取。这时，控制算法将包含关于受控量的信息，其算法为：

$$u = P(X, X_0)$$

式中，算子 P 实现 X 和 X_0 的每个组合与值 u 之间的对应关系。

如果在一个系统中，根据受控量的值的变化来产生控制作用，则这种系统就是闭环控制系统（图9-7）。

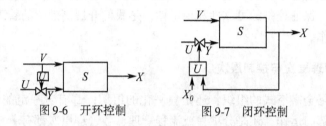

图 9-6 开环控制   图 9-7 闭环控制

有时可以把开环控制系统与闭环控制系统混合起来，结合成为一个组合控制系统。

控制器（系统）与受控对象（系统）之间的联系（耦合）可以是直接的，也可以通过反馈方式来实现。在开环控制系统中是直接的，在闭环控制系统中存在反馈。所谓反馈，系指控制器从受控对象的输出中获取控制信息，经特殊处理后变为控制指令，送加到受控对象输入中的动态过程。在控制论中，开环、闭环和混合控制的机理以及系统之间的耦合研究构成了控制方法探讨的基本问题。

执行控制的本质在于将物质量、能量较小的信息转移到物质量、能量较大的但较为无序的运动中去。从文献信息中提取"书目"作为控制信息，从而控制大量的无序的人类文献的过程就是一个典型的例子。这里存在着一种控制的执行机构（从属于施控系统）。执行机构本身有两种输入：一是物质量、能量较小的信息，即控制信息；二是物质量、能量较大的物质运动。执行机构将两种输入变换为足以影响受控系统的状态与输出的控制指令，在此基础上实施控制。执行控制的最终结果表现为控制力对受控系统的作用。

控制具有一定的限度。为了估计可能的控制限度，并揭示理论上可能达到的控制质量，在控制论中，我们可以将控制系统看做是一种独特的信息传输系统。如果受控对象为只有一个输出值 Y 和一个控制作用 U 的系统，且受到惟一扰动 V 的影响，则控制质量可以用受控量 Y 的不定性程度来评价。对于理想的控制，其不定度为 0，由此可以讨论控制的限度。在实际控制中，根据受控系统中的各种内、外因素的作用，其限度问题可以通过多因素分析来解决。

9.2 管理控制的组织层次

组织作为一个大系统，它的运行涉及各层次的许多部门，其活动内容包括组织业务的各个方面，这一情况决定了控制的难度。如何进行管理控制的优化组织，保证控制的可靠性和稳定性，是我们开展高效化的管理控制的一项关键工作。

9.2.1 管理层次与控制层次

无论是金字塔式的组织，还是扁平化的组织，都有着一定的管理层次；无论是按部门运作，还是分项目或流程管理，各管理层次都有着相应的管理职权和任务。如何有效地利用组织的责、权结构体系，推行管理控制，可以有多种选择。其中，与管理控制相适应的有如下几种：

（1）集中控制

集中控制是在组织中建立一个控制中心，对组织的所有部门、机构、人员发出控制指令，操纵组织的所有活动、监控所有的业务流程，从而实现总体控制目标。从系统论观点看，集中控制方式是一种对构成系统的各个子系统的信息进行集中处理、分析，由控制中心发出控制信息，直接支配子系统运行的一种控制方式。

对组织规模较小、业务类型简单、组织流程有序的组织来说，集中控制有其特有的优势。这种优势集中体现在控制的目的性明确，各种控制指令协调、统一；对组织中各个部门、人员和业务的控制有序，有利于控制方案的优化；由于控制集中，减少了中间层环节，有助于管理控制效率的提高。然而，集中控制也存在着严重的弊端。这种弊端随着组织规模的扩大、结构的复杂、业务流程的变化和外部因素作用的增强，表现得愈来愈充分。对于一个规模较大、层次结构复杂的组织来说，集中控制的缺陷主要表现为：

● 组织层次的增多，部门工作的复杂化，必然造成控制难度的加大，表现在控制信息的处理、传递延时，控制工作量的增大，使得依靠一个集中的部门所进行的控制难以有效展开；

● 控制缺乏灵活性，组织中的各个基层部门由于失去控制权，难以有效地应对外部环境的激励，激励响应的延时会导致工作上的波动；

● 组织中各个部门、各个层次人员难以实现有效的横向沟通，从而使组织运行缺乏应有的活动力；

● 将管理中的控制权过多地集中，有碍于各层管理人员积极性的发挥，限制了组织的创新活动。

由此可见，集中控制方式的应用是有限的，因此在实际应用中，应根据组织控制的实际情况进行选择。对其弊端，则应通过其他方式来弥补。

（2）分散控制

分散控制是按组织的自然结构和管理层次与机构设置情况，建立与结构体系相对应的多个分散性的控制中心，分别对各自的部门和工作进行控制，而组织的最高管理机构只负责宏观上的管理指导和最终的工作裁决。从控制论角度看，分散控制分别在各子系统设立控制机构，处理各自的控制问题，各子系统的控制按自适应方式进行子系统间的平衡。

分散控制的优点在于：

● 由于控制的分散性，减少了集中控制的风险，分散的风险有利于组织的整体化发展；

● 分散控制由各层管理部门直接进行，使控制及时、灵活，有利于提高组织应对环境变化和组织竞争的能力；

● 分散控制中各层管理、控制一体化的机制，有助于提高管理人员的积极性和主动性，从而为部门发展提供了更大的空间。

在组织管理和运行中，分散控制也有着固有的局限性，其表现为：

● 分散控制使各子系统之间的协调比较困难，组织中各层、各部门的分散控制决策，有时甚至导致各部门控制目标的冲突，使得控制难以从全局上进行优化；

● 分散控制中的信息组织易于发生混乱，各层、各部门的自主操作使信息难以有效共享，同时各控制部门的信息组织的不充分性，将导致控制效率的降低。

分散控制的方式一般适用于以独立事业部结构为主体形式的组织。在控制实施中，组织总部负责目标管理和任务管理，具体的管理控制操作则由独立事业部来完成。在其他类型的组织管理中，分散控制必须与其他方式结合应用，或利用其他管理手段来补充控制中的遗漏和处理控制中的矛盾。

（3）集中分层控制

集中分层控制以组织的层次结构为基础，实现最高层的宏观集中和各层的微观分散，即进行集中与分散相结合的控制。集中分层控制中的各层，可以是组织结构中的管理层，也可以是管理层次中经有关机构整合后的控制层级。这种控制，因而也可称为分层多极控制。

集中分层控制是集中控制与分散控制的结合，它集中了集中与分散控制的优点，克服了它们的缺点，从而大大地提高了控制效能。集中分层控制具有较广的适应面，对于规模庞大、结构复杂的组织，其优势更为突出。

从控制论理论上看，集中分层中的分层多极控制方式运用了黑箱原理。上一层控制机构对下一层的若干子系统的运行并不直接控制，而是将其作为一个只有输入输出的"黑箱"来处理。这种层次划分方法与物理学中的物质结构层次的划分相类似。例如，在分子物理学中，研究的对象是分子，因此在这一微观层次中，分子被当作"黑箱"，即不探讨分子的内部结构和原子核的状态；在核物理学中，原子核作为研究对象而存在，这时它不再是"黑箱"，但在这一层次中，中子、质子的内部物质又被看做是新的"黑箱"。可见层次愈高，研究就愈深入。

组织管理中的集中分层控制可以根据组织层次的不同而确定各自的控制内容。例如，对于企业组织，在战略层，控制工作是对组织所有层次活动的规划、设计、目标设定和监控；在经营层次，控制工作主要是对常规性的业务工作及流程进行管理控制；在作业层次上，控制工作则集中在业务环节和专业性的操作调控上。这样分工，使得各层次的子（分）系统都有自己的独立控制机构，可以自主地控制本系统的运行；同时，这些子系统又通过上一层次的总控制相互制约。

多极控制中的多极是指同层次的多极，而不是指不同层（级）的多极。这一点，在实现系统的分层多极控制中是需要说明的。

9.2.2　集中分层控制中的层次控制分析

为了分析分层管理控制系统的层级结构。我们引入埃梅里（J. C. Emery）的控制指标。

分解度 f（fragmentation）：表示管理系统的组合、分解情况，其具体表达式为：

$$f = \frac{n-1}{S-1}$$

式中，n 为子系统的个数，在管理系统中即为基本子系统；在图 9-8 中，为其端点数；S 为树图中每一结点上的平均分支数，即每一结点连接的子系统数。

在图 9-8 所示的管理系统图中，

$$n = 22, \quad S = \frac{6 + 4 \times 4 + 3 \times 2}{7} = 4$$

则：

$$f = \frac{n-1}{S-1} = \frac{22-1}{4-1} = \frac{21}{3} = 7$$

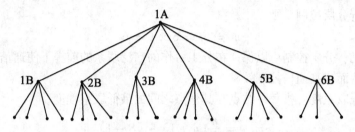

图 9-8　管理控制系统结构图

图 9-8 共有 7 个结点，第一个结点 1A 有 6 个分支，结点 1B ~ 6B 分别有 4 个或 3 个分支。按 f 式计算，得分解度为 7。

如果仅限于研究一、二层，则：

$$n = 6, \quad S = \frac{6}{1} = 6$$

$$f = \frac{6-1}{6-1} = 1$$

其分解度为 1。

f 实为系统中结点的多少。f 与层次有关，显然与层次并不相等，它反映了结点把系统分裂为部分的状态，其分解度愈高，系统层次也就愈多。

联系数 m：管理系统中的各子系统之间的联系可以用联系数表示。如果用 m 表示联系数，则有：

$$m = Sf = \frac{S(n-1)}{S-1}$$

在图 9-9 所示系统中，一般情况下，考虑两两联系，其联系数为：

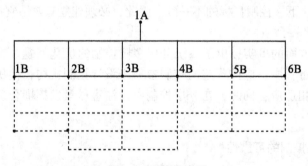

图 9-9　系统示意图

$$m' = 6 + 11 + 7 = 24$$

实行分层控制，则

$$m = Sf = 6 \times 1 = 6$$

可见，分层控制可以保证在分工协作的广泛联系的前提下使通信联系数减少，从而提高通信控制效率。

最低联系度：指每一结点与其他点之间的最低联系程度。

$$m_{min} = \frac{n}{2}(n-1) - (S-1)$$

其中，n 为基本子系统数，S 为此结点上的分支数。

集团分散度 σ：用于描述大系统中各子系统之间的联系是否广泛和紧密。它为系统中所有个体的最低联系度之和。

$$\sigma = \sum_i m_{min}$$

相对集中度 α：相对于某点而言，为该点的 m_{min} 与 σ 之比。

$$\alpha = \frac{\sigma}{m_{min}}$$

情报系统中某点的边远性 r：为系统中最高的相对集中度与此点相对集中度之差：

$$r = \alpha_{max} - \alpha$$

从信息论的观点看，分层控制中高层控制机构的熵比整个系统的控制信息的熵小得多，通过分层，它可以用以调节和控制大系统。如果适当增加控制层次，我们便可以用很小的信息处理能力控制信息量很大的大系统。这就是分层控制的放大效应。

另一方面，分层控制的放大却又带来了控制中模糊度的增加。因为将很大的信息化为较小的同态信息势必损失一些信息，如果处理不当，模糊的信息将导致上、下层控制目标的不一致。因此，必须建立有效性判据，以保证控制的协调和一致。

以上两方面的事实提出了系统分层多极控制的优化问题。在实现系统控制优化的过程中，应按预定的控制参数来设计控制机构，使机构与系统的层次结构相适应；同时，在分层控制中，注意尽量发挥耦合反馈的控制作用。

9.2.3　管理控制的可靠性

管理控制是基于系统组织来实现的，控制的可靠性和稳定性取决于系统与系统控制的组织方式。因此，在实际工作中应根据不同的情况作出组织方式的选择。

管理控制的可靠性与管理信息的组织、控制信息的提取及传输有关，因此可以用控制信息的传输效率来衡量其可靠性：

$$P = \frac{I(X,Y)}{H(X)}$$

其中，$I(X, Y)$ 为通道传输效率，$H(X)$ 为通道入口熵。若用 $H(X/Y)$ 表示控制条件熵，有：

$$I(X,Y) = H(X) - H(X/Y)$$

$$P = \frac{H(X) - H(X/Y)}{H(X)}$$

可靠性 P 实际上是一种概率，为不出错的"比率"，显然，$0 \leqslant P \leqslant 1$。

如果用 Q 表示不可靠程度，则有：

$$Q = 1 - P$$
$$= 1 - \frac{I(X,Y)}{H(X)}$$
$$= \frac{H(X) - [H(X) - H(X/Y)]}{H(X)}$$
$$= \frac{H(X/Y)}{H(X)}$$

Q 即为错失概率（称错失率）。P、Q 关系满足：$P + Q = 1$。

系统控制的可靠性取决于各子系统控制的可靠性及子系统之间的耦合关系。这种基本的关系反映在子系统之间的串联和并联耦合控制之中。

管理控制中的流程管理控制是一种串联控制（见图 9-10），如生产线运行中的产品质量控制，每一环节都由一个相应的控制子系统来完成其控制工作。如果每一子系统的控制可靠性为 P_i（$i = 1, 2, \cdots, n$），则整个流水线生产控制的可靠性为：

$$P = p_1 \cdot p_2 \cdot \cdots \cdot p_n$$

每一子系统的平均控制可靠性为：

$$\bar{p} = \sqrt[n]{p}$$

这反映了子系统的可靠性关系着整体控制的可靠性，如果一个子系统的控制不可靠（$p_1 \rightarrow 0$），则整个系统控制将失效（$P \rightarrow 0$）。在这样的系统中，即使一个环节的控制可靠性很高，也不能改变整个系统的控制状态。可见，提高每一子系统的可靠性，是提高大系统控制可靠性的关键。

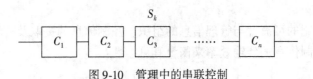

图 9-10　管理中的串联控制

　　管理中的并联控制是指对某一对象或过程，由多个部门的控制系统对其同时实施控制。如对于一项重点工程，为了确保正常进行，常常采用多点对其进行监督和控制。这样，尽管会出现某点控制的不可靠性，也可以确保他点控制的实施和整体的控制可靠性。图 9-11 为管理中的并联控制的组合应用模型。

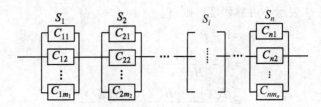

图 9-11　管理中的并联控制组合

　　图 9-11 中的 S_1，S_2，$\cdots$，S_n 是某一系统中某层串联耦合的 n 个子系统，它们的控制分别用 C_1，C_2，$\cdots$，C_n 表示，其控制方式为并联。图中所示的系统实际上是采用并联控制方式的串联耦合系统。对于其中的一个子系统 S_k 的控制 C_k 而言，C_k 由 C_{ki}（$i=1$，2，$\cdots$，m_k）进行并联组合。如果 C_{k1}，C_{k2}，$\cdots$，C_{kmk} 具有同样的控制功能，则在并联控制中，只有当所有的并联控制机构全部失效时，整个控制才失效。设对第 k 个子系统，每一控制 C_{ki}（$i=1$，2，$\cdots$，m_k）的平均可靠性 p_k，失效性为 $q_k=1-p_k$。对于 S_k 子系统，其控制失效的概率为：

$$Q_k = q^{mk} = (1-p_k)^{mk}$$

可靠性为：

$$P_k = 1 - Q_k = 1 - (1-p_k)^{mk}$$

　　因为 $0<q_k<1$，故 $q^{mk}<<q_k$，可见：

$$P_k >> p_k$$

即控制的整体可靠性远大于单个控制的可靠性。因此，并联控制是控制中常用的方式。

如果系统由 n 个子系统串联而成，设每个子系统平均控制机构数为 m 个，所有控制的平均可靠性为 P，则整个系统可靠性为：

$$P = p_1 \cdot p_2 \cdot \cdots \cdot p_n$$
$$= (1 - q^m)^n$$
$$= [1 - (1 - p)^m]^n$$

由此可见，可以用可靠性较低的控制机构组合成可靠性高的控制机构，从而保证系统的总体可靠性。

对上式进行变换：

$$P^{\frac{1}{n}} = 1(1 - p)^m$$
$$(1 - p)^m = 1 - P^{\frac{1}{n}}$$
$$\ln(1 - p)^m = \ln(1 - P^{\frac{1}{n}})$$
$$m = \frac{\ln(1 - p^{\frac{1}{n}})}{\ln(1 - p)}$$

利用此式，根据系统必备的控制可靠性 P 和已知的 n、p，计算并联控制的机构数。

增加并联控制机构虽然可以提高整个控制的可靠性，但是却带来了某些弊病，如消耗过多的经费、人力、设备等。在组织控制中，必须权衡利弊、得失，从中寻求最优的可靠性。

设某一系统控制可靠性 P 每提高 1%，可减少错失率带来的损失为 a，每增加一个控制机构的耗费为 b（a 和 b 测度必须一致），则增加可选择性并联控制机构的效果为：

$$V = 100aP - b\,mn$$
$$= 100a[1 - (1 - p)^m]^n - b\,mn$$

其中，n 为已知串联耦合的子系统数，m 为并联控制机构数，P 为其控制平均可靠性。

最优化问题，通过求极值的途径解决：

$$\frac{\partial V}{\partial m} = -100an[1 - (1 - p)^m]^{n-1}(1 - p)^m$$
$$\ln(1 - p) - bn$$

令　　　　$\dfrac{\partial V}{\partial m} = 0$

将 $q = 1 - p$ 代入，整理后得：

$$100anq^m(1 - q^m)^{n-1}\ln q = -bn$$

$$q^m(1-q)^{n-1} = -\frac{b}{100a\ln q}$$

在一般情况下，$q < 0.5$，否则系统无法运行。将上式展开，略去高次项，得：

$$q^m \approx -\frac{b}{100a\ln q}$$

$$m\ln q \approx \ln\frac{-b}{100a\ln q}$$

$$m \approx \frac{1}{\ln q} \cdot \ln\frac{-b}{100a\ln q}$$

对于给定的 n、q、a、b，可求其最优化的 m 值。

图 9-12 给出了一个分层控制的模型。

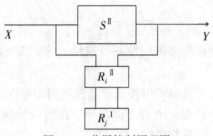

图 9-12　分层控制原理图

图 9-12 中，R_j^{I} 相应于最高决策控制，R_i^{II} 是第二层中的一个决策控制。如果 SR_i^{II} 又划出新的层次，在图中还会出现 S_i^{III} 的决策控制 R_i^{III}。这里，控制层次的增多，不仅带来了控制中的时滞，而且影响了控制的可靠性，它相当于串联控制。为此，必须引入可选择的并联控制机制，以增加 R 的可靠性。这一并联方式表现在 R_i^{II} 中，除自然控制反馈信息给 R_i^{II} 外，还可专门进行信息处理并提供给 R_j^{I}，即采用多渠道的控制信息流通方式。

9.3　管理控制过程与环节

与工程控制相比较，管理控制有着特殊的要求和规则，其控制实施也有别于其他方面的控制。关于管理控制的组织实施问题，乔瓦尼·吉廖尼（Giovanni B. Giglioni）、阿瑟·贝迪安（Arthur G. Bedeian）等人的研究，为其程序化的控制实现提供了基本的框架，孔茨和罗宾斯等人对管理控制作了操作上的程序归纳。以下将在诸多学者研究的基础上。作进一步的阐述，以求实际问题的解决。

9.3.1 管理控制的组织特性与要求

管理控制是一种具有组织行为的控制，其控制的实现由组织的总体目标、业务活动、管理机制和组织所面临的环境决定。从管理控制中的各关联因素的作用上看，管理控制具有以下几个方面的特性。

① 管理控制的人本特性。组织管理是一种以人为中心的管理活动，与自然和机械控制中的作用对象具有实质上的区别。在管理控制的组织中，对人的行为和活动的控制成为控制的主导方面，而与人的活动有关的组织环境、资源、资金和工作流程的控制，将通过人员安排、调动、激励来实现。这一控制思想是人本管理理论和控制理论相结合的产物，在控制的组织与实施中，它构成了以价值工程为中心的管理控制的理论基础。在控制中，组织成员将接受目标导向，通过目标控制下的活动，完成特定的任务，实现自身的价值。然而，以人为本的控制还必须考虑人的主观能动性，注重在控制中给受控的部门和人员留有充分的发展空间。

② 管理控制的动态特性。管理控制是一种动态控制，它与静态控制不同，是在组织与环境的交互作用中实现的。管理控制中的动态性，一是组织机构及其成员处于相对稳定的连续变化之中，二是组织业务活动内容是发展变化的（如企业生产流程和产品的变化），三是组织的对外交往与合作关系的改变。在动态条件下，即使组织的业绩目标不变，其控制系统和方式也会发生变化。管理控制的动态性决定了管理控制信息的时效性和控制的有效性。管理活动的变化还提出了构建动态性的管理控制系统的要求，在具体的控制活动中，要求确立适时控制与调节系统。这一工作可以和组织设计与建设结合，使管理控制适应组织变革与发展的需要。

③ 管理控制的目标性。管理控制的基点是实现管理目标，这种目标的实现与计划、决策具有不可分割的联系。从组织绩效上看，一切目标活动又是以追求目标结果为前提的。因此，我们有理由认为，管理控制并不是为了追求某一状态的平衡和某一过程的进行，而是为了控制组织活动达到预期的目的。从管理控制的内容上看，多元化的目标决定了多样化的控制内容。例如，企业为了追求持续稳定的长期发展目标，其管理控制必然包括人员控制、投入控制、资金流通控制、物流控制、目标市场控制等各个方面；同时，组织总目标体系下的多重目标的设置，决定了多重控制模式的形成和协调控制的实现。

④ 管理控制的创新性。管理控制是指向未来的创新性控制活动，围绕组织创新活动所进行的控制是管理控制的重点。组织创新活动的风险性、探索性和难以预测的特点，使探索管理控制的规律和进行包括"控制"在内的管理创新成为管理控制中的一个十分突出的问题。在面向创新的组织管理中，控制的目的不仅在于使组织"维持现状"，而且要使组织突破现有的模式，按创新目标进行运行。在创新活动的管理控制中，创新活动的预测和创新目标的定位，必须从发展和竞争的角度出发，寻求动态化的发展目标和动态控制的实现途径。目前，关于面向组织流程重构和基于知识管理的控制研究等问题，已成为有待解决的热点课题。这一动向，应引起我们的重视。

现代管理理论与实践的发展，要求我们强化管理控制工作，将控制纳入整体化的管理轨道。为了充分发挥管理控制的功能，在实施组织控制中应注重以下问题的解决。

① 注重管理控制的时效性。法约尔曾指出，为了达到有效的控制目的，控制应在有限的时间内及时进行。显然，在组织活动中，一旦情况有变，如果不能对组织活动的偏差给予及时纠正，必然会失去控制的意义，且产生严重的后果。确保管理控制的及时性，一是要注意决策控制信息和反馈信息的生命期，在信息使用上严格控制传递时间；二是要注意处理控制问题的及时性，防止控制的延误。

② 保持管理控制的灵活性。组织的管理控制具有严格的层次结构和分工，这对于确保管理控制的正常开展是重要的。然而，过于正规的控制体制，也存在一定的缺陷，其中的一个重要方面是使管理控制缺乏灵活性。针对这一情况，在管理控制中应建立完善的信息沟通渠道，强化组织管理中的自适应控制能力，使组织能够有效地应对突发情况。

③ 强化管理控制的责、权。组织的管理控制应该责权分明，在分层多极控制体系中，应做到管理控制的责、权对等，只有责、权清楚，才能避免越权控制或控制混乱的局面出现。强化管理控制的责、权，还要求进行管理控制的规范，注意利用正规化的组织手段进行管理控制的分工，同时将管理控制工作纳入组织建设的轨道，使之有章可循。

④ 创造良好的管理控制条件。高效化的管理控制需要一定的条件作保证，其基本条件包括管理控制的人员条件、技术条件、信息条件和有利于管理控制功能发挥的环境。从全局角度看，管理控制条件的优化涉及组织建设的各方面，它要求实现各部门的合作，从发展战略上予以保证。

9.3.2　管理控制过程

从管理控制的实施上看，组织的管理控制大致包括制定控制标准、衡量实际绩效和纠正活动偏差等阶段，这三个阶段的有序结合，构成了完整的管理控制过程。

（1）制定管理控制标准

控制的职能是保证组织的活动按计划进行，从而达到预定目标。从这个意义上说，计划的目标可视为控制的标准，而实际工作的理想标准就是一系列可考核的目标。但是，在实际工作中，"计划"、"目标"并不都能度量，将其作为控制标准难以有效操作。因此，必须在计划、目标基础上，进行标准的明晰化、专业化和可操作化。

控制标准是在管理控制中用以测定绩效的"尺度"，如果没有标准，绩效衡量和偏差纠正将失去客观依据。在标准制定过程中，首先应明确控制中的关键问题和对象。只有问题明确，才可能制定解决问题的标准。在管理控制中，标准的内容由管理控制内容决定，组织管理中的计划、目标、方案以及每项活动，凡需要实施控制者，都应有与此相适应的控制标准。标准的制定有着鲜明的针对性，孔茨通过对企业管理控制的研究，将其归纳为实物标准、成本标准、资本标准、收益标准、计划标准、无形标准、指标标准和策略控制标准等。

① 实物标准。实物标准是企业在耗用原材料、能源，雇用劳动力，以及生产产品质量、性能和用途等方面的控制标准。由于实物标准的控制涉及企业的整个生产环节，关系到生产活动的组织与目标管理，因此，它是一种以物化的目标为基础的业务控制。

② 成本标准。成本标准是一种以货币衡量组织投入、产出效益的标准，通常运用于操作层次的控制，广泛使用的成本标准如：单位产品的直接成本和间接成本、单位产品的人工成本、单位产品的原材料成本、单位产品的营销成本、单位产品的管理成本等。

③ 资本标准。资本标准有多种，是以货币衡量企业经营管理中资本运作效益的标准，运用于管理经营的资本控制，使用最广泛的标准如：投资回报率、流动资产与流动负债比率、债务与资本净值比率、固定投资与总投资比率、现金及应收款与应付款比率、票据或债券与股票比率以及库存量与库存周转量比率等。

④ 收益标准。收益标准是以收益或组织所获得的最终利益为控制目标的标准，运用于企业或其他组织的运营管理控制。按收益的衡量范围或内容

的不同，分为个人收益标准与组织收益标准，劳动收益标准与投资收益标准，生产收益标准与管理收益标准等。

⑤ 计划标准。计划标准是按各种计划方案，在计划活动中所确定的标准，如计划定额的完成标准、计划执行过程的控制标准、计划修改的控制标准、计划调节标准等。计划标准运用于计划管理过程，是对计划完成质量和水准的监控准则。

⑥ 无形标准。无形标准是指既不能以实物，又不能以货币或其他有形衡量方法来衡量的标准，如企业或其他组织成员的士气、能力发挥标准、客户满意度标准、业务人员素质标准、社会影响与认可标准、事业成功标准等。无形标准用于组织活动的过程控制和组织成员的心理行为控制等。

⑦ 指标标准。一些规范化管理的企业，在每一管理层次和部门都设立了可考核的定量指标或定性指标。这些指标既是有关部门和人员业绩考核的依据，也是控制这些部门和人员工作的标准。指标标准在管理控制中的运用，在于强化各管理层次、部门和人员的工作过程管理，实现以指标为准则的目标控制。

⑧ 策略控制标准。策略控制是以一定的策略目标为基础，对策略的制定和实施所进行的控制。策略标准作为衡量策略的目标标准，包括策略制定标准、策略实施标准、策略绩效标准以及与策略有关的管理控制标准等。

对于其他组织的控制标准，也可以从基本的管理控制需求出发，结合组织的运行管理来制定。标准制定的基本要求是：

● 标准在管理控制中必须是可以衡量的，从系统控制的角度看，应具有可测性；
● 标准必须从管理控制活动的角度出发来制定，应具备活动的目标性；
● 标准应是可以实现的，根据控制需要，在制定中应具有一定的弹性；
● 标准的制定应该客观、合理、公正，应该有利于组织的发展。

（2）衡量实际工作绩效

在管理控制中，按控制标准对组织的实际工作进行衡量是实施控制的关键环节，只有找出了实际工作与标准的差异，才可能进行纠偏，从而达到控制组织活动和实现预期目标的目的。衡量实际工作绩效的要点是，用预定的标准对实际工作绩效和进度进行检查和比较，提交需要纠正的偏差结果，形成管理控制中的纠偏依据。

衡量实际工作绩效的方法较多，一般说来可分为定性衡量和定量测评两类。定性衡量用于衡量非量化的管理控制的对象绩效，如组织成员的工作积极性、士气、责任心、能力发挥水平，以及组织运行的状态等。定量衡量用于测评组织中各类量化控制指标的完成情况，实际工作与指标的偏差等。

定性衡量是一种基于社会学调查的测量，常用方法包括观察法、现场调查法、座谈方法、会议调查法、跟踪调查分析法、汇报方法和调查表方法等。定性衡量的要点是，通过调查，获取反映组织工作进程和绩效的资料，以此作为控制衡量和下达控制指令的依据。

定量测评常用的方法有报表统计法、业务监测法、数据归纳法等。在组织管理中，定量测评与统计已纳入常规的管理规范，一般情况下，我们将组织的各种管理数据汇总、分析，便可以完成管理控制中的测评工作。如，企业的各种报表和生产、经营记录数据已相当完整，对这些统计数据只需作定期汇总、分析，便可以用于衡量工作绩效。特殊情况下，我们可以按管理控制标准建立测评体系，将其汇入常规管理系统，也可以及时地获取有关的测评数据。

工作绩效衡量的关键问题是，如何进行绩效与标准的比较和确定衡量的周期。

工作绩效的衡量，旨在通过比较确定实际工作绩效与标准之间的偏差。在组织运行中，一定的偏差在所难免，因此应根据控制的要求确定可以接受的偏差范围（range of variation）。如果在允许的偏差范围内，便可以继续进行工作绩效监控；如果超出了偏差范围，则应下达纠偏指令。图 9-13 显示了工作绩效衡量中的偏差范围的限定机制。

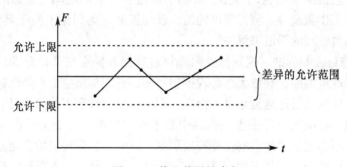

图 9-13　偏差范围的确定

管理控制中的偏差范围由控制标准、控制性质和管理目标要求决定；在控制实施中，由于情况在不断变化，应在工作衡量中对偏差范围及时作出调整和规定。

工作绩效和实际状况的衡量周期由控制周期决定，其周期选择应适度。过短的周期或过高的衡量频度，不仅会增加控制中的测评工作量，而且会引起当事者的不满，甚至影响他们的工作情绪，从而产生负面效应。如果衡量周期太长或衡量频度太低，则可能造成偏差过火，以至于因不能及时纠偏，导致管理失控。所以，衡量周期应由控制幅度和实际偏差的可控时间决定。

（3）纠正活动偏差

管理控制的第三阶段是采取纠偏行动。管理者可以选择的方案有三种：一是不采取任何行动，二是改进工作绩效，三是修订控制标准。

① 不采取任何行动。很显然，如果工作绩效与控制标准完全一致，即不存在任何偏差，也就不会采取任何行动。有时，工作绩效不仅符合标准的要求，甚至超越预定的管理控制目标绩效，则也不需采取纠偏行动；此时可以进一步观察，为进一步优化目标管理或考虑是否提高控制标准做一些系统性的研究工作。大多数情况下，偏差虽然出现，但其负效应未超过允许的偏差范围，管理者也可以不采取任何行动，这是由于纠偏的负面影响甚至还会超过偏差的负作用，而这种小范围的偏差可以通过组织的自适应控制来校正。

② 改进工作绩效。如果偏差是由于工作产生的，且偏差已超出了允许的范围，则需采取纠偏措施，以改进工作绩效。改进工作绩效应从分析产生偏差的原因出发，寻找改进工作绩效的方法，然后建立系统的作用模型，预测改进后的作用结果。如果可行，则拟定改进方案付诸实施；如果不可行，则需进一步研究，以完善纠偏措施。工作绩效的改进涉及各方面的管理工作，通常包括组织结构的调整、流程的改进、人员的变动、资源的重新配置，以及工作激励等。值得指出的是，管理控制中的纠偏不同于其他控制，它必须通过管理的手段来解决。

③ 修订控制标准。控制标准的修订包括提高标准或降低标准。如果标准的制定脱离实际，导致无法实现控制目标，管理部门应适当降低标准；如果实际工作绩效已远远地超过了标准，则应在充分肯定工作的情况下，考虑提高标准。标准的修订在管理控制中是不可避免的，这是由于在组织管理中，一些不确定因素的影响往往难以预测，同时，管理环境的变化必然会导致管理目标的变化。从某种意义上说，管理控制就是一个不断制定标准、实施控制、修订和完善标准的过程。值得注意的是，在标准修订中，应从实际情况分析出发，强调标准的客观性，避免主观因素的消极影响。

9.3.3 管理控制的评价与改善

在管理控制中，为了保证控制的科学性和效率、效益，应对管理控制进行评价。这一评价工作涉及如图 9-14 所示的管理控制的各个基本环节①。

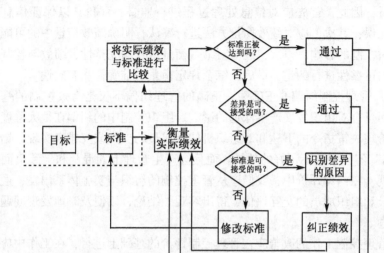

图 9-14　管理控制的基本环节

从图 9-14 可以看出，管理控制由多个环节所组成，各方面的环节因素都影响着管理控制的有效性。因此，我们可以从管理控制的环节出发，结合控制的内容对控制进行综合评价。其评价结果用于改善管理控制工作。

① 管理控制系统的可靠性。在管理控制中，首先应根据管理控制的基本要求、控制目标和管理控制内容构建控制系统和施控系统，明确系统中的各种基本关系，确定管理控制的实施机制。其系统构造要求能够有效地实现管理控制功能，可以避免失控现象发生，其评价可从组织机构和管理目标的实现出发，按管理控制的层级结构进行控制可靠性测评；如果测评指标达不到要求，则需要重新构造和测评，直至达到可靠性指标要求为止。

② 控制标准的合理性。控制标准是实施控制的基本依据，也是组织管理的基本准则，标准的合理直接关系到控制结果和组织的绩效。过高或过低的标准不仅有害，而且将使控制无效。因为，高的标准难以在控制中实现；低的标准，意味着失去控制原则和作用。同时，标准内容的完备性也直接影响到控制的展开。由此可见，控制标准的评价应着重于标准内容的完整性、标准指标的科学性、标准执行的可信性和客观性等方面的评价。

③ 控制衡量的准确性。控制指令的形成源于管理控制中的绩效衡量，

① 引自罗宾斯．管理学（第 4 版）．中国人民大学出版社，1997：481

衡量操作应该规范、准确。准确的衡量来源于管理中控制信息的获取、提炼和分析，因此，首先应对信息处理过程进行监督、评价，以保证信息的准确、无误；其次，应对绩效衡量方法进行确认，明确绩效衡量中的可能误差及其对控制的影响；再次，还应对绩效衡量内容的完整性、绩效与控制标准比较的可靠性进行酌定；最后，综合评定衡量的准确性和有效性。

④ 管理控制纠偏的正确性。正确的管理纠偏不仅是有效控制的基本保证，而且会对组织发展产生深远的影响。组织控制中的纠偏在很大程度上要通过管理决策指令的下达和对组织机构及成员的支配或安排来实现，错误的"纠偏"不仅产生不了好的效果，而且会产生管理上的混乱和导致负面影响的出现。在纠偏评价中，我们应从管理控制的组织与实施体系出发，通过管理人员和组织成员的交互评估，得出客观的结论，以便及时地发现问题、解决问题。

管理控制工作的改善应在管理控制评价的基础上进行，在工作中应突出以下几方面的问题：

① 使管理控制与管理工作的其他方面有机结合。我们已经了解到，管理控制作为管理中的一项基本的职能活动，其职能是其他工作所不能代替的。正因为如此，如果单纯强调控制，仅从控制环节本身出发来改善管理控制工作，这是不够的。在实际工作中，应针对管理控制中所暴露出的各种问题，从综合管理的角度寻求解决问题的答案，即将控制纳入整体化的组织管理体系，进行整体管理的优化。

② 建立管理控制的监督体系。为了促进管理控制的改善，在组织中可以考虑建立管理控制的监督体系，以监督管理控制的实施。控制的监督可以在评价的基础上进行，其内容：一是监督管理控制过程，特别是对组织机构和成员的管理监督作出评价，使广大成员自觉参与工作，以调动他们的积极性；二是对管理控制的有效实施进行监督，促使管理人员在实践中不断改善其工作。

③ 进行管理控制方法和程序的优化。管理控制的方法和程序是影响控制有效性的又一重要因素，在管理控制有效性评价的基础上，应从问题分析入手，找出方法、程序上的原因，以便寻求解决问题的更加科学的方法和优化的程序。当前，信息技术的发展为管理控制的实现提供了许多高效化的信息处理工具，将信息技术和现代控制论方法用于管理控制，已成为管理信息化中的一大课题。为此，我们应该探索新的应用机制，在控制实践中不断创新、发展。

④ 注意管理控制中的一些例外情况的处理。在管理控制中往往会出现

一些例外情况，如由于市场的突变导致某生产企业的某一产品原材料的严重短缺，在常规控制范围内已无法实现正常的调度控制，这时往往需要采用非常规手段进行控制管理。因此，在控制手段的使用上，应顾及到例外情况的发生，以保证出现特殊情况时，不至于留下管理控制上的空白。

9.4 管理控制方式的选择与应用

控制可以按不同的标准，根据控制的性质与特征，将其划分为不同的类型。管理控制的实现，就控制原理与方法而论，可以采取定值控制、程序控制、跟踪控制、自适应控制和极值控制等方式；就管理控制的内容和执行层次而言，它包括战略控制、业务决策控制和作业控制；在控制组织中，管理控制可以采用开环或闭环控制方式进行，作出前馈控制、同期控制和反馈控制的选择。

9.4.1 管理控制的模式选择

管理控制的基础理论和原理是控制论，控制论的基本控制方式可集中应用于管理控制活动的各个方面。在模式选择中，值得注意的是各种模型的应用范围以及基本的控制问题的解决方式。只有弄清这些问题，才能根据管理控制要求和条件作出正确的选择。

（1）定值控制

定值控制是一种维持系统现有预定运行状态的平衡控制。在定值控制中，受控系统的输出水平的给定标准值为常数，输入往往随时间缓慢变化；控制系统的根本任务是在扰动存在的情况下排除各种因素的干扰，将受控量维持在给定的标准值之内。

定值控制在管理中的应用是比较普遍的。例如：生产企业的日产量和月产量的计划是固定的，在控制中可以作为一个固定的常数定值来对待；而生产中的原材料、能源和人员条件却受组织因素的影响，如果出现生产组织中的干扰，必然产生产量的偏差。这时所进行的生产协调控制必须围绕定值的生产任务进行，即实行生产活动的定值控制。定值控制也存在于其他管理活动之中，如人员的组合控制，任务的定值分配，产品的质量控制等。

进行定值控制的关键是确立定值标准，建立调节系统，纠正相应的偏差。定值控制的实现条件是受控制的系统（如企业生产作业流水系统）是一个相对稳定的比较动态系统，且具有一定的抗干扰能力。因而，它适用于组织的各种业务管理活动。

（2）程序控制

在控制中，使一个受控系统的状态保持在状态 X_0（t）的周围（X_0（t）是预定的随时间而变的状态函数），而不是将受控系统的状态保持在一个不变的常态 X_0 的周围。这就是追随程序的控制问题。这里，改变受控系统给定状态的程序，不仅可以作为一个时间函数给出，而且可以作为任何其他函数给出，只要这些量是随时间变化的。

程序控制在管理活动中的存在是比较普遍的。例如，在某一产品的生产、经营活动中，产品生产量以及满足生产需求的原材料供给、人员配备和其他条件的提供，由产品的市场需求量决定，而产品的市场需求量则是一个随时间变化的函数，表现为产品的生命期曲线。显然，产品生产量及其条件提供必然以"市场需求曲线"为参照，进行程序化控制。又如，在实现弹性工作制的事业单位，工作任务量会发生一定的变化，设为时间的不规则函数，对于工作时间的安排，就是一个以任务变化为前提的程序控制问题。对于程序控制，可以利用目标函数求解的方法去解决。

（3）跟踪控制

在某些情况下，系统的预定状态随时间变化的规律预先并不知道，而应在实际控制过程中按某些外部信息来确定。这就是跟踪控制问题。

跟踪控制又叫随动控制。这时，控制系统的目标并不一定是时间的函数，而可能是另一个变量 W 的函数。所谓跟踪，就是跟踪先行量 W，由此调节由控制量所决定的系统运行状况。在控制中，受控系统的目标 J 称为跟随量，由它所跟踪的先行量 W 的一个函数所确定，即 $J = f$（w）。

跟踪控制的一个典型实例是项目实施控制。例如，某一工程项目，不仅具有时间进度要求，而且有着各阶段的严格计划（包括物资供应、技术保证和全方位的作业计划）；然而在工程进行中，各方面环境因素的作用往往难以预测，决定工期的变量复杂。为了将工程项目控制在一定时间内完成，就必须跟踪各方面的因素变化，采取针对性的控制对策，进行全面调整，以实现预期目标。跟踪控制的方法在组织的人力资源管理、竞争控制等方面也有着基本的应用。

（4）自适应控制

自适应控制应用于在没有明确的先行量情况下的控制过程中，控制的任务是从过去的记录中确定期望值 J，以调节控制过程。自适应控制的一种重要情况是"学习过程"。这个过程是从过去的经验出发，以期达到某种目的的知识借鉴和继承过程。一般情况下，可设自适应控制中某一时刻 t 的期望值为 J（t），J（t）为系统过去的输出 Y 的函数，则有：

$$J(t) = f[y(t - \Theta_1), y(t - \Theta_2), \cdots]$$

在环境迅变情况下的组织战略调整就是一个自适应控制的过程。例如，在信息化环境下的企业战略管理，其战略制定必须使企业适应外部环境的变化。这时，作为企业控制者的最高管理者，往往从过去的管理中总结经验，然后根据变化的环境，进行自我调节，如加速企业信息化建设、提高人员的知识素质，以适应未来的发展。从组织管理的角度看，组织成员之间的相互竞争与合作，也是成员的自适应控制过程，它表现为组织成员对未来更具挑战性工作的适应。

（5）极值控制

极值控制又叫最佳（优）控制。它的期望输出值由某一函数的极大值或极小值构成（J_{max} 或 J_{min}）。极值控制的任务就在于寻求满足极值条件的最佳控制。可见，极值控制是为了实现最佳目标所进行的控制。

极值控制中的关键问题是管理控制目标函数的优化，以及优化后的控制可行性研究。只有在可能实现目标优化的情况下，才能实施最优化控制。管理控制中的极值控制，包括资金投入的优化控制、目标市场的优化控制、资源配置的优化控制、人际关系的优化控制等。解决这些优化问题的共同方法是，构造合适的数学模型，将优化目标表示为一个具有可测性的目标函数，然后利用优化控制的理论求得问题的解决方案。

上述几种基本的控制可以用一种统一的形式描述。控制系统的变动标准是某参数的函数，称为控制标准（目标）参数，用 S 表示，于是控制目标为 $J = f(s)$，S 的性质决定了控制的类型。如果 S 为多性质的控制标准，则相应的控制为复合控制。

9.4.2 管理控制的层次安排

管理控制的层次与组织管理层次和组织计划体系的层次结构相对应，可以大致区分为战略控制、业务控制和作业控制三个层次。

（1）战略控制

战略控制是针对组织未来发展战略目标的实现所进行的宏观控制，它是战略管理的重要手段。英国学者特里克和美国学者布兰德在《管理信息与控制系统》[①] 一书中，从战略管理的角度研究了战略控制的形成和作用。

特里克等人认为，基于战略管理的控制是一种面向未来，以资源的有效开发、利用为目的所进行的组织发展控制。这一观点表明，从宏观上看，管

---

① 见该书中译本. 湖北科学技术出版社，1982

理控制与企事业单位的组织策略相联系，并且将注意力集中在效率和有效强调管理控制的目标方面。然而，它排除了许多难以捉摸的关于管理控制的固有概念，对于企事业单位和国家来说，要维持良好的秩序和实现最佳经营管理目标，就必须实施经过推理的、固有的、计划性的和为人们所接受的控制。在价值和需求变化的社会中，这是一个大的前提。按这一观念，关于机构作用和地位的概念将被修正，世界上稀有资源的寻找、金融的不稳定以及政治和社会的剧变，对这些事件的发生，有必要预先作出预测。在实践中，一个管理者能够指望在正确的控制中寻求所需的权力及其作用效果，关心竞争和合作，以及着手于纪律、待遇、报酬、赏罚或批评这些困难的决定。管理控制的意图不可能与价值、权力、职责和能力分开。当然，管理控制研究必须超出管理控制系统的执行机构，战略管理控制本身则是一个按照某一目标指示企事业组织活动的过程。

从战略管理的实施上看，战略控制中必须解决以下基本问题：

① 确定组织当前的宗旨、目标。确定组织的宗旨和目标是实现战略控制的基础，战略目标的制定是组织战略发展计划的具体化、标准化和指标化，其控制目标的制定必须进行充分的论证，预测目标的风险性和控制的目标范围。

② 分析环境构成和组织发展中的问题。在进行战略控制中，必须充分掌握环境对组织的影响，寻找组织目标实现的机遇和组织可能受到的外部干扰，在此基础上建立战略控制模型，分析组织运行对环境的反作用，寻求基本的控制策略。

③ 针对组织运行中的偏差实施控制。战略控制的策略是宏观的，包括资源安排、计划调整、激励政策的出台、组织活动的变革以及流程重构等。采取控制策略是以纠正目标活动的偏差为前提的，因此，战略控制又是一种跟踪环境与目标的控制。

④ 评价控制结果，调整控制手段。战略控制中应适时评价控制结果，进行控制手段的调整，必要时还要进行战略控制目标的修订。这一工作应与计划管理相结合，构建动态性的战略计划管理与控制体系。

战略控制中的几方面工作具有内在的必然联系，在控制中应进行各方面工作的配合。战略控制是一项连续性工作，在战略管理中理应强化管理的控制功能。

（2）业务控制

组织的业务控制是由组织的管理中层实现的基于业务管理职能的控制，是业务计划管理的一项相关工作。组织的业务控制由各业务管理职能部门承担，既具有操作上的独立性，也具有整体上的协调性。因此，业务控制应与业务计划工作相结合，即在业务计划目标协调的情况下进行控制标准的制定、绩效衡量和纠偏、评价工作。

罗宾斯从企业的财务控制出发，讨论了业务控制的目标与标准设置问题。他认为，每个企业的首要目标是获取一定的利润。在追求利润目标中，管理者应从多个方面控制其费用开支和资金流动。他将控制的目标分为流动控制目标、财务杠杆目标、运营控制目标、盈利控制目标。以此为基础，进行了各有关方面的标准规范，以建立完整的财务控制、协调体系。表 9-1 归纳了罗宾斯的财务控制指标，同时作了含义解释。按这一体系，便可以实现财务控制的平衡。

业务控制在战略控制导向下进行，控制中的基本问题是，通过调查，确保业务指标体系的完成。在控制方法的利用上，具有多种控制模式综合利用的特点。

表 9-1 企业的财务控制标准

目 的	比 率	计算公式	含 义
流动性检验	流动比率	$\dfrac{流动资产}{流动负债}$	检验组织偿付短期债务的能力
	速动比率	$\dfrac{流动资产 - 存货}{流动负债}$	对流动性的一种更精确的检验，尤其当存货周转缓慢和难以售出时
财务杠杆检验	资产负债比	$\dfrac{全部负债}{全部资产}$	比值越高，组织的杠杆作用越明显
	利息收益倍比	$\dfrac{纳税付息前利润}{全部利息支出}$	度量当组织不能偿付它的利息支出时，利润会下降到什么程度
运营检验	存货周转率	$\dfrac{销售收入}{存货}$	比值越高，存货资产的利用率就越高
	总资产周转率	$\dfrac{销售收入}{总资产}$	用于获取一定销售收入水平的资产越少，管理当局利用组织全部资产的效率就越高
盈利性	销售利润率	$\dfrac{税后净利润}{销售收入}$	说明各种产品产生的利润
	投资收益率	$\dfrac{税后净利润}{总资产}$	度量资产创造利润的效率

资料来源：罗宾斯. 管理学（第 4 版）. 中国人民大学出版社，1997：485

（3）作业控制

它是一种操作性控制，是对作业过程和作业绩效的控制，典型的作业控制有：科学研究进程控制、生产作业的计划控制、企业物料控制、产品质量控制、市场价格控制、人员安排控制等。

作业控制的针对性强，其控制策略的制定和问题的处理并不困难，关键问题是进行控制安排，寻找最佳的控制方案和控制点。为了分析问题，罗宾斯在《管理学》一书中讨论了采购供应作业控制中的经济订货批量模型（Economic Order Quantity Model，简称 EOQ）①，构造了最优订货控制方案。

经济订货批量模型是在综合考虑了订货与存储的四种费用后的一种平衡模型。订货和存储的四种费用为：采购费用（采购价格加运费、减折扣）；订货费用（订货附加处理费）；保管费用（仓储、保险、税收等费用）；缺货费用（因缺货而产生的损失费）。

EOQ 控制模型的目标是使四种费用中的订货费用和保管费用之和最小，同时保证货物的正常供给和其他费用的正常支出。其中的基本关系为：随着订货数量的增大，平均库存量增加，保管费用也随之上升；大量的订货意味着减少订货次数，因而订货费用将随之下降。例如，对某一物品的年需求量为26 000单位，若每次订 500 单位，每年需订货 52 次（26 000/500），平均库存量为 250 单位（500/2）；如果订货量增至每次2 000单位，订货次数将减少到 13 次（26 000/2 000），平均库存量增至1 000单位（2 000/2），这时订货费用下降，而保管费用上升；反之亦然。图 9-15 显示了这一变化过程。

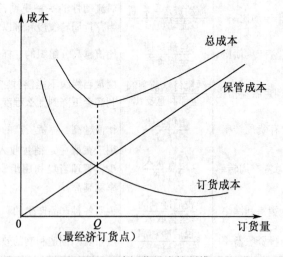

图 9-15　经济订货批次控制模型

如图 9-15 所示，达到最优经济订货批量时，最低的总成本位于总成本

---

① 见罗宾斯. 管理学（第 4 版）. 中国人民大学出版社，1997：535

曲线的最低点，其对应的订货量称为经济订货批量 EOQ。经济订货批量具有如下关系：

$$EOQ = \sqrt{\frac{2 \cdot D \cdot OC}{V \cdot DC}}$$

式中：D 为一定时期内物品的预期需求量；OC 为每次订货费用；V 为物品购买价值；DC 为全部物品价值与保管费用的比率。

9.4.3 管理控制的实现方式

以开环控制和闭环控制的理论为基础，在管理控制中可以按组织运行的控制环节，实现前馈控制（feed-forward control）、同期控制（concurrent control）和反馈控制（feedback control）。

（1）前馈控制

前馈控制是根据系统输入的变化，针对系统运行中即将出现的偏差，对系统状态实施提前调节，以达到预期目标的开环控制。前馈控制可以克服管理控制中的时滞，避免系统偏差所造成的损失，因此是一种面向未来的管理控制，它可以用于管理控制的各个方面。

孔茨在其《管理学》① 第9版中，通过对企业管理中库存投入的前馈控制分析，阐述了基本的控制过程和控制原理。如图 9-16 所示，在库存模型中，如果进货量大于计划，或者企业使用量出现低于计划数量的情况，若不及时采取纠偏措施，将会造成高于计划的库存量。针对库存的前馈控制，在于通过监测进货量和企业生产消耗库存的变化，将库存控制在一定的规模内，使之保持平衡，而不是待库存变化后再采取纠偏措施。可见，前馈控制是一种与输入变化同步的控制，它大大地缩短了控制响应的时滞。当然，前馈控制也对系统输入的监测提出了更高的要求，只有充分掌握系统中各种因素的关联作用，才能获得理想的控制结果。

前馈控制系统是一个动态性的控制系统。在系统构建中，我们应该充分考虑各种因素的影响，作出准确的影响预测，以利于适时采取控制策略。

（2）同期控制

同期控制是一种过程进行中的控制，管理者可以根据工作进度，在外部干扰所引发的后果产生之前，及时地纠正过程进行中的偏差。同期控制的前提是，过程进行的计划、阶段目标和控制标准都十分明确，同时，过程状态具有连续可测的特性。这样，才可能通过适时的过程衡量，发现偏差并及时纠正偏差。图9-17 概括了周期控制的作用过程。

---

① 中译本．经济科学出版社，1993：565

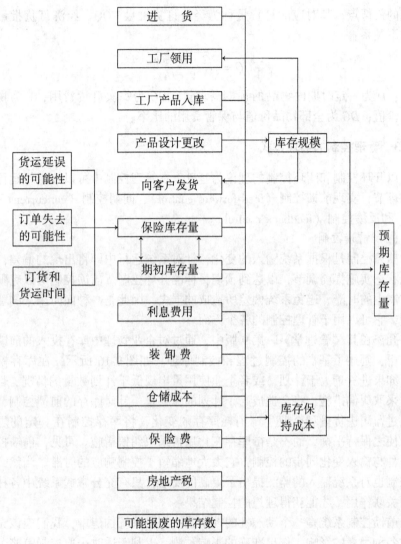

图 9-16 库存前馈控制的投入系统

图 9-17 周期控制作用过程

在活动进行中，管理者通过获取活动过程信息，及时发现问题，通过控制分析，形成控制指令。其控制指令在活动中作用于管理对象和活动的计划安排，达到同期控制的目的。

同期控制的基本条件是：活动过程及其主体作用明确；过程具有可测性与可控性；管理控制直接。一般说来，同期控制用于解决一些具有确定性关系的控制问题，如纠正组织成员的违规行为，进行业务过程的调节等；对于复杂的关联性问题，则要求助于前馈和反馈的方式来解决。

（3）反馈控制

反馈控制是管理控制中最常见的控制类型，其控制作用产生于行动之后。从系统控制的理论观点看，反馈控制通过输出的测定，衡量系统对于管理目标和绩效的偏离，然后找出引起偏差的输入变化或过程进行中的原因，从而寻求解决问题的方案，进行输入或过程的调节。从信息流通角度看，反馈控制构成了一个闭合控制回路，可实现控制策略的优化。

图9-18是一个管理活动中的反馈控制略图。管理者通过对输出的检测发现系统的可能变化，通过与标准的对比建立控制模型，以此为依据对输入或系统过程进行控制。反馈控制适用于以下情况：

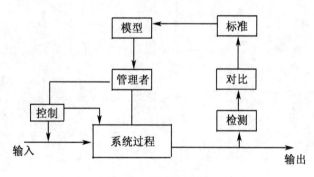

图9-18 反馈控制略图

① 在目标、模型固定和管理者的响应完全确定的情况下，反馈控制通过标准化的操作来完成。

② 目标、模型虽然固定，但没有标准的校正规范，这时，管理者必须通过自适应学习，寻求将系统状态引向规定目标的途径和目标控制的办法。

③ 组织机构的目标可变，这就需要通过反馈控制形成适应环境的新目标，同时通过创新控制模型，按新的标准进行调节控制。

反馈控制可用于解决一些复杂的控制问题。例如，我们可以将战略控制、业务控制和作业控制纳入组织的整体化管理控制体系，利用层次间的反馈不断完善各层控制，达到从整体上优化系统的目的。

思 考 题

1. 什么是控制？什么是管理控制？系统控制是如何实现的？

2. 什么是集中控制、分散控制和集中分层控制？应如何利用这些方式进行管理控制？

3. 试析管理控制的基本形式及其可靠性。

4. 试述管理控制的组织特性与要求。

5. 简析管理控制的基本过程与环节。

6. 如何改善管理控制工作？

7. 管理控制的方法有哪些？内容如何？怎样实现前馈控制、同期控制和反馈控制？

10 知识创新与创新项目管理

关于知识创新与创新项目的管理研究正成为管理学研究的一个重要领域，在国际化知识经济发展中，以知识创新为核心的科学研究与开发已成为经济发展的重要基础。基于这一认识，本章将从知识创新体系构建出发，讨论创新决策、项目组织和创新管理问题。

10.1 知识创新及其体系构建

在组织变革与创新研究中，我们已经了解到创新活动的实质内容和重要意义，明确了创新环境下的组织变革动因和组织发展的方向。这里，我们将从知识创新及其项目管理的角度讨论其宏、微观管理的组织形式和内容，以寻求实际问题的解决方案。

10.1.1 知识创新与生产力发展

马克思在论述资本的发展时，明确指出生产力中也包括科学，提出了社会劳动生产力首先是科学力量的论断。按照马克思的观点，科学技术作为知识，是人类认识、改造自然的产物，一旦科学进入生产过程，这种知识形态的生产力便转化成为生产活动中的直接生产力，其作用结果是社会劳动生产力的极大提高。恩格斯在评价马克思发现了人类历史的发展规律及现代资本主义生产方式和它所产生的资本主义社会的特殊的运动规律时指出："在马克思看来，科学是一种在历史上起推动作用的革命力量。"① 马克思、恩格斯对科学活动的认识和科学生产力发展规律的揭示，构成了马克思主义产生

---

① 马克思恩格斯选集（第3卷）. 人民出版社，1972：575

与发展的一个重要基础。

科学技术作为第一生产力的发展，体现在科学技术知识对劳动力、劳动工具、劳动对象和生产管理的作用上，其倍增作用效应，扩大了生产力各要素的作用，推动着以知识为核心的知识经济的发展。从发展的角度看，科学技术的进步源于创新，而以科学技术创新为龙头的系列创新活动又促进着现代社会的进一步发展。

知识创新事实上是知识生产、知识传播和知识运用的综合。美国社会学家丹尼尔·贝尔（D. Bell）在 1973 年出版的《后工业社会的来临》一书中区分了前工业社会，工业社会及"后工业社会"。前工业社会依靠原始的劳动力，以原发性资源利用为基础；工业社会是围绕着生产和机器这个轴心，为了制造产品而组织起来的；而"后工业社会"强调知识的中心地位，认为是组织新技术、经济增长和社会发展的中轴。如果资本与劳动是工业社会的主要结构，那么信息、知识则是后工业社会的重要结构。所以，"后工业社会的特点并不在劳动价值论，而在知识价值论"。贝尔所谓的后工业社会，实质上就是我们所讨论的"信息化"社会，它将此社会特点分解为以下几个方面：

① 经济方面：以产品生产型经济转变为服务型经济。

② 职业分布：专业与技术职业处于主导地位。

③ 知识轴心：理论知识处于中心地位，它是社会革新与制定政策的依据。

④ 未来方向：控制技术发展，对技术进行鉴定。

⑤ 制定决策：创造新的"智能技术"。

当前，知识创新已渗入人类活动的各个领域，已成为推动组织和事业发展的一个最活跃的因素。从发展角度看，知识创新在组织核心竞争力形成中起着关键性作用。这一作用在企业经营和发展中体现得尤为突出。

企业核心竞争能力是企业开发独特产品、发展独特技术和发明独特营销手段的能力，它是企业各方面能力（包括技巧、技术、企业文化和价值观等）整合的结果。它以企业的核心技术能力为基础，通过企业战略决策、生产制造、市场营销、内部组织协调管理的交互作用而获得使企业保持持续竞争优势的能力。

企业核心竞争能力是一个复杂的多元系统能力，包含多个层面，主要包括以下几个方面的内容：

① 研究和开发（R&D）能力，即为增加知识总量，以及利用这些知识而进行的系统性创造活动的能力。

② 不断创新的能力，即根据市场和社会变化，在原来的基础上，重新整合人力资本等资源，进行新产品研发和有效组织生产，不断创造和适应市场，实现企业既定目标的能力。

③ 将技术和发明创造成果转化为产品或现实生产力的能力，只有将创新意识或技术成果转化为可行的工作方案或产品，提高效率和效益，创新才有价值和意义。

④ 组织、协调企业各生产要素，进行有效生产的能力，特别是在改革创新方案、新产品新工艺方案以及生产目标形成以后，有必要提高企业有效、有序运作的能力。

⑤ 应变能力，即因地、因时、因竞争对手、因顾客消费心理的变化而变化的适应能力。

由上面的分析可见，知识和技术是企业核心竞争能力实现的内在核心。这一关系如表 10-1 所示。

表 10-1 　　　　　　　　　**企业核心竞争能力与知识的关系**

企业核心竞争能力的构成要素	核心能力与知识的关系
研究和开发的能力	是企业中知识需求最密集的领域
不断创新的能力	在已获取知识的基础上创造新知识的能力
将技术和发明创造成果转化为产品或现实生产力的能力	利用生产方面的知识将技术优势向市场优势转化
组织协调企业各生产要素，进行有效生产的能力	通过管理将企业的技术能力和生产技巧融入企业的核心能力之中，需要生产者具有一定的知识和技术
应变能力	利用市场环境的变化，减少风险的能力

20 世纪 80 年代以来的二十余年，知识生产力已成为推动经济增长的主要动力，知识创新和信息要素的作用，在美国已占经济增长的 65% 以上，其他发达国家已达 50%。知识生产力的发展导致了全球发展竞争的加剧。

知识创新生产力的发展源于科学研究与实验发展（Scientific Research and Experimental Development，简称 R&D）活动，联合国教科文组织关于 R&D 活动的界定是：为增加知识的总量（包括人类、文化和社会方面的知识），以及运用这些知识去创造新的应用而进行的系统性、创造性的工作。显然，R&D 活动是知识创新生产力发展的一种创造性活动。

社会的发展、技术的进步导致了创新活动本身也处在不断的发展变化之中，这种变化体现在创新方法的进步和创新手段的革新，创新模式的转变直接促进了创新活动的科学化，创新的效率得到了进一步的提升。不同的阶段，人们对于创新在竞争优势形成过程中作用的理解也在不断地发生着演变，表 10-2 列出了创新模式的演进历程①。

表 10-2   **创新模式的演进**

阶　　段	时　　间	创新类型
第一阶段	1950—1960	技术推进
第二阶段	1960—1970	市场（需求）拉动
第三阶段	1970—1980	相互作用模式
第四阶段	1980—1990	整合模式
第五阶段	1990—2000	系统整合和网络模式
第六阶段	21 世纪	国家创新体系

从表 10-2 可以看出，创新模式经历了一个由传统的线性模式向网络状模式发展的过程。与传统的线性创新模式不同的是，现代的系统集成创新模式是网状结构的：各种创新元素能够进行充分有效的组合，其接触是全方位的，反应方式是互动的或多方联动的，反馈是多向的。各种创新要素完全可以任意的组合成各种创新要素群或要素簇，从而实现最佳的创新模式。

10.1.2　知识创新系统与体制

按熊彼特等人的理论，知识创新包括：开发新产品或开发产品的用途；采用一种新的生产方法，这种新的方法可能建立在科学新发现的基础之上，同时，也可以存在于商业上处理一种产品的新方式之中；开辟一个新的市场，不管这个市场以前是否存在过；探索原材料或半制成品的一种新的供应来源；实现任何一种工业的新的组织。

人们从不同侧面进行的研究表明：一方面，创新总是根据创新者所拥有的基本知识存量实现的，而这些基础知识存量的影响不只反映在技术发明和发明的商业化应用环节上，而且体现在包括生产和市场销售在内的所有环节中；另一方面，基础知识的增长也越来越受到经济活动的引导。传统科学研

---

① R. Rothwell. Successful Industrial Innovation：critical factors for the 1990s ［J］. *R&D Management*, 1992, （22, 3）：221-239.

究方向的选择往往受研究者兴趣的驱动，而现代科学的研究方向往往为强大的经济活动所引导。

从人类活动的范围和分工上看，知识创新涉及各个领域，既包括人们认识客观世界的研究，也包括改造客观世界的探索，同时，还涵盖社会活动和管理工作的各个方面。就组织活动而论，知识创新的内容主要有科技创新、业务创新、制度创新和管理上的创新等。从科技与社会发展角度看，科学技术和经济之间的交互作用，使得发现、发明、研究与创新构成了复杂的因果作用链，形成了诸多因素交互作用下的复杂网络。这种结构便是如图 10-1 所示的以科学研究与发展为中心的知识创新结构。

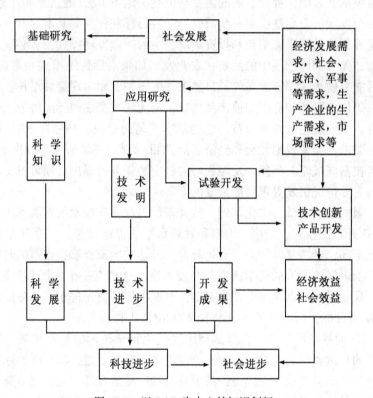

图 10-1 以 R&D 为中心的知识创新

R&D 的目标由社会发展总目标所决定。目前，国际上通常都用综合国力这一指标来反映和衡量一个国家的整体实力和发展能力，国家之间的竞争就是综合国力的竞争。综合国力，除了自然形成的国土、自然资源、地理环境和人口等基本要素外，更主要的是科技、经济、国防、文化、教育、外交、国家管理以及社会精神要素等。这些组成综合国力的要素并不是简单的相加，而是有机的结合，构成整体能力。由此可见，应从构成综合国力的各要素出发，通过系统分析确立 R&D 的目标和任务。

如图 10-1 所示：经济（包括工、农业生产）、社会（包括社会物质生活）、政治、军事等方面的需求对现有工程技术提出了要求，导致了现有技术的组合应用或新的应用技术研究。以科学研究机构为主体的社会各部门同时致力于基础科学研究和新知识的积累，由此产生基础研究成果；基础研究成果通过社会化组织利用，结合生产实践进一步开发成实际应用技术，现代化条件下技术成果的转移应用推动经济发展和社会进步。科学研究与开发的社会组织机制表明，社会发展的需要与可能决定了 R&D 的目标和任务。

社会发展的需要是决定科学研究与开发目标和任务的基本因素。我国的工业发展如果采用资源消耗和投资牵动为主的产业发展模式，势必缺乏发展的后劲，无法摆脱发展中的困难；农业发展如果沿用传统模式和常规技术，则不可能突破土地等资源条件及自然条件的限制，而实现持续增长；对外贸易如果仍依赖资源和低附加值产品出口，将无法改变在国际经济分工中的从属地位，获取理想的外贸效益。这些基本问题的解决，必然对 R&D 提出多方面的要求，需要根据社会和经济发展总目标制定科学研究与开发的目标，实现科技富国战略。当然，发展目标的制定和任务的提出必须可行，必须从社会的实际情况出发寻求可能采取的方案。

我国的经济基础、文化基础、教育基础以及科学技术的发展基础，决定了 R&D 开发的投入、规模、内容和发展水平。很难设想，一个科学技术发展起点不高、经济基础较差、文化教育欠发达的国家能够在很短的时间内达到世界上最发达国家的科学研究与开发水准。这里有一个发展和赶超过程。因此，我国需要根据本国的现实基础，对照世界科技先进水平，分阶段制定 R&D 发展目标，明确任务，组织本国的 R&D 工作。

R&D 的基本任务之一，就是利用现代化科学技术的最新成果，进行国家所有的自然资源的开发，以发挥资源的最大经济效益，确立在国际竞争中的优势。由于自然资源在国民经济中具有特殊的重要性，且大部分资源不可能再生，各国在发展经济中愈来愈重视资源的充分利用和资源保护，由此对 R&D 提出了特殊要求。事实上，当前国际社会竞争中，资源经济已成为一大焦点，各国普遍采取对策，将充分发挥各自资源特色的研究领域置于 R&D 中的突出位置，由此寻求利用高科技发展资源经济的优势。

现代社会知识创新体制（如图 10-2）的建设必须以有关的知识管理政策为基础，要求从现代社会组织的整体发展高度，明确知识管理的功能作用、管理地位、基本任务、管理原则和发展取向。

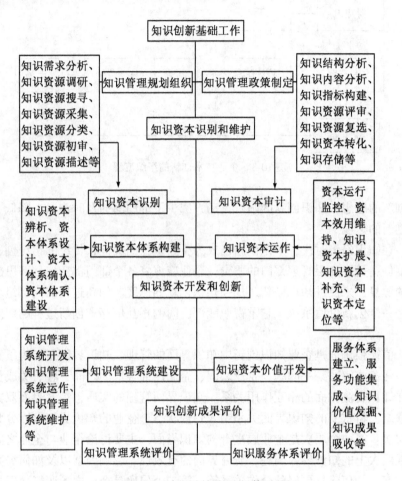

图 10-2 知识创新的组织体系

对于某一个具体的组织来说，知识创新有一个完整的作用过程。这一问题，可以通过企业技术创新的分析来说明。图 10-3 反映了技术创新的组织流程。

传统的企业技术创新理论是一种串行的理论。企业技术知识创新从构思的产生，经过研究开发部门的研究、制造部门的生产、营销部门的营销而到达市场，知识处于一种单向流动的状态。这种串行式的企业技术创新有很多的缺点：它减少了知识创新思想的来源。知识创新来源应不仅仅限于企业的研究开发部门，企业的制造、营销和市场部门在开展业务过程中都有可能产

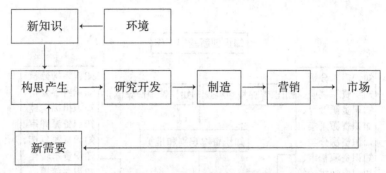

图 10-3　企业技术创新的组织流程

生创新的思想，知识创新的串行流动，减少了部门间的及时沟通，降低了知识创新的速度。

在知识经济时代，知识创新已成为企业生存的关键，传统的组织创新和制度创新是中高层管理部门的职责。企业应该将各个部门都变成创新思想可能的源泉，来促进知识创新，加强知识创新的速度。创新过程的内部组织结构是一个创新价值系统，它重视职能部门间的相互依存和创新过程的双向交流。

值得强调的是企业知识创新中知识界面的管理。知识界面是指为了完成同一任务或解决某一问题，企业之间、企业内部各部门之间、各有关成员之间在知识交流方面的相互作用关系。知识界面管理的实质，是对界面双方进行联结，将重要的知识界面关系纳入管理状态。企业的知识界面可以分为三个层次：第一个层次是企业层次上的知识界面，主要讨论企业与企业之间在宏观层次上的知识界面问题，研究界面的有效性、影响因素以及如何提高界面效率、如何建立更好的合作关系等。第二个层次是企业内各职能部门之间知识的协调关系和联系方式，主要研究企业内各职能部门之间的知识交流过程、影响界面有效性的障碍因素、界面过程动机和激励。典型的如 R&D 同市场营销部门之间、R&D 同生产制造部门之间的知识界面。第三个层次是同一个职能部门内部不同小组之间的知识界面。知识界面管理从组织结构、激励措施和战略等方面促进界面的有效性，以实现知识的共享，促进知识的创新，提高企业的绩效。

10.2 知识创新项目战略决策及其风险控制

知识创新是通过项目组织来实现的，如企业的技术开发、产品研制、流程改造、管理研究等，构成了企业知识创新的主体内容。从发展观点看，项目的战略管理已成为组织发展战略活动的重要组成部分。以下以企业的R&D活动为主要内容，讨论创新项目的战略决策及其风险性控制问题。

10.2.1 R&D 项目内容与作用区分

经济合作与发展组织（OECD）提出，研究与开发，是为了增加知识量，进行人类文化和社会知识的探索，以及利用这些知识从事的创造性工作。在自然科学和工程技术领域，创造知识是发现、发明、创新，是探索客观世界和改造世界的活动。研究由两部分组成，既有对已有知识的继承和借鉴，又有对未知问题的探索和创新；开发则是将科学知识应用于生产或其他社会实践的创造活动。科学研究与开发因此而成为一项整体性工作，这一工作根据分工和社会需要的不同自然形成了不同的门类。

R&D通常根据其性质、目的、应用和过程划分，一般将其区分为基础研究、应用研究和开发研究。

(1) 基础研究项目

基础研究是指没有特定商业目的，以探索自然界客观规律、创新知识、发现新现象为目的的科学研究活动。按研究的目标性，基础研究可以区分为目标基础研究和非目标基础研究。前者系指有特定目标，运用基础研究方法所进行的应用基础研究；后者则是范围很广的科学观测、探索研究活动。目标基础研究多在企业内进行，如日经超导研究、美国CRC进行的有关基础研究等。这种研究大多集中在研究周期较短、开发应用前景看好的基础研究领域，其目的是通过基础研究优势，保证技术开发的领先地位。非目标基础研究大多由国家所属研究部门、院校和基础科学研究组织承担，其研究领域广泛。出于战略考虑，这类研究并不局限于某一具体的定向目标，而在于探索规律，发现现象，积累知识，同时带动应用基础研究和技术开发的发展，为提高科技生产力服务。

以上两类基础研究尽管存在一定的差别，然而具有以下共同的特点：一般没有严格的时间要求；在研究中允许探索和失败；对研究成果并不急于评价，允许进行多方面的验证；研究中强调学术交流和国际合作。

（2）应用研究项目

应用研究是指利用基础研究成果和有关知识，为创造新技术、新方法、新产品、新材料服务的技术基础研究。应用研究是基础研究成果转化为技术和产品的桥梁，是科学研究与开发中的一类重要的研究活动。

应用研究具有鲜明的目标性，研究的宗旨是探索将基础研究成果转变为现实社会生产力的技术问题、途径和方法。应用研究的承担者十分广泛，既有高等院校和科研院所，又有各有关企业。从生产力发展的角度看，应用基础研究起着技术创新源头的作用。

我们知道，现代化的产业并不是传统工业的简单继承与发展，而是建立在现代科学技术重大成果基础上的，以现代应用技术为核心的产业。例如，激光的发现、激光物理的研究成果导致了激光应用研究和激光技术的出现，由此形成了庞大的激光工业部门，开拓了"激光"无比广阔的应用领域，改变着传统工业和人类生活的面貌。今天许多高新技术的开发和研究需要更多的应用成果，诸如超高能、超强磁场、超高温、超高真空、极低温、超高压、超净等应用研究领域也都成了人们瞩目的焦点。

与基础研究相比，应用研究的主要特点为：有目的、有计划、有一定的研究周期时间要求；对研究结果需要作出评价；研究的组织工作和管理工作起着十分重要的作用；研究工作有一定的保密性。

（3）开发研究项目

开发研究利用应用研究的成果和现有的知识与技术，创造新技术、新方法和新产品，是一种以生产新产品或完成工程技术任务而进行的研究活动。一般来说，开发研究包括技术开发、设计研究、生产研究、流通研究、销售研究、使用研究、回收研究等，即将基础研究与应用研究成果用于产品开发、设计、生产、流通、销售、使用和回收全过程所进行的开发性研究。从技术创新角度看，开发研究主要包括试验开发、设计试制和技术服务三个部分。

开发研究的关键是技术创新，它包括新产品或新工艺概念的提出、研究、开发、工程化、商品化生产和销售服务研究等一系列活动。对于某一具体的技术创新，通常要经过以下三个阶段：

① 根据需求和科技、经济的发展，确定开发项目，利用科学研究与开发的已有成果和知识进行项目的实验室研究，获取新技术或制出样机、样品；

② 在实验室研究的基础上，集中力量解决生产技术的实用化问题，进行中试，生产出小批量产品，在一定范围内进行试销，获取可靠的技术经济

数据，以进行技术与产品的改造；

③ 研究大规模生产问题，解决各种技术难题和管理问题，建设生产线、训练操作人员、开拓市场、组织服务，以达到预定的目标和效益。

开发研究区别于基础研究和应用研究的特点为：有具体明确的目标和计划；有严格的时间要求；需要进行严格的管理；具有很强的保密性。

（4）科学研究与开发整体化项目

科学研究与开发中的各类活动的划分并不是很严格的，许多应用研究与开发研究关系密切，甚至成为一体，某些基础研究与应用研究同样相互融合。这一情况在高科技领域尤为突出，它显示了现代社会发展中的科学技术化与技术科学化趋势。

从宏观上看，R&D 的社会化组织管理可分为三个层次：第一个层次是直接为经济建设服务的开发研究管理层次；第二个层次为旨在获取新技术的应用研究管理层次；第三个层次是基础性研究（包括基础研究与应用基础研究）的管理层次。这三个层次对应着科学研究与开发的三大类型。国家从总体上进行三个层次的宏观管理和协调。我国十多年来的组织管理，确保了 R&D 在各个层次上的突破和发展。

企业创新被视为一个复杂的网络，涉及组织内外的联系，既要把各种内部功能联结在一起，又要把企业与研究机构、市场联结在一起。也就是说，创新过程体现为技术能力与市场需求和创新企业内部结构的匹配及整合。①如图 10-4 所示。

在这一创新模式中，有多条路径。创新的中心链，也就是传统的线型链，它始于设计，通过继续开发和生产，终于市场。反馈路径在每两环节之间都反复出现，而且从察觉到的市场需求与消费者直接反馈到下一轮设计，改进产品和服务。在这种意义上，反馈是产品专门化、产品开发、生产过程、市场与生产过程相配合的一部分。在科学研究与发明设计之间通过知识形成链环回路，也就是发明设计的问题首先看现有知识能否解决，如不能解决就进入科研，再返回设计。

10. 2. 2 项目组织中的战略决策

虽然企业技术创新的内容丰富，且存在着创新对象和具体目标的区别，然而项目的组织实施却有着共同的规律。就组织形式而论，企业技术创新有

① P. F. Drucker. *Innovation and Entrepreneurship* ［M］. New York：Harper & Row Publishers，1985

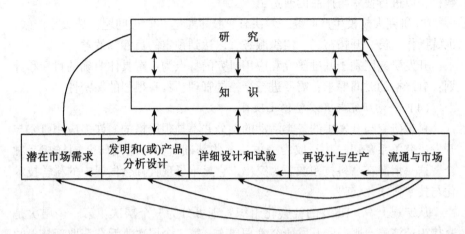

图 10-4　创新过程的相互作用模式

如下类型：

① 独创型技术创新。独创型技术创新是指企业在生产、经营活动中，针对存在着的现实问题所进行的依靠本企业力量，独立完成的技术创新活动，如企业的技术改造项目、产品设计改进等。

② 合作技术创新。对于有些技术创新项目，因受技术开发、资源、经费和其他条件的限制，一个企业难以独立完成，而需要与其他单位联合创新，这种联合进行的技术创新称为合作技术创新。

③ 技术成果转移后的创新。企业接受技术转让后往往需要对受让技术进行创新，以适合本企业的情况，并取得进一步发展。这种创新是在对受让技术吸收、消化基础上进行的，是技术创新的又一重要形式。

以上三类技术创新活动，有着大致相同的决策机制，因而可以总体上进行研究。在进行项目组织的战略决策中，应充分掌握各方面的情况，做好以下几方面的研究工作：

① 掌握企业的生产技术应用和经营情况，从企业实际情况出发，根据企业的需要与可能，拟定技术创新的大致内容、方向和形式，提出用于宏观开发计划制定的客观依据；

② 掌握有关技术的国内外发展情况、当前水平与未来趋势，衡量本企业的技术在同类技术中的地位，明确技术开发的可能方式，为技术创新项目的提出提供信息保障；

③ 从项目利用已有成果的成熟性、发展水平、技术创新的条件与环境

等信息分析入手，结合对企业技术创新实力的评价，预测项目成功的可能性，为风险性决策提供依据；

④ 在成功性预测的基础上，分析项目计划中的各种因素，预测项目各阶段的完成时间及项目完成时的同类技术进展与市场情况，为项目实施提供依据；

⑤ 根据市场状况和企业技术创新后的经营情况，在分析成本与技术利用效益的基础上，作出成本－效益估算，为项目立项提供所需的经济预测依据；

⑥ 分析技术创新项目对社会、环境的影响，从国家政策、法律、法规入手，研究项目实施的社会可行性，向创新项目决策者提供研究结果。

在充分掌握决策信息的基础上，可采用"战略杠杆"方法进行决策研究。

战略杠杆为管理者分析、制定战略提供了有效的工具，使其能够在市场中发现更多机遇；同时，战略杠杆也展示了如何通过改变竞争地位及产业结构创造新的机遇，它还综合分析了几种尚未联系起来但广泛运用的规划工具和技术，可为管理者思考长远规划提供可行的框架。

战略杠杆可以表示为：

战略杠杆＝机动性×利润回报

机动性是指企业针对竞争对手而在目标市场、产品价格、销售渠道及促销方式上作出变动的自由度，企业有几维自由度取决于特定的市场结构及企业在市场中的地位（如图10-5）。

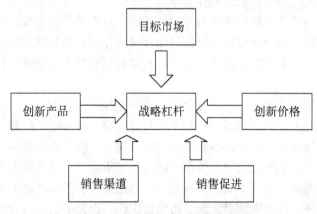

图10-5　战略杠杆中五维变量作用

　　利润回报是指由于机动性而导致的在收益或市场份额上的变化。如果企业通过改变机动性而得到显著的收益，那么该企业的战略杠杆是高效的；否则，战略杠杆是低效的。

　　用战略杠杆的机理分析，机动性程度取决于产业结构及企业的竞争地位，地位改变之后取得的收益取决于整个产业利润分配的方式。产业的竞争态势约束着利润，也就是说，利润被产业结构及不同竞争者的竞争地位所约束。结构及地位决定了博弈的特点及竞争态势，竞争态势决定了战略杠杆，战略杠杆决定着目标战略以及策略的选择。这些关系反过来也成立：企业行为改变着产业结构以及竞争地位，从而决定了竞争态势，从而改变战略选择（如图 10-6 所示）。

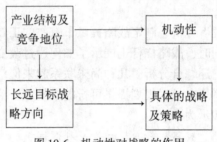

图 10-6　机动性对战略的作用

　　对战略杠杆的利用决定着整体战略地位，在此基础上有两种选择：利用或改变，可以从不同的战略机会中选择。相应地，如果可行的机会不具有吸引力，必然改变博弈规则或博弈本身。

　　核心能力是战略杠杆发挥其作用的基础，只有基于核心能力这种持久的竞争力的支持，企业才能充分发挥战略杠杆的作用；从某种程度来说，战略杠杆提出了对技术创新的需求，技术创新又对核心能力与战略杠杆起着强化作用。

　　企业的核心能力在一定程度上约束着企业技术创新的方向和目标，基于核心能力的技术创新战略是一种切实可行的战略；技术创新战略反过来对核心能力具有反作用，适当的技术创新战略促进核心能力的培养。

　　我们将企业创新能力划分为供给能力和需求能力。供给能力提供企业创新所必需的知识、技术、管理、资金等的内在能力，用核心能力表示。需求能力则提出企业创新资源的配置、市场的定位、产品的研制开发、销售渠道的选择及促销活动的开展。我们用战略杠杆表示这些能力，借用经济学中供需关系曲线分析图来分析两者的关系（如图 10-7 所示）。

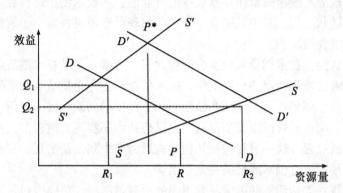

图 10-7　技术创新供求关系图

图中坐标纵轴表示核心能力和战略杠杆共同作用所决定的技术创新效益，坐标横轴表示所需资源量。

S—S 曲线表示技术创新供给——核心能力曲线。D—D 曲线代表技术创新需求——战略杠杆曲线。

仿效产品市场供给平衡可知，S—S 向左上方偏移说明企业核心能力的提高，表现为决策有效性的提高，管理有效性的提高，信息体系健全性的提高，人才政策有效性的提高，生产技术系统有效性的提高，融资系统有效性的提高等 6 个方面。进而为企业技术创新提供了更大的动力和后备保障。相反，S—S 向右下方偏移表明企业核心能力的减弱，表现在 6 个指标体系有效性的下降（可能只是某几个体系的有效性下降，但作为一个完整的系统即表现出总体有效性下降），进而可能引发技术创新动力不足。

10.2.3　知识创新项目的风险性防范

技术创新面临很大风险，严重地影响和制约着企业技术创新活动。技术创新风险的有关问题，已逐渐引起人们的重视。

风险是由于各种因素的复杂性和变动性的影响，使实际结果和预期结果背离而导致利益损失的可能性。风险具有以下几个基本特征：风险是客观存在的；风险是变化的；风险是可测的。

从风险来源看，技术创新风险，是指由于外部环境的不确定性、项目本身的难度与复杂性以及企业自身能力的有限性导致企业技术创新活动中止、撤销、失败或达不到预期的经济技术指标的可能性；从风险因素看，技术创新的风险，就是指从事创新的企业或集团，由于技术、市场、资金、财务、政策、法规等不确定因素而导致失败的可能性；从技术创新过程看，技术创新是一个链状过程，其中只要有一个环节出现严重障碍，就会导致整个技术创新项目的失败。

可以认为，技术创新风险至少应包含三个要素：一是技术创新主体。技术创新风险必须有特定的承担主体，技术创新的主体是指从事技术创新的组织。二是技术创新项目，包括产品创新和工艺技术创新项目。创新项目的选择与确定、项目的难度以及项目从产生设想到市场实现的过程至关重要。三是技术创新过程。这一过程包括从创新构思的产生到创新实现，直至创新成果投放市场及改进创新成果的一系列活动。

影响技术创新活动的因素既有正向的也有负向的。负向因素是不利于创新成功的因素。由于负向因素变化的不确定性，存在使技术创新活动的结果与预期目标发生偏离的可能性，甚至导致技术创新失败。

根据对技术创新风险的不同分类，可分别分析其相应的信息支撑。

① 按技术创新过程各阶段分类。技术创新风险中的过程包括：论证风险，指由于调研不准、决策失误所造成的风险；技术风险，指创新活动从立项开始到样品试制阶段的风险；生产风险，指小批试制到生产的风险；商业风险，指消费者难以接受或消费需求变动以及市场竞争与替代所造成的风险。

② 按风险的特征分类。技术创新风险包括：环境风险、开发前风险、技术开发风险、生产风险、市场风险和财务风险，相应的风险存在于知识创新的各阶段，而环境风险存在于整个创新过程之中。

③ 按风险来源分类。技术创新风险来自于三个方面：外部环境的可变性、不确定性及不可控性，如市场需求发生变化、竞争对手出现或技术替代而导致科研开发失败；科研开发项目本身的难度与复杂性；科研开发主体的综合能力（如资金投入能力、技术能力、抗御风险能力等）的有限性。

④ 按技术开发水平分类。根据新技术开发的水平和对其实现过程进行管理的特点，将技术开发划分为4类：低级、中级、高级、超高级。后两类技术开发的管理工作最复杂，而且实现这两类技术开发的风险很大，失败的概率也很大，然而一旦成功，这两类开发成果生产的产品却可以保证获得很大的利润，并能够在市场上获得巨大成功。

⑤ 系统风险与环境风险。这是从系统的概念出发对技术创新风险进行的分类。系统风险，是指技术创新系统内部的有关因素及其变化的不确定性而引起创新活动失败的可能性。从企业创新看，如开发部门的技术能力、人员素质、设备水平、管理水平、投资强度、市场开拓能力等方面导致技术创

新失败的可能性；从企业经营管理看，如市场调研、技术开发、资金筹措、财务管理、生产管理、组织管理、战略管理、决策等方面存在的导致技术创新失败的可能性。环境风险，是指由技术创新系统以外的环境因素及其变化的不确定性而导致创新项目失败的可能性。环境可分宏观环境（包括人口环境、经济环境、自然环境、技术环境、政治环境、法律环境、社会环境、文化环境等）和微观环境（包括顾客群、供应商、经销商、竞争对手和社会公众）。

⑥ 过程性风险与非过程性风险。将技术创新过程作为一个系统来研究，创新风险包括：创新过程中的因素可能导致的风险；过程以外的因素可能导致的风险。过程性风险比较直观，人们研究得比较多，而非过程性风险不属于创新过程的特定阶段，不是那样直观，如战略风险、观念风险、主体内部组织结构的不协调所导致的风险等。对一项技术创新而言，这两类风险是同时存在、共同起作用的。

⑦ 不同层次的技术创新风险。技术创新风险也具有层次性特征，这对于我们认识和把握技术创新风险具有重要意义。按照层次特征对技术创新风险进行分类：第一层次是最高层次的风险，即决定企业生存与发展的风险，主要是方向性、战略性的因素导致的风险，如开发方向的选择和决策、市场机会的识别与判断、技术创新资源的投入等；第二层次是研究开发、生产、销售等部门的管理与协调中存在的不利于创新成功的因素；第三层次是最低层次的风险，即在技术创新过程中各个阶段可能出现最直接、最具体的因素所导致的风险。

技术创新风险信息保障应围绕着风险控制的各个阶段进行，在风险管理的每一步，都需要有具体的措施。

① 风险识别。风险识别是风险管理的基础和起点，也是风险管理首要的，或许是最困难的一项工作。它的任务是辨认创新项目所面临的风险，确定各种风险的性质，分析可能发生的损失及风险单位。风险识别的方法有很多，在宏观领域有决策分析、统计预测分析、投入产出分析、可行性分析、幕景分析等。在微观领域有生产流程分析、资产负债分析、因果分析、损失清单分析、失误树分析、保险调查分析、专家调查分析等。随着科学技术的发展、高新技术的应用及人们实践经验的积累，风险识别的方法将日臻完善和准确。

② 风险衡量。风险衡量是指对与各种风险相关联的损失进行估计，具体地说，就是根据已掌握的统计资料确定损失发生概率及严重性，确定种种潜在损失可能造成的影响。风险衡量在统计上的计算和分析，是对风险损失

可能性及损失的定量化的研究。对此必须确定概率分布，必须计算某种风险事件可能发生的次数、每次可能损失的金额及年度总的可能损失金额等。进行风险衡量应正确运用概率统计方法，并尽可能借助科学计算技术和计算工具进行。

③ 风险管理决策。在识别和衡量风险之后，就应考虑如何有效地控制和处理风险，即选择避免损失和控制损失的对策，分析各种对策的成本及后果，确定各种对策的最佳组合，达到以最小费用开支获得最大安全效果的目的。风险控制对策包括回避风险、损失控制、非保险转移等，一般在损失发生前实施。回避风险系指直接避开能导致风险的事项和活动，以消除可能发生的损失。回避风险是一种简单易行，但却较为消极的风险控制措施。损失控制系指为消除或减少风险因素所采取的措施，它包括损失预防和损失减少。风险财务对策是指损失发生后的财务处理方式和经济补偿手段，主要包括自留风险和保险。

④ 执行决策。风险管理决策确定之后，必须协调配合使用各种风险管理工具，实施过程中应力求充分发挥损失发生前风险控制工具的作用，防患于未然。事前控制总是比事后处理更加积极主动。因此，必须注意损失发生前后的风险控制对策与财务处理对策之间的有机联系，配合使用并使之相辅相成。这样才有可能实现最经济的风险管理。在执行决策过程中，还应注意信息传递和反馈，促进信息流动，疏通反馈渠道。这是各种风险管理工具能够协调配合、发挥最佳对策组合效用的基本保证。

⑤ 实施效果评估。这一步骤包括对风险识别、风险衡量、已选择的各种风险处置工具及风险管理决策等方面的监督和评价，重在从实施效果来检查和评判风险管理的各环节是否符合风险管理目标。评估应注重调查与信息反馈，切实了解各种风险管理对策的实施效果及费用开支情况，随时根据需要作必要的调整或修正，确定在条件改变时是否提出新的处理方案，使风险管理对策的组织实施尽可能保持最佳状态，以便充分发挥其效能。

10.3　知识创新项目实施中的管理

知识创新项目的实施是一项综合性很强的系统工程，涉及项目论证、立项、人员组织、资源调配以及项目投入的各个方面。在项目管理中，立项与计划管理、过程管理和项目完成后的评估是三个关键性的环节。

10.3.1 项目立项与计划

知识创新项目立项是一个严格的评审、控制和确认过程，有其固有的管理程序。其中的一个典型实证是新产品开发立项管理，对于其他方面的项目。虽然目标、内容有异，然而其管理组织却具有共性。因此，可以采用相同的程序进行。

企业产品开发往往从创意和构想开始，然而这只是企业管理人员和相关性人员对新产品开发的初步设想。企业决策者通过对各种创意和构想筛选后，所提出的新产品开发规划也仅仅是可供选择的产品开发项目的建议或议案。它必须经过全面论证后，才可能成为产品开发的正式起点，其管理自然应从此开始。

产品开发项目论证与立项管理主要围绕立项前的调查研究、项目方案的技术分析和项目的可行性论证进行。

（1）立项前的调查研究

产品市场需求调查是产品开发立项信息保障的一个重要方面，是产品开发决策的重要依据。市场调查的主要内容有：

① 用户需求调查。通过意向式的问卷调查，搜集用户对本企业和同类企业现销产品的意见和对拟开发的新产品的要求，预测有待开发的新产品投放市场后的用户购买率、市场占有率，研究产品的生命周期。

② 市场营销调查。市场营销调查的内容包括同类产品的营销量、市场份额，营销中的反馈意见，市场竞争情况，市场分布以及市场营销管理等。调查的途径，一是从营销企业获取信息，二是作市场抽样分析，三是利用有关统计资料作分析。

③ 销售产品的发展趋势分析。对拟开发产品的同类产品发展趋势进行分析，旨在获取产品质量、性能、外观和用途的变化情况，要求对获取的数据进行定量分析，为产品开发和营销计划的制订提供依据。

（2）项目方案的技术分析

在市场调查的基础上，应对产品开发议案作出全面的技术分析，进行技术可行性论证。技术分析应围绕以下内容展开：

① 产品生产技术的创新性。围绕新产品采用的生产技术，搜集有关资料，通过对比分析，明确产品开发的创新之处和技术优势。

② 产品开发的成熟性。针对产品的设计原理、可能采用的工艺和检测手段，搜集国内外技术信息，提供技术的成熟性与可操作性考察中的信息保障。

③ 产品参数的先进性。搜集同类产品的资料、国内和国际标准，提供产品参数评估研究信息保障。

④ 开发、生产环境的适应性。全面搜集新产品开发环境信息，从原材料与能源供应、环境保护政策、法规联系出发，分析产品开发与外部环境的适应性。

⑤ 本企业的开发能力。对反映本企业技术、生产、管理和经济活动的信息进行系统分析，确认本企业是否有能力开发新产品。

（3）项目可行性论证

在立项前的调查和项目方案的技术分析基础上应进行项目的可行性论证，可行性论证的内容包括项目完成可行性、经济可行性和社会可行性论证。

① 项目完成可行性。对于企业来说，产品开发项目应具有完备的技术条件、实力和物质基础，具有管理上的适应性。如果本企业不具备完成项目的条件或者不具备与外界合作完成项目的条件，则项目是不可行的。在论证中应从企业运行条件、协作关系和内部状况出发进行全面分析，以求得出客观的结论。

② 项目的经济可行性。项目对于企业来说应有明显的经济效益，对于产品开发项目来说，生产中的经费、原材料供应、生产成本以及经营盈利，应符合企业的经营目标要求。在经济可行性分析中，应全面核算项目总投资与总收益、项目投资回收期、项目实现后的利润、流动资金和投入的适应性等。

③ 项目的社会可行性。项目对于社会来说必须是可行的，在社会可行性分析中，应综合下列基本情况：有关国家的政策、法律、法规；项目开发对环境的影响；项目实施后对社会的作用；项目对其他组织的影响等。只有对社会有益，项目才具备实施的可能，因此，应从全局出发对项目的立项进行把关。

（4）项目计划的制订

经立项论证后，开发项目便可以按规定立项。立项中，应确定项目的具体内容，编制任务书，明确项目的组织、委托或招标方式，做好实施前的准备。在这些工作中，编制切实可行的项目计划是各项工作的基础。

项目计划由项目实施阶段决定，同时应明确计划管理各阶段之间的关系。初始过程发生在项目组织之初，用于确认项目的开始；计划编制过程应针对项目的情况，编写一个可执行的工作计划；计划执行过程是对既定计划进行实施；控制过程是通过监测项目进展，采取相应的措施来确保项目不偏离计划目标；结束过程发生在项目阶段的末尾，用于确定项目的结果。图10-8概括了项目计划的编制过程。

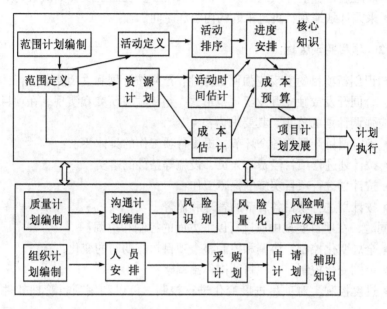

图10-8 项目计划编制过程

在计划编制中应特别强调以下问题的解决：

● 范围计划编制，用于确定项目涉及的范围，通常要做性能价格比的分析；

● 范围定义，将项目的成果目标分解成较小和更易管理的部分；

● 活动定义，确定产生各种项目成果必须进行的活动；

● 活动排序，确定活动进行的先后顺序，常用的方法有网络图等；

● 活动时间估计，估计完成各个活动所需的时间；

● 进度安排，产生项目进度表，方法包括关键路径法（CPM）、程序评审技术（PERT）等；

● 资源计划编制，确定实施项目各项活动所需的资源（包括人力、设备等）及其数量；

● 成本估计，对完成项目各项活动所需的资源成本作出估计；

● 质量计划编制，了解有关的标准并确定符合标准的具体办法，如过程流程图法等；

● 组织计划编制，建立项目小组等组织，确定相关人员职能等；

- 沟通计划编制，决定项目有关人员沟通的方式、内容；
- 风险识别，确定可能影响项目的有关风险；
- 风险量化，估计风险的大小，可采用一些统计手段（如决策树等）；
- 采购计划编制，决定采购的内容和时间。

10.3.2 项目实现管理

知识创新项目的实现应强调目标性，严格按计划和立项要求进行，通过招标、合同开发或独立开发等规范形式，组织项目研究和实现。在项目进行中，应强调计划的落实，其要求为：
- 确定项目计划的各个环节，提出各项工作的具体要求；
- 按计划进行项目经费、人员、设施等条件的落实；
- 按计划进行项目实施的保障工作；
- 按计划进行项目各环节的管理和监督。

同时，在项目实现中应进行以下方面的控制和协调：
- 全局变化控制，协调和控制整个项目执行期间的变化；
- 范围变化控制，对项目范围作出调整；
- 进度控制，对项目进度变化进行控制，可以利用项目管理软件（如 Project）；
- 成本控制，对项目预算变化进行控制；
- 质量控制，监测项目执行结果，确定其是否满足有关的标准并采取相应措施；
- 过程评估，对项目阶段执行情况进行评估，撰写分析报告等；
- 风险响应控制，对项目实施过程的风险变化作出响应。

在项目实现中，应按项目实施要求组织各阶段的工作。如产品开发项目，应按序组织以下几个阶段的工作：

（1）新产品设计

新产品的设计工作分为三个基本步骤。

① 方案设计。方案设计的任务是正确选型，确定新产品的基本结构和基本参数。一般的方案设计内容包括：总体方案设计；外观造型设计；产品原理设计；产品结构总图；产品参数与技术性能确定；产品生产技术要求等。方案设计既为产品技术设计提出总的要求，也为产品试制提出总的原则。作为一种概念化设计，其方案的优劣直接关系到新产品开发的成败。

② 技术设计。新产品的技术设计要求确定产品的具体结构和形式，在保证新产品的先进性、合理性、工艺可行性和经济性的前提下，按方案设计

的总范式，组织各方面设计人员进行产品各部分、各部件的设计和组装设计。在技术设计中，要求解决生产加工中的工艺及技术问题，提出加工、装配、检测、使用等方面的技术规范与要求。

③ 试制设计。试制设计的任务是绘制新产品试制所需的全套图纸，编制有关制造工艺的全部文件，为产品的制造、装配、检测等提供技术依据。试制设计的图纸包括总图、装配图、流程图、部件图、零件图、安装图。技术文件有工艺规范、产品标准、材料明细表、使用的加工件和装配说明文件等。

(2) 新产品试制与鉴定投产

新产品试制是开发中的一个关键环节，其任务是按设计开发出符合要求的新产品，经鉴定后组织生产。

新产品试制，按产品创新性分为新产品的试制、换代产品的试制和改进产品的试制。不同产品的试制具有不同的难度和模式。其中，全新产品的试制由于采用了新原理、新结构、新材料、新技术，具有很大的开发难度。对于这类新产品的开发，我们已将其纳入技术开发项目并进行了专门化的信息保障研究。这里，要讨论的仅限于企业开发的换代产品和改进产品的试制工作。

换代产品的生产采用了新材料或新元件、新技术，其性能有重大改进；改进产品的生产采用了各种改进技术，是对原产品在功能或用途等方面的完善。这两种新产品的生产要求对加工、装配技术作出创新或改革，其试制中的主要任务是解决生产中的技术问题，提高技术的等级水平，或利用新的工艺手段进行产品的生产。基于这一事实，产品试制中的信息保障在于为生产技术、工艺的更新提供及时的技术信息服务，其重点是提供解决技术难题的可资利用的成果信息，确保用户对关键信息的获取渠道。由此可见，产品试制中信息保证可以采用跟踪项目和用户跟踪方法进行。

新产品试制中存在着根据试制中的具体情况改进产品设计的问题。事实上，产品试制本身就是对设计的考核，如果按设计要求和规范试制出的产品不能达到预期的性能、质量和其他方面的技术要求，则说明设计存在问题。这时，必须将试制中的有关材料、工艺、装备等方面的数据反馈给设计人员，作为修改设计的依据。由此可见，产品试制与产品设计具有不可分割的联系，在信息保障中必须建立这种产品开发中的信息沟通渠道。

新产品在正式投产前要通过鉴定，鉴定由有关专家共同作出。这是对新产品开发的全面评定，其目的是作出产品是否投产的结论。

（3）新产品试销与市场开发

新产品经鉴定、审批、投产后，存在着试销的问题。其试销活动的目的，一是打开市场，二是征询用户意见，通过改进来定型。

产品试销的信息保障任务是向企业提供以下信息：产品在使用过程中的功能、质量和技术故障的发生情况；产品用户对产品的接受情况；产品试销单位对产品的评价；试销量的变化情况；产品销售服务问题等。

产品经试销定型生产后，面临着开拓市场的问题。在产品投放市场后，还需进行产品市场的调查与分析，其目的是通过搜集信息，为进一步改进产品设计、生产和市场销售提供依据。

产品市场信息分析的内容有：

① 产品销售的变化情况，主要购买对象的地区与阶层分布，可能的潜在用户，以及销售渠道的合理性；

② 同类产品的市场营销情况、经销方式、市场占有情况，以及生产企业的综合竞争实力、新产品开发实力等；

③ 同类产品的技术性能参数比较，各自的优势与问题；

④ 市场的发展动态，包括市场对产品改革的要求，产品更新周期，以及目前的市场发展阶段；

⑤ 市场对本产品的原材料及能源供应情况，价格状态及发展趋势；

⑥ 社会环境对产品营销的约束，包括经济发展对产品需求的影响，科技进步对产品生产的作用等。

产品市场信息分析的结果对企业新产品的持续开发具有重要意义。市场开发既是新产品开发的终点，又是下一代换代产品或新用途产品开发的起点。

任何新产品，就其销售而论都有一定的生命期。同生物的生命一样，产品也要经历从诞生、成长、成熟到衰亡的过程，其生命期的长短与产品用途、采用生产技术的老化速度、原材料更新周期和生产同类产品企业的竞争情况等因素有关。通过对这些因素的综合分析可以预测某一新产品的生命周期。根据产品销售的周期性变化，可以科学地确定换代新产品的开发时机。

10.3.3 项目绩效评价

知识创新项目完成后的评价是改进项目管理，实现滚动开发与组织的可持续性发展的基础性工作。其绩效评价，一是项目完成的综合评价，二是项目的经济效益评估。

（1）项目完成的综合评价

项目完成的综合评价可以按指标体系进行，涉及项目进行的全过程。这一点可以通过企业的技术创新项目评价来说明。由于技术创新是一种技术的、制造的、管理的和商业化过程的全程组合，因此其评价可分为若干个评价（评估）项进行。例如史迪尔（Steele）曾经用核对表（checklist）的形式对 R&D 活动进行了评价，核对表的内容包括：项目目标的关联性是否由资源约束决定，是否考虑了制造要求，技术项目是否能持续有效地增加创新性。兰斯利（Ransley）等人对企业的最佳 R&D 实践进行了研究总结，提出了 7 个应考虑的方面：技术策略、项目的选择管理、核心能力、有效性、外部意识、技术转移和人员。从这一思想和理论出发，我们可以将 R&D 项目评价区分为表 10-3 所归纳的 5 个方面，然后分为更小的项目进行加权评价。

表 10-3　　　　　　　　　R&D 项目完成综合评价指标

评价项	评估指标
R&D 战略制定	1. 理解企业战略 2. 理解企业技术水平和竞争地位 3. 高层管理者的参与程度 4. 关注企业外部技术
项目的选择与管理	1. 各个部门共同研究确定项目计划 2. 风险分析 3. 成本/效益分析 4. 明确的项目目标和阶段标准 5. 定期评价项目进展 6. 产品开发项目短、中、长期项目比例
项目承担团队	1. 团队有确定的任务和工作重心 2. 团队对项目自始至终负责 3. 强有力的团队负责人 4. 足够多的实施权力
与其他部门的合作	1. R&D 部门与营销部门的定期交流 2. R&D 与流程管理的协调 3. R&D 与生产部门的结合 4. R&D 与人力资源管理的关系 5. R&D 中财务管理的配合
R&D 投入产出	1. 企业研究开发投入强度 2. 研究开发技术人员比例 3. 新产品销售收入比例 4. 专利产出数量

在评价企业技术创新时，用传统的指标评分法难以达到评价的预期目

的，企业在实施时也会出现一些不易解决的问题，例如对有些指标难以用数量解释，企业根据什么样的基准来评价它是含糊不清的。评价实质上是通过数字的量化手段来评价企业的薄弱环节，为了使企业在评估时有据可依，可以根据每个评价项的指标制定一种打分卡以便使企业可以快速评价 R&D 项目绩效。

（2）项目经济效益评估

对创新项目的经济效益可以利用计量经济指标的计算方法进行评估，常用方法有投资回收期分析、净现值分析与年费用分析等。

① 投资回收期分析。投资回收期分析是技术经济分析中最简单的方法。对于创新项目，投资回收愈快，其技术经济效益就愈好。以此出发，可以将投资回收所需的时间（即投资回收期）作为分析指标。

投资回收期公式为：

$$d = \frac{A}{B_1 - B_2}$$

式中，d 为投资回收期，A 为投入费用，B_1 为年收益，B_2 为年消耗费用。

② 净现值分析。技术创新投资要经若干年后收回，在这期间要支付一定的利息。因此对技术创新的技术经济效益分析，应考虑货币的时间价值，这就是净现值分析与年费用分析的出发点。净现值分析是把未来各年现金流入（即折旧和利润）数，按复利贴现计算，转变为相当于现在的价值，然后与现在的投资费用相比较，得出净现值。如果净现值为正值，则技术创新有一定的技术经济效益；净现值愈高，技术经济效益就愈好。

引入现值系数 σ：

$$\sigma = \frac{(1 + i)^n - 1}{i(1 + i)^n}$$

式中，n 为年数；i 为利率。

如果用 W 表示技术折旧和利润回收（折算为现值）的总值，用 W_0 表示每年现金流入量（折旧和利润），则：

$$W = \sigma W_0$$

那么，净现值为：

$$S = W - A$$

式中，S 为净现值，W 为折算现值总值，A 为总投资。

③ 年费用分析。年费用分析与净现值分析原理相同。它是将一次支出的投资费用，按复利计算，换算为未来每年投资回收费用（即按复利计算

的年折旧费），然后加入到年总费用中进行比较。年费用愈少，经济效益就愈好。

年回收投资费用 A_1 为：

$$A_1 = \lambda A$$

式中，λ 为资本回收系数，A 为初次（总）投资费用。

按复利计算，资本回收系数 λ 为：

$$\lambda = \frac{i\,(1+i)^n}{(1+i)^n - 1} = \frac{1}{\sigma}$$

这时，年费用 Z 为：

$$Z = A_1 + E_1$$

式中，Z 为年费用，E_1 为每年支出的营业费用，A_1 为每年回收的投资费用。

10.4　知识创新项目过程优化

知识创新项目的实施是由各个相联系的工作环节所构成的系统过程，同一项目，实现路径和方法存在着选择和优化问题。这里，我们从运筹、控制的角度出发，着重讨论动态规划法与网络规划法的应用。

10.4.1　动态规划的应用

动态规划是美国数学家 R. 贝尔曼于 20 世纪 50 年代作为多阶段决策方法提出的。所谓多阶段决策，是指按过程的时间顺序分为若干阶段，而在每一阶段都需要作出决策的控制过程。一个离散型的最佳控制问题，从动态规划的观点看，就是一个多级决策过程的最佳控制问题；而连续型最佳控制问题也可以用动态规划方法化为变分问题。因此，动态规划已成为现代管理中寻求最佳控制的一种有效方法。这一方法在情报管理中的应用也是十分普遍的。

研究动态过程的基本出发点是，动态过程的状态转移由控制变量 U 确定。这是动态规划法用以解决多阶段决策过程的重要依据。值得注意的是，在解决问题中，我们只考虑系统初始时刻的状态以及未来诸阶段的状态转移，以此为依据优化整个过程。

设某一创新项目计划分三步完成其研究工作，如图 10-9 所示，A、D 分别为初态和终态，在 A 与 D 之间有两组中间状态：$B = \{B_1,\ B_2,\ B_3\}$，$C = \{C_1,\ C_2,\ C_3\}$。过程控制的任务是找一条从 A 到 D 的最佳路线（方案），其具体含义可以是：时间最短、所消耗能量最少、经费最省等。图中每两站之间的箭头表示过程方向，所标数字表示时间、能量或消耗等指标。

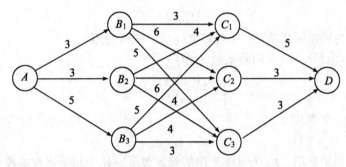

图 10-9　三阶段动态规划

显然，这是一个三阶段决策控制的最优化问题：由 A 到 B 中的任一状态为第一阶段；由 B 中的某一状态到 C 中的任一状态为第二阶段；由 C 中的状态到 D 状态为第三阶段。在过程进行中，决定过程的方向及方式称为决策，取过程极值的决策为最佳决策。为了研究这一基本问题，引入下列概念和符号：

决策起点到终点之间的过程段数称为阶段变量，用 n 表示。

某阶段上运动所处的位置称为状态变量，用 X 表示。

$U_n(X)$ 表示当前状态为 X，距终点还有 n 个阶段时，所要选取的决策称为决策变量或控制变量。所有各阶段所取决策的总体组成整个过程的控制策略。

$f_n(X)$ 表示当前状态为 X，距终点还有 n 个阶段时，由 X 距终点的最短距离。

$R(X_1 U_n)$ 表示点 X 至 $U_n(X)$ 的距离，即本阶段决策所付出的代价，称效益函数（或用损失函数表示）。

对例中的问题，我们可从最后一个阶段开始着手计算。

令 $n=1$，这时 $f_1(C_1)$ 表示由 C_1 至 D 的最短距离，由于自 C_1 至 D 的路径是惟一的，所以可供选择的决策只有一个，即 $U_1(C_1)=D$，于是：

$$f_1(C_1) = R(C_1, D) = 5$$

同理，

$$f_1(C_2) = R(C_2, D) = 3$$
$$f_1(C_3) = R(C_3, D) = 3$$

随后，令 $n=2$，这时从 B_1 出发可有三个决策：从 B_1 分别至 C_1，C_2，C_3。从中选最优者。

$$f_2(B_1) = \min_{c_i}\{R(B_1, C_1) + f_1(C_1), R(B_1, C_2)$$
$$+ f_1(C_2), R(B_1, C_3) + f_1(C_3)\}$$
$$= \min\{3+5, 6+3, 5+3\} = 8$$

由此可知，如果状态处于 B_1，则下一个最佳决策是：

$$U_2(B_1) = C_1 \text{ 或 } U_2(B_1) = C_3$$

同理可知，

$$f_2(B_2) = \min_{1 \leq i \leq 3}\{R(B_2, C_i) + f_1(C_i)\}$$
$$= \min\{4+5, 6+3, 4+3\} = 7$$

最佳决策是：

$$U_2(B_2) = C_3$$
$$f_2(B_3) = \min_{1 \leq i \leq 3}\{R(B_3, C_i) + f_1(C_i)\}$$
$$= \min\{5+5, 4+3, 3+3\} = 6$$

最佳决策是：

$$U_2(B_3) = C_3$$

最后，当 $n=3$ 时，

$$f_3(A) = \min_{1 \leq i \leq 3}\{R(A, B_i) + f_2(B_i)\}$$
$$= \min\{3+8, 3+7, 5+6\} = 10$$

最佳决策是：

$$U_3(A) = B_2$$

因此，全过程最佳决策是 $U_3(A) = B_2$，$U_2(B_2) = C_3$，$U_1(C_3) = D$，即：$A \rightarrow B_2 \rightarrow C_3 \rightarrow D$。

在动态规划中，系统开始状态已给出，取定一个决策就相当于将开始状态作一变换，转变为另一状态。因此，引入代表目标泛函的最优函数后，利用最优原则便可以建立一系列的递推方程，从而得出相应的最佳控制策略。

以下讨论多步决策过程最佳控制的一般情况。

对于离散型动态系统，设状态为：

$$X(k+1) = f[X(k), U(k), K]$$
$$K = 0, 1, \cdots, N-1$$

$X(k)$ 为状态向量，开始状态 $X(0)$ 已知，约束条件：

$$H_i(X, U) \leq 0, i = 1, \cdots, P$$

现在要找出 N 个控制向量 $U(0)$，$U(1)$，…，$U(N-1)$，使目标泛函

$$\sum_{k=0}^{N-1} G_k[X(k),U(k)] + G_N[X(N)]$$

达最小值。

这一控制问题如图 10-10。

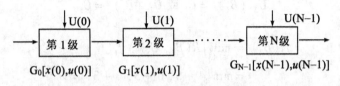

图 10-10　多阶段决策控制

可见，每一级（一步）决策实为状态空间的一个变换，确定决策就是控制某一变换规则，当状态空间中任一点给出后，据此规则便可知其变换到哪一点。

我们用决策序列 $\{U(0),…,U(N-1)\}$ 表示控制策略。当开始状态 $X(0)$ 及步数 N 给定后，目标泛函也随之而定：

$$S[X(0),\{U(k),k=0,…,N-1\}]$$

$$= \sum_{k=0}^{N-1} G_k[X(k),U(k)] + G_N[X(N)]$$

最佳控制则是决定最佳策略：

$$S[X(0),\{U^*(k)\}] = \min_{\{U(k)\}} S[X(0),\{U(k)\}]$$

S 最小值仅与 $X(0)$、N 有关，记作 $f_N[X(0)]$，U^* 为最佳控制，分 N 步进行。

设 $f_N[X(0)] \triangleq$ 始态为 $X(0)$ 的 N 步决策过程，在使用最佳控制决策后，f_N 即为目标泛函的最小值。

根据前述的最佳控制策略的重要性质可知：不论第一步决策 $U(0)$ 如何，余下的 $U^*(1)$，…，$U^*(N-1)$ 共 $N-1$ 个决策对由于 $U(0)$ 于 $X(0)$ 所导致的状态 $X(1) = f[X(0), U(0), 0]$ 应构成一个 $N-1$ 步最佳策略。因此，可对 $X(1)$ 考虑 $N-1$ 步决策过程，用 $U^*(1)$，…，$U^*(N-1)$后，目标泛函后 N 项和为：

$$\sum_{k=1}^{N-1} G_k[X(k),U(k)] + G_N[X(N)]$$

应取最小值 $f_{N-1}[X(1)]$。因而对始态为 $X(0)$ 的 N 步控制过程，若采用 $U(0)$，$U^*(1)$，…，$U^*(N-1)$，则相应目标泛函为：

$$R_0[X(0),U(0)] = G_0[X(0),U(0)] + f_{N-1}[X(1)]$$

其中，$X(1) = f[X(0)，U(0)，0]$，第一个决策 $U^*(0)$ 应使 f_N 取极小值：

$$f_N[X(0)] = \min_{U(0)\in U} R_0[X(0),U(0)]$$
$$= \min_{U(0)\in U}\{G_0[X(0),U(0)] + f_{N-1}[X(1)]\}$$

同理，对于以 $X(1)$ 为开始状态的 $N-1$ 步控制，应有：

$$f_{N-1}[X(1)] = \min_{U(1),\cdots,U(N-1)\in U}\left\{\sum_{k=1}^{N-1} G_k[X(k),U(k)] + G_N[X(N)]\right\}$$
$$= \min_{U(1)\in U}\left\{\min_{U(2),\cdots,U(N-1)\in U}[G_1(X(1),U(1))]\right.$$
$$\left.+ \sum_{k=2}^{N-1} G_k[X(k),U(k)] + G_N[X(N)]\right\}$$
$$= \min_{U(1)\in U} R_1[X(1),U(1)]$$
$$= \min_{U(1)\in U}\{G_1[X(1),U(1)] + f_{N-2}[X(2)]\}$$

其中，$X(2) = f[X(1)，U(1)，1]$

依次类推：

$$f_{N-1}[X(i)] = \min_{U(i)\in U} R_i[X(i),U(i)]$$
$$= \min_{U(i)\in U}\{G_i(X(i),U(i)) + f_{N-(i+1)}[X(i+1)]\}$$
$$\cdots\cdots\cdots\cdots$$
$$f_1[X(N-1)] = \min_{U(N-1)\in U} R_{N-1}[X(N-1),U(N-1)]$$
$$= \min_{U(N-1)\in U}\{G_{N-1}[X(N-1),U(N-1)] + f_0[X(N)]\}$$
$$f_0[X(N)] = G_N[X(N)]$$

以上论述了动态规划的原理。利用动态规划法解多步决策问题时，应从最后一个阶段开始计算，逐步递推。

由前式可得 $f_0[X(N)]$，代入后式，利用 $X(N) = f[X(N-1)，U(N-1)，N-1]$ 求出最佳的 $U^*(N-1)$，这便是最优决策；然后求 $U^*(N-2)$，依次类推，最后可求出 $U^*(0)$。综合 N 步结果，得出最佳控制策略：$U^*(0)$，$U^*(1)$，…，$U^*(N-1)$。

对于连续时间系统的最佳决策控制，可以先求出目标泛函的最优值所满足的方程，通过求解哈密顿－雅可比－贝尔曼方程，最终得出最佳控制策略。

10.4.2　网络规划方法的应用

网络规划是现代管理与工程控制中的一种重要方法，由于知识创新项目活动具有复杂性和多变性，因而采用网络规划方法十分有效。在项目活动的网络规划中，涉及一些基本量的计算。

① 确定各项活动的完成时间。在活动中往往很难精确确定活动的完成时间，这时常按三点法估算：乐观时间 a；悲观时间 b；正常情况下的可及时间 m。其活动完成时间的数学期望值为：

$$t = \frac{a + 4m + b}{6}$$

由上述三点法计算的平均时间与实际时间之间的偏差为：

$$\sigma = \frac{b - a}{6}(近似值)$$

② 活动的最早开始时间和最迟结束时间。项目活动具有连续性。在网络图中，某项活动的最早开始时间 T_E 是由其前期事项（箭尾事项）决定的，只有当它的所有先行工作都完成后，才具备开始工作的条件。在一系列活动中，其起点活动最早开始时间为 $T_E(1) = 0$；其一中间活动的最早开始时间为 $T_E(j)$，等于箭尾事项的最早开始时间 $T_E(i)$ 与活动时间（箭线时间）t_{ij} 之和，如果箭头活动由多个箭头所指向，则箭头活动的最早开始时间应为其中和的最大值：

$$T_E(j) = \max\left[T_E(i) + t_{ij}\right]$$

活动的最迟结束时间用 T_L 表示，系活动完成的最迟时间。箭尾活动的最迟结束时间 $T_L(i)$，等于它的箭头活动的最迟结束时间减去箭线时间。若箭尾活动引出多支箭线，有：

$$T_L(i) = \min\left[T_L(j) - t_{ij}\right]$$

如图 10-11 所示，在一系列情报活动中，有：

$$T_E(3) = 6$$
$$T_E(4) = \max[5 + 4, 6 + 7] = 13$$
$$T_L(3) = 6$$
$$T_L(4) = \min[24 - 6, 22 - 9] = 13$$

对终点活动有 $T_L(N) = T_E(N)$

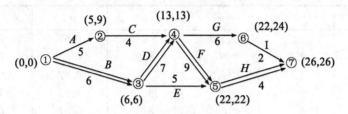

图 10-11　情报活动的网络图

③ 活动的时差与关键线路的确定。活动的时差，是指某一活动的结束时间在不影响整个活动按期完成的情况下允许推迟的时间。它是活动的机动时间。情报活动的时差计算公式为：

$$T_S(i) = T_L(i) - T_E(i)$$

时差为 0 的活动表明没有任何机动时间。将时差为 0 的活动事项按序串联起来，就是所寻求的关键线路。

如图所示，T_S（3）与 T_S（4）都为 0。

④ 完成整个活动的概率。活动完成的时间由关键线路决定。由于每一活动的随机性，使按关键线路而计算的整个活动完成时间也是不确定的预计时间。为了对活动进行控制性指导，有必要从概率论的观点计算其可能性程度。

网络图中各项活动完成时间为：

$$t_{ij} = \frac{a + 4m + b}{6}$$

t_{ij} 服从 β 概率分布。$t_{ij} > b$ 或 $t_{ij} < a$ 的概率为 1%，标准偏差 $\sigma_{ij} = \frac{1}{6}$（$b - a$）。

如果整个活动由 K 个活动组成，选择关键线路有：

$$T_E(N) = \sum t_{ij}$$

$$\sigma = \sqrt{\sum \sigma_{ij}^2}$$

当 K 充分大时，活动的预期完成时间是以 T_E（N）为均值，σ 为标准偏差的正态分布。

N（0，1）是以 0 为均值、以 1 为标准偏差的正态分布密度函数。查正态分布数值表便可求得整个情报活动在规定 T_D 内的完成概率。

对图 10-11 中的数据进行计算，结果列入表 10-4 中。

表 10-4　　　　　　　　　　　　数值计算表

活动	a	m	b	σ_{ij}	σ_{ij}^2
1 − 2	2	5.5	6	0.67	0.45
1 − 3	3.5	6	8.5	0.83	0.69
2 − 4	1	4.5	5	0.67	0.45
3 − 4	5	6	13	1.33	1.77
3 − 5	4	4.5	8	0.67	0.45
4 − 5	7.5	8.5	12.5	0.83	0.69
4 − 6	5	5.5	9	0.67	0.45
5 − 7	3	3.5	7	0.67	0.45
6 − 7	1.5	2	2.5	0.17	0.03

这时，

$$\sigma = \sqrt{\sum \sigma_{ij}^2} = 1.9$$
$$T_E(N) = 26$$

若令 $T_D = T_E(N)$，$Z_1 = \dfrac{T_D - T_E(N)}{\sigma} = 0$，则 $P_1 = 0.5$；

若 $T_D = 28$，$Z_2 = 1.05$，则 $P_2 = 0.85$；

若 $T_D = 25$，$Z_3 = -0.53$，则 $P_3 = 0.3$。

可见，T_D 愈大，完成概率也愈大。如果 T_D 与按关键线路计算的时间相等，则必须保证按计划开展活动。

创新项目活动的优化可以利用网络规划方法来实现。为了说明问题，以下举一简单的计算实例。

设一项目活动的初步方案如图 10-12 所示，现对其实施目标控制，使网络计划在时间、资源上最优。

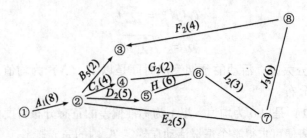

图 10-12　项目活动的网络规划

图中：①$\xrightarrow{\quad M_t\,(W)\quad}$① 为活动；括号中的数字为相关安排。

首先，根据网络图可以初步计算各项活动的 T_E，T_L，T_S，并决定关键线路（见表10-5）。

表 10-5　　　　　　　　　　　网络规划数据表

T_L		1	2	3	4	5	6	7	8	
T_E		0	1	9	4	3	6	8	11	T_S
1	0		1							0
2	1			5	3	2		2		0
3	6								2	0
4	4						2			0
5	3						3			0
6	6									0
7	8								3	0
8	11									0

如表10-5，关键线路为①→②→④→⑥→⑦→⑧及②→⑤→⑥，完工时间为11周；非关键线路为②→③→⑧，时差3周；非关键线路②→⑦，时差5周。如果采取各项活动都尽早安排的原则，资源（人员）使用情况如图10-13所示。这一控制程序为探索性程序。

为了实现活动程序的优化，在调整探索性程序时应尽量减少总周期的后延量，其时差是一个重要因素。因此，在关键性活动与非关键性活动矛盾时，应优先安排关键性活动；同时，资源需要量大的优先安排，资源需要量小的穿插安排。为了保证活动的连续性，一旦工作开始便不宜中断。

根据上述原则，可以计算各情报活动的优先系数 K_{ij}，以此作为排序依据。

$$K_{ij} = (2\alpha_{ij} + \beta_{ij})\left(\frac{W_{ij}}{W_{\max}} + R_{\max}\right) + (R_{\max} - R_{ij})$$

式中，α_{ij} 为关键活动系数，β_{ij} 为活动连续性系数；W_{ij} 为活动的资源需要量，$W_{\max}$ 为限定的资源数量；$R_{\max}$ 为各项活动的最大时差，R_{ij} 为活动 ij 的时差。当 $R_{ij}=0$ 时，$\alpha_{ij}=1$；$R_{ij}\neq0$ 时，$\alpha_{ij}=0$。在对某段活动作安排时，对于已开始的活动来说，其 $\beta_{ij}=0$。

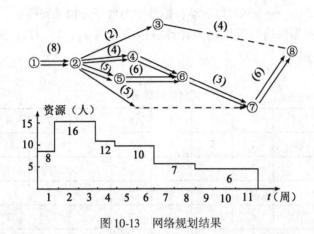

图 10-13　网络规划结果

在以上计算的基础上，可进行活动程序最优平衡控制：（a）划分时间段；（b）计算段内各项活动的优先系数 K_{ij}，按大小排序，已开始的活动如允许中止，则 $\beta_j = 0$，然后与其他活动一起排序；（c）计算资源需要量 W_{max}、W_{ij}，安排有限活动；（d）重新计算顺延后各活动的时差，重复上述步骤，直至全部活动程序得出。

对所举例子，如设资源限量为 $\dfrac{\sum tW}{T} \approx 10$ 人，按周划段，可进行安排：

$T = 1$：开始活动为 A（1，2），活动需 7 人，无平行活动。

$T = 2$：可能开始的活动有 B（2，3），C（2，4），D（2，5），E（2，7）。各活动优先系数计算如表 10-6。此时，$W_{max} = 10$，$R_{max} = 5$。活动排序为：D（2，5），C（2，4），B（2，3），E（2，7），所需人员总和为 16。由于已超过限额，故只能排 D（2，5），C（2，4）；B（2，3），E（2，7）后延。

表 10-6　　　　　　　　　　　　　　计算表

活动	B（2，3）	C（2，4）	D（2，5）	E（2，7）
R_{ij}	3	0	0	5
W_{ij}	2	4	5	5
α_{ij}	0	1	1	0
β_{ij}	0	0	0	0

活动	B (2, 3)	C (2, 4)	D (2, 5)	E (2, 7)
K_{ij}	2	15.8	16	0
排序	3	2	1	4

$T=3$：$\beta_{24}=\beta_{25}=1$，R_{23}、R_{27}减少一天，排序结果同上。

$T=4$：可能开始的活动有 B (2, 3)，C (2, 4)，E (2, 7)，H (5, 6)。排序为：C (2, 4)，H (5, 6)，B (2, 3)，E (2, 7)。由于资源限制，只能安排 C (2, 4)，H (5, 6)；B (2, 3)，E (2, 7) 顺延（表10-7）。

表10-7 计算表

活动	B (2, 3)	C (2, 4)	E (2, 7)	H (5, 6)
R_{ij}	1	0	3	0
W_{ij}	2	4	5	6
α_{ij}	0	1	0	1
β_{ij}	0	1	0	0
K_{ij}	4	21.2	2	16.2
排序	3	1	4	2

$T=5$：可能开始的活动有 B (2, 3)，G (4, 6)，H (5, 6)，E (2, 7)。此时 B (2, 3) 已延三周，成为关键活动。排序如表10-8。安排 H (5, 6)，B (2, 3)，G (4, 6)；活动 E (2, 7) 顺延。

$T=6$：$R_{27}=1$，同 $T=5$。

表10-8 计算表

活动	B (2, 3)	G (4, 6)	H (5, 6)	E (2, 7)
R_{ij}	0	0	0	2
W_{ij}	2	2	6	5
α_{ij}	1	1	1	0
β_{ij}	0	0	1	0

活动	B (2, 3)	G (4, 6)	H (5, 6)	E (2, 7)
K_{ij}	15.4	15.4	21.8	3
排序	2.5	2.5	1	4

$T = 7$：可安排的活动有 B (2, 3)，I (6, 7)，E (2, 7)。$W_{23} = 2$，$W_{67} = 3$，$W_{27} = 5$，因此三项活动皆可安排。

$T = 8$：同 $T = 7$ 排序。

$T = 9$：可安排 B (2, 3)，J (7, 8)。

$T = 10$：安排 F (3, 8)，J (7, 8)。

$T = 11$：同 $T = 10$ 安排。

最优化排序控制活动安排如图 10-14 所示。

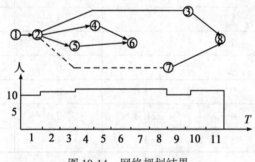

图 10-14　网络规划结果

10.5　创新项目成果的知识产权保护

在创新项目的活动中，知识产权保护是一个愈来愈重要的问题，其中尤其以 R&D 活动的知识产权问题最突出。R&D 活动过程，是一个知识的投入与产出过程。知识虽然是人类共同的财富，但它又是人类个体或者群体智力劳动的成果，因而也就必然存在知识的权益归属与保护问题，实质上也就是知识产权问题。

10.5.1　项目成果知识产权保护的重要性

知识产权是指知识产品所有人对其智力创造成果依法享有的权利。我国民法通则将知识产权首次确认为基本民事权利之一，它是指公民、法人或非法人单位对其在科学技术和文学艺术等领域创造的智力成果依法享有的专有权利。知识产权的范围，有广义和狭义之分。狭义的知识产权，包括工业产权与版权（著作权）两部分，其中工业产权又包括专利权、商标权和制止不正当竞争权等。这是世界各国对知识产权的范围较为一致的看法。广义的知识产权，则包括人类一切智力创造成果。对此，各国的知识产权法律规定不一。我国民法通则和有关科技法律规定，知识产权包括专利权、商标权、著作权、发明权、发现权和其他科技成果权。应该指出的是，对 R&D 活动而言，我国知识产权确立的范围是有重要意义的。目前世界上多数国家不把科学发现列入知识产权，R&D 知识产权保护如果采用这种狭义的知识产权概念，显然是不恰当的。因为 R&D 中必然有科学发现，因而也就存在相应的权益。这些权益如果不列入知识产权范围，就不可能得到有效的保护，从而会给 R&D 带来严重不利的影响。[①]

科学劳动是一种极为复杂的脑力劳动。科学研究的探索性、创造性和继承性决定了科学劳动的艰苦性、复杂性和长期性。在 R&D 活动中，一个科研项目的研究周期要比工农业生产周期长。一个基础理论课题，一项研制或新工艺研究，少则一两年，多则几年、十几年，一些大的科研项目甚至需要持续几十年。不做长期的、艰苦的研究，是不可能取得成效的。

随着科学技术的迅速发展，R&D 不仅具有科学劳动的一般特点，而且具有现代科学技术研究许多新的特征。这些新特征主要体现为：① 高智力。在生产力竞争、市场竞争和科技水平竞争日趋激烈的环境中，R&D 越来越注重知识、智力的投入，越来越多的高水平人才加入到 R&D 队伍中，R&D 产品成为知识、技术高度密集型创新产品，所包含的智力劳动比重越来越大。② 高投资。当今科学技术发展迅速，特别是高新技术，从技术原理的突破到设备制造、工艺设计、运行系统控制等，所需要的巨额资金是传统产业无法相比的。因此，R&D 必须有高投资作为物质保证。③ 高风险。在现代科技条件下，技术创新更具有创造性、探索性和不确定性，失败的概率往往大于成功的概率，尤其是高新技术领域竞争激烈，产品市场变化莫测，投资回收把握较小，风险较大。④ 高渗透。R&D 的成果，特别是许多高新技术，必然会渗透到一切生产领域，促进生产手段的变革，引起新的社会分工，产生新的产业部门，大幅度提高劳动生产力。⑤ 高增值。采用高新技术，可使传统产业焕发活力，从而大幅度提高劳动生产率，取得巨大的经济

---

① 彭斐章等. 科学研究与开发中的信息保障. 武汉大学出版社，1998：158

效益。

以上特征，使 R&D 面临着重大难题：一方面，R&D 所投入的人力、物力、财力，必须通过大批量、有实用价值的新科技产品投放市场而得到高收益的补偿，这是 R&D 活动得以延续的重要措施；另一方面，R&D 产品投放市场后，仿制、复制相当容易，且成本低廉。例如，研制、开发一个计算机软件需要耗费大量的资金、人力，然而复制这个软件却是轻而易举的，所花费的时间和代价更是微不足道。事实上，在国内外市场上，仿冒手段日益高明，仿冒产品已达到以假乱真、以低廉成本优势将正宗产品挤出市场的程度。在这种情况下，R&D 的高投入得不到应有的回报，因此，R&D 知识权益迫切需要得到有效保护，而最可靠最有效的保护方式，则是知识产权法律制度。

10.5.2 项目成果知识产权保护的内容

R&D 是富有创新性的活动，其产出包含了新知识的成果，具体表现为新产品、新技术、新方法、新品种、新标准、新理论、新发现、新学说、新作品等，这些成果，按研究的不同可区分为不同的类型：

① 基础研究成果。一般为学术论文、论著中所表述的科学原理、规律、事实数据、结论以及科学假说等。

② 应用研究成果。一般为专利技术或论文中所阐述的方法或工艺过程中的原理、数据、结论等。

③ 发展研究成果。一般指设计图、专门性实用知识、产品等。

R&D 的成果不仅是脑力劳动的产物，具有创新性、先进性和利用价值，而且具有一定的表现形式。通过对成果的利用，可以产生多种效益。科技成果在物质生产中得到利用，转化为生产力，将产生直接的经济效益。科技成果还可以在科技研究中得到利用，其直接结果是促进科学技术的发展，因而具有明显的社会效益，同时也必然间接地产生经济效益。正是由于 R&D 成果可以得到多种形式的利用，产生多种效益，因而围绕效益问题，必然存在一定的权益关系，R&D 活动所涉及的基础研究、应用研究和发展研究的研究者、投资资助者、管理组织者、辅助服务者以及成果利用者等，相应地针对于某一知识客体，都会拥有一定的权益。这些权益大体有以下几类：

① 事实权。指确认 R&D 活动，说明或澄清事实的权利，包括弄清楚相关事实的真相和澄清相关事实的权利。

② 精神权。指因知识客体而产生并享有的精神利益的权利。精神利益包括诸如名望、尊重、荣誉等，这些都可以通过社会来确认。

③ 物质权。指因知识客体而产生的享有物质利益的权利。它包括获取知识、应用知识并取得成果的权利，以及享有物质利益所必要的所有权利，诸如生产新产品、开发新材料等。

④ 利用权。指利用知识的权利，包括科技研究权（即在物质生产中利用知识的权利）、生活利用权（即在日常生活中利用知识的权利）、利用中介权（即由他人传播知识，使其利用的权利）。

⑤ 处置权。指各类人员对 R&D 产出的知识进行加工、处理、评价的权利，分为最初拥有的处置权和一般处置权。知识产出者总是自然地拥有知识的最初处置权，因为当知识还在头脑中时，产出者完全可以决定如何处置知识。但知识一旦公开，产出者就会在获得部分其他权益的同时失去处置权，同时，社会其他人却会获取某些相关的处置权。对于知识产出者来说，最初处置权主要包括：表述权，即产出者有权决定是否表述或采用何种形式来表述产出的知识；发表（公开）权，即产出者有权决定是否公开（发表）其知识成果。

⑥ 发展权。是指将知识进一步发展的权利。基于学术研究目的的发展权包括：争取资助权，即可以争取有关部门或组织资助研究发展的权利；融资权，即可为发展目的而融集资金的权利；风险分散权，即可借助风险分散机制分散发展风险的权利；不受干扰权，即在知识发展的研究活动中排除无理干扰的权利；发展他人或社会所有的知识成果的权利。

10.5.3 项目成果知识产权保护的法律依据与关系处理

创新项目知识产权的保护必须以法律为依据，同时处理好各种权益关系，做到与国际接轨，以利于知识创新项目的发展和综合创新实力的提高。

（1）我国关于创新成果的知识产权保护

民法通则第五章第三节"知识产权"中明确规定：公民或法人享有著作权（版权）、专利权、发明权、发现权和其他科技成果权，并且发明人、发现人有权申请领取荣誉证书、奖金或其他奖励。民法通则第 118 条还进一步规定了侵害知识产权的民事责任。1997 年 3 月，八届全国人大五次会议通过的新修订的刑法第一次将侵犯知识产权作为一个新罪种列入，并作出相应的量刑规定。

专利法是 R&D 知识产权保护的最重要的法规。R&D 成果只要符合专利授予条件，专利法就可提供基本保护。我国专利制度的重要功能之一，就是保护和鼓励发明、实用新型和外观设计等发明创造，一旦获得专利权，专利权人便有权排除他人未经许可对该专利产品的制造、使用和销售，或者对该种专利方法的使用。同时，专利制度也以有效的保护来促进发明创造专利信息的传播与交流。

著作权法保护著作权所有人因创作作品或依法享有的各项专有权，包括人身权利和财产权利两部分。人身权有发表权、署名权、修改权及保护作品完整权；财产权有使用权（复制、表演、播放、展览、发行、摄制电影、电视、录像、改编、翻译、注释、编辑等）、许可权及获得报酬权。凡不依法或未经著作权人授权而使用他人作品，侵犯著作权人的著作权及与著作权相关权利的行为，均是侵权行为。

计算机软件保护条例规定了保护软件著作权的具体办法。根据该条例，计算机软件包括计算机程序及其有关文档，软件开发者享有发表权、开发者身份权、使用权、使用许可权和获取报酬权、转让权等著作权。软件文档还可享受双重保护，既可作为文字作品享有著作权法所提供的保护，也可作为软件的组成部分享有条例所提供的保护。

商标法虽不能直接对 R&D 知识产品进行保护，但可以配合专利法、著作权法等其他知识产权法规，对 R&D 成果进行保护。例如，专利保护是有一定期限的，在专利权期限内，专利权人享有独占权，而专利权期限外，任何人都可以无偿使用。但商标权只要及时续展，其保护期将是无限的。因此，可在专利期限内就对产品进行商标注册，利用专利权人的独占权和竞争优势，使该产品和商标为人们熟知，在专利权期限外，谋求一定程度的竞争优势，达到保护的目的。又如，计算机软件受著作权法和专门条例保护，但软件复制非常容易，且不易被发现，如果把软件名称进行商标注册，就可起到一定的保护作用。

技术合同法是我国技术成果商品化的基本法，它规定了技术作为知识形态商品按照价值规律进行生产和交换的法律形式。我国技术合同法明确规定了技术合同当事人在技术开发、技术转让、技术咨询和技术服务四个方面的权利、义务和责任，不仅为我国技术市场建立了有关知识产权、债权关系的基本准则，而且提出了一系列保护非专利技术成果使用权、转让权的法律规范，从而使技术秘密可以借助法律规定和合同形式获得保护，它所规定的竞争规则也是对知识产权制度的重要补充。

科技成果奖励制度是国家以法律形式确认发明权、发现权和技术成果权，保护发明者、发现者、科技成果创造者的人身权和财产权，并对其创造性劳动给予奖励的制度。目前，我国有关科技成果奖励的法律法规有科学技术进步法（1993 年颁布）、自然科学奖励条例、发明奖励条例和科学技术进步奖励条例（这三个条例均于 1993 年修订）。R&D 成果中，技术成果既可以作为专利、技术秘密来保护，也可以采用发明奖励条例或科学技术进步奖励条例来保护。科学研究成果一般通过自然科学奖励条例来保护。

综上所述，我国现有的知识产权法律体系及其配套法律法规，从各个层次、不同角度为 R&D 知识产权提供了有效的保护。

（2）项目成果知识产权保护中的权益关系处理

项目成果的知识产权保护中必须正确处理各种权益关系，以实现多方面权益的维护和产权保护。①

① 知识创造者与科研投资者、资助者之间的权益关系。这种权益关系围绕着所创造的知识客体而产生。参照"共有"知识产权的原则，包括协作共有和委托共有的权益关系。

② 知识权益主体与成果利用者的权益关系。知识权益由一定的主体拥有，同时知识成果必然被其他人所利用。知识产权保护则是调整这种权益关系的一种法律机制。

③ 研究任务承担者与主管部门（人员）之间的权益关系。具体研究任务的承担者与主管部门（人员）之间往往涉及产出知识的交流（对上汇报和对下指导）以及上、下之间的各种业务关系。以承担者所产出的成果为客体，会导致他们之间产生权益关系。这种权益关系，根据"共有"知识产权原则可将其归入合作共有的范畴。

④ 共同参与研究者的权益关系。由于 R&D 项目往往不是一个人能独立完成的，这就构成了多种多样的合作关系。合作诸方相互之间无疑具有相应的权益关系。在客体不可分割的情况下，这是一种典型的使用共有关系。主要包括：课题负责人与其他研究者的关系；设计者与实验研究者的关系；指导者与研究者的关系；主研者与辅研者的关系；资料占有者与资料分析者的关系；成果报告执笔者与其他研究者的关系等。

⑤ 同时独立研究者之间的权益关系。很多相同的研究，可能由诸多研究者同时进行并独立完成，这些研究者之间构成同时独立研究的权益关系。如果申请相同的发明内容，必须有一定的社会机制作保证。

由于上述权益关系的存在，因而产生了权益的归属问题。处理权益归属问题必须遵循一定的原则。同时，发生权益关系的双方或多方也可以通过协议形式分享权益。但如果权益归属问题处理不当，就会导致权益纠纷。

（3）项目知识产权保护策略

对于项目知识产权保护，知识产权主体应采取相应的策略。其主要策略

① 彭斐章等. 科学研究与开发中的信息保障. 武汉大学出版社，1998：159

问题，一是对本人所具有的或组织的知识产权的保护，二是成果交流与利用中的知识产权处理问题。

对知识创新成果保护，可通过多种途径进行，不同的保护途径相互补充。利用专利保护权利人享有独占权，非权利人未经许可，不得制造、销售与该发明创造有关的产品或使用其方法，这样，专利权人就具有对手无法拥有的特权，在市场竞争中处于有利地位。但是，专利保护也有弊端：第一，技术成果获得专利权的同时，必须把内容充分公开，他人根据专利文献可以知道技术水平和开发状态，在其基础上可能做出更先进的发明创造。第二，由于知识产权的地域性和各国专利独立的原则，一项技术无法在所有国家获得专利权，因而就可能出现一项技术在某国申请专利并已公开，而在别的国家则不能申请或申请而未获批准因而不受保护的情况，申请者可能因此而蒙受损失。第三，如果申请人取得专利权，竞争者无法知晓，持有者将处于有利地位。但同时，"技术秘密"因没有范围限制其保护形式，因而有着局限性，如无法阻止他人独立开发或通过逆向工程"反求"出相同技术，一旦他人获得技术专利，自己反受限制。当前，多数国家缺乏保护技术秘密的法律，当进行许可或转让时，合同对第三方无约束力，容易导致技术成果进入公有领域。

选择知识产权的有效保护途径，不仅必须熟悉各种知识产权法律法规的内容，而且必须十分了解各种形式的知识创新成果的特点及适用的法律保护途径。

在 R&D 活动中，知识的交流和成果的相互借鉴利用是十分必要的。而知识成果的交流与相互利用的前提是相互了解，即不仅要了解同类科技成果的技术水平，而且要了解这些成果的知识产权保护状态。这是因为：

第一，只有弄清他人科技成果的知识产权保护状态，才能在吸收与利用他人的成果时，避免侵犯他人的知识产权。

第二，弄清他人成果的知识产权保护状态，可以有效地利用不受知识产权法保护的知识信息；产权法既要保障智力成果创造人的权益，又要促进知识的广泛传播和充分利用。

第三，弄清他人成果的知识产权保护状态，不仅可以了解该成果的技术水平和开发状态，在其基础上做出更先进的发明创造，而且可以利用他人成果在知识产权保护方面的疏漏，使自己在竞争中赢得优势。

思 考 题

1. 知识创新与生产力发展的关系怎样？以 R&D 为中心的知识创新体系

结构如何?

2. 如何进行知识创新项目决策和项目的风险控制?

3. 知识创新项目立项与计划管理的程序如何? 怎样组织企业的新产品开发项目?

4. 项目管理过程优化案例研究。

5. 项目成果知识产权保护的内容、依据和措施有哪些?

11 管理沟通与管理信息活动

管理是包括企业在内的任何组织活动的基础,是组织得以存在和发展的必要条件。从信息科学观点看,管理被视为一种特殊的信息处理与控制过程。这就是我们研究信息机理和组织信息活动的出发点。基于这一认识,本章将在研究管理沟通和管理信息组织的基础上,讨论基于管理信息系统的管理信息活动和管理实践的发展。

11.1 管理沟通与信息交流

在组织的管理活动中,管理者和被管理者、组织和环境以及组织成员之间的沟通是必不可少的,而这种沟通又以有组织的信息交流为基础。这意味着高效化的管理必须以可靠而及时的信息交流与沟通作保证,由此决定了组织的信息系统构建和信息的利用组织。

11.1.1 管理沟通及其作用

沟通是人们通过交往而相互知觉的过程。管理沟通则是一定组织中的人,为实现组织目标而进行的信息交流和交互作用的过程。组织不可能在没有沟通的情况下存在,缺乏沟通,任何组织目标都难以实现,所以,沟通是组织运行和管理的前提条件。与一般的人际沟通比较,管理沟通具有以下特点:

① 目标明确。管理沟通具有更为明确的目标,这种目标由组织管理目标所决定,因此可以说,管理沟通是一定目标支配下的组织成员的往来活动,组织目标从总体上决定了沟通的形式、人员和内容。

② 渠道健全。管理沟通以一定的组织机构为依托,其沟通渠道与组织

结构有着一定的对应关系，因此其沟通渠道正规而完整；由于管理渠道的畅通及完善直接关系到组织的管理绩效，因而各类组织都十分重视渠道建设，使之随着组织发展不断优化。

③ 内容规范。管理是一种责任十分明确的工作，有着严格的实施程序，作为管理决策依据的信息，其内容必须规范。信息内容的规范决定了信息交流与传递内容的规范性，即要求管理沟通按组织规范进行。

④ 计划周密。管理沟通的实现与组织活动计划有着密切的关系，其时效性具有特殊的限制，这就决定了沟通的计划性。事实上，在现代管理中，管理沟通已成为其中的一个重要环节，沟通活动的组织自然离不开管理计划的指导。

管理沟通过程可以解析为组织中某一个信息发送者将信息发往信息接受者的过程，从信息论观点看，是发送者和接受者之间的信息流通与传递过程。图 11-1 显示了这种单向过程。

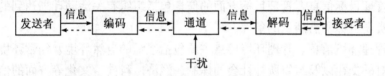

图 11-1　管理沟通与信息流通

图 11-1 所示的模式实际上是一种通信模式。在管理中，信息发送者一经形成传递信息的概念，便会按管理要求将信息形式作一定的规范（即利用语言、文字、表格等进行"编码"），然后在特定的通道中将其传输给接受者；接受者最后按规范解读信息，完成一个方向的信息流通过程。从另一方面看，接受者也可以将其对所接受信息的反应及自身信息反向传输给发送者，从而构成一个双向信息传递过程，即交流过程。在信息流通中，由于环境的作用，存在着外部信息的干扰，其干扰信息应由接受者在信息判读中排除。

值得指出的是，管理活动中的信息流通是一个远比上述模型复杂得多的过程。其一，信息传递者和接受者是相对的，二者角色可以互换，即互为接受者和传递者；其二，组织中的每一成员都具有多个信息传递通道，人们的交互联系构成了一个多元化的沟通网络；其三，由于信息传递的多渠道，使得信息干扰来自多个方面，从而使得传递变得难以控制。鉴于以上事实，在管理沟通中存在着渠道组织与交流系统的建设问题。

　　组织的管理沟通源于组织活动中各类人员对信息的需求。组织的各种管理虽然具有不同的特点，然而其信息利用和处理却具有共同的规律，图11-2集中反映了信息的基本作用过程。

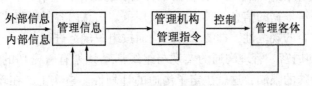

图11-2　组织管理中的信息作用

　　在图11-2所示的信息作用过程中，按信息利用的基本方面，可分为以下几种：

　　管理客体信息。即管理对象信息，主要包括组织管理作用对象的各种业务信息、现状及动向。

　　管理目标信息。管理目标方面的信息包括组织有关活动计划达到的目标以及实现目标所需满足的条件等。

　　管理环境信息。管理环境信息主要包括组织的自然环境、经营环境、组织的对外交往以及组织所处社会的体制、经济、科技、文化等方面的信息。

　　管理约束信息。约束信息主要指主管部门对有关管理方面的指令、指示、各种下发的文件以及政策、法规信息等。

　　考察某一组织的管理过程不难发现，管理者所需要的信息不仅取决于组织所属的行业、性质、任务以及所采取管理措施的范围，而且取决于控制目标参数和组织系统运行的可行性与多样性。组织管理者必须把管理决策建立在客观信息的基础上。管理机构的任何部门，除需要相关的外部信息外，主要需要来自所管辖的部门和对象的各种信息。如果组织管理是多层的，那么随着管理信息不断向高层流动，管理决策作用将充分发挥。与此同时，管理指令的下达和信息向低层反馈，确保了管理的可行性与可靠性。

　　管理沟通中的信息传递正是基于组织运行中传递、获取、吸收、作用和利用信息的需求而组织的。从这一意义上说，管理沟通在管理中是必不可少的，其作用主要包括：

　　① 进行有效管理的基本条件。管理沟通是实施有效管理的基础，只有在组织内部与环境、组织上层与基层和组织各职能部门及人员进行全面沟通的情况下，才可能充分发挥管理的基本作用，确保管理的有效性。

　　② 改善组织人际关系的必要手段。组织运行需要有良好的人际关系，

这就需要人们加强交往，增进相互了解和理解，这方面的工作亦需要通过沟通来进行。通过沟通，组织内外的各种矛盾将得到有效解决，从而保证了良好的组织运行状态。

③ 实现资源优化配置的重要基础。资源的优化配置需要整体协调，而协调工作又以充分的管理沟通为基础。通过组织中各个部门的及时沟通，彼此的情况可以得到及时反映，从而有利于从整体化的角度优化资源配置，提高组织的资源利用效益。

④ 组织发展的迫切需要。加强管理沟通是当前组织管理信息化发展的需要，开放化的社会发展和知识经济的兴起，要求组织不断优化其信息沟通体系，实现组织运行的开放化，这一工作已成为组织创新的一项重要内容。

11.1.2 管理沟通的基本形式与方式

从人类交往的角度看，沟通是人们交互作用的自然过程，是人类生存与发展的需要。随着社会的发展，人类信息沟通的形式和内容不断发生变化，这意味着，社会发展的各个阶段都有其特有的沟通形式和方法。这些方法在组织管理中的应用，决定了管理沟通的基本形式与方式。

(1) 管理沟通的基本形式

管理沟通的基本形式可以概括为基于人际关系的信息交流与沟通，基于组织结构和活动的信息传递与沟通，以及基于大众传播的信息沟通。

① 基于人际关系的信息交流与沟通。人际关系是人与人之间的直接关系，是个体进入组织、社会，参与社会或组织活动的条件。组织中的人际关系包括组织中所有成员之间的关系以及组织成员的外部社会联系。组织中非正式团体的存在正是组织成员之间的人际沟通和人际关系发展的结果。同时，通过人际关系的调整，组织成员在总体目标和利益上达到相当程度的一致性，所以人际沟通又是组织实现目标管理、促进成员之间相互理解和合作的一种辅助性的信息传递手段。通过组织成员对外个人联系的人际沟通，可以使组织获取充分的外部信息，增进外部交往，扩大组织影响。当前，人际交往范围的扩大使信息交流从封闭走向开放，交往的多元性导致了人际交流网络的形成，这在组织发展中是重要的。

② 基于组织结构和活动的信息传递与沟通。基于组织结构和活动的信息沟通，是指组织运行管理中的组织化的交流与沟通。从组织结构上看：上层向下层发布指令、下达任务、安排工作、调整活动，以及下级向上级汇报工作、反映意见、提出批评等，属于纵向形式的沟通；组织同层次的各个部门或机构之间的业务往来、互通情况、行为协调、讨论问题以及按正式管理

关系的信息交流等，属于横向形式的沟通。从组织活动的开展上看，组织的流程化运作将组织各部分联成一体，从而形成了按流程沟通的系统形式。组织内部的战略决策、规划、计划以及业务操作活动，决定了结构和活动沟通的方向、规模、内容和模式，所以，组织沟通的有效性直接关系到组织的存在和运行，因而，属于管理沟通的主体形式。

③ 基于大众传播的信息沟通。关于大众传播与信息交流的过程研究，是传播学研究中的一项重要内容。所谓大众传播，就是通过一定的社会化组织形式大量复制信息，使之按一定的目标方向传递给公众，从而达到众多成员共享信息，开展交往活动的目的。通过大众形式的信息传播和交流，组织可以使社会了解其活动和发展状况，以便开展社会化的合作和竞争工作；同时，组织也可以从社会环境中获取相关的信息和针对环境的变化采取适当的对策。大众传播和沟通使组织管理进一步开放，有利于在新的环境下建立良好的公共关系。在组织内，组织成员同时也是社会大众中的成员，通过大众信息传播与沟通，组织成员的社会行为可以进一步与社会发展协调，开放化的沟通有利于成员素质的提高。所有这一切，都是组织发展所不可缺少的。

（2）管理沟通的方式

组织的信息沟通可以在不同层面进行，且方式繁多，可从以下几个主要方面进行区分：

① 正式沟通与非正式沟通。正式沟通和非正式沟通是按组织系统划分的两种方式。前者是以组织的权力结构体系为基础的规范性信息交流与沟通，由组织制度所决定，是管理沟通的最基本要求；后者是正式渠道以外的沟通，如组织各层次负责人的非正式交换意见，组织内的非正式群体的活动等。正式沟通是管理沟通的主导形式，非正式沟通往往在正式沟通得到基本保证的情况下进行，如果二者的主、次关系颠倒，必然使组织失去凝聚力。因此，在正式沟通得以充分满足的情况下，组织可以促进非正式沟通的发展；在正式沟通得不到满足的情况下，应适当控制其非正式渠道的沟通。

② 单向沟通和双向沟通。单向沟通是一方传递信息，另一方接受信息，而不即时反馈的沟通方式，如在一定情况下，管理人员向下发布命令、下达任务等。双向沟通是双方互为信息传递者和信息接受者的一种沟通，如组织管理决策中的多方面意见征询、计划编制中的问题讨论等。双向沟通和单向沟通具有互补性，在管理沟通中具有不同的应用范围。为了发挥二者的优势，在现代管理沟通中，人们愈来愈强调单向沟通的延时信息反馈和双向沟通的主导作用。这种趋势是组织运行节奏加快和社会信息化发展的结果。

③ 浅层沟通与深层沟通。从沟通的作用看，管理沟通可以分为浅层沟

通与深层沟通。浅层沟通是指管理工作中必要的工作沟通和信息传递，如工作安排、进度控制、计划落实和问题分析等，其内容精练，专指性、业务性强；深层沟通是指管理者和下属以及组织成员之间，为了完成重要使命而进行的更深层次的思想交流、工作方法探讨、活动的深层协调交流等方面的沟通，其内容详尽，涉及的问题广泛。浅层和深层沟通在管理沟通中同时存在，形成一体，二者在沟通的时间安排和问题解决上，相互结合而发挥作用。

④ 基于多种信息传递媒体的沟通。管理沟通按信息传递的媒体形式包括口头沟通、文件形式的沟通以及利用系统和网络的沟通。其中，口头沟通，如管理者与下属的谈话、现场调研、会议研讨等；文件形式的沟通，如组织下发的各种文件、下级报给上级的报表、专题报告的传阅，以及书面通知的下达等；利用系统和网络的沟通是基于电子化载体的信息沟通，管理信息系统和互联网的投入，使得管理沟通迅速、准确、敏捷，日益成为现代管理沟通的主导形式。在这种情况下，口头沟通和文件沟通在新的环境下得以强化，三者配合而成为功能整合的整体。

11.1.3　管理沟通渠道构建与沟通障碍克服

组织的管理沟通需要有正规化的渠道，以利于组织管理的实施和组织运行。除正式的渠道构建外，为了提高管理沟通的效率，还必须克服来自各方面的障碍，使之与组织目标相一致。

（1）管理沟通网络的构建

管理沟通的渠道，从正规化的要求出发，应该是一种正式的管理信息交流系统渠道。按照管理的实现模式，其管理沟通渠道（即信息交流的系统结构）可以区分为以下5类（如图11-3）。

① 星式结构。星式结构的沟通网络中，处于中心地位的管理者成为事实上的交流中心位置，它以一个处理单元为中心，利用各自独立的链路与其他处理单元相连，所以，又称为集中式网络系统结构。星式结构适用于集中式的组织管理体制，它的优点是结构简单，便于信息交流的集中管理，主要渠道的信息传输迅速；缺点是全部网络控制权集中在中央，如果受到强烈干扰将难以最有效地应对。

② 树式结构。树式结构又称为分级集中式结构，它是星式结构的一种变形，与组织的层级式结构相对应，有利于实现上、下层次的逐级管理沟通。如果将树式结构用于组织的计算机联网，其优点是层次结构和信息沟通的层次清楚；缺点是结构复杂，信息的横向沟通不方便，因此，其应用也受

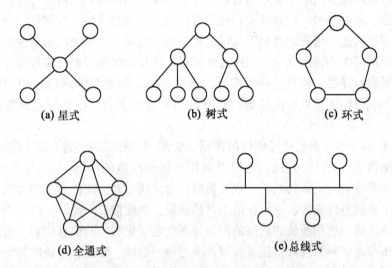

图 11-3　管理沟通渠道和信息交流系统结构

到一定的限制。

　　③ 环式结构。环式网络构成的沟通渠道允许其成员与相邻的成员交流，其他交流则通过串行方式间接进行。它可以表示一种具有三个层次的结构，其中垂直交流可以在上、下级之间进行，而水平交流则只能在最底层进行。在信息交流的系统化组织中，环式结构的各点构成具有固定信息流向的双向回路，环路中的任何单元都可以发送信息，按串行方式传输。这种封闭式的沟通网络具有可靠性强的特点，然而，彼此相连的结构不利于系统的扩展。

　　④ 全通式结构。全通式结构的沟通网络提供全方位的信息交流渠道，允许组织中的每一连接成员与其他成员自由地交流，做到信息的共享，这是一种没有限制的交流网络。由于无法限制和有效控制组织的信息流通，作为一种基于常规手段的交流网络，全通式结构与组织的层级式管理要求之间有一定差距；但是，作为计算机化的信息交流系统结构，由于结点之间的通道多，又提高了信息传输的可靠性。如果能有效地解决控制复杂的问题，可以付诸使用。

　　⑤ 总线式结构。总线式结构是为组织管理沟通建设专门的通信系统，将各结点的链路都连接到一条公用总线上，并通过总线向各结点中的组织机构或人员传输、分配信息。因此，它是一种有效的基于公共总线的全方位信息沟通网络，也是计算机网络所采用的一种主体形式。总线式结构网络的开

发和管理应具备必要的技术与管理水准，只要处理得当，系统就会具有良好的可扩展性和可靠性。

除以上 5 种主要的沟通网络外，还有环环紧扣的链式网络和不规则网络，这些网络有着不同的适用范围，如链式网络可用于流程信息沟通和管理。对此，可根据不同情况进行适当选择。

（2）管理沟通障碍克服

管理沟通的障碍主要由个人因素、人际因素、组织因素、环境因素和技术因素等方面的原因造成。首先，由于组织中个人目标与组织目标的差异或由于个人兴趣、工作习惯等方面因素的影响，导致了个人对组织内沟通的选择；其次，个人水平的差别使得组织成员之间的沟通难以有效进行。对于个人原因引发的沟通障碍，只有通过管理的手段来解决，其基点是使所有组织成员提高对管理沟通的认识，增强责任感，不断提高素质和水平，使之与现代管理中的人员沟通要求相适应。

人际因素主要包括沟通双方的相互信任、相互支持和合作、协调的关系。如果一个组织内部的人事关系紧张，就无法实现全方位的信息沟通。克服人际因素障碍的关键是加强组织的人力资源管理和人际关系工作，使组织成员能够相容。在工作中，应进行各种矛盾的化解，在组织中建立公平合理的用人机制，确保正常的管理沟通的进行。

组织因素是指组织的结构和管理体制等方面的因素。例如，一个集权式管理的组织，很难采用全通式的网络结构进行包括管理者和下属在内的全面管理沟通；同时，基于流程的结构组织，也难以脱离流程而采用其他方式进行管理沟通。另外，沟通的有效性还与组织规模及性质有关。这说明，在沟通中必须采用与组织结构相适应的方式，同时，通过沟通实现组织结构的优化。

环境因素是指组织的对外交往条件以及环境对组织的影响，它表现为国家体制、社会发展状况、社会结构等因素对组织沟通的综合影响。环境因素的改善，对于组织来说，可以通过强化公共关系来实现，以求组织管理的开放化，从而促进局部环境的优化。

技术因素对管理沟通的影响，主要是指信息技术和通信与计算机技术的应用对信息传递与交流的影响。在信息化环境中，各类组织已将信息技术的应用性开发和基于管理的信息系统的建设放在了优先考虑的位置，因此，基于信息系统的管理沟通也是我们要讨论的中心课题。

11. 2　基于信息流组织的管理信息系统及其演化

管理信息系统（Management Information Systems，简称 MIS）是为实现管理目标，对管理信息流进行系统化综合处理，并辅助各级管理人员进行管理决策的信息系统。因此，MIS 的开发面对整个组织的管理职能，而其中各项信息处理技术的应用，如计算机软、硬件系统的应用，网络及通信设施的配置，都必须服从于管理过程和决策过程的要求。

11. 2. 1　基于管理信息流的管理信息系统

MIS 的发展与管理科学和计算机网络的发展密切相关，其发展大致经历了三个阶段，即单项事务处理阶段、综合数据处理阶段和系统数据处理阶段。

① 单项数据处理阶段。20 世纪 60 年代，由于计算机系统本身的限制，数据处理往往沿用科学计算的方法，处理一件事就要编一个程序，而且只有一种固定的输出形式，其功能单调；通常，只是局部地代替管理人员的劳动，并没有引起管理体制质的变化。

② 综合数据处理阶段。由于计算机技术的发展，外存储器的普遍使用，扩大了信息处理的容量；操作系统日益完善和信息处理技术的进步，导致了多终端联机系统的出现，管理人员可在工作现场通过终端使用计算机，进行现场数据采集、信息处理和接受命令信息，这就为数据的综合处理创造了条件。

③系统数据处理阶段。计算机技术和网络的进一步发展，大容量磁盘的采用，分布式处理系统的形成，数据库技术的进步，使计算机能够把组织活动过程中的数据全面地收集和存储起来，完整地处理包括企业在内的多种组织的各项业务，并向各部门提供数据。发展到这个阶段，对于企业来说，产、供、销全过程均由计算机控制，计算机信息系统也为政府提供决策信息，因而形成了以信息系统为主体的管理模式，从而促进了人员管理素质的普遍提高，使整个管理系统发生了质的变化。

当前，MIS 是指输入组织运行及环境信息，输出供组织管理及业务人员使用的有用信息的这样一个信息处理系统，用以辅助各级管理人员的管理活动和支持组织运行。可见，MIS 着眼于系统化的科学管理，从而将组织从解决孤立问题的水平，提高到系统观察、系统数据处理和解决业务问题的水平。

MIS 的任务是收集能准确地、有效地用于管理部门的各种数据，为各级管理人员提供综合性的、有价值的信息和资料。具体地说，一般有以下几项工作：

① 用统一的标准处理和提供信息，排除使用前后矛盾的不完整的数据；

② 利用指定的数据关系式分析数据，用以预测未来；

③ 完整地、及时地提供在管理和决策过程中应用的数据；

④ 向各级管理机构提供详细程度不同的报告，缩短分析和解释时间；

⑤ 为组织运行提供全方位信息支持；

⑥ 以最低的费用、最快的速度向企业提供精确而可靠的信息，提高组织效益。

企业管理信息系统的构成是十分典型的，因此可以以企业管理信息系统为例说明管理信息系统的结构与运行机制。在现代企业管理中，信息量大，涉及面广，MIS 一般可以根据决策层次和管理职能层的信息处理方式，分成若干个相互关联的子系统。

MIS 子系统的划分是相对的，而不是固定不变的。在企业中，根据不同的管理对象，可以划分为如下的基本职能子系统：生产技术管理子系统、计划管理子系统，基本生产作业子系统，物资供应子系统，产品销售子系统，财务会计子系统，人事管理子系统，质量管理子系统，库存管理子系统等。

MIS 的发展历史较短，目前还处于引用其他学科的学说来组成信息系统的基本理论的阶段。计算机科学为其提供了计算技术和信息传递技术的基础，运筹学提供了建立模型和最优化的技术基础，系统工程提供了系统分析和系统规划的方法论基础。

在我国，管理信息系统的建设始于 20 世纪 70 年代末，比发达国家晚 20 年左右。但是，我国信息系统发展较快；在发展中，我国各个地区、各个单位管理信息系统的发展的不平衡问题，值得关注。

目前，企事业单位信息管理的特点是：流动性大的信息，由各部门分别管理，每个部门只掌握与自己有关的有限信息；对流动性小的历史性信息，则由专门机构来管理，且以分散的形式存在。企业信息系统可分为四大类，为不同的组织层次服务，即作业层系统、知识层系统、管理层系统、战略层系统。

① 作业层系统（TPS）。TPS 是执行和记录从事经营活动的计算机化系统，这类系统是企业应用最早，也是最基本的实用系统。在作业层内，任务、资源和目标是预先确定的、高度结构化的；TPS 系统有两个特点：一是可以跨越企业与其外在环境之间的边界；二是为其他系统提供业务数据

信息。

② 知识层系统。包括知识工作系统（KWS）和办公自动化系统（OAS），它们是为企业知识层管理服务的。KWS，如科学或工程设计工作站，能促进新知识的创造和保证新的知识及技术同企业经营结合，当经济从对商品制造的依赖转向对服务、知识和信息的依赖时，企业生产力的提高将越来越依靠知识层系统。

③ 管理层系统。包括事务管理信息系统和决策支持系统（DSS），这是管理信息系统在 TPS 基础上的发展，旨在为企业的管理层服务，为高层管理者提供决策信息，为中、高层管理者提供报告、报表；同时向相关人员随时提供企业当前状况和历史记录的查询，为企业的基本运作提供报告。

④ 战略层系统（ESS）。它为企业的战略管理服务，这类系统处理非结构化决策问题并建立相应的计算机通信环境，ESS 的信息来源可以是外部的，也可以是内部的 MIS 和 DSS 提供的汇总信息，它主要侧重于减少战略决策者在获取所需信息时所付出的时间和精力。

以上系统在企业中可以方便地集成。所谓系统的集成，是指将不同的系统所提供系统信息进行整合，使之成为一体。另一方面，上述各类系统中，TPS 是其他系统的主要信息来源，ESS 主要从底层系统接收信息，系统可以互相交换数据。系统间的集成是系统长期发展、演变的结果。值得指出的是，在管理的系统发展中，决策支持系统（DSS）和办公自动化系统（OAS）的应用体现了管理信息系统与业务支持系统的有机结合以及信息管理的智能化。这一趋势导致了管理信息系统从传统向现代化转变。

传统的管理体制突出企业各部门管理层次和工作环节的线性衔接。由于业务量的不断增加，企业生产产品和服务过程变得更加复杂，不断增加的中层人员，使得企业高层管理者与管理对象的距离扩大；企业的发展战略常常难以体现管理要素的变化，因而不能全面反映市场的变化。新的管理体制主张多功能的体系化管理，以寻求企业各工作环节的协调运作，显然，它要求企业提高管理信息系统的集成度，实现生产经营一体化。事实上，管理信息系统集成度的提高，必然提高系统的运行效率，从而提高企业的经济效益。

生产经营一体化，要求企业将原来相对独立管理职能，如产品设计开发、加工制造、采购供应、销售服务、资金筹划、成本核算等环节组织成为联系紧密、协调一致的生产经营统一体，一旦市场环境发生变化，企业上层将有效地指挥职能部门协同一致地调整其资源配置，改变其生产经营方式，缩短应变所需要的时间。在管理信息系统构建中，以并行工程为例，它打破了传统的流水作业式管理体制，突破了时间和空间先后顺序的限制，强调企业以客户的需求和公司的发展为目标，以信息共享的一体化开发环境为基础，按产品和部件各种专业的并行实体进行同步性安排，以通过信息融合，支持研究、设计、研制、工艺开发和产品销售等部门的非线性的、相互联系的业务运行。基于此，企业的创新可以从任何一个环节、任何一个地方开始，一旦哪里提出新的思想，其他部门可立即响应，相互配合。

11.2.2　组织管理中的信息系统整合

信息化中的组织管理是一种全方位的管理，它需要各个方面的信息作支撑，由此提出了基于信息整合的系统集成问题。以下，将结合企业信息集成信息系统的实现，研究管理信息系统发展、信息资源开发和系统组织与管理方式。

企业信息沟通与保障系统，运用系统论和信息理论来设计。所谓系统观点，强调从企业价值链和动态协调的角度，将市场需求、产品开发、加工制造、质量控制、销售服务、人事与财务管理以及供销商、合作伙伴、企业客户等看做一个整体，统一起来考虑；按信息论观点，企业的生产经营过程实质上是特殊的信息采集、处理和传递过程，所以企业应采用信息技术实现信息流的集成和整体优化，以此提高企业的竞争力。信息系统集成突破部门、组织、地域、时间以及计算机本身的束缚，实现以企业的战略目标和市场的最终需求为中心的协作。所以，企业集成信息系统必须与组织结构、企业价值链以及管理模式的发展变化相适应，其模式结构如图11-4所示。

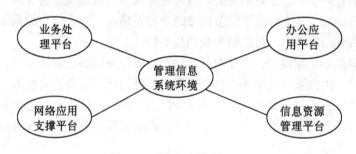

图 11-4　基于互联网的 MIS

从图 11-4 中可见，该模式由两部分组成：一是企业内部信息的整理、加工、分析、重组和分配系统，系统最关键的部分是企业人员合作，整个过程都离不开人的信息活动，它由企业管理部门、业务部门和企业信息机构共同组成；二是为企业各部门以及企业供应商、销售商、合作伙伴和客户，提供信息存储、加工、交流的网络接口和企业管理信息系统接口。系统分两个层次：第一个层次是 Intranet，在这一层次上，将企业所有的信息集成起来，实现企业内部的信息共享与协同作业；第二个层次是 Extranet，将与企业有业务合作关系的伙伴企业、企业交往的金融机构以及供应商、分销商连成一体，使企业可以更有效地进行供应链管理，并能更好地把握竞争机会，通过 Extranet 还可以建立起产品销售与用户服务网。

互联网技术在信息处理和交换方式上具有很大的灵活性，格式上图文并茂，内容上具体、丰富，而且内部、外部以及不同业务系统之间的信息集成容易，操作界面方便，且不随业务系统的不同而变化。系统摆脱了业务和部门的限制，极大地扩展了信息开发、利用的广度。基于互联网的管理信息系统可以将封闭的单项单系统发展成为开放、易用、高效以及内容和形式完整的企业信息网络，实现企业信息资源的优化配置。

基于互联网的 MIS 将把新技术与原技术、新系统和现有系统有机地融合在一起，它由四大平台技术组成，即企业网络应用支撑平台、信息资源管理平台、办公应用平台和事务处理平台。这四个平台并不孤立，其中网络应用支撑平台为其他三个平台架构了一个桥梁，产生了新一代企业管理信息系统环境。

基于互联网的新一代 MIS 具有用户界面友好、平台独立性强、移植性好、易于开发、宜于跨网络运行、访问信息快捷的优点，它彻底改变了封闭的传统企业 MIS 模式，为企业信息资源优化配置提供了完备的技术手段。在新的信息环境下，企业的各级管理和业务人员可以直接通过管理信息系统进行信息传递，从而保证了信息的及时性和正确性。企业信息的系统化管理还可以实现信息共享，价值链集成和战略协同。

在信息系统建设中，实现对外通信时，可以采用高速数据专线连接互联网骨干网，由内联网内部主机或服务器为各部门提供信息存取服务。在整合信息系统中，各用户终端（个人计算机、工作站）既可以是互联网上的结点，也可以是内联网上的结点，它们之间由界定服务范围的防火墙限定。集成信息系统结构见图 11-5。

如图 11-5 所示，可以在企业管理信息系统中充分利用互联网和内联网建立分层次的 CIS。

① 外部信息交换。企业应首先建立一个 Web 服务器（互联网和内联网的重要部分），通过互联网，完成对企业在不同地域的信息采集、交流、查询、分析与控制。

② 内部信息交换。集成系统的核心是企业的内联网，因为企业内部的

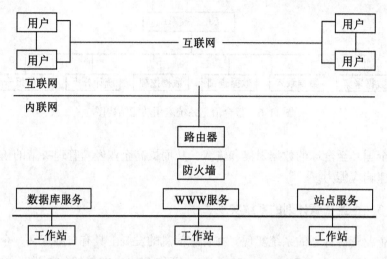

图 11-5 基于互联网的整合信息系统结构图

事务处理、信息共享、协同计算都是建立在内联网基础上的，要与外部信息交换也是以内联网组织的信息为基础的。因此，信息处理应集中完成企业业务数据的采集、输入、存储、查询、分析、交流、统计等任务，基本上由企业内部的应用系统组成，主要涉及企业内部所有部门的业务流程，它们所处理的信息是企业内联网信息。

③ 信息的系统整合。在 CIS 环境下，要实现企业内部独立的信息处理系统之间的信息交换，就要设计系统之间信息交换的数据接口，需要改变企业各部门因信息系统结构、网络通信协议、文件标准等环节的不统一而出现的分离局面。当前，通过互联网的标准化技术，内联网将以更方便、更低成本的方式来集成信息，以达到数据库的无缝链接，使企业信息系统集成为一个统一的平台整体。

网络环境下的 CIS，其应用功能构成如图 11-6 所示。应用功能整合了系统的对内、对外应用系统功能，由于集成系统将信息系统进行了集成，其大量数据来源于企业各部门有关系统，在整合系统中可通过"数据采集"功能模块，实现对企业内部数据的集中查询和获取，也可以通过数据挖掘功能模块，按一定的知识模型挖掘企业内外部信息，将其提炼为有价值的数据。

系统在完成原有的 CIS 系统的应用功能集成的同时，通过调用应用模块实现信息分布构建和信息处理功能，可通过 Web 服务提供实时、动态的外部数据采集、输入、查询、挖掘、统计和产生分析报告，通过 Web 实现分

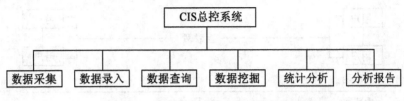

图 11-6　整合信息系统应用功能结构图

布于全国乃至全球的数据采集和输入，从而提高企业经营管理决策的正确性和快速响应能力。

11.2.3　企业资源计划的系统实现

企业资源计划的系统实现，在管理信息的发展上具有典型意义。企业资源计划（Enterprise Resources Planning，简称 ERP）在传统的制造资源计划（Manufacture Resources Planning，即 MRP）基础上，以信息技术的应用和系统化的现代管理理论为基础，吸收适时生产（JIT）和全面质量管理（TQC）的管理理念，将客户需求、环境和企业内部生产活动以及供应商资源整合在一起，旨在创造最大的财富和效益。ERP 的实现，有利于企业持续发展和知识创新的整体化资源管理与经营。在信息化时代，ERP 将企业的生产经营流程看做一个紧密连接的价值链，其中包括供应商——生产企业——分销网络——客户的关联，由此进行企业流程再造。ERP 实现中，可以将企业划分成几个相互协同作业的支持子系统，如研究发展、生产制造、采购供应、质量控制、市场营销、客户管理、服务组织、人力资源和财务协调管理等；从而在 ERP 实施的整体化管理中，将市场和客户置于关键环节，其导向作用决定了基于战略信息系统（Strategic Information System，简称 SIS）实施的 ERP 构架。

（1）ERP 的核心管理思想与内容

ERP 系统是美国计算机技术咨询与评估公司 GarterGroup Inc. 提出的一整套企业管理体系标准，在推行实施中，一些知名公司进行了各自的创造性实践，形成了多种解决方案。这些方案虽然各具特色，然而基本的管理思想和内容却具有一致性，它可以集中概括为以下三个方面：

① 强调供应链管理，特别突出客户关系。现代企业的竞争已从单一企业之间的技术、产品与市场竞争，发展成为企业集团和动态联盟之间的以知识为基础、市场为主导的全方位供应链与客户管理的竞争。因此，只有通过

信息的网络化沟通和资源的有效组合，才能达到企业发展的目的。

② 精益生产和敏捷制造思想。随着知识创新和市场发展，技术更新周期日趋缩短，产品生命期的概念日益模糊；客观的竞争环境要求制造商不断地、连续性地更新技术，实现生产与技术、技术与市场的同步发展。因此，以精益生产和敏捷制造为中心环节，是实现 ERP 的一个重要的出发点。

③ 预先计划和整体化控制的思想。ERP 具有特定的目标性，它的实现以预先计划为基础，其计划包括生产计划、研发计划、物流计划、采购计划、销售计划、人力资源计划、财务计划、客户计划等。这些系统化的计划需要有完整的信息沟通作保证，以实现总体目标支配下的全局性动态控制方案。

ERP 主体思想来源于企业发展实践，而思想指导下的行动，则构成了 ERP 的主体内容。事实上，企业管理随着环境、技术的变化和社会的演进，经历了以生产为中心的管理，以销售为中心的管理，以市场利润为中心的管理，以客户为中心的管理和以客户为导向、以知识创新为基础、以信息组织为中心的整合管理发展阶段。传统企业的业务流程是线性的、封闭的，管理一般按递阶层次自上而下进行。与此相对应，传统企业的信息支撑和管理信息系统由职能分割的模块组成，内部信息共享受到限制，企业各部门之间以及企业与客户，供应商和合作伙伴缺乏有机联系，以至于企业的信息管理活动基本上局限于日常业务的管理与决策，结果导致组织柔性差，市场响应速度慢，运行敏捷性差。这类管理系统结构如图 11-7 所示。

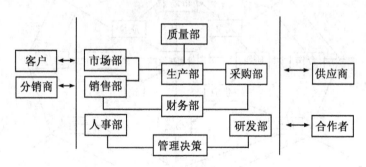

图 11-7　传统企业的管理及客户关系

在知识化时代，ERP 以现代信息技术、面向对象技术和数据仓库技术作为技术手段，既为企业各部门之间、企业与供应商和合作者之间的紧密协作提供不同的信息交流环境，又根据企业战略目标和竞争环境的变化对企业内、外部资源进行重新组合，从而使企业组织结构的动态调整成为可能，并且使分布式网络化的虚拟企业成为现实。ERP 的目标是突破部门、组织、地域、时间以及计算机本身的束缚，实现以企业战略目标和客户最终需求为中心的协作，因此，ERP 结构必须与组织结构、业务流程以及管理模式的发展变化相适应，从传统信息系统的层次转向更适合市场竞争需要的有机结构，继而发展成为多元化的网络结构。

从图 11-8 可以看出，新型信息系统的外壳基于互联网的 Extranet 的 E-market 结构，具有三个发展层次。第一层次是 Intranet，即企业内联网，这是该系统的基础结构层次，在这一层次，通过 Intranet 把企业所有的信息资源集成起来，把经营的各环节、各部门以及各地的各个子公司联系起来，实现企业内部的信息共享与作业协同。第二层次是 Extranet，即企业外联网，这是在 Internet/Intranet 技术基础上开发的战略伙伴协作网；通过 Extranet，把与企业有业务合作关系的伙伴企业，从供应商到分销商连成一体，使企业更有效地进行供销链管理，更好地把握竞争机会。第三层次是 E-market，即企业电子商贸网，也是利用 Internet/Intranet 技术建立起来的并与 Intranet 相连的产品销售与客户服务网；通过 E-market，可以提供联机销售服务，帮助企业建立客户支持系统，拓展市场份额或开拓新兴市场。

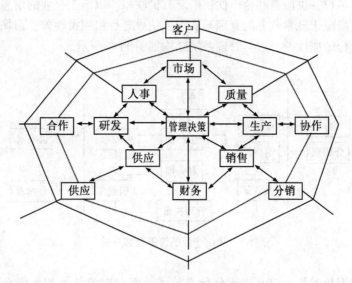

图 11-8　ERP 实施中的企业管理关系

（2）ERP 方案选择与实施

ERP 是一种不断发展中的企业资源管理系统，因此有许多方案可供选择。这里，我们仅限于从以客户关系管理为中心的 ERP 方案出发，探讨 ERP 方案的选择和应用。

客户关系管理（Customer Relationship Management，简称 CRM）是一个不断加强与客户交流，不断了解客户需求、理念与行为，不断对产品及服务进行改进和更新，以满足市场需求和企业发展需要的必不可少的专业化管理。

CRM 以沟通企业与客户的关系为宗旨，通过管理流程的自动化和数字化，将企业研发、生产、市场营销、服务与环境支撑融为一体，从而沟通各业务环节，达到减少库存、缩短销售周期，降低销售成本，增加盈利，扩展市场和建立柔性生产与管理体系的目的。

鉴于客户关系管理在现代企业管理中的重要地位，在企业资源计划中必须突出客户关系管理的内容。ERP 是一项不断开拓与发展的工作，如果说 ERP 的初步实施帮助企业理顺了内部管理流程，沟通了企业与外部联系的渠道，那么 CRM 的出现则使企业全面利用客户资源，以此建立基于环境、客户和流程的现代管理体系，因而 CRM 可视为 ERP 的发展和延伸。事实上，整合企业内外部资源，以网络化管理为支持的扩展式 ERP（Extended ERP，简称 EERP）已成为实施 CRM 的可行方案。

以客户关系管理为中心的 ERP，必须突出以客户需求为导向的管理理念，将企业关注的焦点逐渐由过去关注产品，转移到关注客户上来。这意味着 ERP 以企业流程再造为核心的管理基础，在强化客户关系管理后，将更加着重于企业活动的网络化和流程的改进，尤其在市场营销、客户服务和研究发展上，客户始终处于中心位置。这一管理理念决定了 ERP 中客户关系管理的实施（图 11-9）

在客户关系管理实施方案中，一些在数据挖掘和文本挖掘领域领先的开发商占有相对优势。早在 20 世纪 90 年代 Sybase 公司就提供了 CRM 解决方案的工作组件 IWS，它可以帮助企业有效查询大量的数据，通过信息搜索和知识发现，实现客户关系分析、客户忠诚度分析、企业利润分析、销售市场分析和企业市场能力评价。在 CRM 实现中，几乎所有的 ERP 服务商，包括 SAP、Oracle、Peoplesoft、Baan 等，都纷纷进入基于 ERP 的 CRM 领域，为企业信息化创造了具体的实施条件。在诸多 CRM 实施方案中，可分为传统 ERP 型和非传统 ERP 型两种。

传统型 ERP 厂商所提供的 CRM 模块已集成在 ERP 中，如 Oracle 在

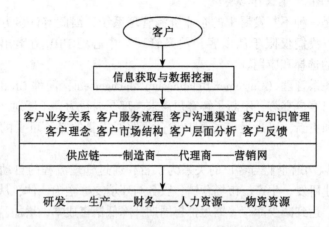

图 11-9　以客户关系为中心的 ERP 实施

ERP 服务器上增设 CRM 模块，从而保证 ERP 的功能拓展，实现包括客户关系管理在内的企业资源管理的整合。这样，可以功能拓展为基础，有效实施客户管理。

对于非传统型的 ERP，应实现 CRM 与 ERP 的整合和信息系统的集成。整合途径主要有：

● 提供中间件，应用新的模块化软件开发 CRM 系统和 ERP 的集成标准件；

● 进行数据同步复制，在系统服务器之间实现数据复制共享；

● 对现有的系统进行修改，二次开发基于 ERP 的 CRM；

● 统一标准，进行 ERP 与 CRM 的有效整合和功能拓展。

客户关系管理的发展体现在客户知识管理的实现和针对企业与客户交往的信息流挖掘与知识管理上。这种发展，可以协调和改进原有的企业流程，使企业在所有业务环节中更好地满足客户需求，达到保留现有客户，不断发掘潜在客户的目的。

客户活动的支持后台是企业财务、研发、生产、人力资源、供给等方面的协调管理，这些管理在网络环境下的整合，将使企业结成有利于发展的知识团队和动态联盟，这对于企业经营的国际化发展具有重要意义。

（3）ERP 的发展

21 世纪的竞争已经不再是单一企业之间的竞争，也不是单一企业链与企业链的竞争，而是企业群体与企业群体之间竞争。为了获得整个系统的价值最大化及竞争优势，愈来愈多的企业以结成战略联盟体的方式参与市场竞争，它们越来越重视整个供应链及整个企业联盟体内的资源整合与协同。为了有效地实现企业间的协同管理，ERPⅡ应运而生。①

Gartner Group 给 ERPⅡ的定义是：ERPⅡ是通过支持和优化企业内部及企业之间的协同运作与财务过程，以创造客户和企业价值的一种商务战略和一套面向具体行业领域的应用系统。ERPⅡ系统具有 6 个基本特征，分别从业务、应用和技术方面定义了其战略取向（见表 11-1）。②

相对于传统的 ERP，ERPⅡ在角色、领域、功能、过程、构架、数据等各方面进行了扩展。从表 11-1 中还可以看出，ERPⅡ在这 6 个方面超越了传统 ERP。

表 11-1 　　　　　　　　　　　　**ERPⅡ系统的特征**

特征	具体内容	应用拓展
作用	从传统 ERP 的资源优化和业务处理，扩展到企业间协作运营的信息支持，而不仅仅是电子商务模式的销售和采购	参与价值链/协作商务
领域	ERPⅡ的领域已经扩展到非制造业	所有行业
功能性	超越传统的制造、分销和财务等业务支持，扩展非制造行业或行业部门的功能实现	跨行业、行业段和特定行业
业务处理	从注重企业内部流程管理发展到外部联结	外部联结
系统结构	与单调的 ERP 系统结构不同，ERPⅡ系统结构是面向 Web 和面向集成设计的，同时是开放的组件化的	开放、组件化
数据处理方式	ERP 系统将所有数据存储在企业内部，而 ERPⅡ进行分布于整个商业社区的业务数据处理	内外部发布和采用

ERPⅡ重点强调并解决两方面的问题：

① 面向具体行业。ERPⅡ根据具体的领域和具体的行业进行专门设计与开发，行业应用更加专业化；而传统的 ERP 则没有考虑到各个领域和各

① B. Bond, Y. GenOvese, D. Miklo, et al. ERP is Dead—Long Live ERPⅡ［J］. *Gartner Group Research Note*, 2000-10-04.

② 吴强. ERP 走向消亡，ERPⅡ异军突起. ERP 世界网，［2002-09-26］

个行业的特性。

② ERPⅡ强调企业之间的业务协同。传统的 ERP 强调企业内部的业务协同，是解决企业内部流程的应用系统，ERPⅡ系统则更易于与上下游供应商和客户联系，已不是原来定义的 ERP 系统，而是覆盖整个供应链的解决方案。

11.3 管理信息系统开发与运行

管理信息系统面向战略管理、战术管理和业务管理层的需求进行开发与设计，总体原则是整体目标最优、管理信息保障功能完整，对环境的适应性强，技术支持先进，运行安全可靠。为了满足多方面需要，在系统实现中，应突出开发与运行两个环节的管理。

11.3.1 管理信息系统开发

管理信息系统开发是一个连续过程，包括系统调查，可行性研究，系统分析，系统设计，系统编程、调试与实现等环节。

（1）系统调查

新系统是在现行系统基础上经过改建或重建而得到的。因此，在新系统分析与设计之前，必须对现行系统作全面、充分的调查和分析。系统开发人员应采用访问、座谈、查阅资料、深入现场等多种调查方式，得到现行系统的各种资料。这个阶段为新系统开发作原始资料准备，使系统开发人员对现行系统取得感性和理性的认识。在调查基础之上的可行性研究，为新系统开发提出定性及定量分析结论。

信息系统调查的基本内容如下：

① 系统界限和运行状态。了解现行系统的发展历史、目前规模、运营效果、业务范围及与外界的联系等，以便确定系统界限、外部环境和接口，同时衡量现有的管理水平。

② 组织机构和人员分工。调查现行系统的组织机构、管理关系、人员分工和配备等情况，从中不仅可以了解现有系统的构成、业务分工，而且可进一步了解人力资源的情况，发现组织中所存在的问题。

③ 业务流程。不同系统所进行的业务处理具有不同的内容，这就要求系统分析人员必须全面细致地了解整个系统的业务流程，弄清系统中物流和信息流的情况。通过流程分析，对输入、处理、输出形成一个正确的认识。

④ 计划、单据和报表处理。在业务管理中，企业的运行通过计划框架

下的单据、报表来反映。该项调查实际上是进一步落实现行系统的数据搜集、整理、输入、存储、处理、输出等各个环节的要求，以便得到完整的信息流程。

⑤ 资源情况。除调查了解人力资源外，还要了解现行系统的物资、资金、设备和其他各项资源的情况，要详细调查其功能、容量、配置，目前使用情况及存在的问题等。

⑥ 约束条件。调查了解现行系统在人员、资金、设备、处理时间和方式等方面的限制条件和规定，以利于新系统的开发和运行。

⑦ 薄弱环节。现行系统中的薄弱环节正是新系统要解决和改进的主要问题，对这些问题的解决往往也是新系统目标的重要组成部分。因此，在调查中要注意用户的各种要求，善于发现问题并找到问题的前因后果。

⑧ 其他需要了解的问题。包括系统开发所要解决的一切相关问题的调查，可分为企业内、外关系和环境调查分析。

(2) 可行性研究

现代化技术条件下，新系统开发是一项耗资多、耗时长、风险性大的项目。因此，在新系统开发之前，理应对系统开发的必要性、有益性和可能性进行分析，以避免盲目投资，减少不必要的损失。

在现行系统调查研究基础上的可行性研究，可以从三个方面着手：

① 技术可行性。从技术方面进行研究，是根据新系统目标衡量所需要的技术是否具备，如硬件、软件和其他应用技术，以及从事这些工作的技术人员数量及水平是否合乎要求的过程。

硬件方面主要考虑计算机的内存、功能、联网能力、安全保护措施以及输入、输出设备，外存储器和联网数据通讯设备的配置、功能、效率等。系统软件方面要考虑操作系统、编译系统、数据库管理系统、汉字处理系统等的配置及功能。应用软件方面则要考虑是否有现成的软件包或自己是否有能力编制有关程序。当然，这里讨论的技术必须是已经普遍应用或成熟的技术，而不是待研究或正在研究的技术。

② 经济可行性。经济可行性分析中，应估算新系统开发所需要的投资费用和将来的运行费用，并把它与所估计的新系统收益进行比较，看是否有利。投资和运行费用包括：

设备费用：计算机硬件、软件、外设等费用，以及购入的应用软件及其他设备费用；

人员费用：全部系统开发人员、操作人员、维护人员的所有工资支出和培训费用等；

材料费用：调试和运行的正常开支，如打印、卡片、磁带、软盘等购买费用；

其他费用：即不属于以上所列的一切开支，例如，由工作方式改变需要增加的其他开支。

③ 运行可行性。运行可行性分析在于，评估新系统运行状况及运行后所引起的组织机构、管理方式、工作环境等方面的变化和影响。新系统的投入，可能替代管理人员的工作，二者比较，便可以衡量实际效益。例如，物资供应信息系统的运行可得到最佳订货量、订货周期和库存水平数据，但这必须与实际情况相适应，因而应进行分析。此外，新系统对现行组织机构的影响，现行系统人员对新系统的适应和新系统对环境的影响等，都是运行可行性分析中要考虑的重要问题。

除了研究上述三方面的可行性之外，还要研究计划的可行性，以便确保系统开发的成功。

（3）系统分析

系统分析的目的在于通过对系统的目标、功能、环境、费用、效益等方面的研究，确定最佳的系统方案，以便进行详细设计，最后实现系统开发与运行。可见，系统分析起着承上启下的作用，是保证获得优选系统设计方案，避免技术上的失误和经济上的损失的关键工作。

信息系统分析方法综合了软件工程的系统分析方法与数据库设计方法。这是因为软件工程将重点放在信息处理上，数据库设计把重点放在信息组织上，因而信息系统分析应将二者结合，同步考虑信息组织与处理环节。

在软件工程中出现的许多软件开发方法中，比较适用于信息系统开发的是结构化生命周期法。20 世纪 70 年代初出现的结构化程序设计（Structured Programming，简称 SP）方法，提高了程序的可测试性与可维护性。20 世纪 70 年代以来，人们进一步认识到系统分析是系统设计的前提与基础，逐步完善了结构化分析（Structured Analysis，简称 SA）方法，而且在系统实现中也从单纯的结构化设计扩展到结构化实现（Structured Implementation，简称 SI），从而形成了由 SA、SI、SP 组成的结构化系统开发（Structured Development，简称 SD）方法。

用于信息系统开发的结构化分析，立足于新系统的实现，从现行系统的具体处理方法与技术中抽象出逻辑模型，然后与用户需求目标相比较，找出不足与问题，再通过目标分析，将其变换成目标系统的逻辑模型，这就是信息系统分析的首要任务。在结构化系统分析中，以全面反映信息流动、变换与存储的数据流程图（data flow diagram）作为逻辑模型的主体；通过数据存储分析，得到表达信息组织全局关系的实体联系图 (entity relationship diagram) 和面向各种应用的虚体或实体联系图；通过加工分析得到表达信息处理的系统功能层次图。这些"图"组成了目标系统的逻辑模型。

信息系统分析所形成的文档是系统任务书，也称为系统分析说明书。说明书除了包括目标系统的逻辑模型及有关图表外，还要有适当的文字说明。系统任务书一经审查批准，就成为信息系统设计的基本依据。

(4) 系统设计

系统设计根据系统分析提供的数据流程图和数据结构，使用结构化设计方法，将系统按功能划分为若干子系统，以明确各子系统的目标和子功能。然后，按层次结构导出系统的模块结构，画出系统的结构图，并给出模块的相互调用关系。系统总体设计还包括选择系统设备，确定系统硬、软件的配置方案等。

当总体结构建立和通过审定后，就可以开始详细设计。详细设计解决模块内部的具体实现算法问题，详细设计算法可使用表格、图形或者自然语言来描述。根据这些描述，程序员便可以写出程序。详细设计具体包括以下内容：

① 系统总体设计。总体设计的目的是回答"系统应该如何实现"的问题。总体设计将划分出组成系统的各个物理元素、文件、数据库、过程和文档等。总体设计还应该设计系统结构，也就是要确定系统中每个程序是由哪些模块组成，以及这些模块相互之间的关系和信息流程模式。

② 系统模块设计。由于系统各部分之间不是孤立的，它们之间存在着控制、互相调用和交换信息等多种关系。这种关系确保了系统内部的有机联系和有效运行。在信息系统中，模块就是程序对象的集合，例如，过程、函数、子程序、宏汇编程序等。模块设计在于把系统划分成若干个模块，具体设计每个模块的连接和调用关系，同时将这些模块集中起来组成一个整体，以便完成指定的功能。

③ 硬件与软件组织。计算机信息系统的基础是硬件，在硬件基础上建立各层软件。系统设计人员要根据系统要求的不同处理方式，具体考虑硬件的配置——主机和外部设备的选择。同时，也要考虑软件的配置——系统软件的获得和应用软件的开发。在基于网络的信息系统开发设计中，应将网络系统环境、硬件设施和应用软件配置作为一个整体来考虑，以实现系统集成目标。

④ 系统代码设计。代码设计是一项重要工作，在信息系统中，代码是人和机器的共同语言，代码设计是实现一个信息系统的前提条件。借助于代

码，信息从一种形式转换为另一种形式，设计目的是要确立一套系统各部分共用的代码系统，便于信息的标准化处理和组织。

⑤ 输入、输出设计。系统设计过程与实施过程相反，并不是从输入设计到输出设计，而是从输出设计到输入设计。这是因为，系统对输入的信息进行加工处理的结果只有通过输出才能为用户所利用，因此输出的内容与格式是最重要的问题。另外，从系统开发的角度来看，输出决定输入，即输入信息只有根据输出要求才能确定。

⑥ 数据库设计。数据库设计是指在现有数据库管理系统上设计数据库的过程，它是信息系统开发的重要环节。数据库设计的内容是，对于给定的环境，进行符合应用语义的逻辑设计，以及提供一个确定存储的物理设计，建立实现系统目标并能有效存取数据的数据模型。其中数据库管理系统可从现有的产品中选购，而模型、子模型、应用程序等可以根据用户的具体要求进行设计。

⑦ 人-机接口设计。人-机接口设计应解决的问题是，屏幕、反馈与辅助、出错控制、响应等方面的设计。用户在使用计算机时，需要给出一定的提示和反馈，从而使用户确知界面处于其控制之下。设计完好的用户接口均应具有恰当的错误检测方法，以对输入作出相应的响应，一个特定响应设计应针对用户完成某一任务的需要来进行。

（5）编程与调试

所谓程序编制就是把每个模块的算法变成计算机系统可"接收"的程序。系统设计完成后可得到系统的模块说明书。根据说明书便可以使用程序设计语言编写源程序。

计算机系统的信息处理完全依赖程序，而程序是用计算机语言编写的，它是解决某类问题的一系列语句或指令。信息系统的部分处理可购置现成的软件，但其他部分甚至大部分程序是靠自己编制的。

程序编制的依据是系统分析与设计产生的模块结构图、程序代码、决策树、判断表、程序说明书和流程图，程序员根据以上资料和统一选择的程序语言进行程序编写。程序设计完成并运行后，应对其质量进行评估。

程序的编制与调试是一个事物的两个方面。编制程序是为了使计算机按照规定的内容进行工作，调试则是为了检验程序的功能的实现，两者相辅相成。一般说来，开发程序中调试工作量占整个程序开发工作量的一半以上。在程序调试阶段和维护阶段发现同一错误，其改正该错误所付出的代价是大不相同的，后者是前者的数倍以上。程序大多不可能一次通过，必须反复调试，反复修改，直到满意为止。对于大型程序应该分块调试。多人合作编写的程序或子程序则要采取先分调后联调的办法，这种方法能够缩小范围，便于发现问题，修正错误。对于相互有关的不同程序，也要进行分调和联调，以保证程序的质量。

　　信息系统通常由若干个子系统组成，每个子系统又由许多模块组成。一开始就把整个系统当做一个单独的实体进行调试显然是不可取的。与系统的开发过程类似，调试过程也必须分步骤进行，每个步骤在逻辑上是前一个步骤的延续。所以，系统调试实际上应按以下步骤展开：模块调试；联合调试；系统调试；验收调试。

11.3.2　管理信息系统运行

　　管理信息系统运行是一项整体化工作，包括系统转换组织、系统运行管理和系统维护等基本环节。

　　（1）系统转换组织

　　系统转换是指新系统替代老系统的过程，其转换既包括将原来全部用人工处理的系统转换到新的以计算机为基础的信息系统，也包括从原有的信息系统向新的信息系统转换。如果以前的系统已经使用计算机，那么新系统只要需兼容老系统，因而转换过程就可以相对简单。系统转换包括原有系统的数据文件向新系统数据文件的转移，人员、设备、组织机构的改造和调节，有关资料的建档和移交等。系统转换的终结形式是系统开发者将全部控制权移交给使用者。系统转换一般有3种方式（见图11-10）。

　　① 直接转换。直接转换是在原有系统停止运行的某一时刻，新系统开始运行，中间没有过渡阶段。直接转换的优点是转换最简单、费用最省，但风险性较大。在实际应用中，应有一定的应急措施，保证了新系统一旦失灵时，原有系统仍然能顶替工作，其示意图见图11-10（a）。

　　② 并行转换。这种转换方式是新、老系统并行工作一段时间，经过一段时间的磨合以后，再用新系统正式替代老系统。这种方式不仅使转换期间工作不致间断，而且新、老系统可以进行功效对比。其示意图见图11-10（b）。

　　③ 分段转换。这种转换方式实际上是上面两种转换方式的结合。在新系统正式运行中，一部分、一部分地替代老系统。这种方式能防止直接转换产生的风险，也能减少并行转换方式的费用。但在系统混合运行时，必须事先很好地考虑它们之间的接口，其示意图见图11-10（c）。

　　总之，第一种方式简单，但风险大，万一新系统运行不起来就会给工作造成混乱，因此这种方式只在系统小或者时间要求不紧的情况下采用。第二

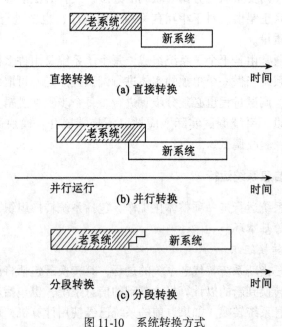

图 11-10　系统转换方式

种方式无论从工作安全上还是从用户心理状态上看均是较好的，这种方式的缺点是费用大。第三种方式是为了克服第二种方式的缺点而采取的混合方式，因而在较大系统中使用较合适。

（2）系统运行管理

系统转换以后即可开始投入正式运行，运行阶段可能会出现一些小问题。应当强调，当系统运行出现问题以后，一定要靠系统开发部门与系统使用部门共同努力来解决。

系统应用的好坏和系统设计有很大关系，也和系统运行有很大关系。任何一个系统都不是一开始就很完备，往往是经过开发、运行、再开发、再运行的循环来改进的。企业管理信息系统一般需要运行相当时间才能比较完整地适应企业运营的要求，对于业务信息的处理还需要进行完善。

随着信息作用的强化，企业信息系统的地位越来越高，信息系统的组织也越来越健全。从信息系统在企业中的运行组织来看，有如图 11-11 所示的两种形式。

图 11-11（a）是平行方式。信息资源可为全企业共享，企业各部门和人员使用系统的权利相等，因而信息中心可以作为一个独立部门，置于企业

中高层的管理之下。

图 11-11 （b）是中心服务方式。除信息中心组织系统运行外，信息中心由最上层（如企业经理层）直管，与此同时强化 CIO 的职能。

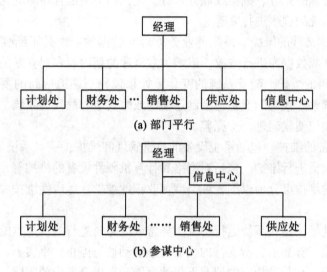

(a) 部门平行

(b) 参谋中心

图 11-11　信息系统的运行组织

在企业经营中，随着信息中心地位的提高，信息中心主任一般由副总经理兼任，这样更有利于管理全企业的信息资源。当前企业信息中心的组织结构变化很大，总的趋势是内部分工越来越细，既有运行管理人员，又有技术支持人员和系统运行人员。信息管理系统是一个动态化的复杂系统，任何信息的中断都会造成严重的后果，因而运行必须有严格的责任制、严格的规章制度和必须的运行记录，只有这样才能保证系统运行良好。信息系统运行规章制度大致有以下几个方面：

- 系统安全制度；
- 系统维修制度；
- 系统运行操作规程；
- 用户使用规程；
- 系统信息的安全保密制度；
- 系统修改的规程；
- 系统运行日志及填写规定。

（3）*系统维护管理*

系统维护是指信息系统在使用过程中，由系统维护人员对系统中的错误或故障进行修改或排除的工作，目的是使系统能正常运行并充分发挥作用。系统维护的内容如下：

① 程序的维护。企业信息系统的业务处理是通过计算机来实现的。因此，如果处理的业务、数据或业务量有变化，则会引起程序的变化，这就需要对信息系统的程序进行完善。

② 数据文件的维护。系统的业务处理对数据的需求是不断变化的，这就要对文件或数据库进行修改，以增加数据库的新内容和建立新的文件等。

③ 代码的维护。随着系统的变化，如果代码不能适应新的要求了，就需要进行调整。代码的变更包括制定新的或修改原有的代码系统，更重要的工作在于如何使代码进一步完善。

④ 设备的维护。包括系统设备的日常管理和维护，一旦系统发生故障，应有专门人员进行维护。包括对网络和计算机硬件设备的维护等。

系统的维护可分为以下 3 种类型：改正性维护、适应性维护和完善性维护。

改正性维护是在系统运行中发生异常或故障时进行的，严重的故障如不能及时排除，势必使它所支持的数据处理活动被迫停止。事实上，即使运行多年的系统，在某种特定的情况下仍然可能暴露出开发中的问题。然而，对已发现的错误进行修改，应十分谨慎。在制订修改计划后还需经过复审，而且修改工作必须在严密的控制下进行，以防造成不良后果。

适应性维护旨在使运行的系统适应外部环境的变动，技术环境的变化，要求信息系统能跟上发展的形势，使之不至于因技术环境的变化而不能正常工作。此外，"数据环境"的变动也要求进行适应性维护。例如，数据库的变动、数据格式的变动、数据输入输出方式的变动以及数据存储的变动等都会直接影响到系统的正常运行。

完善性维护则是为扩充系统功能，提高原有系统性能而开展的维护活动。这里所说的新功能和新性能都是在原系统需求书中未规定的内容，这就需要在原开发系统的基础上加以扩充。

维护工作从理解系统开始，如果对维护的系统没有很好的理解，也就谈不上维护。这种理解包括对功能及性能的分析和理解、对原设计的分析和理解以及对源程序的分析和理解。在此基础上，如有明确的维护任务，应按任务书规定进行；如果系统运行中出现了新的问题，则应提出维修修改建议。图 11-12 显示了系统维护的管理流程。管理部门应对提交的建议进行分析和审查，对更改带来的影响作充分的估计，如审查未通过，应撤销不妥的更改。对于通过审批的修改方案，经修改后应作严格的调试，以检验修改的质量。

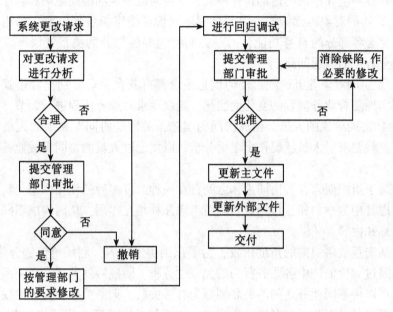

图 11-12   系统维护和更改的管理流程

为了确保维护中更改的正确性，消除因更改不当给用户带来的不良影响，应对更改工作持谨慎态度。例如，当维护更改建议提得不够具体，或是用户提出的更改要求不一定恰当，甚至有些要求超出系统维护范围时，应进一步组织论证，以确定正确的维护更改方案。

11.4   跨系统协同信息沟通的组织

跨系统信息协同沟通系指组织间的系统互联和沟通，协同沟通的实现在以下几个层次进行：技术协同、语义协同、数据协同等。从系统构建上看，系统或部分之间无需特别处理，即可进行信息和服务的互联互通。

11.4.1   跨系统协同信息沟通与服务组织内容

在建立协同沟通关系时，协同方式的选择强调各方的匹配，即基于任务相关性标准的战略匹配和基于组织相关性的操作匹配。

协同沟通情况千差万别，因此应对协同对象进行从宏观到微观，从全局到局部的把握，以选择针对以下问题的协同策略：

①协同对象性质。这是协同对象的全局定位，不同的性质，对应着不同的外界环境和不同的内部运作模式，从而对应一定的协同规则和程序。

②协同对象内部结构。内部结构协同旨在使组织各部分发生作用，一方面完善各部分的自身功能，另一方面协调好各部分的关系，以形成灵活的、全方位的沟通回路。

③协同对象业务流程。任何信息系统都有其自主业务功能和模式，其协同实现随着业务流程的变化而变化，这就要求对业务流程进行调节。

④协同对象的人员。构成协同的实施，关键是协同对象中的人员接受度，这就要求对人员状况作出全面分析，以便通过人员的协同完成业务的协同。

对于组织而言，各协同主体之间存在一种或者多种的相互作用，我们可以考虑其中的一种相互作用或者同时考虑几种相互作用，从而构成不同的协同目标和内容。

从宏观战略协同的角度出发，为了识别协同内容，利用价值链分析法，可以通过对价值链中各业务行为的关联性分析，明确协同关系。在关系分析中，可以将不同业务之间的关联划分为有形关联、无形关联和竞争关联。据此，可将信息系统的关联性分为三类：资源相关性关联、收益相关性关联、技术相关性关联。①

从业务关联分析出发，信息系统之间同样可分为有形协同、无形协同和关联协同（见图11-13）。三种类型的协同都会对协同信息沟通产生影响。

①有形协同。对具有实体形态，在信息系统运行中发挥作用的，容易识别与评价的资源所进行的协同组织，主要有人员协同，外部代理的协同，以及不同信息系统的跨系统信息交流与协同沟通。

②无形协同。无形协同是指以信息形态存在的无形资源的协同组织，包括与组织有关的供应商、合作伙伴、顾问、竞争者等有关信息的协同组织，如组织结构、公共关系、知识产权、业务流程等信息的跨系统协同组织，无形协同涉及不同信息系统之间的管理信息传播。

③关联协同。信息组织的关联协同是指具有竞争、合作关系的组织之间的跨系统信息共享组织方式。竞争、合作信息的关联协同组织，源于在多个实际或潜在的竞争对手和合作者之间，基于多点竞争与合作需要而产生信息沟通。竞争状态下的合作在于，使竞争者之间进行优势互补。竞争关联常

①　Miller P. *Interoperability：what is it and why should I want it？*．［EB/OL］．［2009-01-20］．http：//www.ariadne.ac.uk/issue21/interoperability/

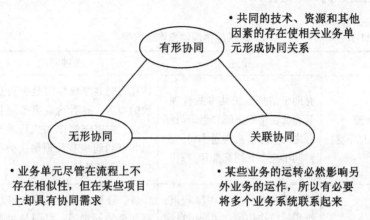

图 11-13 系统关联与协同关系

常与有形关联和无形关联并存。

由于信息系统之间存在多种协同要素，包括战略、资源、技术、人员、流程等，因此可进行多种方式的协同要素的组合，如产品的市场组合、资源组合、用户组合和技术组合，或这些组合的联合运用。基于不同要素整合的跨系统信息协同，旨在使我们从多个角度利用信息系统之间的协同关系，通过系统关联实现信息共享。

从协同信息沟通实施需求出发：跨系统的协同信息沟通意味着可使用统一界面访问多个信息系统，实现相关应用系统之间的交互，在系统交互过程中形成一个"整体环境"。因此，跨系统的协同信息沟通的最终目标是通过跨系统的信息整合和异构系统互操作，实现信息沟通平台共享。

11.4.2 跨系统协同环境与协同构架

协同环境是跨系统协同信息沟通的必要条件，因为任何事物都不能脱离与环境的联系而孤立存在和发展。协同环境如何，对于协同沟通的实施具有重要的影响。它要求协同信息沟通不仅要考虑方法、手段选择，而且要考虑方法、手段的协同应用。广义的协同沟通环境包括人文环境、政策环境和技术环境。对于跨系统协同信息沟通而言，主要应该考虑以下几个因素：人员因素（包括人员结构、技术素质），技术因素（包含技术的经济因素），政

策法规因素等。①（见表 11-2）

表 11-2 跨系统协同信息沟通构架

	描述	关键问题
管理 （共享的环境）	有助于信息系统共享的管理；管理者在组织之间和组织与部分之间实施信息沟通协同；在协同中应有共同标准和原则	信息协同共享伙伴间是否有达成一致的协议，是否达成服务层管理的协议；应遵守法律和执行政策；信息共享纠纷应有处理解决方法；相关各方利益达到平衡
政策 （共享的规则）	协同信息沟通应有国家政策、组织政策作保证；协同信息沟通应有具体规则；在规则框架下，组织内、外参与者的角色应明确	法规、政策和程序是否允许组织进行信息协同沟通；组织是否遵守规则；是否有法律、规则、政策、程序阻碍组织和个人信息沟通；信息自由是否得到足够保护
技术 （共享的能力）	技术、系统和协议可行性；提供信息沟通共用平台；信息沟通有安全措施	是否有共同的数据标准和系统标准；参与者是否跨网络进行数据处理；信息是否受到保护，系统是否安全；是否有身份识别技术和机制来验证用户，以保证信息沟通的机密性
文化 （共享的意识）	按信息沟通协同组织方式和原则进行信息交流；在组织文化建设上，要求相互适应	如何激励组织共享信息和进行协同沟通；各层次的信息交流；应适应环境变化，以应对挑战和机遇
经济 （共享的代价）	为信息协同沟通提供资源保障，进行协同信息沟通投入	是否有足够的资金支持信息协同沟通；是否有足够的资金实施信息协同沟通方案

2007 年美国国会通过的《信息共享国家战略》（*National Strategy of Information Sharing*，*NSIS*）中阐述了发展跨部门、跨系统信息共享的倡议，

---

① *United States Intelligence Community*：*Information Sharing Strategy* 2008. ［R/OL］.［2009-01-10］http://www. dni. gov/reports/IC_Information_Sharing_Strategy. pdf

倡议包括以下内容：①需要制定一个对跨系统信息访问与共享起实质作用的政策；②对于特定领域的信息沟通，需要一个单一的程序；③跨系统的协同信息共享需要一个统一的集成纲领；④就单个组织来说，面临把业务流程聚集在跨信息共享与访问基础上的问题。创建跨系统信息共享的协同标准，需要根据需求不断地进行技术调整与融合。*NSIS* 提出了跨系统信息共享环境（Information Sharing Environment，ISE）的技术构架，如图 11-14 所示。①

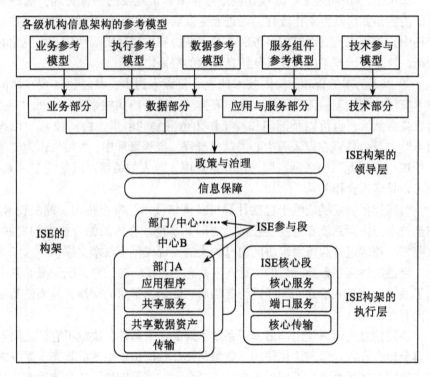

图 11-14　ISE 协同

狭义的协同环境系指保障协同的技术环境，即网络环境下实现协同作业的技术平台。这个平台对协同服务的保障应是适时、动态、集成、有序、开放、共享的。协同服务的构建应该是以人为本，以协作共享为需求依据，而不是简单从资源角度，实现人、信息、应用和流程的协同。在以技术为支撑

①　*United States Intelligence Community*：*Information Sharing Strategy* 2008.［R/OL］.［2009-01-10］http：//www. dni. gov/reports/IC_Information_Sharing_Strategy. pdf

的协同信息沟通发展中，协同技术具有三方面特征。①

① 以互联网为基础。协同技术是在网络技术基础上发展起来的，它强调的是基于互联网的跨区域、跨组织、跨部门的协作，第二代互联网的互动性使其成为协同软件的应用平台，IPV6 技术的推广可以实现实时与异步的信息交流，进行知识采集与利用。可见，第二代互联网为协同技术的发展及应用提供了很好的基础。

② 以流程协同为主。流程管理是近年来非常重要的一种管理，流程管理的内容是如何规范工作流程，促进业务发展。在以流程为对象的协同技术应用中，流程成为贯通管理事务的主线，在协同中呈现出柔性化、可视化的特征，这是协同技术区别于其他信息技术的特征之一。

③ 以人为本的管理。协同技术的核心是以人为本，其思想体现在协同技术应用功能配置、流程组织、操作安排等方面。协同技术应用中的"人"可以是自然人，也可以是部门和按工作角色区别的群组。协同技术"以人为本"的特性体现在以人为中心的定义流程。流程管理中，"人"作为流程中的核心"资源"被关联，同一流程结点中人与人的关系可以是竞争关系，也可以是多重合作关系。

协同技术的发展依赖于包括计算机及网络技术、群组技术、控制技术、同步技术、协同系统安全控制技术、协同共享技术在内的综合技术的发展，这些核心技术组件为跨系统协同信息沟通的实现提供了技术支撑。②

跨系统协同平台是开放的、远离平衡态的系统，各信息系统无疑是其中的子系统。信息系统之间不断进行着物质、能量、信息的交换，从而使系统走向有序。

协同信息沟通系统内部诸多子系统发展的不平衡性，决定了它们之间不可避免地存在着竞争与协作作用，竞争与协作共同决定系统的状态。系统之间的协同在非平衡条件下使子系统趋于联合。在跨系统协同信息沟通实现过程中，首先必须认识到，协同系统追求的目标是动态性的系统间信息沟通的平台化实现。

---

① 胡昌平. 面向用户的信息资源整合与服务［M］. 武汉大学出版社，2007：132

② A. Williams. *Wiki Collaboration Leads to Happiness.*［EB/OL］.［2008-12-20］http://www. wikinomics. com/blog/index. php/2008/03/26. wiki-collaboration-leads-to happiness/comment-page-1

11.4.3 跨系统协同信息沟通的实现

信息系统之间的协作方式和协同内容是多种多样的，呈网状的复杂关系，因此不可能通过完全统一的机制描述整体状况，而需要通过多种模式，进行多层次的跨系统协同组织。

跨系统协同信息沟通的最终目标是根据同构或异构分布式信息系统之间的差别，提供一致的信息交流平台，其实现，通常按照信息资源、业务过程和服务业务层次进行整合和集成。

（1）跨系统协同信息组织

跨系统协同信息组织在于，将若干信息提供者所提供的信息，在信息交流平台上，进行基于统一规则和技术标准的转化，以便信息使用者在需要的范围内实现信息共享。面向信息交流的协同，关注的是应用接口层的转换，以便在系统之间进行数据流流动，因此，数据库、应用程序以及相关服务的接口就成为面向信息协同交流模式的关键。

面向过程的跨系统协同信息沟通是基于业务过程的交流服务，要点是交流中实现数据的协同传输，目标是通过相关业务过程的沟通、协作实现业务活动价值的最大化（图 11-15）。

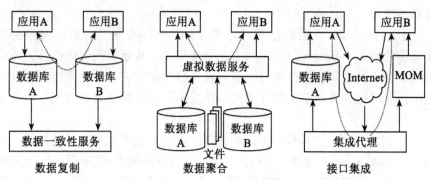

图 11-15 面向信息交流过程的跨系统协同信息沟通组织①

面向应用的跨系统协同沟通，是通过整合业务层来实现的，具体体现为"信息交流服务"的互用，它在应用集成层面上进行业务信息共享。这种沟通通过多个系统的信息共享来实现。网络环境下，可以由 Web 服务提供一

---

① 走向世界未来的企业应用集成：从信息、过程到服务［EB/OL］．［2008-12-20］http：//www.cnblogs.com/dujun0618/archive/2008/01/23/1050138.html

站式沟通保障（图11-16）。

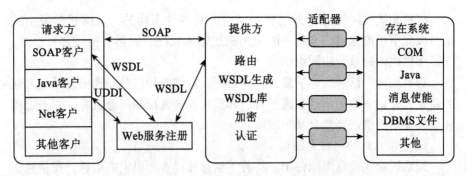

图 11-16　面向应用的跨系统协同信息沟通组织

（2）协同行为路径的确定

从协同的行为路径看，跨系统的协同信息沟通可划分为有组织的协同、自发的协同两种形式。有组织的协同是协同组织中的成员，依据组织结构和组织制度相互协作的过程。协同的实现，可以从关联组织各方业务流程、组织结构、资源安排、人员配置等方面入手，确定协同沟通的行为路径。在协同组织中，交流会话模型、过程模型、活动模型和层次模型是基本的选择。

① 会话模型。会话模型是一种基本的协同工作模型，它将复杂的协作活动分解为一系列人们之间的交互会话活动，从而实现群体协作。跨组织的业务人员之间，可以通过特定语言进行沟通交流。在跨系统的协同沟通中，会话模式规定了机构之间的协作关系，表现为认识中的交互协作过程。

② 过程模型。过程模型可以将任何一项复杂任务或操作，分解为一系列相互关联而又相互独立的串行或并行的子任务或操作来进行协同，从而形成一个统一的工作流。过程模型可分为串行和并行两种，二者从不同的协同方式出发规定了协同各方的任务、操作和协作规范等（图11-17，图11-18）。

③ 活动模型。活动模型并不将一个协同任务描述成多个协同操作步骤，而是将一个任务分解成多个具有一定目标的主、客体活动，其中活动任务根据一定规则，利用协同工具进行组织和分配。

④ 层次模型。在跨系统沟通中往往需要不同层次和不同方式的协作完成一项任务，而单一协作模型不一定能满足对协同任务的协作方式和协作过

程的描述，因此，对一些具体任务需要采用多层次的混合协同方式。

在跨系统协同中，协同主体根据组织目标、状态和长远利益寻求协作者，以形成协同关系。

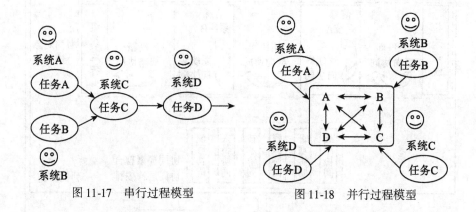

图 11-17　串行过程模型　　　　　　图 11-18　并行过程模型

（3）协同实现流程

跨系统协同信息沟通是实现信息系统之间基于战略、管理、资源和流程协作的过程。

跨系统协同信息沟通的实现包括协同对象选择、协同要素整合、协同环境构建等环节，如图 11-19 所示。其进行应有一定的步骤，一般情况下，协同服务进行包括以下基本程序：

① 明确协同目的。这是协同活动的起点和组织跨系统协同信息沟通的核心，亦是检验协同活动的依据，只有明确了协同目的，才能确定协同过程的其他方面内容。

② 确定协同对象。明确了协同目的，就应该根据目的确定协同对象（客体），继而明确协同对象之间的管理沟通关系。

③ 配置协同要素。协同对象内部要素和协同环境要素应进行统一配置，在配置中应进一步明确它们之间的关系，寻求它们之间相互作用、相互影响的机理。

④ 提出协同沟通方案。这是最为关键的一步，因为它关系到协同信息沟通的具体操作，在方案构建中，应根据协同的目标，按各方面要素作用，提出有针对性的协同方案。

⑤ 实施协同方案。方案制订后，必须全面实施，在方案实施中，要随时监督、调整方案的执行，以确保方案对客观环境和主客观条件的适应性。

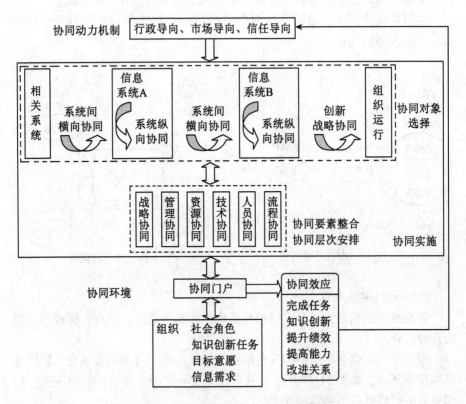

图 11-19　跨系统协同信息沟通的实现流程

⑥ 评估协同效果。如果方案的实施效果达到了既定目标，则方案是成功的，否则，应通过评估查找原因，进行改进。

11.5　集成信息门户及其构建

网络环境下的组织管理，具有复杂的内、外部关系。这种关系在组织运行中是重要的。面对开放化流程管理和组织交往的需要，基于系统链接和信息汇聚的集成信息门户随之产生。基于此，以下着重讨论组织的集成信息门户构建和应用。

11.5.1　基于集成构架的信息门户及其类型

组织运行中多业务流程组合是重要的，对于企业来说，这些流程包括内部业务流程、商务处理流程、物流配送流程、计划财务流程等。① 虽然不同组织的业务流程具有不同的内容和结构，但组织业务流程在业务处理过程中却具有共同的实现机制。基于此，我们将业务流程抽象为方便业务功能的有序衔接，即业务输入、业务处理和业务输出过程的有序组合，组织的业务流程关联模型如图 11-20 所示。

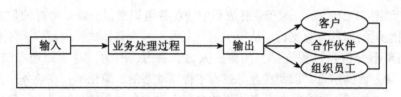

图 11-20　组织业务流程的关联模型

如图 11-20 所示，组织的业务流程功能包括业务输入、业务处理和业务输出功能。其中，业务输入包括组织所需人员、物资、资金、知识资源等，它是业务流程得以进行的保障；业务处理是指具体业务流程的展开，也可以看做一个合理调配各种输入资源的过程；业务输出则是展现业务流程处理结果的过程，一方面将处理结果直接面向最终用户，另一方面处理结果还可以作为其他业务流程的输入资源。

业务流程的实现，除物质资源保障外，还应有信息支持作保障。考虑到业务流程组织的集成性和开放性，基于集成信息门户的业务流程组织显得十分重要。这里，从集成信息门户对组织业务流程支持出发，探讨具体的门户组织与基于门户的业务集成问题。

集成信息门户架构在管理和业务信息整合之上，其目的是使门户更好地服务于组织运行管理。因而，集成门户的构建应从组织业务流程入手，促使组织管理、门户系统、业务流程的融合。这是因为，只有将组织运行、业务流程以及门户融入一体，才能充分发挥门户的作用。

现代经济环境下，组织所创造的价值越来越依赖于组织所掌握的信息和知识，这就要求关注信息资源的利用效率与效益。在这一背景下，集成信息门户通过业务流程与信息系统的融合，实现组织信息、业务流程三者的融合，为组织的价值实现创造条件。基于集成门户的业务组织，在于通过集成

---

① 基于流程的企业业务集成解决方案．［2006-10-15］．http：//www.cnw.com.cn/store/detail/content/asp？articleid＝33632.

信息门户平台的应用，实现组织运行的信息化。

组织的业务过程与信息过程的融合体现为二者的不可分性①。在组织业务过程中，信息不断产生、传播，并应用于业务流程管理之中。基于集成架构的信息门户，一方面为组织业务开展提供信息支持，促使组织信息资源在业务过程中的应用；另一方面通过所建立的信息共享平台，实现组织与环境的沟通。

如图 11-21 所示，对于业务流程中的业务组织来说，需要考虑的是充分利用组织的信息资源支持。从组织运行上看，一个具体的管理过程，各个环节都离不开信息过程支撑，如输入人力、物力、财力，需要处理反映人、财、物方面的信息，以便在业务过程中提供动态的决策依据；在业务过程输出中，同样需要结合接收业务流程的要求，对业务过程输出结果进行信息处理。

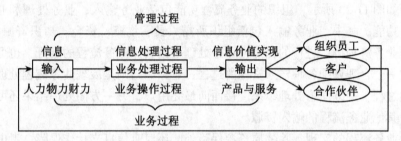

图 11-21　组织业务流程中的信息门户功能

11.5.2　集成信息门户的定位

集成信息门户对组织业务的支持主要体现在两个方面：其一，通过组织业务到集成信息门户的映射，构建面向组织业务过程的集成信息门户服务体系，实现集成信息门户对组织业务的过程支撑；其二，进行集成信息门户信息的充分而合理的展示，进行集成信息门户对业务的支撑服务。

如图 11-22 所示，组织业务到集成信息门户的映射，是构建信息门户的关键。构建面向组织业务的集成信息门户包括以下步骤：

首先，选取一个核心业务流程作为分析对象，从中找出核心事件点及核心业务过程的信息模型，继而从核心业务过程模型中抽取需要在集成信息门

---

①　夏敬华，金昕．知识管理．机械工业出版社，2003：112.

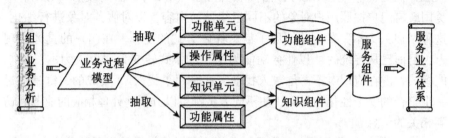

图 11-22   面向组织业务过程的集成信息门户构建模型

户中实现核心事件点映射的功能单元，以将这些核心事件点所需要的操作、核心事件点之间的关系以及它们与相应信息点之间的操作，映射为集成信息门户功能组件。

其次，强调从核心业务过程模型中抽取核心信息，根据抽取的信息点之间的关系、信息点与业务操作的关系、信息点与人员的关系，将其映射为集成信息门户单元，以构成集成信息门户服务操作组件。

最后，将相关的功能组件与操作组件按照业务需求进行组合和优化，形成集成信息门户服务组件，多个服务组件再经过简单的修改与组合，形成集成信息门户服务业务流程。

集成信息门户是信息资源共享的通用平台，基于集成架构的信息门户定位体现在三个方面：其一，开发业务功能，通过实现人员和业务流程的融合，根据需求配置功能模块；其二，通过整合各应用系统功能进行技术开发，细化组织服务粒度；其三，实现业务数据的集成（如财务管理系统、人力资源管理系统、办公管理系统、企业资源规划系统、物流管理系统、客户关系管理系统等系统中的数据集成）。

集成信息门户是业务流和信息流的集成平台，门户通过相应的信息处理使分散的信息得以集中利用，其信息保障定位突出以下问题的解决：

① "以人为本"的服务模式。集成信息门户在设计上改变了系统以业务、功能、技术为核心的设计思想，并不单纯关注系统功能，而是从门户使用的对象（内、外部使用者）的需求出发，让门户使用者满意，从而达到提升组织管理水平和应用效率的目的。门户可以根据不同的对象设计不同的入口，例如美国政府门户网站按照用户对象的不同分为 4 个部分：面向公众

（G2C）；面向企业（G2B）；面向联邦雇员（G2E）；面向政府（G2G）①。美国政府门户按照用户对象的不同组织网站内容，以对服务对象进行细化。这种"以人为本"的定位体现了信息保障方式的变革。在门户的具体实现上，目前已从传统的"以业务功能为主"的模式转变为"以人为本"的功能模式，即在应用时不再是"人找事"而是"事找人"，集成的关键是通过一个整合的、个性化的界面，使不同人员都可以方便地处理相应的业务和访问相关的信息。

② 一体化的服务平台。集成信息门户可以提供多种应用集成接入方式，将应用系统（如办公系统、人力资源管理系统、财务系统、物流系统、客户关系管理系统等）无缝集成到门户系统之中，从而构建一体化的门户平台。门户实现4种要素（角色、场景、功能、知识）的集成，其中角色包括组织内各层人员和外部人员（用户、伙伴、专家等）；门户按照不同角色的需求，实现可定制的个性化信息交流，以单点登录方式开展服务；功能的实现需要调用来自不同系统中的服务，如知识管理、协同工作、信息发布、应用系统集成、商务智能等；数据/信息/知识获取、挖掘和利用，旨在对业务应用系统和门户中的结构化数据文档进行显化，同时实现非结构化隐性知识信息的管理。门户通过系统集成技术，利用多种信息资源和应用系统，提供信息保障，从而使组织能更好地利用各种信息资源。

③ 多维信息组织与服务。集成信息门户可以提供多种信息采集途径，使组织管理者和信息使用者通过简单操作，进行管理和沟通。首先，门户可以编辑发布的方式，将业务方案、工作报告等常规性的文档存入系统；其次，门户还可以通过数据插件，自动将信息导入门户平台的相应位置；再次，通过门户，可以实现对外部网站信息的监控（如外部竞争对手、技术发展趋势、行业新闻等）；同时还可以将采集到的信息进行重组；最后，门户通过协作组件可以实现知识采集，包括采集从支持系统中转换过来的数据以及经验库、知识库、行业库存储的知识。集成信息门户具备多层次的信息存储、处理、分享和索取功能，门户支持各主流类型的文档和其他非结构化的对象数据的统一存储和管理。

门户支持多维度的知识体系建设，实现分层次知识访问授权，如按照部门、产品、地域、使用者分类等方式建立知识树，从而避免信息组织的单一化和机械化。

---

① FirstGOV. gov. *The U. S. Goverment's Official Web Portal.* ［2006-10-15］. http：// www. firstgov. gov/

通过信息资源整合及活动集成，门户提升了组织的协作能力，在提高组织工作效率中，作用显著。从门户实施的效果看，它能为组织的发展带来多方面优势，（如图 11-23。）

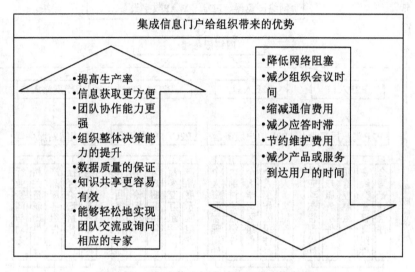

图 11-23 集成信息门户给组织带来的优势

由图 11-23 可见，集成信息门户将组织、信息、人员、业务集于一体，能够提高组织内部的协作能力，进而提高组织的工作效率和组织整体生产水平；在信息沟通和利用上，集成门户最大限度地提升组织的信息价值及其信息资产价值，从而使组织与外部环境融合。另一方面，门户还能够为组织减少信息成本和资源利用成本，以使组织更能专注于新的业务发展。

11.5.3 集成信息门户架构与功能实现

按集成信息门户的实现要求，我们可以构建企业集成信息门户服务平台的三层模型，即用户界面层、集成服务层和资源整合层三层次模型，其构建见图 11-24。图中，资源整合层是整个集成信息门户体系构建的基础。集成服务层是集成信息门户功能实现的窗口。这两部分是集成信息门户体系构建的核心组成部分。此外，用户界面层作为门户使用的关键，起着服务接口与业务实现的作用。

资源整合层应用多种整合与资源组织技术进行组织的信息资源整合，从而构建了集成门户信息资源整合体系。

集成服务层从组织业务运行入手，应用综合技术对组织已有信息系统进

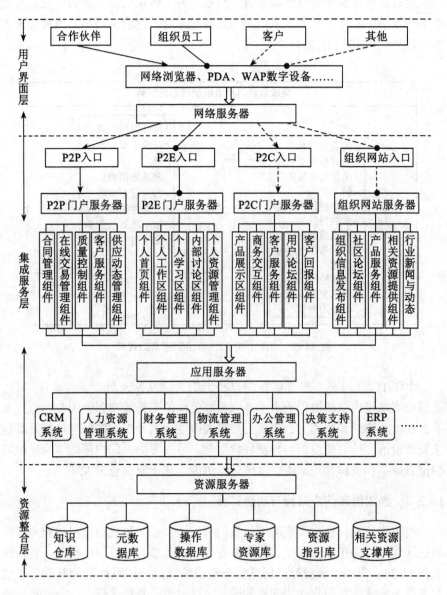

图 11-24　企业集成信息门户平台架构

行整合，最终目的是促使组织中各类人员的动态配合。门户应快速高效地响应用户的业务需求，使组织业务能够在集成门户平台上实现。

　　基于门户的业务集成，从组织业务流程分析入手，通过集成信息资源及各应用系统的利用，使组织的人员、资源、业务的一体化建设得以实现。组织各应用系统虽然对相应的业务流程进行了定义，但是这些面向对象的定义，彼此相互孤立。同时，流程操作固化、业务处理过程清晰度有限，致使流程变更灵活性不高。事实上，一个完整的业务操作往往涉及组织的不同人员以及不同部门和具体业务操作过程的相互作用，它要求共同形成组织特有的业务体系，集成信息门户正好满足了这一要求。在集成门户的信息资源整合中，强调以流程聚合为核心进行组织业务流程的融合，以使业务流程成为处理各项业务操作的主线。

如图 11-24 所示，从使用上看，集成信息门户根据使用者的需求进行信息内容、格式转换，因而如何满足使用者的个性化需求是集成服务实现的关键。为了减少用户界面层的负担，使用户更加简便地执行门户操作，格式转换应使用恰当的标记语言，以支持门户服务运作。

用户界面层的另一功能模块是完成用户的单点登录、身份验证以及为门户系统服务提供安全保障。因此，在网络服务器配置中应为用户设定惟一的用户名与密码，验证组件则通过集成门户的网络服务器，提供惟一的安全接口。

思 考 题

1. 什么是管理沟通？管理沟通的特点如何？管理沟通的基本形式有哪些？

2. 管理沟通网络可分为哪几种？如何克服管理沟通障碍？

3. 试析管理信息系统的功能演化和系统发展。

4. 试述 ERP 的系统实现与发展。

5. 如何进行管理信息系统的开发和运行管理？

6. 跨系统协同信息沟通与协同平台构建分析。

7. 试述集成信息门户的构建与应用。

12 信息化中的组织运行与管理

社会生产力的发展使当今世界处于变革时期，作为社会发展三个基本要素的物质、能源和信息的关系正在转化，迅速改变着人类社会的生产结构和关系。科技与经济的结合进一步加强，致使社会从高度工业化向信息化转变，信息活动已贯串于组织管理的各个环节，从而推动了管理科学的发展和组织活动的信息化进程。

12.1 社会信息化与组织管理信息化

现代社会经济、科技和文化的发展愈来愈依赖于信息资源，其结果是社会信息的投入和产出大幅度增长，社会交往与互助关系加强，科技与经济结合得更加紧密。发生在现代社会中的这一变化表现为一种趋势，即"信息化"。

在社会信息化的大环境下，各类企、事业组织的运行管理模式正经历着深刻的变化，其总体特征可以归纳为信息化环境下的管理信息化发展。

12.1.1 现代社会发展与社会信息化

人类社会在从原始时代、农业时代、工业时代向现代社会发展的过程中，经历了几次重大的变革。不同形态的社会发展阶段有不同的特点。我们认为，社会形态一旦发生变化，一个发展阶段便宣告结束，新的社会发展阶段随之开始。工业社会的基本范畴和社会规范的变化将导致新的社会运行模式的产生。

20 世纪 80 年代，国外一些学者通过研究社会信息现象，提出了"信息激增"、"信息危机"的论点，用于说明当今的信息、知识已经影响了科学技术、国民经济和社会的发展。面对这一现实，人们在利用信息的过程中不得不探求新的社会运行模式。新模式的探索可以归纳为新技术革命影响下的信息革命。

电子技术的迅速发展，为人们广泛而有效地使用信息开辟了新的途径。电子计算机技术和通信技术不断完善，进一步将信息技术推入一个全新的发展阶段，使之与新的社会形态相适应。

在人类社会发展中，物质、能源和信息三要素在不同的发展阶段具有不同的地位和作用。原始时代起作用的主要是物质，当时的主要矛盾是满足人类生存中的物质需求。农业时代的到来，使人们走向以社会为依托的组织发展阶段，除了有赖于物质外，能源和信息的作用也十分突出。西方文艺复兴时代开始的科学革命，解放了社会生产力，科学上的巨大成就应用于社会生产，导致了工业时代的开始。在工业社会中，物质和能源是不可分割的两大社会要素，而信息通过物质和能源发挥着愈来愈关键的作用。

20 世纪中期以来，随着一系列新技术领域的开辟，社会生产力以前所未有的速度向前发展。以电子计算机技术、通信技术为中心的现代信息技术的出现，进一步适应了这种变化着的社会形态，从而使人类开始进入了依赖于物质、能源和信息的社会。这一社会在西方被称为后工业化社会（post-industrial society），即继工业化社会之后的社会。由于与物质、能源相比，信息更具有开发意义，因此人们又将它称为信息化社会或信息社会（information society）。

后工业化社会与信息社会，虽然名词不同，但含义基本一致，都是表示一种新的社会经济体制，只不过前者强调新的社会是在工业化之后发展起来的，后者明确强调了社会的信息机理。20 世纪 60 年代被认为是美国信息化社会的起点。美国著名的未来学家柯恩当时曾断言，美国正进入信息社会，日本在 10~15 年以后也会进入信息社会。美国社会发展预测家 A. 托夫勒在《第三次浪潮》一书中进一步阐明了新技术革命浪潮冲击下的社会模式的变化，提出了新社会模式的信息本质。由此可见，美国信息社会概念的确立，决不是一种理论探讨，而是美国社会现实的总结。

在日本，人们对信息社会也作了大量调查和研究。松田木津在《信息社会》专著中利用对比分析法论述了信息社会的基本表现与特性。社会经济学家小松崎等人于 1982 年指出："日本今天到达了高度信息化社会的入口处，与其他国家相比，也一直在先进的信息政策指引下，顺利地发展了信息化。"社会学家境屋太一以"新社会模式"为基础，阐明了信息社会有别于高度产业化社会的基本特征和机制。日本财团法人电气通信综合研究所从

1981 年开始，着手信息社会中的社会产业和信息产业研究。这些情况表明，日本已对本国的信息社会模式进行了综合探讨。

面对新技术的挑战，法国学者 S. 诺拉等人对法国状况进行了深入调查。1978 年，诺拉就他负责专门研究项目，向法国政府提交了研究报告。该报告由法国政府以"社会信息化"为题印发①。在报告中，诺拉等人分析了社会信息化机理、挑战、支点和对策。该书的出版在法国引起了巨大反响。

关于现代社会的信息化机理，国外许多著名学者从不同角度进行了系统性研究。在西方国家，逐步形成了具有代表性的"信息社会"理论，其中马丁的《信息社会》一书颇具综合性。

西方国家对"信息社会"理论的应用给予了高度的重视。继美国率先研究信息化社会问题并取得实质性成果后，日本十分注意美国研究成果的应用，他们结合本国情况将其用于日本的社会研究，为日本制定信息化政策和战略决策服务。随后，西方各国普遍开展了信息化政策研究并注重借鉴他国的经验和理论。

综上所述，社会信息化是现代社会发展的趋势，是以社会生产力的提高以及经济、科技的进展为前提的，即有一定的条件。另一方面，社会信息化又必然极大地促进社会经济、科技、文化的发展和社会物质、精神生活水平的提高。西方的研究结果表明，信息化是可以通过社会的努力而加速的，并可以在一国实现，这可以类比于国家工业化进程。

社会信息化发展中，我国提出了将信息化与工业化相结合，以信息化促进工业化，在新型工业化基础之上实现信息化的发展战略。这一发展思路充分体现了现代环境下的科学发展规律，显示了以经济全球化和知识创新国际化背景下的社会发展前景。

12.1.2 社会信息化中的管理信息化

信息化作为社会生产力发展的阶段性产物，如同过去的农业化和工业化一样，将对社会发展产生多方面的作用，从整体上改变社会的经济结构和运行状态。由此可见，我们可以从分析社会发展与"信息化"的关系出发，揭示社会信息化的基本特征。

就总体而论，社会信息化的特征可以概括为如下几个方面：

① 科学技术作为一种生产力，是当代社会经济发展中最活跃的决定因素之一。当代的新技术革命使科技与经济有机结合，逐步形成了科技—经济

① 见社会信息化（中译本）. 商务印书馆，1985

440

整体化发展模式；高科技产业的发展不但改变着技术经济的面貌，而且使科学技术的进步更加迅速；反映科技成果的知识信息因此而成为现代社会的第一资源。

② 信息技术已成为当代社会的核心技术。18 世纪后的 200 年间，经济发展中起主导作用的是能源、动力和材料技术等，这是建立当代工业体系的技术基础。一旦基础形成，其核心技术必然向其他方面转移，并构成新的基础。现代社会经济发展的实践表明，信息技术已成为现代技术的关键，信息处理与通信技术的结合和应用，关系到各领域的未来发展。

③ 社会经济结构与产业结构的变化。就经济结构而论，科学活动和信息活动的比例愈来愈高；就社会产业结构而言，信息基础设施与产品的生产行业、信息服务行业以及科学研究、文化教育和其他知识产业增长迅速；在某一个企业（或经济实体）中，从事研究开发、管理和信息活动的人员增多，经济投入和产出增加。

④ 社会的互助关系日益加强，信息交流日益广泛。随着现代社会的发展，在社会分工高度专门化的同时，人们愈来愈依赖于与行业相关的社会部门。从总体上看，行业之间的联系以及行业内的各种合作、互助关系得到加强。反映在社会交往上，便是人们信息交流的日益广泛和复杂，由此引起交流方式与系统的根本变化。

⑤ 信息活动已成为从事各种职业活动的关键。在高度发达的社会，职业活动的信息需求与利用模式正在发生变化。信息需求的满足作为开展职业工作的前提而具有普遍的社会意义。由于信息活动将贯串于职业工作的始终，从宏观上看，表现为非信息职业与信息职业工作的界线日趋模糊，人们的信息活动与其他活动呈现出整体化趋势。

⑥ 社会信息量的激增与流通的加速并存。现代社会的信息量激增已被人们所公认。值得指出的是，由此导致了社会信息流通的加速和信息处理的大量化，逐步形成了网络化的社会信息加速流通模式，这是社会发展的任何阶段都不具备的，必然引起社会信息工作机制的深层变革。

⑦ 社会信息形态的变化及其对社会各方面的特殊作用。随着社会的进步，社会的信息形态（包括信息生产、传递、控制与利用等方面的形态）正在发生深刻的变化，由此而产生信息资源分配、信息费用支付等方式的变化。社会化的信息交流将引起法律、国家安全、公众权利等方面的综合变化和新的社会秩序的形成。

综上所述，"信息化"涉及社会的各个方面，关系到社会的整体发展，其内涵为社会整体的信息化。

从社会的信息化发展特征分析中，我们已经了解到，信息化涉及组织活动的全过程，其充分的信息流通以及信息资源的综合作用，决定了以"信息"组织为中心环节的管理流程的形成。这种作用机制，可以通过管理信息系统的应用来说明。例如，对于企业来说，信息系统的投入对企业管理的基本影响至少包括以下几个方面：

① 研发与生产自动化。是指利用计算机来提高完成某项业务的效率，这是信息系统所引起的业务过程变化的最普遍的形式，如企业研发系统、生产统计系统、客户系统等。

② 流程合理化。是指利用信息系统将标准的业务操作过程作进一步的精简和改进，消除"瓶颈"现象，使自动化的效率更高的过程，由于对各项业务环节进行了信息化设计，从而使业务更有效。

③ 业务流程再造。这是网络环境下信息系统引起业务过程变化的必然结果。为了提高企业的全球化竞争能力和创新发展能力，扩大信息系统技术的效用，有必要在系统化信息处理基础上进行业务流程的再设计。

④ 管理过程信息化。这是信息系统引起企业业务过程改变得更彻底的一种类型。它可以根据信息系统的需要，重新定义企业的业务和重新规划企业。

从信息组织与管理的交互作用机制上看，信息化环境中的组织管理信息化的内涵：一是基于现代管理需求的全方位信息管理的网络化、知识化；二是基于知识与信息管理的新的管理模式与机制的确立。这两方面的作用在企业管理信息化中的体现是充分的。

作为整个社会经济系统中的重要组成部分，从信息流向看，企业既需要接收信息，又需要输出信息；从信息内容看，既有科技信息，又有社会经济信息；从信息要求看，既要求信息准确、及时，又要求信息可靠、适用。这种需求导致了企业不同层次机构、不同职能部门以及与企业经营活动有关的外部环境的变化，从而使企业与环境组成了共同实现总体目标的有机整体。与此相对应的是构建一个纵横全球、内外交融的信息网络。没有这样一个网络，企业在大市场中就不可能具有很强的竞争力。这种企业信息的网络化趋向，决定了企业必须从传统的信息组织模式向网络化管理信息模式转变。这说明，管理信息化与组织业务的网络化息息相关。例如，企业管理信息化必然在电子商务环境和经济全球化与创新国际化背景下进行。这里，可以通过电子商务环境下的企业管理信息化分析，明确其中的基本关系。

电子商务的发展对于企业来说，具有以下几方面的意义：

① 改善供应链管理。在网络环境下，供应链是企业赖以生存的商务循

环和物流保证系统，企业建立高效化的开放型供应链系统已成为重要的发展目标。依托网络的商务活动将使企业供应链得以优化，动态性供应链关系的确立，使企业在竞争中获得进一步的时空优势。

② 减少商品流通环节，提高经营效率与效益。电子商务的开展，以快速、敏捷的方式将企业与市场、企业与政府、企业与合作伙伴、企业与竞争对手以及企业与客户连接起来，实现政府监控下的产、供、销的有机结合和沟通，这是对传统市场经营方式的变革，这种变革极大地提高了企业效率与效益。

③ 扩大企业市场，创造新的商机。电子商务的开展使企业置身于全新的商务环境中，可以通过全球化的网络活动寻求更大范围的业务市场，实现多种类型、地域和客户的市场互补，这种互补性经营为企业的发展创造了新的机会，有利于以网络化市场和客户需求为导向的研究发展和生产扩展。

④ 促进企业组织与业务管理的创新。电子商务的开展从某种程度上改变了企业的组织结构，促使企业以新型物流为中心实现组织结构的变革。同时，开展电子商务活动所必备的基础条件建设为企业高效化的运行提供了充分的保证。在业务管理上，企业必然要创新机制，改善管理，实现与环境的协调发展。

电子商务环境下，企业内部管理更加关注客户和市场发展，企业更加重视与外部的信息沟通，基于内部业务的企业管理信息系统必然朝着开放化、全球化方向发展。如在管理信息系统中，销售管理系统应能接受网上电子订单，合同管理系统能够通过电子数据交换方式建立企业之间的贸易合作关系，财务管理系统能够通过银行和认证机构进行电子支付，营销管理系统可以通过网上进行产品信息发布和广告宣传等。由此可见，现代企业管理信息系统必须成为适应电子商务模式的系统，以便与电子商务系统连接形成一个集成的系统。① 从总体看，集成系统的运行特征包括：

① 跨平台运行，以支持多种应用系统数据交换。企业信息化进程不断加速，各种管理信息系统在企业中不断得到成功应用，企业间的数据交流与交换已成为企业提升供应链竞争力的必然选择。因此，新型的企业 MIS 应当具有一个易于扩展的业务框架结构和标准的对外接口，即实现真正意义上的跨平台运行。

② 分布式应用系统支持智能化的信息处理。信息化时代的企业 MIS 软

---

① 范守荣，郭晓军，余祖德. 电子商务与集成化企业管理信息系统. 经济与管理，2004（1）

件系统将是超大规模的，它不再是集中在同一局域网络服务器上的系统，而是支持分布式应用和分布式数据库的应用系统。同时，企业发展带来的巨大信息量需要管理信息系统具有一定的智能化处理功能，从而协助企业管理者有效地完成各项管理工作。

③ 系统全面支持业务数据集成与共享。企业 MIS 软件系统在设计和开发过程中，需要保证各子系统及子系统中的各项功能，甚至每一个应用程序的高度模块化，以便实现对系统功能的重新组合与配置。同时，系统数据能按照系统的设计传递到相关的模块中，从而达到系统数据的高度共享与系统的高度集成。

④ 工作流程定义支持信息技术的发展与应用。传统模式下，企业流程被分割为一系列环节，每一环节关心的往往是单项任务和工作，而不是整个系统全局的最优，因而并不能从根本上提高企业的竞争力。这就需要对现有的企业流程进行重新设计，使管理信息系统能够支持各专项业务流程的重组，以及企业合并、分离和重组。

信息化时代，企业应充分利用互联网技术，将供应链管理、客户关系管理、商务智能、电子营销、知识管理等系统进行全面集成，实现资源共享和数据共享。

在这种构架下，企业可以直接通过互联网了解产品的规格型号、性能和价格，可以通过电子方式给生产商下订单；生产商可以通过系统下达物料采购和生产制造指令，再通过电子方式完成物料采购、资金支付，经过生产制造，最后将商品按时送交客户，同时在网上完成交易结算。

值得指出的是，电子政务环境下的政府信息系统和社会信息化中的其他机构和组织的信息系统，虽然构建有异，但信息系统对信息环境和业务信息化的适应性和要求却是一致的。因此，这里强调的是其核心问题的解决。

12.2　基于网络的组织运行管理

互联网的发展为组织运行的网络化创造了新的条件，信息化环境下包括政府、公共组织、企业、文化机构在内的各类组织，在发展中以互联网为依托，通过再造和变革，不断拓展网络化经营业务。与此同时，组织在发展中不断推进联盟活动，其中，网络化企业活动在组织的网络化发展中具有普遍意义。

网络化企业的组建形式具有多样性，不仅包括企业的网络化业务组织、大规模定制实现、企业业务联盟与知识联盟组建，而且包括基于网络的虚拟化组织发展。企业经营业务的网络化组织是网络化企业发展的最初形式，涉及经营的各个环节和方面，以下着重分析经营业务的组织机制和网络环境下的企业组织模式变革。

12.2.1 适时生产的网络化实现

在以客户市场为导向、研究与发展为基础、经营关系调整与流程重构为特征的企业管理中，适时生产的组织已成为一种趋势，表现为柔性制造（FMS）、准时生产（JIT）、精益生产（LP）、敏捷制造（AM）等。这些新的生产经营组合的共同特点是充分利用现代技术，在适应外部环境迅速变化中，按集约经济发展模式组织企业活动，在推行关系与流程变革中实现组织的网络化。

图 12-1 归纳了多种形式的适时生产组织流程。如图所示，适时生产以企业利润和效益最大化为目标，以核心竞争发展能力提升为依据，进行适时订单处理。实现看板管理的生产组织形式强调柔性化的组织结构设计，其生产、经营平台建设包括资源供应平台、研发平台、生产平台、客户管理平台和市场服务平台。网络化的平台集约了企业内、外部的优势，构成了关系管理网络（如客户关系管理网络等）。值得指出的是，适时生产的不同方式有着网络化组织的不同特征，这意味着，在具体问题的处理上，应针对不同的情况进行生产的网络化组织。

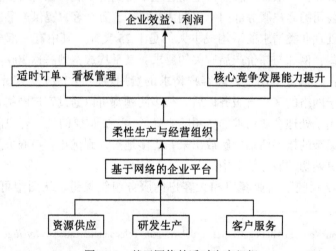

图 12-1　基于网络的适时生产组织

适时生产的网络化组织，按成本效益原则，以自动化技术为基础，以及时反应的方式适应产品品种的变化和生产技术的更新，通过生产的调节和加工制造系统的调整，进行新产品的适时投产。这种方式首先在英国产生，其生产组织技术随着信息化技术的发展而发展，目前已成为制造业进行适时生产和经营的主导方式之一。

12.2.2 客户服务的网络化组织

企业的网络化经营离不开客户系统，如 ERP 中的客户关系管理就处于十分关键的位置。事实上，在更一般的情况下，客户服务的网络化组织已成为企业网络化的一个重要的方面。鉴于企业门户的构建和使用，通过集成门户入口实现客户服务的网络化，已成为一个有效的途径和方式。

企业集成门户面向客户的应用，在于实现企业与客户的互动网络连接。客户可以通过集成门户入口自行查询产品目录、价格、订单状态、产品可供量及供货时间等信息，可以自行维护基本信息、查询合同信息并提出更新请求；还可以通过网络汇聚的方式解决产品或服务使用过程中遇到的问题，在操作上，甚至可以直接通过客户商务模块下载订单等。这种基于集成门户的服务，不仅大大降低了客户服务成本，提高了效率和服务满意度，而且可以动态跟踪客户访问路径，及时、低成本地获取传统手段很难得到的客户信息资源。①

ORACLE 公司从客户服务自主化管理中得到了发展，在公司实施客户服务以来，公司的客户服务部门每星期大约接待 5 万个客户提供产品服务支持的请求，处理此类请求的平均成本大约是 1.25 美元，其中有一部分要求相对重要一些，例如与高价产品有关的要求，其平均成本则高达 300 美元。这样算下来，公司每年用于处理客户请求的费用就高达 3.25 亿美元。然而，在实施基于网络的客户自服务以后，很多问题都可以通过客户网络自服务解决，公司用于处理客户请求的费用随之降低。② 更重要的是，客户服务人员因此而从繁杂的接待活动中解放出来，更多地投入到优化客户服务质量、为客户提供更贴切的服务活动中。

图 12-2 反映了商业客户和大客户的服务组织渠道。从图中可以看出，

---

① Lian Yan. Predicting Customer Behavior in Telecommunications. *Intelligent Systems*, *IEEE*, 2004（2）

② Barrenechea, M. J. 著；陈玲译. 未来商务的 Oracle 模式. 机械工业出版社，2003

区域客户、大客户不仅可以直接通过各区域商业客户服务分中心享受个性化的业务服务，还可以通过其他渠道接受服务。

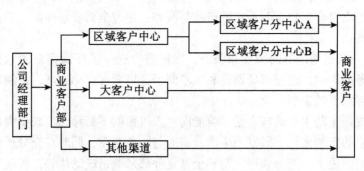

图 12-2　某企业商业客户服务渠道

从企业为区域客户和大客户提供的服务看，区域客户、大客户与企业之间的交互主要包括业务咨询、商谈签约、业务处理、事后服务、合同管理、业务使用查询等。其中的核心业务流程是需求处理流程，即由客户需求产生到需求得到处理的全过程。根据以上的核心业务流程，我们可以对整个业务流程实现专项管理，如方案制定、商谈签约、客户服务等，以此绘出各专项事件所涉及的业务项目。

企业商业客户需求处理流程的方案制订，包含的相关内容有方案制订规则、企业资源配备情况、对方相关资源配置情况、最佳类似方案、业务资费标准、用户需求报告等，这些内容可以从企业资源整合库中直接获取。专门业务由商务客户服务人员、企业其他工作人员以及商业客户相关工作人员共同负责，主要业务包括实施方案制订、用户需求分析、相关商谈规划、客户服务实现等。

12.2.3　大规模定制生产的实现

大规模定制生产的实现流程为：

① 企业根据市场变化和技术支持的可能性，接受客户订单，开始进行满足客户需求的定制生产组织，将生产转入响应客户需求的定制轨道；

② 按订单进行产品研发和设计，其产品开发设计及其下游活动由客户驱动，据此进行研发活动的规范，重新设计能充分满足定制需求的产品整体和零部件；

③ 按定制设计和研发成果，进行产品制造的调配与组织，在生产线调

整和流程重构的基础上，将原有的零部件加以固化，同时生产新的零部件，这种制造是对原有的制造线的提升；

④ 按产品设计需求和规范，在零部件生产和外部定制采购的基础上装配，生产出符合客户定制要求的产品与服务，通过全面质量控制，提供定制定向销售；

⑤ 完成定制产品的销售和服务，在销售中进一步征询客户的意见，在完善服务的同时，进行市场调研和技术调研，培养客户忠诚度，扩展客户范围，以寻求新的定制订单。

大规模定制生产的核心是尽可能向生产过程的下游移动，减少满足客户特殊需求的定制设计、研发、生产、流通与服务费用，同时在充分预测市场和技术的前提下，充分利用定制和全球化外部采购系统的优势，实现生产组织的网络化和规模化。

从客户提出订单需求到定制产品交付客户的流程看，大规模定制包括设计、制造、装配和交货 4 个阶段，一般可采用过程模型描述。在研发、生产与交货组织上，将不同产品、部件或零件中相似的部分归并处理，以增大批量，一般可采用产品模型描述（图 12-3）。

大规模可定制生产在流程上优化的关键是，企业在网络环境下对其产品设计、制造和运输过程以及整个供需链的配置进行重组，通过时间上的优化，以最高的效率运转，以最小的库存满足客户的订单需求。

大规模可定制生产在业务组织上的优化关键是，有效地扩大相似零部件和产品的使用范围，以便充分识别利用零部件和产品生产的相似技术。显然，在一个地区或行业内推广实施大规模可定制生产，要比在一个企业实施大规模可定制生产具有更好的效果。而事实上，制造的全球化和专业化分工的目的正是促使大规模可定制生产在全球范围内的逐步实施。①

大规模定制生产还应注重产品信息处理的模块化、实现零部件高度标准化、产品开发适时化、生产组织网络化、销售与生产同步化。

在大规模定制生产组织中，许多企业开始在内部组建面向特殊任务的项目组，使产品销售与开发周期同步，以适应定制市场需求；在企业外部实行互联，将供应商、协作者、研发机构纳入大规模定制的组织体系。

12.2.4 面向用户的个性化制造

面向用户的个性化制造的实现，是大规模定制生产向客户市场的进一步

---

① 覃征，汪应洛等. 网络企业管理. 西安交通大学出版社，2001：159

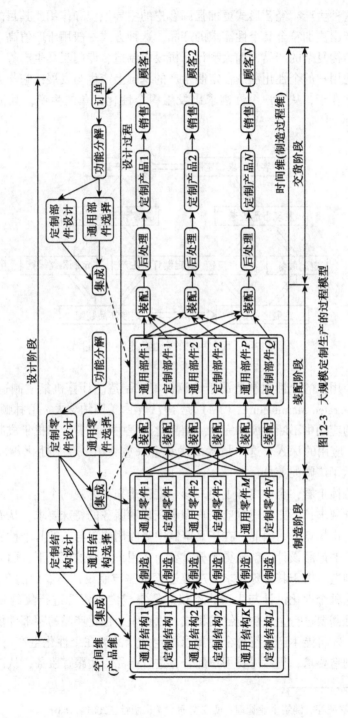

图12-3 大规模定制生产的过程模型

449

发展。这种生产、经营形式更加强调客户的主导地位和作用，其目的是面向客户生产出更加符合其个性需求的产品。这种方式一般用于产值高、技术含量高、结构复杂的产品，如大型计算机设施制造、专门工具生产等。

面向用户的个性化制造在定制生产的基础上产生与发展，它与大规模定制的区别在于，从客户个性需求出发组织个性化订单的生产，其流程如图12-4 所示。①

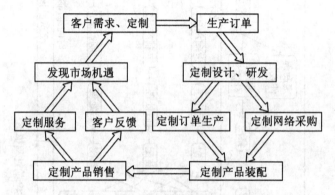

图 12-4　面向用户的个性化定制生产过程

面向用户的个性化制造源于计算机集成制造。计算机集成制造（Computer Integrated Manufacture，CIM）是 1973 年由美国约瑟夫·哈林顿提出的，在随后的应用中不断发展和完善。信息化进程中，随着计算机集成制造系统（CIMS）应用的深入，这一技术的优势愈来愈突出，在个性化集成制造方面，显示了广阔的前景。

从总体上看，企业离开了用户参与就很难把握客观的个性化产品需求与用户服务要求；不能快速响应用户需求变化和服务的特殊要求，从而难以适应激烈的市场竞争。因此，在产品定制中吸收用户参与，按其个性要求进行面向用户的产品设计，就显得十分重要。在用户参与的情况下，面向用户的个性化制造，由于其特殊要求，需要进行按需定制设计与专门的产品研发、生产。这种个性化设计与生产，不仅需要集成内容资源进行集约化制造组织，而且需要进行企业供应链的集成，以组织个性化产品的零部件供应。只有这样，才可能生产出符合个性要求的定制产品。在个性化生产与服务中，按集成制造要求，仍然需要用户配合，进行产品应用跟踪服务，从而为新的

① 覃征等．网络企业管理．西安交通大学出版社，2001：168

个性化市场的开发创造条件。

12.3　联盟组织运行与管理

网络化联盟是一种新的组织形式和运行模式，不仅涉及网络化组织创建，而且涉及全方位管理问题。这里，仅限于组织形式和联盟活动的分析。按联盟形式，现有条件下的网络化联盟可分为作业联盟、知识联盟和虚拟联盟三种类型。这三种类型在企业联盟中的体现尤为充分。因而，本节以企业为例，说明其中的基本问题。

12.3.1　企业作业联盟

企业作业联盟又称为作业小组联盟（Alliance of AOT），它是现代制造业最有特色的组合。小组联盟是为实现某种生产方式，由多个独立的从属于不同企业的作业小组联盟形成的组织实体。在信息化环境下，作业小组联盟在企业间组建，以网络连接方式运行业务组织，因此它又是一种基于网络的企业间生产、经营的作业联盟，是网络化企业的一种重要形式。

作业小组是企业中的操作性实体，如产品研发小组、零部件配送小组、维修小组等，在企业中以某项任务完成为目标进行运行。传统企业中，作业小组是固定的，如在生产流水线中固定完成某一天工作环节的操作小组，其组织形式按金字塔管理结构进行，如在生产车间中固定组织班组，在供应保障中组成采购小组等。然而，在柔性化的订单生产或组合生产中，其固定小组形式往往难以实现工作目标，而需要一种灵活的作业组织方式，即按需进行作业的动态组织，按作业小组的组合承担可变的生产经营任务。

作业小组的独立组织和运作可以在企业内部进行，这种独立小组的组织具有以下固有的特性：

- 自治性。独立作业小组是一个相对独立的自治性单元，小组自成体系，可以独立完成某一任务或作业流程中的某一工序操作。
- 完整性。小组功能完整，作为一个操作实体，具有一定的抗外界干扰的能力，可以作为整体加入企业的操作工作。
- 集成性。独立作业小组由具有专业技能的人员组成，人员的有机结合，使之成为一个整体，从技能上看，集成了完成任务或承担流程工序操作的综合业务技能，作业上的集成性保证了小组可以独立工作，实现外部合作。
- 分布性。独立作业小组在企业中的作用，在于将传统的集中生产计划安排和控制变革为分布式的结点控制，将固定组织生产模式改为具有灵活性和柔性的生产调配组合模式，独立作业小组的分布式结构，使跨流程的集合得以实现。

● 兼容性。值得注意的是，兼容性组合也受到环境及内部因素的限制，在小组联合中应保障其核心功能的发挥。

采用独立作业小组生产模式的生产车间，需要根据技术组合原则，将零部件按制造需要进行调配，在生产组织上进行小组作业划分，通过企业内联网实施管理调节。这种生产形式可以适用于批量订货的要求，也可以在新产品开发中进行灵活多样的独立小组组合。覃征等在《网络企业管理》一书中对独立作业小组的案例进行了分析，图 12-5 归纳了某厂的生产管理和控制结构。

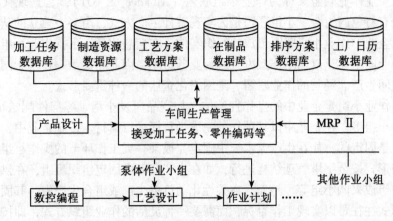

图 12-5 泵体作业小组的生产管理和控制系统结构

如图 12-5 所示，首先，生产管理系统接受 MRP Ⅱ 系统下达的加工任务信息，或直接输入加工任务信息，并从设计部门的 CAD 系统中调入零件技术图纸；其次，生产管理系统根据技术组合原则将零部件分类、编码，并按照零部件分类、编码的情况，将加工任务分配给相应的作业小组；最后，相应的作业小组内部完成工艺设计、数控编程、作业计划编制等任务，生成、打印各种工艺文件。在系统方案中应有相应的数据库系统支持，例如加工任务数据库、制造资源数据库、工艺方案数据库、在制品数据库、排序方案数据库、工厂日历数据库等。独立作业小组通过生产管理系统接受 MRP Ⅱ 系统下达的加工任务，然后将加工任务按小组分派，从而进行作业计划控制。

12.3.2　企业知识联盟

面对全球经济知识化和一体化发展，作业层面上的企业合作和联盟形式存在一定的局限，于是出现了跨企业、跨行业的基于知识创新的联盟组织形式。这种形式体现了企业基于联盟的创新发展战略，在网络环境下已逐步被愈来愈多的企业所采用。

知识联盟的出现绝非偶然，信息技术手段的成熟与市场环境的变化为企业知识联盟的出现奠定了基础。

首先，信息技术的发展为知识联盟的产生提供了技术基础，为企业内部及企业之间的业务联系，为深层次知识与信息交流提供了技术基础。企业经营的信息化，一方面为企业间的合作创造了便捷条件；另一方面也加剧了企业外部环境的变化，企业产品的生命周期大大缩短，在客观上要求企业以新战略形态适应知识环境的变化。

知识联盟伴随着知识经济发展而产生，其优势在于可以利用现有的外部知识资源，快捷、低成本地获得所需资源，可以根据客户个性需求，针对客户特定要求提供"解决方案"。知识联盟有利于避免企业在竞争压力下高度集中和无限扩张。

在企业发展中，企业通过并购而发展的模式正得到改变。导致全球企业并购浪潮退落的原因有多种，其中一个重要的原因就是企业组织结构演化的虚拟化，特别是信息网络的发展为企业间以及企业与其他机构间的交流合作提供了便利，使知识传递的技术更加先进。因此，通过联盟可以将各合作企业的核心能力和知识资源集合在一起而形成一个动态的经营实体，即基于知识的联盟。由此获得补充性能力，共同完成产品开发和服务任务。

企业知识联盟，特别是围绕产品开发的知识联盟，通过对优势资源的有效利用和重新整合，可以形成新产品上的集成资源优势，从而提高产品开发的速度和效率。

知识经济条件下，一方面，知识已成为企业发展的关键资产，知识资本已超越其他传统资本，成为具有核心地位的生产要素；另一方面，市场环境的变化要求实施创新合作联盟战略，这是基于知识联盟的企业技术创新与发展的外源动力。

近20年来，各国企业纷纷将经营的重点放在发展企业的技术核心能力上，而将其他非技术核心能力的技术研究与开发业务"外包"，在企业组织外形成"人才队伍"，即确立基于知识联盟的企业创新机制，甚至让消费者的知识进入企业的技术生产，影响管理决策，形成真正的客户导向，以此建立企业内部和外部联系知识网络。如 IBM 通过百余个在特殊领域里具有专长的公司结成知识联盟，使自己获得对方所具有的能力，逐渐由计算机生产供应商转化为基于知识创新发展的创新型大企业。又如，欧洲汽车业联盟调查结果显示，世界上著名的汽车厂商近几年开发的环保型汽车，大部分是通过合作手段研制成功的。

近几年来，对多家跨国企业的调查表明，企业的技术创新成果中，很大一部分归于企业知识联盟的技术创新，如政府发起和主导下的美国微电子和计算机技术知识联盟（MCC）、半导体制造技术联盟（SEMATECH）等。知识联盟在这些企业间形成相互学习机制，有利于一个企业与其专业能力相结合，从而创造出新的交叉知识。与美国类似，欧盟国家及日本的企业也从产品竞争力和技术统一性角度，建立了知识联盟，同时积极培育企业间的合作关系，开展技术创新。如欧盟的欧洲信息技术开发战略联盟（ESPRIT）、日本的超大规模集成电路技术联盟（VLSI）等都取得了预期的成功。

在国家重大科技计划的资助和支持下，我国 20 世纪末以来也陆续出现了一些关系国家发展的战略技术联盟。实践表明，战略技术联盟已成为加速技术创新的有效模式，这一点已得到企业的广泛认可。[①] 调查资料显示：

① 对于是否有必要建立技术联盟问题，62% 的企业认为很有必要，35.17% 的企业认为有必要；

② 对于参与联盟动机问题，45% 的企业是为了取得新技术，23.14% 的企业是为了开发新产品，23.19% 的企业是为了获取资金；

③ 对于是否考虑合作风险问题，25.12% 的企业认真考虑过，63.18% 的企业考虑过；

④ 对于已经合作项目所解决问题的统计，52.11% 的项目解决生产技术问题。

知识联盟组建的核心是提高组织成长创新能力，实现联合发展的创新机制。对于企业知识联盟而言，体现在技术创新核心能力构建上。在知识联盟的条件下，由于多个主体的参与，联盟成员的技术核心能力存在着一些差异，因此，知识联盟技术核心能力的整合成为其战略研究的重要部分。

企业技术核心能力，可以从不同的角度对其进行研究。就目前的研究来看，可以归结为整合观、网络观、协调观、载体观等观点，如表 12-1。

---

① 钟书华. 我国企业联盟现状分析. 科研管理, 1999 (5)

表 12-1   企业技术核心能力理论的四种观点

	关注焦点	优点	缺点
整合观	不同技能与技术流的整合，企业能力的内容是组织能力的整合	强调能力整合，便于组织内外的良好交流与沟通	可分解性差，层次性不强
网络观	技能网络，企业能力的内容是各种技能及其相互关系所构成的网络	可分解性强，直接深入技能层，直观反映能力整合过程	重点不突出，对组织文化的考虑不够
协调观	资源与技能的协调配置，企业能力的内容是卓越资产、认知能力、组织结构、行为与文化	强调资源与技术协调配置，优化能力结构	层次性不够强，过多强调组织、文化方面的因素
载体观	知识载体，企业能力的内容是用各种知识载体来显示员工素质、技术系统、管理系统、价值与规范	强调能力的知识特性，明确能力载体，具有可操作性，有利于在企业中进行	更多地强调能力的知识存量特性，对能力的动态性重视不够

由表 12-1 可以看出，由于各种观点各有优势和缺陷，它们均不能完全满足对企业技术核心能力理论的所有要求，所以技术核心能力的框架还需要进一步研究和改进。① 在网络化联盟条件下，联盟的技术核心能力的形成更具有复杂性，由此出发，提出知识联盟技术核心能力的构建问题，如图 12-6。

由图 12-6 可以看出，知识联盟技术核心能力的构建可以分为如下几步来进行：

① 基于技术核心能力的伙伴选择。联盟企业要有明确的战略意图和目标，根据企业的整体战略目标，寻找在技术、市场等方面有能力与本企业优势互补和弥补知识缺口的合作伙伴为联盟候选对象。通过对候选合作伙伴的核心技术能力兼容和投入的考察，完成对知识联盟伙伴的选择。

② 技术创新能力的培育。技术创新能力是知识联盟技术核心能力的形成基础，没有创新的能力，技术核心能力也就无从谈起。在知识联盟条件下，整个联盟组织要创造出有利于创造力发挥的环境和机制，提高跨组织的

---

① 李元旭，唐林芳. 发展核心能力的有效途径——知识联盟管理. 财经问题研究，1999（12）

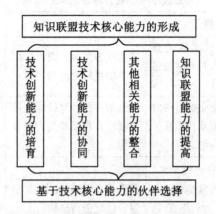

图 12-6　知识联盟技术核心能力的构建

技术吸收能力和协调能力。

　　③ 技术创新能力的协同。协同管理是基于知识联盟的企业技术创新的管理理论体系的重要组成部分，因而需要从知识能力、人力资源以及创新管理等方面进行协同。

　　④ 各成员企业知识联盟能力的培养。企业的知识联盟是企业从事知识联盟的素质和潜力，企业的知识联盟能力的培养主要可以从各个成员企业自身的技术核心能力、动态能力以及学习能力等方面的培养入手。

　　⑤ 知识联盟企业的其他能力整合，包括制造能力、营销能力和决策能力、创新产出能力等。这些能力作为技术核心能力的辅助能力对技术能力的最终发挥起着重要的作用，在知识联盟技术创新的过程中也需要加以整合。

　　通过以上几个步骤的构建，可以从战略上整合知识联盟的技术核心能力。

12.3.3　虚拟企业的组建与运作

　　在市场需求、信息技术和管理理念变革的推动下，虚拟企业这一新的经营模式和管理理论应运而生，虽然经过十几年的发展，虚拟企业取得了长足进步，但仍然处于发展的初期阶段。

　　虚拟企业的概念最早起源于 1991 年，美国艾科卡（Icocca）研究所学者普瑞斯、戈德曼和内格尔向国会提交了一份题为《21 世纪制造企业研究：一个工业主导的观点》的研究报告。在报告中，富有创造性地提出"虚拟企业"的概念，即在企业之间以市场为导向建立虚拟企业，以便能充分利用整个社会的制造资源，在激烈的竞争中取胜。

根据虚拟企业整合的目的，虚拟企业组织形式可分为基于项目的虚拟企业、基于产品的虚拟企业和基于服务的虚拟企业：

① 基于项目的虚拟企业。这类虚拟企业往往存在于大型建设项目之中，组建成员可以是实体企业联盟，也可以是虚拟企业。组建联盟的目的在于共同承担高额投资，分散风险，降低成本。1994 年展开的新型宽体客机波音 777 就是一个实例，这架客机由美、英、法、加、日等国大公司 34 个工作小组共同完成，整个过程完全在网络上进行，依靠网上信息的充分交流和计算机仿真技术的应用，各零部件之间拟合度十分精确，既大大提高了功效，又取得了良好的质量效果。

② 基于产品的虚拟企业。这类虚拟企业往往是由一个核心企业设计一种产品方案或对外承担一项产品任务，在对关键性资源进行控制的前提下，根据需要选择不同地区的企业共同完成。在整个过程中，实行并行管理。在高科技全球制造企业中，这种虚拟企业集成方式更显优势。如美国的耐克公司，作为一家生产运动鞋的厂商，它没有生产工厂，而专事于公司专供产品的设计和行销，生产则委托给人工成本较低的厂家，从而可以适应市场的迅速变化，保持竞争优势。

③ 基于服务的虚拟企业。服务业中的联合订票系统、联合导游系统、网络就诊系统就是通过网络化组合的联盟。这种联盟可以为社会提供各种信息产品或虚拟服务，从而大大提高社会化服务功能，降低服务的机会成本。

另外，还有基于技术的联盟、基于资金的联盟、基于开拓市场的联盟等。虚拟企业的盟主开始组建虚拟企业时，可根据所获得的相关信息选择合适的联盟组织形式。

虚拟生产是虚拟经济的最初形式，它以外包加工为特点。对于制造业来说，企业可以将生产业务以外包形式交给其他企业去完成，而自己只留下最具优势且附加值最高的开发和营销业务。菲尔·耐克可以说是虚拟生产的最成功的管理者，耐克公司的管理者不必为固定资产的折旧与更换而发愁，也不必为生产库存而费心，公司的经理们只是集中本部的资源，专攻附加值最高的设计与行销，他们来往于世界各地，把设计好的样品与图纸交给劳动力成本较低的新兴国家企业，最后验收产品，以耐克的商标在世界范围内销售。由于公司在生产上的虚拟化，避免了很多生产环节的管理，使本部人员相当精简又充满活力。这样，公司就有更多的精力关注产品设计和市场销售方面的问题。他们能够及时收集市场消息，反映在产品设计和市场规划上，然后快速由世界各地的签约厂商生产出产品。耐克公司以虚拟生产的方式使之成为世界上最大的运动鞋制造商之一。

国外著名的电器制造商近年来也采用了虚拟生产的模式，如日本的索尼、松下等电器公司，其在中国市场上销售的产品基本上是由分布于中国、马来西亚、新加坡等国的厂家生产，而公司总部则集中进行新产品的开发和营销。美国可口可乐、德国大众等公司，通过合资、合作、委托生产等多种形式，最大限度地缩小本公司制造产品的规模，而组织其他企业制造产品。这样，不仅大量减少制造支出费用和资金占用，还能充分利用他人廉价劳动和要素投入，将产品制造中的质量、交货时间等风险分散到参与产品制造的企业，使市场经营效益和企业内部管理效率大大提高。

以思科公司为例，思科公司向一级供货商授权的外包模式是虚拟生产的代表，它将80%的产品生产业务通过"生产在线"实行外包。其具体措施是，将思科资源计划（ERP）系统与全球100多个一级供货商链接，一级供货商被授权使用密码使自己的浏览器进入思科公司数据库，它们可与思科公司共享订单，得到具体承包供货的品种、数量和质量标准等说明；一级供货商需要的其他信息也可从思科公司数据库得到。一级供货商再将部分或大部分业务分包给大中小型分包商，一级供货商不仅能完成80%的局部装配工作，还能承担50%的总装任务，并定期将组装好的网络设备送到思科公司客户手中。这样，一级供货商就成为思科公司生产虚拟的关键环节，如图12-7。

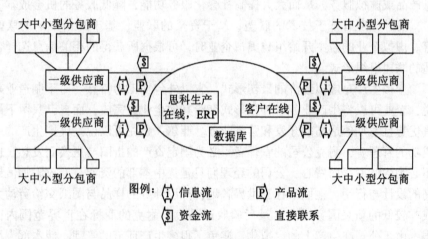

图 12-7　思科公司一级供货商授权的虚拟生产

资料来源：W. Peter. *Place to Space*: *Migrating to e-Business Models*. Boston：Harvard Business School Press, 2001

与传统企业的建立程序相比，虚拟企业不具有法人资格（其法人是组成虚拟关系的实体企业），不具有固定的场地，不需经过法定的审批程序和厂址选择等一般组建过程，但它必须遵循一定规则，进行市场机遇的选择、核心资源的界定、合作伙伴的确定、合作方式的形成和合作协议的签订。企业在组建虚拟企业时，必须详细分析企业自身所处的内外部环境，弄清自身的优势、劣势和外界资源状况，确定虚拟定位方向，选择合适的联盟伙伴。为了达到这一目的，必须按一定的组建流程进行。

虚拟企业随着市场机会的出现而建立，同时随着利益的消失而解体，因而它具有生命周期。虚拟企业不是完全固定的，而是敏捷的自组织系统，其生命周期主要包括 4 个阶段：创建、构造、运行及解体。具体而言，虚拟企业的构建过程包括目标确定、联盟组建、联盟运行、联盟解体 4 个阶段，如图 12-8 所示①。

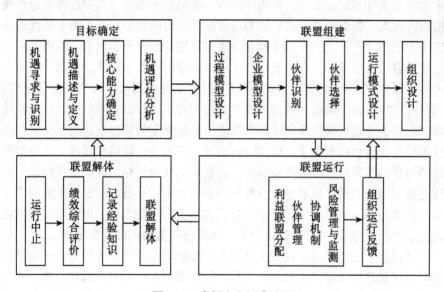

图 12-8　虚拟企业组建过程

从图 12-8 可以看出，虚拟企业组建的第一阶段是目标确定，主要包括机遇寻求与评估、差距分析与目标确定两个主要步骤。机遇寻求与评估是识别市场机会和确定响应机制所需核心资源的过程。步骤涉及 4 个连续的过程：

① 楚雪平，刘建亭，崔凤奎. 动态联盟组建机制. 新技术新工艺，2005（1）

机遇寻求与识别，即企业基于创新意识，通过公共信息网络、面对面顾客调查等多种方式收集与分析市场信息，寻求与发现市场机遇。

机遇描述与定义，即企业对确定的机遇进行描述，主要考虑机遇产品的属性、机遇的持续期及其约束条件等；当新的市场机遇出现时，核心企业需要对其进行分析判断。

核心能力确定，即分析并确定响应机制所需的核心能力。由于市场经营的资源，尤其是核心资源可能分属不同的企业，所以必须明确界定各成员企业具有互补性的核心资源以及专有技术与关键功能，这是选择合作伙伴的前提与基础。

机遇分析与评估，即企业通过效益/风险分析模型与方法，评估响应机制的风险和可能的获利情况，以决定是否响应该机遇。

第二阶段是联盟建模与伙伴选择。该阶段包括虚拟企业过程模型设计、企业模型设计和成员企业选择与评估等。虚拟企业通过一系列过程响应市场机遇，因此，机遇的实现过程模型设计是该阶段的首要步骤。为了更准确地描述虚拟企业，在过程模型基础上，还需要建立虚拟企业模型。该模型不仅包括机遇的实现过程，而且还包括了虚拟企业的组织、资源及信息等方面的内容。通过前述两项设计，基本确定了拟建立的虚拟企业可达到的敏捷性，同时对后续过程中成员企业的选择及其过程重组等提出要求。因此，对设计好的虚拟企业过程模型及企业模型应进行敏捷性度量和过程仿真优化。在完成虚拟企业过程模型与企业模型设计之后，就可进行联盟中其他成员企业的选择与评估。最后，综合考虑联盟发起企业的战略目标、联盟企业模型、联盟过程模型和各潜在成员企业情况等因素，确定一个最优的虚拟企业构成方案及各成员企业的参与方式，然后进行虚拟企业组织设计。设计内容包括项目组定义、虚拟企业组织设计、利益/风险分配策略的确定等步骤。

虚拟企业的组织设计应依据已建立的虚拟企业模型、各成员企业的最佳参与方式和已定义好的虚拟企业项目，设计虚拟企业的组织构架，确定各成员企业中参与虚拟企业的组织形式和方案等。对成员企业来说，组建虚拟企业的根本目的是获取经济效益，因此，在虚拟企业中应有恰当的利益/风险分配策略。

第三阶段是虚拟联盟的运行。虚拟企业往往是跨地区，甚至是跨国界的不同企业间的合作。如果按照传统的方式进行合同确认，往往难以从时间上和成本上保证其优势，因此如何完善法律条款使合同合法化是其中的关键问题。此外，合作伙伴间风险分散是虚拟企业的另一问题。由于设计、生产、制造、销售等环节分别由具有核心能力的不同企业分担，从而经营风险分散。但是，虚拟企业可能是一次性的合作，由于信息的不完备往往会出现非理性的行为，从而增加资金损失、技术外泄等风险。因此，有必要对合作伙伴进行约束，以加强协调管理，防范风险。对参与虚拟企业的伙伴来说，取得一定的经济收益是其根本目的，虚拟企业建立的同时也意味着一个新的利益分配格局的产生，如何合理设计虚拟企业的利益分配是虚拟企业实际运作过程中必须解决的问题。

最后一个阶段就是联盟的解体。当市场机会消失或主要参与方提出终止虚拟企业运行时，根据有关合同的规定，应终止运行并进行资产清算。至此虚拟企业正式解体。虚拟企业存在的时间取决于机遇产品的生命周期，一旦完成向顾客提供所需的产品和服务后，就宣告结束或组建另一虚拟企业的开始。虚拟企业解体时应该考虑的主要问题是机遇产品或服务交给顾客后的后续工作。例如，产品联合设计完成后，对后续的生产问题如何处理，谁来提供服务，产品或服务交给最终用户后，出现质量问题，由谁来负责等。因此，必须明确规定成员企业之间如何共同承担由虚拟企业完成的产品或服务的后续责任和义务。

12.4 组织的知识管理

知识创新使人类社会正在步入一个以智力资源的占有、配置和知识的生产、分配为主体的经济时代，彼得·德鲁克指出："在新的经济体系内，知识并不是和人才、资本、土地并列为制造资源的要素，而是惟一有意义的'创新'资源。"

与此同时，知识贬值的速度越来越快。现代企业的竞争是以时间为基础的竞争，新产品和效率的优势由于竞争对手的模仿而越来越难以长期维持。要想在竞争对手生产新产品之前便淘汰我们自己的产品，知识管理完善的公司必须在产品创新、服务和效率等方面达到一个新的水平。

12.4.1 组织运行中的知识流与知识管理

无论是在企、事业组织的管理决策，还是在其业务活动的开展中，信息的沟通作用是必不可少的。然而，仅凭这种沟通是不够的，信息必须经过管理决策或业务活动的主体（人）才可能产生作用；这种作用则是人们通过大脑中所固有的知识对反映的事物属性和状态的信息进行加工处理，使之转变为有用的知识，从而形成新的认识、概念的结果。在传统的组织管理和运行中，组织管理大多限于信息的层面，而较少顾及知识层面，致使知识层面的作用限于组织中个体成员的单独作用。即使是科学研究，合作者交流的也大多限于知识创新信息，而未能对深层的知识进行互融。这说明，信息管理是组织化的，而知识管理则是分散的。

事实上，知识与信息存在着内涵上的联系。信息普遍存在于自然、社会和人类思维活动之中，是物质形态及其运动形式的体现；知识则是人类活动所特有的，是人类通过信息认识对象属性和本质的产物。知识的显化结果，可以存在于信息载体之中而传播，如反映项目研究成果的报告、科学论文、发明专利文献等，然而，大量的知识则是隐性的，它隐含在作为活动主体的人的头脑中，未能被发掘、利用。

在社会的信息化发展中，信息技术的进步为我们进行深层的知识发掘提供了可能；同时，组织发展的竞争压力，使得我们必须考虑如何充分发挥人的作用，即以人的"知识作用"为核心进行管理。因此，我们说基于知识的组织管理是管理科学在信息化社会发展中的产物。

知识创新体系的建立，是为了有效地进行知识管理，并将其应用于组织的管理活动之中，知识管理作为企业信息管理和信息资源管理的升华和发展，其实质是对企业集成知识及时地捕获和管理，它存在于企业管理的各个环节。

美国《福布斯》杂志 1998 年 4 月 22 日发表的一篇题为《迎接知识经济》的论文，提出了知识管理的概念。文章认为，知识管理不同于信息管理，它通过知识共享，运用集体的智慧提高企业的应变能力和创新能力。知识管理的实施在于建立激励雇员参与知识共享的机制，设立知识总监，培养"企业创新"创造力。

资深知识管理专家、经济学博士马芝达（Yogesh Mathotra）认为，知识管理是在日益加剧的不连续的环境变化中服务于组织的关键性活动。

知识创新体系的建立旨在有效地实施企业知识管理，知识管理的直接目标是知识创新，其基本作用在于：

① 知识管理帮助科技工作者获取最新科技信息，这是启动知识创新过程的前提条件，在知识激增的今天，建立一个能迅速汇集、及时提炼、便捷输送的知识管理系统，是启动知识创新过程的一个重要因素。

② "知识管理"直接参与研究过程，知识管理不仅为科学研究创造条件，而且根据科学研究的特定需要，直接参与科学研究过程，为科学研究提供全程的信息保障。

③ 知识管理促进知识传播，是培养具有创新意识和创新能力的高素质人才的重要手段。

④ 知识管理关注知识的扩散和转移，是知识创新成果转化为现实生产力的桥梁，从而促进社会经济的发展。

可见，只有加强企业知识管理才能更好地发展企业创新体系。

从管理角度看，基于知识的管理是基于信息管理的深化与拓展，是组织发展和社会信息化发展与知识经济发展的作用产物。

知识管理的对象不只是编码化的信息，知识管理还包括对非编码化信息的载体——人的管理。传统的信息管理仅局限在对于"第三类"信息的管理之上，而不注重对于"第二类"信息的管理。人是"第二类"信息的载体，对人的管理是掌握"第二类"信息的手段。组织中典型的知识传播要经历一个从隐式（人脑内部的存在形式）和显式的（获取和封装成可复用和可检索的形式），到全部显示的，又返回隐式的过程。他人通过整个组织系统地学习和使用知识（如图12-9）。知识管理一方面促进非编码化的知识编码化，有利于知识共享；另一方面强调有利于个人非编码化知识共享的组织方式，促使知识载体——人之间充分的交流，通过人际互动使得知识广泛传播。

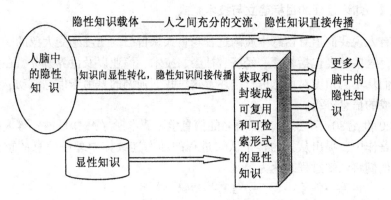

图 12-9　组织内的知识流

知识管理是对知识生产过程的管理。它基于知识流和知识的自组织，旨在找出一个能理解知识如何积累、倍增的关系，使少数人的"专长"扩展为整个组织的知识。知识生产部门已成为一个庞大的社会化实体，它渗透于人类活动的各个领域，成为技术和生产发展的支配力量。知识管理以知识生产为目标，提倡以试验化的方式来研究知识，促进知识的增长。

知识管理的实现，对于创新型的企业有着重要意义。例如，学习型组织和基于网络的虚拟企业的动态联盟的形成，必然以知识的组织和管理为核心。

学习型组织。这是指一个组织（如企业）如何进行自我调整和改造，在知识迅速变化的环境中，求得自身的生存和发展。它强调一个组织应具有学习机制，这种学习是组织化的（集体的）学习，涉及整个思维方式的转变、系统思维模式的建立和对目标远景的共识，这种系统的学习是管理思想变革的基础。

虚拟企业。这是一种崭新的企业组织形式，它是由不同的企业（或其中一些部门）按某一特定任务要求而临时组建的"企业"，它没有固定不变的组织系统，没有看得见的有形公司，但却是一个经济实体；任务完成后便宣告解散；它能顺应多变的市场形势，抓住时遇，迅速组成；可以简化管理；更重要的是可以采用新的产品开发方式，在产品设计中大力采用柔性化的模块化设计方式，并吸收用户参加设计。它的基层组织主要是以任务为中心而组成的多学科、多专业项目组，形成网络，进行管理。这样的企业可以跨地区甚至跨国、跨洲，可以跨行业组成，它的存在以具备发达的信息网络为前提。

12.4.2　知识管理的目标确立与技术范式

有人说我们追寻信息本质的过程与盲人从自己的角度感受大象的一部分一样，这些角度包括教育、经济、社会、技术、商业以及世界事务，在实践中人们从不同角度对信息进行描述。这里我们强调的是由于信息流动、使用而形成的信息等级。

20世纪80年代末，美国著名的信息学家德本斯（A. Debons）等人在其学术著作中，提出从人的整个认知过程的动态连续体中理解信息的重要观点。他们将认知过程表达为：

事件→符号→数据→信息→知识→智慧

这个连续统一体中的任一组成部分，都产生于它的前一过程，例如，"信息"源于"数据"，又是"知识"的来源。

这个思想影响深远，被广泛引述。20世纪90年代末，IBM公司高级商业学院的斯蒂芬·赫克尔等人在美国信息研究所的第五期年度报告中又进一步分析了信息的结构（也称为思维模型的"概念"、"范式"、"格式塔"等）以及由此形成的等级。

图12-10描述了信息结构的一般等级，不同层次信息的数量和完整性随着信息价值和主观性的增长而下降。

事实（facts）：在一种真理价值观下得到的观察资料；信息（informa-

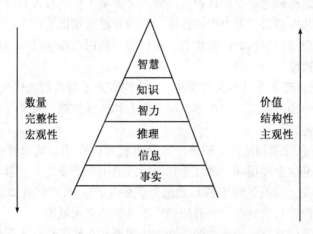

图 12-10　信息流等级

tion）：关联中的事实；推理（inference）：运用思考、理解能力的过程；智力（intelligence）：对信息进行的推理；知识（knowledge）：对智力的确证；智慧（wisdom）：综合了的知识。

在图 12-10 中，可以粗略地看出从"事实到智慧的等级划分"和某些信息系统的专业术语之间存在着一个非常有意义的对应，至少这种对应一直存在于"知识信息"等级结构之中。

我们将组织的"学习循环"过程归纳为：感知——解释——决策——行动的循环往复。由此可以简单地将信息等级结构和"学习循环"结构对应起来：事实可以被感知；信息和智力对于解释事实之间关联或意义是必不可少的；产生知识的确证可以提高决策制定过程的质量；而在智慧引导下的行动必然是优化的选择——尤其是当存在更多的智慧能把一个学习循环的各个过程联结成一个自我增强型循环的时候。

据此，我们有理由认为，知识管理的目标应该是多元化的，其多元化目标内容包括：

① 知识管理不只限于向用户以序化的方式提供文献的存储位置和获取方式，而是重在评价科学文献，一方面，对大量而分散的相似资料进行合理的选择，根据特定的原则，以简明、综合的方式组成新的知识单元，借助知识管理系统向未知者传递；另一方面，充分提示文献间的关系，展示文献间结合的知识链，帮助科技工作者选择可用的科技文献，提高知识获取效率。

② 知识管理以加强对知识生产结构研究，促进知识的增长为主要目的。20 世纪 80 年代以来，美国实业界在技术上的投入超过 1 万亿美元。但由于

对知识生产结构缺乏必要的认识，从而大大影响了技术投入和信息系统在提高工作效率和发挥员工能力中的作用。知识管理对知识的产生过程、途径加以剖析，发现知识增长的内在机制，有目的地利用管理手段和信息技术提高知识的增长速度。

③ 知识管理通过对知识的管理，为组织带来了新型的现代化管理方式，提高了组织的创新能力、生产率、反应能力和技术技能，使现代管理与知识管理融为一体。

④ 与信息管理相比，知识管理更突出教育的作用。知识管理的发展有利于教育水平的全面提高。教育是知识经济的主导产业之一。学习是知识获取的主要途径，知识管理不只是刺激知识的生产，同时创造知识共享的条件，倡导教育和自我教育，创造知识广泛共享的文化氛围。

运用高效信息技术和新型的管理方法使那些在知识获取方面受到物理限制的人能够对知识加以利用，已成为知识管理的目标。知识管理不仅要处理大量的信息和知识，而且对于减少信息的膨胀应有所作用，这就需要进行方法与技术的拓展。

① 知识管理深化了对包括计算机技术、通信技术在内的信息技术管理。在以计算机和通信技术为基础的知识经济时代，知识管理在信息技术的使用上有待进一步深化，表现在信息处理向知识演进的处理上，利用数据仓库、数据挖掘，利用人工智能技术获取信息中隐含的知识；在知识的存储和传播上，利用大型数据库技术、知识检索技术、智能代理、搜索引擎以及网络技术、组件技术，保证知识的充分共享。

② 知识管理强调系统化的研究方法，要求把信息与信息、信息与活动、信息与人结合起来，在系统化的空间中发现信息与环境的普遍联系，以有利于知识的发掘、传播和利用。信息的系统化处理保证了知识的创造、共享和使用，其集体智慧和创新能力保证了组织适应知识经济时代的要求。

③ 知识管理引入了新的组织管理模式，扩大了默认知识的共享范围，使得组织成为人们获得知识的重要来源。例如，一些发达国家的先进企业在首席执行官与信息主管之间设立知识主管（CKO）。信息主管将工作重点放在技术和信息的利用上，知识主管将工作重点放在推动创新和培育集体创造力上。知识主管在企业经营活动中的主要职责，在于为实现显性和隐性知识共享提供有效途径。

④ 知识管理引入了经济学的研究方法。知识作为稀缺资源需要利用经济学的方法加以合理配置。美国信息产业学会对新型的知识管理者不仅要求具有信息技术方面广博的知识，还必须"熟悉竞争中各种资源的运用规

律"，"拥有发展、战略、预算方面的知识"。

12.4.3　组织知识管理的实现

组织知识管理的实现可以从显性知识管理和隐性知识管理出发，进行系统化的发掘和组织。从企业经营与运行角度看，这种系统化的知识管理又以企业战略目标的实现为前提。

（1）显性知识的管理

显性知识以编码方式存在于信息载体上，外在于人的信息必须内化为企业生产者和管理者的知识，才能转化为现实的生产力，这一转化过程就是信息和人的认识能力相结合的过程。对这类知识的竞争战略就是要力图比竞争对手更全面地获取信息，并更迅速、深入地对信息进行分析和推理，使其产生最大限度的升华，不断创造新的知识，以满足决策对象的特定需求。一言以蔽之，即挖掘出最恰当的知识，在最恰当的时候传递给最恰当的人，以使他们做出最好的决策。图 12-11 给出了显性知识管理框架。

一般说来，图 12-11 所示的过程有如下几个关键：

① 信息获取。信息是知识的载体，所以这一步非常关键。首先要确定信息收集的目标集——竞争对手的技术、产品、人事、财务等以及竞争环境，如政策、形势等，然后确定信息收集方式。一般包括文献途径、数据库光盘、网络途径、实地调查等。

② 信息预处理。由于信息激增、信息污染等因素造成知识存储过于庞大和无序，信息在产生、传输过程中都会产生伪信息，因此必须对信息的真伪和时效性进行鉴别，按信息的内容、形式进行分类，通过信息预处理，形成"纯度"较高、"开采"价值较大的目标数据集合信息。

③ 知识挖掘。方法之一是对信息进行精简、提取。利用逻辑方法抽取"有用"的、能改变自己对某一问题看法的内容，即知识要素或知识单元，然后按照一定的规则，如知识工程中的知识表示方法，对抽取出来的内容给予逻辑表达，形成知识单元集合。方法之二就是 KDD（Knowledge Discovery in Databases），即利用新一代的计算机技术和工具来帮助开采数据库中蕴藏的资源，经过提炼，使之成为有用的知识。具体操作过程涉及机器学习、模型识别、数据库、统计、人工智能及管理信息系统等多学科的知识。

④ 知识重组。企业组织管理的目标不仅在于提高存储信息和提取知识的能力，还在于把企业未来目标与追求目标的特定过程进行动态匹配，也就是说，数据库中大量静态、孤立的知识信息不能指导决策，必须用相关的方法寻求知识间的内在联系及未来动向信息，形成动态知识系统，以有效指导

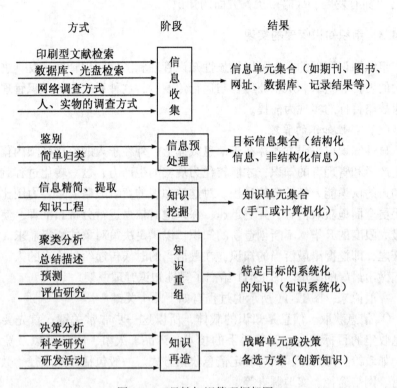

图 12-11　显性知识管理框架图

决策。可采用的方法包括：总结描述（竞争态势构造）、回归分析、关键要
素预测、综合评估等。

⑤ 知识再造。企业知识再造旨在根据企业运行与管理发展的需要进行
知识创新。企业战略备选方案的制定，在现有知识水平、知识联系及知识未
来水平预测的基础上形成。新的知识可通过 SWOT 分析、SPACE 评价模型
及 BCG 选择模型等方法，将系统化的知识再创为可指导企业行动的竞争战
略决策。

（2）隐性知识的管理

实现企业的可持续发展，要求企业从个别产品创新向系列产品创新转
化，由专家创新向全员创新演进，即充分挖掘全体员工的潜能。因而隐性知
识竞争战略的要点是创建学习型企业，实现整个组织的自主创新。而在此过
程中，应有效地开发、管理隐性知识，把表面看起来似乎毫不相干、毫无任
何联系的现象联系起来，提取深层次的信息单元、知识单元，重组隐含的内

容，创造新的知识。

① 基于人类认识的隐性知识信息的利用。大脑是人的 CPU，是一个高水平的信息处理器，在抽象思维、形象思维和灵感思维方面超过任何人造的信息处理系统。人类在长期的实践中，基于已有的经验、联想，甚至直觉、灵感，对于某个看来毫无作用的信息，或对某个特定的认识主体构成联想，启迪灵感。常常在现有学科的边缘或交叉点上有所突破，在进行决策性、创造性思维的活动中，产生新的知识。

② 基于系统论方法的隐性知识信息的利用。在科学知识的大系统中，各门类、各学科之间均存在不同层次的结构和逻辑关系。因此，隐含信息的重组和知识创新，既要顾及各门类、各学科不同层次的信息单元、知识单元，又要顾及各门类、各学科信息、知识之间的相互联系。针对同一问题，从不同的侧面去探讨事物的发生、发展过程以及事物的内在本质和规律，以求得出整体性、综合性的结论。

③ 基于信息库、知识库管理技术的利用。研究技术手段的应用有益于新思路和新技术的产生。计算机通信和数字化技术，为隐含信息重组、知识创新开辟了新的天地。通过高新技术手段，可以获取用传统方法无法获得的信息、知识，可以把各种信息、知识融合起来，利用文字识别、语音知识、模式识别、图像处理技术、信息、知识导航和信息、知识综合分析等技术，模拟人的思维，以信息单元、知识单元处理作为基础进行创新，最后对创新知识进行模拟和表达。这种融入人的智慧后产生的具有创造性的新知识，比原有知识更重要、更高级，被认为是"知识的知识"。

随着 Internet 广泛普及和使用的迅速增长，网上信息载体的数量和种类也急剧增加。由于网络的跨全球性，可检索信息的载体数不胜数，以至普通用户查找信息十分困难，虽然用搜索工具能查到许多信息载体，但用户仍然要以手工方式筛选这些信息，这就要求研究信息发现机制。

信息发现是用户寻找相关信息载体以弥补知识缺口的一系列活动的集合，包括网上特定数字对象的定位、候选对象集合资源的组织和排列以及对该集合的扩检和限检等。

从理论上看，信息是由信息元（infon）的信息微粒（information particles）组成，因而信息载体包含着许许多多的信息元，用户的信息需求实质上是对一定量的信息元的需求。满足用户特定信息需求的信息元往往并不集中于单一载体之上，所以用户通常要搜寻多个甚至是非常多的信息载体方可满足信息需求。信息发现归根结底是寻找弥补知识缺口的信息元。信息元空间存在三个特征：

- 传递性：假如 f≥g≥h，则 f≥h，f、g、h 为信息元集；
- 价值性：$f_{max} \geq f \geq f_{min}$；
- 包含性：若 f≥g，则 involve（f）≥ involve（g），involve（I）= $\{O_1, O_2, \cdots, O_n\}$，$O_i$ 为 infon 包含的信息对象。

信息发现的实质是知识发现。知识发现是用户从已获得的相关信息中推导出所需要的缺口知识的过程。这样，可使用户不必通读文献，而由系统给出一个准确、简洁的答案。

图 12-12 是信息发现过程示意图。右边是信息库，是若干信息载体聚积成的集合，其特征易于信息发现，是凭借超级链接联系起来的网页载体集合。说是载体，是因为它们所携带的数据需要用户经过视、听等途径接收、理解以后才成为可用信息。左边是用户，是信息需求方，只有将用户信息需求进行公式化表述，才能为信息检索系统所识别。需求与供给的选择匹配由一中介完成。

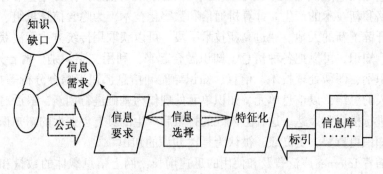

图 12-12　基于知识的信息发现过程

信息发现需求是在现有技术条件和价格水平下用户想获得且能发现某种信息的需求。其要素有二：首先，用户有获取信息的主观愿望。其次，用户有发现信息的能力和购买能力等。

面向信息载体的是具有信息发现需求的用户，用户以信息要求即查询来表达信息需求。查询通常仅是满足信息需求的粗略描述，因此，随着查询的推进，对信息需求的进一步优化是大有裨益的。

思 考 题

1. 试析社会信息化发展进程和社会信息化的基本特征。
2. 组织管理信息化在组织发展中的作用分析。

3. 简析适时生产的网络化实现流程。
4. 网络化客户服务和大规模定制生产的实现流程？
5. 试述联盟组织的形成与组织形式。
6. 虚拟企业的组织方式有哪些？组建过程如何？
7. 简析组织知识管理的目标和内容。

附　　录

案例 1　罗杰·彭斯克与底特律柴油机公司[*]

1987 年时，底特律柴油机公司属于通用汽车公司所有，公司在重型卡车发动机市场上，只占有微不足道的 3.2% 的份额。在 1982—1987 年期间，公司亏损了 6 亿美元。1988 年，前赛车手出身的运输大亨罗杰·彭斯克（Roger Penske）购买了公司的控股权。高层管理班子和计时工人还是在通用汽车公司时的那批军心不稳的原班人马。然而，彭斯克迅速开始实行一系列的改革，这些改革使底特律柴油机公司转变成小型的、专一化的和市场驱动的组织。

彭斯克开始定期与工会领导人会晤，他还发起了一系列全体工人都参与的小组会议。他这样做的目的是什么？他是要使雇员们搞清楚企业经营到底是怎么回事。他引入了面向全体雇员的利润分享和经济刺激计划。他使工人们相信，如果公司要在市场竞争中获胜，除了要有与众不同的产品，还必须达到最高的质量标准。进一步，通过削减公司近 1/4 的白领工作人员和砍掉一些部门的方式，彭斯克使底特律柴油机公司成为一个更精干、应变力更强的企业。他还向下层管理者和工人广泛授权，使决策制定得更快。

彭斯克成功地使底特律柴油机公司焕发了生机，并使之成为卡车发动机市场上强有力的竞争者。公司的市场份额跃升至 28%，并且还在继续上升。现在，公司获利丰厚而且雇用了更多的工人，缺勤率下降了一半。在兑现了每人 600 美元的 3 年利润分享计划的红利后，雇员的士气出现了从未有过的高涨。

---

[*] 选自 罗宾斯. 管理学（第 4 版）. 中国人民大学出版社，1997：15-16

472

问题：

1. 针对本案例，分析管理在组织发展中的作用。

2. 底特律柴油机公司应如何加强员工管理？

案例2　弗雷德·丹尼（Fred Denny）的陈述 *

弗雷德·丹尼是一位太空物理学家，他对他的实验室主任克劳德·格林伍德（Claude Greenwood）说："管理学作为研究和实践领域的忧虑是，它没有科学基础。我觉得，当我在设计一个导弹的制导系统时，我了解我在做什么，因为我有太空、推进器和其他可以利用的科学知识，它们会告诉我该怎么做。但是当你问我作为我的工程和技术队的主管人员，我是否能够做好工作时，就没有把握了，因为没有管理的科学来指导我。在我读到的管理书籍中，我得到的观念是：主管人员必须在一个封闭的系统基础上进行管理，主管人员能够做的最佳事情就是亲切地同他的下属人员商量关于每一件小事，并且制定严格的规章和程序，使下属人员不会做错。"

"克劳德，当我对它考虑了以后，我看不出管理学上有更多的科学。我怀疑，能有什么好的管理学书本、文章和管理学发展教程可以对我们提供多少有用的东西。我们是否需要等待几个世纪直到管理科学发展成像物理学那样一门精确的科学呢？"

克劳德·格林伍德曾经为了强调管理知识的实用性和重要性，为一些管理开发研究班作过"事实的申述"，而现在却为弗雷德的"爆发"大为吃惊。但他认为他的下属人员所说的话是有相当意义的。然而，对弗雷德的看法作何反应，还是使克劳德相当困惑。

问题：

1. 假如你是克劳德·格林伍德，你将对弗雷德·丹尼的陈述作何反应？

2. 你将提出什么建议促使管理学更加科学？

案例3　查克·斯通曼的管理角色 **

查克1979年毕业于伊利诺伊大学，获商学学士学位，毕业后进入勒那食品公司，一直到今天。他逐级晋升——高级生产计划员、生产领班、轮班工长，直至勒那食品公司奥马哈工厂经理。以下是他工作的一天：

＊ 选自孔茨等．管理学．经济科学出版社，1993：61-62

＊＊ 选自张明玉，邬文兵．管理学习题与案例集．科学出版社，2007：10-13

查克今天早上的心情特别好，最后的生产率报告表明，奥马哈工厂超过了堪萨斯城工厂和伯明翰工厂，成为公司人均劳动生产率最高的工厂。经过 10 个月的经营，奥马哈工厂已成为公司所属 7 家工厂中获利最多的工厂。昨天，查克在与上司的通话中得知，他的半年绩效奖金为 23 000 美元，而过去，他最多只拿到过 8 500 美元。

查克决定今天要把手头的许多工作清理一下，像往常一样，他总是尽量做到当日事当日毕。除了下午 3：30 有一个幕僚会议以外，整天的其他时间都是空着的，因此他可以解决许多重要的问题。他打算仔细审阅最近的审计报告并签署他的意见，并仔细检查一下工厂 TQM 计划的进展情况。他还打算开始计划下一年度的资本设备预算，离申报截止日期还有不到两个星期了，他一直抽不出时间来做这件事。查克还有许多重要的事项记在他的"待办"日程表上；他要与工厂厂长讨论几个雇员的投诉；写一份 10 分钟的演讲稿，准备应邀在星期五的商会会议上致辞；审查他的助手草拟的贯彻美国职业安全健康法（OSHA）的情况报告，工厂刚接受过安全检查。

查克到达工厂时是 5：45，他还没走到自己的办公室，就被会计总监贝斯拦住了，查克的第一个反应是：她这么早在这里干什么？很快他就知道了：工资协调员昨天没有交工资表，贝斯昨晚一直等到 22 点，今早 4：30 就来了，想在呈报的最后期限之前把工资表造出来。贝斯告诉查克，实在没办法按时向总部上报这个月的工资表了。查克做了个记录，打算与工厂的总会计师交换一下意见，并将情况报告他的上司：公司副总裁。查克总是随时向上司报告任何问题，他从不想让自己的上司对发生的事情感到突然。

最后，在他的办公室里，查克注意到他的计算机在闪烁，一定是有什么新到的信息。在检查了他的电子邮件后，查克发现只有一项需要立即处理。他的助手已经草拟出下一年度工厂全部管理者和专业人员的假期时间表，它必须经查克审阅和批准。处理这件事只需 10 分钟，但实际上占用了查克 20 分钟的时间。

现在首先要办的事是资本设备预算，查克在他计算机的工作表程序上，开始计算工厂需要什么设备以及每项的成本是多少。这项工作刚进行了 1/3，查克便接到工厂厂长打来的电话。电话中说在夜班期间，三台主要的输送机有一台坏了，维修工要修好它得花费 45 000 美元，这些钱没有列入支出预算，而要更换这个系统大约要花费 120 000 美元。查克知道，他已经用完了本年度的资本预算，于是，他在 10：00 安排了一个会议，与工厂厂长和工厂会计师研究这个问题。

查克又回到他的工作表程序上，这时工厂运输主任突然闯入他的办公室，他在铁路货车调度计划方面遇到了困难，经过 20 分钟的讨论，两个人找到了解决办法。查克把这件事记下来，要找公司的运输部长谈一次，好好向他反映一下工厂的铁路货运问题，其他工厂是否也存在类似的问题？什么时候公司的铁路合同到期重新招标？

看来打断查克今天日程的事情还没有完，他又接到公司总部负责法律事务的职员打来的电话，他们需要数据来为公司的一桩诉讼辩护，奥马哈工厂一位前雇员向法院起诉公司歧视他。查克把电话转接给他的人力资源部。查克的秘书又送来一大叠信件要他签署。突然，查克发现 10：00 到了，会计师和厂长已经在他办公室外面等候。3 个人一起审查了输送机的问题并草拟了几个选择方案，准备将它们提交到下午举行的幕僚会议上讨论。现在是11：05，查克刚回到他的资本预算编制程序上，就又接到公司人力资源部部长打来的电话，对方花了半小时向查克说明公司对即将与工会举行的谈判的策略，并特别征求他对与奥马哈工厂有关的问题的意见。挂上电话后，查克下楼去他的人力资源部长办公室，他们就这次谈判的策略交换了意见。

查克的秘书提醒他与地区红十字运动的领导约定共进午餐的时间已经过了，查克赶紧开车前往约定地点，好在不过迟到了 10 分钟。

下午 1：45，查克返回他的办公室，工厂厂长已经在那里等着他。两个人仔细检查了工厂布置的调整方案，以及通道面积是否符合专为残疾雇员制定的法律要求。会议的时间持续得较长，因为中间被三个电话打断。现在是3：35，查克和工厂厂长穿过大厅来到会议室，幕僚会议通常只需要 1 个小时，不过，讨论劳工谈判和输送系统问题的时间拖得很长。这次会议持续了2 个多小时，当查克回到他的办公室时，他觉得该回家了。他和安妮今晚要在家中招待几位社区和企业的领导人。

开车回家的时间对查克来说仿佛用了 1 个小时而不是 15 分钟，他已经精疲力竭了。12 个小时以前，他还焦急地盼望着一个富有成效的工作日，现在这一天过去了，查克不明白："我完成了哪件事？"当然，他知道他干完了一些事，但是本来有更多的事他想要完成的。是不是今天有点特殊？查克承认不是的，每天开始时他都有着良好的打算，而回家时都不免感到有些沮丧。他整日就像置身于琐事的洪流中，中间还不断地被打断。他是不是没有做好每天的计划？他说不准。他有意使每天的日程不要排得过紧，以使他能够与人们交流，使得人们需要他时他能抽得出时间来。但是，他不明白是不是所有管理者的工作都经常被打断和忙于救火，他能有时间用于计划和防止意外事件发生吗？

问题：

1. 与一般管理者相比，你怎么看待查克的工作？查克属于成功管理者还是有效管理者？

2. 用明茨伯格的管理者角色理论评价查克的活动。

3. 用管理职能理论评价查克的活动。

4. 在本案例中查克运用了哪些管理基本原理来进行管理？运用得如何？

案例4　宾厄姆造船有限股份公司*

宾厄姆公司需要决定它的未来发展战略并致力于工作效率的提高。公司有4个分部：

① 洛斯托夫特港口造船厂；

② 诺福克船只出租部；

③ 诺福克造船厂（游艇的制造和维修）；

④ 船只零部件销售部（游艇零部件及燃料供应）。

宾厄姆造船有限股份公司的机构设置详见图1：

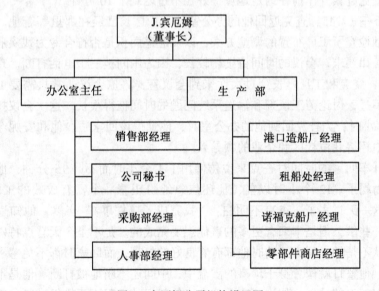

图1　宾厄姆公司机构设置图

* 选自 R. I. Tricker, R. Boland. *Management Information & Control Systems*. John Wiley & Sons Ltd. , 1982：79-83.

杰克·宾厄姆在他父亲去世后于 20 世纪 70 年代初当上了董事长，在此之前他已经在其他公司工作了 20 多年，获得了重要的管理经验。除了爱德华是两年前进入公司的，其余的经理在公司工作了至少 10 年以上，而格里菲斯在公司干了一辈子。

当上董事长以后，杰克认识到他父亲和祖父的管理方法已经不适应变化了的情况，他认为董事们应该更多地参与公司决策。与此相反，他的父亲却紧紧掌握决策权，亲自主持各种会议。

杰克出任董事长不久，便聘请了一些顾问协同老资格董事们的工作，他还试图进行管理改革。但是，几个经理并不乐意与他合作，虽然根据销售和利润情况给各个部门制定了工作指标，然而实际上并未解决多大的问题。

约翰·格里菲斯坚持认为将收入与利润用于造船公司并不是有益的计量尺度，他认为如果销售和定价处于普鲁默的控制之下，造船厂以固定的价格商定所有的合同，那他将无法对利润负责。在订购 10 只玻璃纤维船只的过程中，曾出现了一个严重的支付错误，导致了港口造船厂的重大损失。格里菲斯还觉得销售与价格部董事的管理策略正趋向于引起订购生产设备的混乱，这一情况有可能导致设备的长期趋前发展。他强调，在短期生产中任何人都得设法增加收益。

经理们认为，在向公司其他部门预订他所需要的设备和原材料时，不应受到限制。因为他们确信在公司外可以得到更优惠的服务。杰克的观点是各部门都必须利用公司的资源来维持目前的业务，他还是坚持所有出租的新船都必须是公司所造的这一观点，他认为各部门之间的协调有助于销售部提高利润。

虽然杰克认为各部门的购销是经理之间展开竞争的根源，尤其是在零售处竞争很激烈，但是他仍然要求加强这一工作。

在同经理进行私下讨论的基础上，杰克召开了一个董事会会议专门分析实质性问题。他想知道是否可以通过机构改革或建立一个特殊的控制系统来解决这一问题，或许更多的业务信息会起作用，或许应该恢复他父亲采用的集权管理的方式来干预每天的事务。

正是在这个会议上，杰克发表了上述关于改革和建立信息系统的声明。

问题：

1. 你对宾厄姆造船公司的这种情况有何看法？你将建议采取哪些措施？
2. 公司应采用什么样的管理体制？

案例5　拟订可考核的目标 *

一位分公司经理最近听了关于目标管理的讲座。当时就激发了他的热情，更加增强了他关于目标管理的思想。他最后决定，在他的下一次参谋会议上介绍这个概念并且看看他能有什么进展。他细述了这种方法的理论发展情况，列举了在这个分公司使用它的好处，并且要求他的下属人员考虑采纳他的建议。

并不像每个人所想象的那样简单。在下一次会议上，下属人员向他提出了好几个问题。财务主任要求知道："你是否有由总裁所分派给你的明年分公司的目标？"

分公司经理回答说："不，我没有。""我一直在等着总裁办公室告诉我，他期望我做些什么。但是他们装得恰像与此事毫不相干一样。"

"那么分公司要做什么呢？"有点不希望要指出任何活动的生产主任问道。

"我打算列出我对分公司的期望。"这位分公司经理说，"关于它们没有什么神秘的。我希望销售额达到3 000万美元，税前利润率达到8%，投资收益率为15%，一项正在进行的项目6月30日前投产。我以后还会列出一些明确的指标。选拔我们自己未来的主管人员，今年年底前完成我们的 XZ 型的开发工作以及雇员转换率稳定在5%。"

下属人员对他们的上级领导人经过考虑提出的这些可考核目标以及如此明确和自信地来陈述这些目标有点目瞪口呆。他们为他要求实现这些目标的诚意也感到惊奇。

"下个月，我要求你们每个人把这些目标转换成你们自己职能的可考核目标。不用说，这些目标对财务、营销、生产、工程和经营将是不同的。然而你们用数字来表示它们，我希望把它们加起来就实现了分公司的目标。"

问题：

1. 当他们没有得到公司总裁指派的目标时，分公司经理能够拟订可考核的目标或目的吗？怎样制定？你认为对于分公司经理来说，上级领导人给予的重要信息和帮助是什么？

2. 这位分公司经理设置的目标是不是最佳方法？你会怎样做？

---

* 选自孔茨等. 管理学. 经济科学出版社，1993：117-118

案例6　福雷斯蒂有限公司*

卡尔·费希尔（Carl Fisher）是福雷斯蒂有限公司总经理。这家公司是一家高技术领域里的多部门公司。这家大公司由于其技术上的创新及其科学家和工程师的卓越能力而闻名。但是，竞争日益激烈，总经理认识到企业的成功将取决于有效的管理。他认识到计划是本公司工作领域中非常薄弱的一个环节，需要加以改进和提高。所以总经理请管理顾问约翰·韦甘德（John Weigand）检查了一下公司，并对该公司的改进提出方案。在首次会议上，费希尔和韦甘德之间建立了相当好的相互信任关系，而且在讨论过程中大家同意公司的任何重大改革应该以事实为基础（即以所收集的有关该公司数据资料为基础）。第一步，韦甘德会见了三个主要部门的负责人阿尔巴尼（Albani）女士、约翰逊（Johnson）先生和贝克（Baker）先生，以全面了解一下企业和它的主管人员的素质。总经理初步同意一个长期有系统地改进组织的做法。然而，当前的问题是要对一些关键性职位确定合适的人选。

管理者必须十分熟悉所有的管理职能，但是费希尔认为当前计划工作特别重要。在顾问的指导下，卡尔·费希尔评估了三位管理人员的规划工作并考虑让他们担任（1）公司计划组负责人和（2）分公司经理的职位。费希尔先生发现孔茨制定的考评方法是有帮助的，并在他的书内有详细的说明。

鉴定下属的方法如下：

在鉴定每一问题时，用下列分数（每一鉴定的等级只可用两个数，如"优秀"为4.0分或4.5分，不用其他小数）。

可能的分数如下：

X：不适合该职位。

N：无法打分，因情况掌握不足。

5.0：杰出。就鉴定人所知，在任何环境或条件下不可能有再好的工作业绩标准。

4.0或4.5：优秀。基本上无需改进的工作标准。

3.0或3.5：良好。超过一般而且达到该职位所有正常要求的工作业绩标准。

2.0或2.5：一般。一般地胜任该职位的工作业绩标准。

1.0或1.5：尚可。低于该职位一般要求，但是可以认为勉强合格或暂时适用的工作业绩标准。

0.0：不够格。不能胜任有关职位的工作业绩标准。

---

* 选自孔茨等. 管理学. 经济科学出版社，1993：409-411

费希尔先生对下属的评定结果见下表。

作为主管人员的工作表现

计　　划	弗洛伦斯·阿尔巴尼	特德·约翰逊	乔治·贝克
1. 主管人员是否根据上级和公司的目标，用可核实的标准、数量或质量为部门制定近期和远期的目标？	N	3.5	4.5
2. 主管人员对他所直接领导的下属了解本部门的目标这一点上，有多大把握？	3.0	3.0	4.0
3. 主管人员在帮助他直接领导的下属制定可核实的、先后一致的工作目标方面做得怎样？	3.5	3.0	4.5
4. 主管人员在以批准的、先后一致的计划作为基础进行规划且监督其下属也这样做方面做得怎样？	4.5	3.5	4.0
5. 主管人员是否了解公司政策在决策中的作用，而且保证下属也了解？	4.5	4.0	4.0
6. 主管人员是否设法用政策指导、辅导和鼓励创新，而不用规章制度来帮助解决下属的问题？	4.0	3.0	4.5
7. 主管人员是否帮助下属得到他们所需要的资料以帮助他们制订计划？	4.5	3.5	4.0
8. 主管人员在作出决策前是否努力寻找其他可采用的方法？	4.0	4.0	3.5
9. 在选择不同方法时，主管人员是否首先注意对解决问题具有重要性或限制性的那些因素？	4.0	N	3.5
10. 在作出决定时，主管人员是否考虑到每一决定的有关承诺范围及时限？	4.5	4.0	3.5
11. 主管人员是否定期核查计划以确定这些计划是否仍然与当前的需求相一致？	3.0	4.5	4.5

续表

计　划	弗洛伦斯·阿尔巴尼	特德·约翰逊	乔治·贝克
12. 主管人员是否在作出计划性决定时，考虑到需要有灵活性以及需要为灵活而付出的代价？	4.0	4.5	4.5
13. 在制定和实施计划时，主管人员是否经常把决定的长期效果和预期达到的近期结果结合在一起考虑？	4.0	4.5	4.0
14. 主管人员向上司提出问题或在上司寻求帮助解决问题时，是否提出有关各种可行方法的经过考虑的分析（优点、缺点），并提出解决问题的建议？	4.0	4.0	3.5
被鉴定问题的总数	13	13	14
被鉴定问题所得总分	51.5	49	56
整个计划部分的平均得分	4.0	3.8	4.0

卡尔·费希尔为了对他的判断取得更大信心，还请了他的两位副总经理来给这三位候选人打分。他们的评定结果与总经理的评定结果一致。

问题：

如果这三位候选人的管理和技术本领（不仅限于表里所列的）都相同，而且工作成绩也相同：

1. 你决定选谁作为该公司的计划部门负责人，为什么？
2. 你愿选谁作为分公司的主管人员？
3. 在你作出选择时，还准备考虑哪些其他因素？
4. 你打算对这三位主管人员分别提出什么样的培训和发展培养建议？

案例7　潘尼公司首席执行官的计划管理*

在潘尼公司工作的三个月中，担任总裁兼首席执行官的艾伦一直不停地讲述他的计划。他每次只讲述广阔前景的一个部分，并一直重复，直到每个人都明确了解为止。他希望通过员工们的共同努力，可以在 2～5 年的时间内让潘尼公司这艘大船调转方向。他不希望自己独自完成这件事，他并不是为了保险起见，而是很乐意担当这艘船的船长。

＊　选自安德鲁·J. 杜伯林. 管理学精要. 电子工业出版社，2004：22-23

艾伦说："一家企业并不是由一个人经营的。我的工作只是设定目标。让人们理解并执行这些目标。"当时潘尼公司的一些员工参与了公司重建工作，艾伦要求他们对每件事情都重新考虑。一些批评者认为潘尼公司服装式样太陈旧，价格也太高，这是艾伦面临的最大难题。

虽然艾伦9月份才从纽约巴尼斯公司跳槽到潘尼公司，但是因为长期在联合百货商店任职而闻名。他使联合百货商店从破产的困境中走出来，而且获得了梅西和百老汇的供应链，从而使联合百货商店在东西海岸都占据了很大的市场份额。多年来，这个经验丰富的零售商一直在努力吸引员工、顾客和债权人。让人印象尤其深刻的是，他有能力把那些在艰难时期落魄的商店扭转成声望很高的商店。艾伦还帮助巴尼斯等商店走出了困境。

艾伦说，他信任潘尼的品牌，他正在尝试把潘尼品牌定位为美国中等收入阶层的购物选择（潘尼公司还拥有 Eckerd 连锁药店）。但他不是一个感情用事的人，也不会考虑那些毫无意义的想法。2000 年 11 月，潘尼公司出现了历史上的第一次经营失利。这个已经有近 100 年历史的零售商被称为恐龙。艾伦对他面临的任务作了如下解释：

我正在竭力考虑如何改善公司状况。100、10 或 20，这些数字并没有什么区别。对我而言，明确我们的商店是否正在稳步前进才是有意义的事情。我希望公司在 100 周年的时候会大获全胜。我在这里呆了几个月，看到的是一群非常忠诚但不愉快的人。

艾伦说，鼓舞士气的惟一方法就是让公司重新盈利，然后利润也会带动股票价格上涨。潘尼公司的股票市值已经从两年前 200 亿美元的顶点跌落到 30 亿美元。从 20 世纪 90 年代中期开始。在全美范围内出现了大批零售商，潘尼公司的顾客逐渐被打折连锁店和价格适中的零售商所吸引。艾伦开始对如何获得收益感到头痛，因为这意味着要进行变革。为了向店主们提供更优惠的价格，公司需要一个更有竞争优势的成本结构，也就是要降低成本。

艾伦认为，潘尼公司必须对有价格竞争优势的商品进行正确分类。而要做到这一点，惟一方法是使购买决策集中化。总部负责挑选并运送商品，而店员们则集中精力经营商店。艾伦说，如果潘尼公司没有迅速集中化，就会落后于竞争对手。1150 家商店各自制定商品决策，这种体制效率很低，速度慢，成本却很高，而且会使顾客感到很困惑，也会妨碍公司获得全国性信息。

艾伦说，自从 1988 年潘尼公司从纽约迁到达拉斯以来，就不再有直接上门的卖主了。"我们应该注意现在的世界流行趋势，并把这些流行的东西以较高的价格卖给美国的中产阶级。"他正在考虑在纽约和洛杉矶增设办事处，使潘尼公司能与尽可能多的卖主密切联系。

艾伦采取的第一个步骤是关闭潘尼公司下属 1000 家商店之中的 44 家，解雇大约 5000 名员工，花 2.75 亿美元重建公司。"如果我们是作为一家新的公司正在启动，我们应该着眼于整个组织，着眼于摆脱那些我们不希望有的东西。"艾伦从组织外部招聘人才担任关键职位，从而使潘尼公司的企业文化活跃起来——这也是他转变计划的一部分内容。他还重新改造商店，使它们更为井然有序、焕然一新。艾伦期待着有利于使潘尼公司复苏的挑战。"我生命中的很多时间已经花在扭转局势上，我把这一次看成是在攀登另一座高峰。"

零售分析家认为，如何重新定义品牌是潘尼公司遇到的最大挑战。艾伦强调说：公司要迎合广阔的中产阶级市场，因为这个市场上有大量的消费者。潘尼公司在全国的形象，以及它的优秀的商品目录和网络销售都成为它的资产。晨星网络公司的分析家对潘尼公司和艾伦面临的问题所作的批评尤为苛刻："这家公司的问题非常非常严重：没有效率的供应链，过时的服饰，庸俗的品牌名称。再加上亏本的药店经营。"

虽然人们认为百货公司不是零售行业的发展趋势，但是百货公司经营是个成熟的想法，可以通过能够获利的方法实施。艾伦说："联合百货商店和五月百货商店每年的赢利可以增长 12%～15%，这比亚马逊网络公司所获取的利润还多。"

问题：

1. 艾伦正在执行或者计划执行什么管理职能？

2. 艾伦正在扮演或者将要扮演什么角色？

3. 作为艾伦的私人顾问，你认为潘尼公司为了提高在百货商店业务上获得的市场份额，应该做些什么？

4. 根据你现在能够搜索到的信息，你认为艾伦在多大程度上成功地帮助潘尼公司获得了更多利润？

案例 8　优尼梅申和美国机器人产业的崩溃 *

这是关于一家美国公司如何失败，日本人又如何填补了它的空缺的故事，这家美国公司曾经在有着巨大潜力的市场上扮演过决定性角色。

20 世纪 80 年代早期，专家们预测到 1990 年，机器人在美国的销售额

＊ 选自 罗宾斯．管理学（第 4 版）．中国人民大学出版社，1997：548-549

将达到 20 亿美元。实际上，他们只实现了目标的一小部分。为什么呢？一些日本公司，如法纳克（Fanuc）和川崎（Kawasaki）公司，能够生产出更好的机器人，并且使他们本国的公司确信机器人会为他们增加价值。相比之下，美国的各种机器人被大多数美国经理人员视为有着严重设计缺陷的新玩艺。

优尼梅申公司（Unimation）当时是美国机器人市场的主要厂家。它的创立者约瑟夫·恩格尔伯格，实际上在 1967 年就发明了工业用机器人。1983 年，西屋电气公司买下了优尼梅申并试图扩大资本，因为它认为机器人的需求正日益增长。就在收购时，虽然美国已经有 62 家公司从事机器人产业，但是优尼梅申占有了 40% 的国内市场。

优尼梅申在 20 世纪 80 年代初期犯了一个重要的战略性错误。为了胜过日本竞争者，优尼梅申不得不在驱动齿轮和控制系统方面做得非常出色。但是优尼梅申的管理当局却在液压机器人上停步不前，液压机器人可以在液体压力下移动它的力臂。它们的售价低于电子机器人，平均每台48 000美元，而电子机器人每台售价超过70 000美元，因此管理当局认为这给了他们一个优势。但具有讽刺意味的是，优尼梅申利用其机器人上的一个缺陷——漏油，而挣了大笔的钱。优尼梅申不是试图修复他们的设计问题，相反，他们卖掉了昂贵的滴水盆。例如，福特公司曾给优尼梅申一个 500 万美元的机器人订单，其中 160 万美元是购买滴水盆的。优尼梅申将原来的毛病变成了利润，如果他们不面临着那些拥有更加优越的产品竞争者的挑战的话，这一问题也许早已得到解决。

日本人的电子机器人性能优良，但在初期他们的成本较高也是事实，他们每年的运行成本是液压机器人的一半。然而优尼梅申积极进取的人们在同西屋电气公司的官僚作风融合上有着极大的困难。很多优尼梅申的高级软件设计者离开了公司。1985 年，优尼梅申的销售额直线下降达 40%。年亏损达1 500～2 000万美元，而在它被西屋电气公司收购以前，每年盈利 700 万美元。

给优尼梅申最后一击的是它的日本竞争者，他们意识到机器人应该被简化，而且机器人不仅仅是人的替代物。当优尼梅申的工程师们继续使机器人做得更为复杂的时候，日本同行则正寻求方法减少机器人的部件，使机器人变得更简单和更少可能出故障。此外，日本人还意识到机器人必须完全纳入到制造过程中去。当日本的机器人制造者帮助用户重新设计其产品并设法使它们成为"友好机器人"时，优尼梅申正把机器人作为商品运往国外。

西屋公司在 1987 年把优尼梅申的最后一部分卖给了一家瑞士公司。美

国最后的主要机器人制造商辛辛那提·米拉科龙（Cincinnati Milacron）于
1990年离开了这一行业。在美国，工业机器人产业现在已经不存在了。通
用汽车、克莱斯勒、IBM和其他美国制造厂商所使用的机器人都是瑞士和日
本制造的，而且在美国，很多制造商对机器人所知无几，可是在日本却没有
这种事情，这一点并不让人惊奇。

问题：

1. 你从这个例子中能得出什么样的有关新技术商业化的启示？

2. 如果优尼梅申自主经营，你认为它会取得成功吗？要是它同一家日
本机器人制造厂建立起一家合资企业的话，那情况又会如何呢？

3. 从TQM的角度来比较优尼梅申和它的日本竞争者。

4. 你认为美国人不愿意接受机器人是否说明美国人过去不愿意采纳日
本人的制造技术？

案例9　生产需求计划（MRP）*

布罗克特公司是一家面向航天工业的高科技供应商，致力于为航天飞机
提供某些关键性的微波元件。由两名企业合伙人创立并发展的这家企业是从
一个加油站起步的，在过去十多年中，该企业的年销售额从25万美元增加
到120万美元。

在经营成功的同时也产生了一些问题，其最明显的问题之一是两个合伙
人之间的相互倾轧。一个认为，公司应向社会公众发售股票，而另一个则坚
持公司应保持私有的想法。前者向加利福尼亚的一家大银行贷款买下另一个
合伙人的股份，并向社会出售。

股票公开上市取得了极大的成功，它给公司提供了所需的全部营运资
本，同时使这位有企业家精神的创业者马上成了百万富翁。然而，正当他沉
湎于美梦之中，他却忽略或忽视了产品设计和生产中的大量基础工作，结果
导致公司经营失控。

工程变化多端，而且在提供文件和输入文件的控制记录中老是误期。过
去很容易开发并很快就完成的新产品，现在也在设计和观念上毫无指望地陷
于困境。

公司总裁本能地感到，公司过去的灵活性和动力已不复存在，他决定向
组织发出几项指令，这很像把一条装配线订单带给制造营运活动。由于企业

---

*　选自 孔茨．管理学．经济科学出版社，1993：639-640

是以面向工程与研究为主的，所以实施规划的"指令"首先被当做是从专家那里容易买到的并能根据其特性为计划和控制提供所需数据和提供基本要素的东西。

实施规划的任务交给了计划部主管吉姆·马丁。在规划实施中，他发现零部件目录表（用于制造装配线上所有零部件的完整目录表）既不准确也不完全，且无工程图纸或订购单上制造用料清单。随后，问题日趋明朗，如为什么生产进度经常脱期和延期交货，为什么零部件的供应总是跟不上，而无人知道真正需要什么零部件进行局部装配和需要何种最终物件以便及时发货，等等，这些问题使员工普遍有了沮丧感。

结果，单一的工作，例如在库房中零部件数据的收集，一般应一周完成却花了两个月。每一步都暴露出类似重大的问题：用料清单和装配结构的不规范；零部件编号不准确；物料和零部件计算数据相差甚远；发往工厂的零部件和采购收据没有专门的记录；车间的工作负荷也仅仅是为了最后装配；采购和物料档案不确实；批量订货、提前期和成本已陈旧过时并祸及整个系统。

计划部主管陷入了困境。估计数月就能完成的有序地控制规划的工作变成长达一年之久的恶梦。更糟糕的还是他同最高层管理机构讨论问题范围时所面临的窘况，因为他知道最高层管理机构的政策导致或引起了混乱。一方面，要完成任务他需要投入大笔资金和工时；另一方面，由于授予的工作职权有限，加上事实上他可能承受不了作为乐观的总裁来说是各种坏消息的打击，所以他这个人便垮了下来。

问题：

1. 你认为上述案例中，关键性的管理问题是什么？

2. 如果任何方法都可以，那么，使用什么技术和原理会实现控制的目的？

3. 你能给计划部主管提些什么建议？

案例 10　N. V. 霍特兰公司 *

荷兰霍特兰公司设在鹿特丹市的一家工厂有雇员 2 000 人，它生产抽水泵和用于液压装置的连接器。工厂制定了成批产品生产进度，一线工作大多

---

　　* 选自 R. I. Tricker, R. Boland. *Management Information & Control Systems*. John Wiley & Sons Ltd. , 1982：142-145

数为熟练工人，他们独立操作机器。

（1）数据收集计划

18 个月以前，公司建立了一个旨在直接从车间到计算机中心收集生产数据的系统，在工厂各方便位置装配了 24 个终端，要求工人通过键盘输入详细工作情况。公司希望利用计算机建立迄今的生产控制记录文件。

在开发这一系统时，采取了两个水平的用户参与途径。工厂主任负责全部生产部门工作，参加财务主任牵头的公司计算机顾问委员会，指导系统开发。由高层管理者制定和协调最初计划，然后形成一个监督数据收集的计划小组，其成员包括三个部门经理，即计算机部经理、系统开发部经理和系统分析负责人。

（2）存在的问题

在装备终端 6 个月后，计算机顾问委员会收到了一份计划进展报告，系统已经运行了两个月，经过调试，解决了一些小麻烦，运行表明设备是令人满意的，程序也较为合适。

然而，生产控制经理开始表示不满，系统提供了更及时、更准确的生产记录，他却认为这些材料不可信。他发现了一些偶然错误以及计算机文件和实际状况之间的差异。这时，计划分析员们进行了调查，表明这些错误都是由于操作员输入了错误数据造成的。

工厂主任非常担心这会危及基础和关键性记录。因此，指示其部门经理恢复原先的人工数据收集。一周内未再使用终端。财务主任不得不让计算机部经理尝试重建生产记录，并依据来自车间的手工记录键入数据，进行修正。

系统开发部经理对车间数据收集计划的中断大为不满："我们并没有把自己的系统强加给他们"，他说："一开始，我们就采用了顾问委员会和计划小组的用户参与形式。真不相信高层管理者也会手忙脚乱，惊恐至此，以致放弃这一收集计划，让三年心血付诸东流。不用说还有硬件和系统调试成本。"

（3）第二个数据收集计划

车间终端闲置在那里，沾满了油垢和灰尘。三个月后，在总经理的过问下，开始了一项新的计划。

很清楚，除了接受大量的终端使用培训外，工人并未认为自己有义务输入数据。调查揭示了车间存在的问题：

① 工人通常认为设置系统的目的在于增强监督和控制他们的产量。

② 一些人相信管理层准备利用数据来提高他们的标准工作速率和制定

进度。

③ 一些工人认为要他们操作计算机输入数据，就应额外增加薪水。

④ 总的来说，搞出及时、准确的数据就像玩游戏一样，这对工作毫无贡献。

通过工会，总经理对所有工人解释了紧缩开支，满足用户需要，及时完成生产的重要性。车间数据收集计划旨在提高工人的生产效率，改善管理信息流通，而不是想增大劳动强度。

现在，总经理提出了新的建议，除了进行用户/数据环节的用户管理外，车间工人小组应被吸收加入计划委员会。他们并不参加全部的计划工作，但每周至少有一个半天同系统设计者一起工作。总经理说："应该把新计划看成你们的计划，我们正在设计的是你们的信息系统。有关车间的信息对你们同对管理者一样重要。所要创造的系统对我们大家都有价值。"

（4）参与问题

财务主任与计算机部经理讨论了新动议，他们认为总经理的方案存在许多困难：

"我们认为工厂的陈规陋习应彻底摒弃。只有如此，才能解放劳动力，加强劳资合作。毫无疑问将发生机构变革，但我对工厂中的自我设计系统持保留意见。"

"如果我们能够达到预期的改善效果，我们将不得不减员。你见过参与设计系统小组设计自己的工作吗？我想先前的管理层的参与制才是正确的。"

"所造成的灾难来自于无效管理，而不是系统设计障碍。采取这种新方案，我们会失去控制。总经理没有从我们的立场上考虑问题：如果工人掌握全部终端，而不仅仅只是输入，还要求随意进入公司文件，那会发生什么呢？如果他们想了解公司订货情况、产品库存、生产进程、比较生产数据呢？要知道，这都是管理层的事。另外，对车间工人是否有能力在计划委员会承担责任，我表示怀疑。最终，我们可能成为这些人的计算机咨询顾问。"

问题：

1. N. V. 霍特兰公司到底存在什么问题？你对所牵涉的各种人，有何忠告？

2. 请你提交一个系统的系统开发方案。

案例11　国家工业品供应公司（NISC）*

NISC总部设在密歇根州的底特律城，它是一家在世界范围内开展业务的工业品产销合一的公司。1980年销售额达到37亿美元，年增长率高达18%，它向60 000用户提供100 000种不同产品，其中只有40%的销售产品是它自行生产的，大部分则来自其他生产厂家。

公司通常坚持线性分散管理原则。经营业务分权给23个操作部门，它们有的制造产品，有的甚至不从事销售活动；有的只管销售而不生产；仅有几个部门同时开展生产和销售业务。部门规模也大不一样，有的年销售额高达上10亿美元，而另一些部门则低于1 000万美元。

NISC机构建制中的操作部结构如图2所示。其中，每一部由负责协调部间活动、扩大市场的三个执行副总经理之一主管。副总经理依次向总经理和董事长汇报。

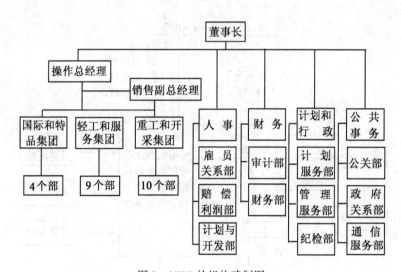

图2　NISC的机构建制图

除了这种直线活动外，NISC进行了集中管理的职员配备。各职能部门由公司四名行政副总经理之一领导，他们直接向董事长负责。

尽管有些数据处理直接为公司的管理服务，但大多数处理活动被分散在各部进行。数据处理活动的组织方式多种多样。有的部采用外界人工处理，

---

　　* 选自R. I. Tricker, R. Boland. *Management Information & Control Systems*. John Wiley & Sons Ltd. , 1982：249-254

有 14 个部用自己的计算机处理，也有的利用公司中央计算机部、管理服务部进行，还有些部则采用综合性处理措施。

迄今公司最大的计算机中心设在管理服务部，它至少承担了 16 个部的业务处理，这 16 个部一般是公司内规模较大的部。管理服务部成立于 1966 年，当时目的在于建立计算机系统，为重型制造和矿山开采集团的两个大部提供处理销售业务和仓库存货清单方面的服务。

20 世纪 80 年代，它已发展成一个完善的系统。在运行中，订货单由销售人员利用本部办公室终端或由客户直接利用 NISC 终端输入，销售人员或客户也可利用电话输送订货单，并能从有语言响应功能的计算机那里得到订货凭据。由于系统包括了各产品的存库地址，它能在仓库终端上很快显示产品分检单。NISC 在许多重要客户那里设置终端，因此，客户可从那里得到有关计划和控制存货的数据处理服务（见图 3 所示）。

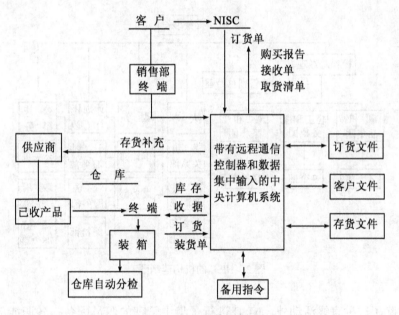

图 3　NISC 系统运行图

管理服务部目前拥有 200 多名职员，服务对象包括 16 个 NISC 操作部（它们的销售额占全公司总销售额的 80% 以上）。公司的集中化计算机处理在管理服务中心进行。该中心占有 NISC 的六大建筑之一，它建在底特律北面一英亩的地盘上。

后来，管理服务部进行了重组，其运作与组织关系为（如图 4 所示）：

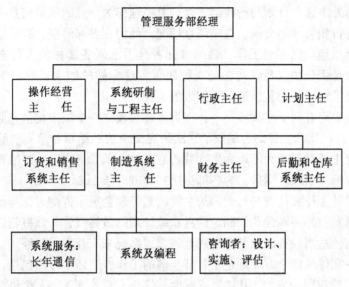

图 4　管理服务部机构建制图

① 操作部与大多数据处理机构的建制相似。

② 独立的 4 个部处具备系统开发功能，它们由所涉及的主机/经营系统定义，直接与特定职员和活动相关，并从中获得利润。各部处有相似的建制，包括内部咨询员、系统编程员以及系统支持者。

③ 这些系统开发处的主管并不一定干预数据处理的技术性方面，而只是在他们熟悉的方面提供系统开发指导。

④ 专设系统研制与工程处，负责新设备、新技术、系统软件以及硬、软件性能监测开发事宜。

⑤ 为管理服务部高效运行所进行的大量活动由行政处统筹安排，这些活动包括招聘、培训人员以及办公室事务等。

⑥ 计划处负责管理服务部发展战略和经营计划的制订，这项工作主要围绕管理服务部和其他各操作部的数据处理进行。

NISC 坚持认为计划应由外部咨询企业、管理服务部和操作部代表三方共同完成。他们决定重点研究 8 个既生产又经销的大部，研究过程包括由咨询企业负责与重要部的经理交谈，确定其关键的数据处理应用和其他可能性的应用，弄清他们需要的是集中还是分散处理，由谁负责处理以及所需软件是购买还是自主开发等。交谈完成后，研究小组应开展广泛讨论，以便写出结论性报告，在对其他六个部展开工作之前，这种研究在选定的两个部里反复进行着。

计划处主任和计划与行政部主管副总经理作为研究的质量监督人，在全过程中进行相关部的交谈，总结调查情况，他们在各部经理、数据处理主任和各地副总经理间穿插工作，询问咨询者是否已同各部相关人员进行了交谈，交谈是否合理以及咨询者是否称职等，这样做的结果，有利于咨询反馈。他要求对一些部重新进行更细致的调查。

该项研究有两个成果：其一，咨询者建议设立一个集中化信息服务计划部（ISPD）；其二，咨询者编撰了这次研究交谈的总结报告草案。管理服务部计划处主任对后者大不以为然，戏称它是"一百页漫笔"，在他看来，此类报告应相当精练、明确，为各部提出3~8个主要目标。

计划处主任和计划与行政部的主管副总经理会见了咨询者，与他们讨论了报告草案，并一同起草了制定信息系统计划的最终报告。该报告提出了关键性应用、适当的资源和各部的规范需求、系统未来开发设想等。

这一文件从四个方面规定了各部当前的工作，这四个方面包括：系统用户（他们的权限等）、应用（集成程度、管理支持水平）、技术和数据处理组织及其管理（计划控制效益、参与商业经营的程度），他们要求各部说明其主要环境因素及其竞争者的优、劣势，作为制定系统开发计划的依据。

新的 ISPD 的标准处主任首先提出了硬件和软件问题，然后才考虑决定数据元素结构。他召集一名管理服务部成员、两名 ISPD 成员和九个操作部成员，组成技术顾问委员会，负责制定硬件规范。为提高网络化能力，他们建议只限于购买巴奥斯公司、IBM 公司和数字设备公司的机器。作为制定软件规范的一部分，公司购买了包括系统开发标准形式和步骤的复杂的计划管理软件包。甚至计划部也认为软件包对大多数计划设想来说，过于具体严格，但他们想，将来可能适当放宽标准。

标准处主任也提出了系统事业开发的方针。除非证明设想中的系统可能为 NISC 提供重要的市场销售竞争优势，或者公司内无合适的现存软件，才购买和研制整个系统软件。

如何规范数据结构和存储问题，至今未能解决，我们所遇到的情形与1981 年初面对有关集中化、分散化应用问题以及如何确定程序维护责任时相似。

全部计算机硬件的购置和新应用软件的开发都与各部的发展战略、环境因素和竞争状态密切相关。将来的人力配置都要有详细计划，这些计划必须考虑适应环境、建立竞争优势，推动部的发展。

ISPD 计划处主任研究了各部计划，与新成立的公司顾问委员会讨论了公司数据处理战略。顾问委员会成员有总经理、三个集团副总经理、计划和行政部主管副总经理和四个大部的经理。他们一年碰头 2～3 次，来制定重要战略，决定各部数据处理资金的分配以及公司主要系统运行资金的多少（比如财务、制造和订货系统），最初的两次会议都开了整整一天。ISPD 对顾问委员会的讨论结果进行论证性研究，大多数成员对此表示满意，新的系统计划处主任对改进的过程也表示满意，同时有些担忧。

制定一个商业经营战略，作为形成数据处理战略计划的依据，看来并非易事，他觉得阐明经营计划及其与数据处理计划的联系，是自己的责任，同时，还不清楚这种做法是否能达到对公司数据处理进行有效的功能控制。

虽然公司在某些方面不断努力，但诸如电子邮件、分布处理和决策支持系统研究方面，至今仍无突破。

问题：

1. 分析 NISC 制定信息系统计划的方式，你处于这种情况下将如何做？
2. 在他们的计划系统中，存在哪些问题，能改进吗？
3. 根据 NISC 的情况，提出实现公司管理信息化的建议。

案例 12　土星公司运作*

通用汽车公司高层管理最初对土星（Saturn）子公司的设想是，将它作为一个机会来证明美国公司也能高效率地制造出高质量的、在各方面都与日本车一样好的轿车。事实上，土星牌轿车已成为公众喜爱的一种车型——这颇出乎人们的意料，因为通用汽车公司近年来在推行变革和适应消费者审美观变化方面一直表现欠佳。土星牌轿车的设计与质量相当令消费者喜欢，它的价格低廉、性能可靠和周到的销售服务也赢得了广泛的称赞。据购买者评价结果显示，土星车获顾客满意度第 6 名，仅次于林肯（Lincoln）和奔驰（Mercedes）这类车，但它们的价格却比土星车平均 1.1 万美元的标价高出 2～4 倍。同时，土星车销售商能顺利地售出到手的所有土星车而不需要打折扣。然而，土星车虽然取得了设计和销售的成功，但公司却不能进行盈利性的生产。虽然并没有预期它能在几年内会有盈余，但其亏损远比预想的大得多。例如，1991 年，土星子公司的亏损额达 7 亿美元。

土星车的规划始于 20 世纪 80 年代初期。到 1990 年秋从装配线上生产出第一辆土星车为止，通用汽车公司已经为坐落于田纳西州温泉山的这一崭

---

*　选自 罗宾斯. 管理学（第 4 版）. 中国人民大学出版社，1997：342-343

新的工厂建设投入了35亿美元的巨资。在这10年中，管理当局以一种前所未有的方式规划这一项目。由汽车工人联合会和通用汽车公司共同组成的一个99人工作团队，从零开始，对该公司的设计进行了仔细规划。工人们和管理人员访问了世界各地成功的制造厂，考察和学习他们如何改进质量、降低成本，最后决定建立一个全新的工厂。生产设施全部采用柔性设备，这样在装配线上就能制造各种不同的车型，以适应市场多变的需要。同时，认真研究了竞争对手的产品，以找出世界"第一流的"作为赶超的目标。生产现场的实际岗位也以与通用汽车公司其他任何制造厂不同的方式来设计。

土星公司的4500名工人对公司的每一项议题，从工人如何履行他们的职务到预算的编制，都与管理者一起分享决策权。公司设立了联合管理机构，工会成员在各主要委员会中都占有席位，并在各层次决策中都有发言权。工人们对如何履行职务拥有充分的责权，管理者是作为顾问和鼓舞者进行活动的。工人们组成15人左右的工作团队开展工作，他们受过训练，能执行团队的所有任务。与一般装配线不同，其装配工人是随着放在缓缓移动平台（它可以或升或降）上的车身一起前行的，这样他们就能持续参与汽车装配的全过程。这一创新使土星公司节省了0.6亿美元。

然而，土星公司一直没能生产出达到盈利要求的足够数量的高品质汽车。每当管理当局想提高产量水平时，就会出现质量问题。员工们会很自然地认为，管理当局这是在以质量换取高产量。他们日益强烈地担心，这样做会使整个公司处于危险境地。而且，当管理当局希望满足顾客增长的需求时，员工们会不断地抱怨，劳资间的合作精神受到严重威胁。

土星公司从一开始就在达到生产目标方面遭遇困难。例如，管理当局设定的头一年生产目标是15万辆车，实际上只制造出5万辆。1993年，年产量提高到24万辆，这是在两班制生产下取得的。管理当局正在增加第三个作业轮班，以使年产量达到31万辆。他们认为，只有达到这样高的生产目标，才能更好地满足顾客需要，并使工厂能够盈利。但是，土星公司的母公司——通用汽车公司每年亏损近百亿美元这一事实，已经使通用汽车公司的高层经理们失去了耐心：不能容忍亏损经营。不幸的是，土星公司的运作方式已经是增加产量就导致废品增加。1991年10月，工人们干脆戴上臂章，以一种无声的方式表明他们对为了产量宁可牺牲质量做法的困惑。工人们知道，从长期来看，他们的职位依赖于制造顶级产品。正如公司的汽车工人联合会主席所言："我们不想牺牲质量去追求生产率。"

为了减少亏损和满足市场的高需求，土星公司将工作时间延长到每周50小时，这实际上是让工人作出更大牺牲。而同心协力精神正受到削弱：

按照通用汽车公司与汽车工人联合会 1990 年签订的契约，土星公司只能雇佣通用汽车公司其他工厂解雇的员工。1990 年末以来，土星公司雇佣的 1 800 名员工中许多人对通用汽车公司牢骚满腹。更糟糕的是，为了降低成本，土星公司大幅度削减了员工培训，那些为了帮助新工人学习协作工作方法和团队活动技巧的培训被砍掉了。管理当局希望新招聘来的员工尽快上岗以替换那些已经在 50 小时工作周制度下工作了一年多的工人。因此，新员工只得到 175 小时的上岗培训，而在过去，则至少要经过 700 小时的培训。新员工不是首先学习对于土星公司的团队平稳运作十分关键的基本技能，如冲突管理等，而是一开始就专注于岗位作业的专门技能。

毫不奇怪，一些从通用汽车公司其他工厂转来的员工，不能适应土星公司的团队运作方式。为了对付这些不满的员工，土星公司的管理当局同意一项代价昂贵的方案。他们提供了从 15 000～50 000 美元之间的几种解职费选择，那些不满和打算离职的员工，可根据他们在通用汽车公司的服务年限选择其中的一种。土星公司的管理者估计有 1/4 的工人打算离开，管理当局认为，和谐融洽比钱更重要。

问题：
1. 什么是通用汽车公司在土星公司中实施变革的内在原因？
2. 用职务特征模型分析土星公司的生产岗位。
3. 此案例对组织的人员甄选和劳资关系的意义是什么？
4. 此案例对管理变革和创新的意义是什么？
5. 你认为高产量与高质量的目标不相容吗？试讨论之。

案例 13　温特图书公司的组织变革 *

温特图书公司原是美国一家地方性的图书公司。近十年来，这家公司从一个中部小镇的书店发展成为一个跨越 7 个地区，拥有 47 家分店的图书公司。多年来，公司的经营管理基本上是成功的。下属各分店，除 7 个处于市镇的闹市区外，其余分店都位于僻静的地区。除了少数分店也兼营一些其他商品外，绝大多数的分店都专营图书。每个分店的年销售量为 26 万美元，纯盈利达 2 万美元。但是近 3 年来公司的利润开始下降。

两个月前，公司新聘苏珊任该图书公司的总经理。经过一段时间对公司历史和现状的调查了解，苏珊与公司的 3 位副总经理和 6 位地区经理共同讨

*　资料来源：http://jpk.dqpi.net/glx/E_nzx3.asp? id＝291&class＝84&lei＝10

论公司的形势。

苏珊认为，她首先要做的是对公司的组织进行改革。就目前来说，公司的6位地区经理都全权负责各自地区内的所有分店，并且掌握有关资金的借贷、各分店经理的任免、广告宣传和投资等权力。在阐述了自己的观点以后，苏珊便提出了改组组织的问题。

一位副总经理说道："我同意你改组的意见。但是，我认为我们需要的是分权而不是集权。就目前的情况来说，我们虽聘任了各分店的经理，但是我们却没有给他们进行控制指挥的权力，我们应该使他成为一个有职有权、名副其实的经理，而不是有名无实，只有经理的虚名，实际上却做销售员的工作。"

另一位副总经理抢着发言："你们认为应该对组织结构进行改革，这是对的。但是，在如何改的问题上，我认为你们的看法是错误的。我认为，我们不需要设什么分店的业务经理。我们所需要的是更多的集权。我们公司的规模这么大，应该建立管理资讯系统。我们可以透过资讯系统在总部进行统一的控制指挥，广告工作也应由公司统一规划，而不是让各分店自行处理。如果统一集中的话。就用不着花这么多工夫去聘请这么多的分店经理了。"

"你们两位该不是忘记我们了吧？"一位地区经理插话说："如果我们采用第一种计划，那么所有的工作都推到了分店经理的身上；如果采用第二种方案，那么总部就要包揽一切。我认为，如果不设立一些地区性的部门，要管理好这么多的分店是不可能的。""我们并不是要让你们失业。"苏珊插话说："我们只是想把公司的工作做得更好。我要对组织进行改革，并不是要增加人手或是裁员。我只是认为，如果公司某些部门的组织能安排得更好，工作的效率就会提高。"

问题：

1. 有哪些因素促使该图书公司要进行组织改革？

2. 你认为该图书公司现有的组织形态和讨论会中两位副总经理所提出的变革计划怎样？

案例14　富士达公司的中国投资 *

在澳大利亚的富士达（Foster）公司，人们认为，特德·库姆克尔几乎

---

* 选自张新胜等. 国际管理学——全球化时代的管理. 中国人民大学出版社，2002：37-38

做任何事情都会是"正确的"。确实，他在澳大利亚执掌着一个被认为是最成功的饮料制造公司。按照每立升的利润率计算，他的公司的利润率是全球最高的。为了扩张公司的业务并保持公司在澳大利亚市场的可持续性竞争力，他用9亿澳元成功地收购了一家非常著名的葡萄酒生产厂家。同时，他出色地解决了公司在英国和美国所面临的各种问题。他的努力使富士达成了澳大利亚惟一的全球性啤酒品牌。

但是，特德·库姆克尔在中国市场上却失算了。1997年12月，公司的中期财务报告显示，其在中国市场上的投资总共亏损达1400万澳元，而对整个财政年度的后六个月的预测更令人沮丧。总之，看来公司在1997—1998财政年度中，在中国的总体现金亏损至少要达到2500万澳元，按照当时的汇率，相当于现金亏损1.55亿元人民币。

富士达是最早进入中国市场的外国啤酒公司。在它进入中国市场以后，在三个不同的省购买了三家啤酒公司。它投资更新了啤酒生产设备，建立了分销系统，使用当地的原料酿造生产富士达啤酒，然后在中国市场上销售。同时，它还想在中国市场上建立一个中国品牌。富士达当时认为它已经在中国市场上建立了一个安全的滩头阵地，它会比那些准备参与增长迅速的中国啤酒市场竞争的其他外国竞争者更有利。特德·库姆克尔当时的计划是，限制资金的投入，但仍然可以为其中国的分公司提供在中国市场上成为一个主要角色的机会。他满脑子想的就是投资、生产与销售。但是没过多久，接踵而至的各种困难使特德·库姆克尔的计划不得不一再被修改。由于中国啤酒市场出现了供给大于需求的情况，啤酒的市场价格急速下降。中国啤酒市场的地区界限非常明显，各地的政府对自己的啤酒生产企业采取的是一种"地区保护主义"的政策。两个相隔只有几十公里，但隶属于不同省所管辖的城市之间，不能够彼此之间"互通有无"，将自己生产的啤酒运到另一城市销售。但是富士达已经进入了中国。在这种情况下，富士达为了适应中国的市场不得不一再修改或重新制订其业务规划。许多人认为，富士达的失误在于它没有再建立一个新的啤酒厂，但特德·库姆克尔则不这样认为。按照他的理解，如再建立一个新的啤酒厂需要投资3亿~4亿澳元，而在当时那种市场情况下，收回投资的可能性非常小。他最不期望看到的是仍然还有人在市场规模已经非常有限的情况下，再采用建立新的生产厂的战略。一旦出现这种情况，对富士达来说将是灾难性的。与富士达公司一样，许多国际性的啤酒公司都在中国市场进行了大规模的投资，而且几乎全部都是亏损的。

富士达已经在中国市场上投资了近1.2亿澳元（相当于7.44亿元人民币）。为了维持公司在中国市场上的经营，1997年，富士达聘请了阿兰·瑞蒂担任中国业务的总经理。在此之前，他作为澳大利亚贸易委员会中国高级商务官在中国工作了四年。富士达聘请他担任中国业务总经理的目的是想借用他在中国广泛的人际关系及熟练的中文。阿兰·瑞蒂上任后首先将原来设在香港的中国总部迁到了上海，但对中国业务的协调仍然得由澳大利亚总部负责。另一个变化是，阿兰·瑞蒂的战略是控制成本结构，其目的是使产品的市场营销至少少赔钱。他认为，富士达目前不应当再强调"增长战略"，直到前期投资有可能收回为止。富士达的"中国教训"或许对公司来说是一件好事，因为富士达正在打算进入越南和印度市场。

问题：

1. 为什么特德·库姆克尔在澳大利亚、英国和美国几乎做任何事情都会是"正确的"，但是他却在中国"失算"了？

2. 你认为阿兰·瑞蒂的新战略能够成功吗？为什么？

3. 中国啤酒市场的特征与澳大利亚、英国和美国有什么不同？造成这些不同的原因是什么？

案例15 跨国发展*

墨西哥裔美国女职员 Angelica Gnrza 已经在一家跨国医疗产品公司的人力资源部工作了 10 年。她所在的那家美容品工厂位于 Baja California 的 Tijuana，那是一个与加利福尼亚州圣地亚哥接壤的墨西哥北部大城市。那些位于墨西哥与美国交界地区的工厂都是一些外资企业，主要是为了利用墨西哥当地的优惠政策和廉价劳动力而建立的。

在 Tijuana 的工厂是美国 USMed 公司众多工厂中的一个。美国 USMed 公司还有六个在美国的工厂，分别建在美国的东北部、中西部和佛罗里达州。Angelica 除了把她大部分时间用来管理这家工厂外，也负责位于 Chula Vista 公司的行政机构的人力资源工作。那里规模虽小，却很重要。这个工厂有 34 个美国人，其中 12 个在墨西哥，22 个在美国。此外，这个工厂还雇用了 1100 个当地的墨西哥人。

Angelica 与公司在国内外的其他人力资源经理很少联系。Angelica 认为，USMed 公司缺乏一套能全面有效地处理公司人力资源问题的政策和战略。

对 Angelica 来说，在墨西哥的角色转换并不容易。她在美国获得的经验和知识对她在墨西哥的工作一点帮助也没有。她的美国籍同事们对 Tijuana

---

* 资料来源：http://www.chinazhou.com/bbs/archiver/tid-17499.html

的工厂运营仅有模糊的了解，而且缺乏与墨西哥员工进行沟通和了解的兴趣。由于 Angelica 具有墨西哥的家庭背景，她对墨西哥员工的文化和价值观有一定的了解，又懂西班牙语，所以她能够与墨西哥员工进行良好的沟通和交流。但是，如果公司的美方管理人员就此认为她能够与墨西哥员工进行完全的、无缝隙的沟通和交流，那就错了。事实上，Angelica 和那些墨西哥员工之间存在很多文化上的差异，而那些美国籍经理对此并不了解。

"现在让我回想起来，我还惊奇当时我面对的情况，我的意思是当时我找不到一点头绪。你惟一能发现的就是：人们认为墨西哥裔美国人与墨西哥人在一起工作是最合适的。我猜想，是不是因为我是一个墨西哥裔的美国人，所以我就应该知道如何去融合这两种完全不同的文化。"Angelica 这样说。

由于上述原因，Angelica 经历了很多挫折和误解。她尝试着去调解美国总部和墨西哥分公司的管理活动，却经常会导致美国同事的不理解，这些同事并不赞成她的建议和观点。更糟糕的是，她还遇到了由于她的尝试所带来的墨西哥本地人的各种反应：由于 Angelica 是一个美国人，因此她经常被误解，有时甚至遭到那些墨西哥本地人的憎恨；同时，她还失去了美国总部的支持。

"我发现那两个做了五年会计工作的墨西哥女员工对我很憎恨，在她们眼中，我惟一可以感到优越的就是我是美国人。在墨西哥人眼中，美国人是比他们高一等或其他什么的。此外，她们还憎恨我的到来。她们认为，她们不能得到好的工作的原因，就是因为我们从她们那儿抢走了工作。所以，作为一个刚到当地的女职员，我被她们仔细打量了一番。我不能从她们那儿得到什么信息。她们几乎不给我提供任何她们能提供的信息和帮助。而且，当我试图从她们那儿获得什么东西时，她们就会变得非常的吹毛求疵。

"我现在回想起来，我们的到来对他们墨西哥本地人来说可能是很恐惧的事。因为我们知道来这儿我们应该做什么，怎么做。USMed 公司对此是很明确的，如果你不能做到，你就会失去工作，也就是你必须做好它，否则就被解雇。而要使这些墨西哥人按照这些规章制度和操作程序来做是十分困难的。改变是困难的，要他们完全遵守这些规定则更困难。"

Angelica 知道当地的条件和墨西哥的文化风格使员工们不能胜任工作。扩建后的墨西哥组装厂有了许多变化，包括公司新的期望和部分墨西哥籍经理的加入。刚开始，这些有潜力的墨西哥雇员们总是不熟悉公司的新期望，如果想要他们达到期望，就需要培训他们。当两种文化相遇时，培训是一种不错的方法。从 Angelica 在公司的角色来说，她把自己更多地看做是美国人而不是墨西哥人，虽然她与她的美国同事又有所不同。她认为自己是把美国的培训、期望和文化风格带过来的人。

"是的，我是一个美国人，我的意思是我是一个美国经理，我从美国来，但是为了消除未来的误解和可能发生的问题，我不得不适应新的环境。作为一个墨西哥裔美国人，我认为到墨西哥工作会比较容易，因为我对这儿的文化有一点了解。但想不到的是，那里竟然是一个真正的文化碰撞，那是一群来自与我不同的社会经济形态的人，大部分人来自农场，来自一些边远城市，那儿没有厕所和浴室。Tijuana 基本上也没有什么基础设施。相比十年以前，现在好多了。我们过去在上班时常常要穿过当地居民的后院和很脏的马路，沿路都是狗的尸体。我想，如果你现在去 Tijuana，与十年前墨西哥组装厂刚建时相比，你会发现现在有许多合格的墨西哥籍经理、兼管人员和文职人员，熟练掌握两种语言的工程师和秘书也遍地都是。

"当我发现我是圈子里惟一的女性时，感觉很糟糕。同样感觉糟糕的是在墨西哥人的圈子里工作，我发现我所遇到的墨西哥男人都看不起我，仅仅因为我是女人。同样地，在他们眼中，我惟一可以感到优越的就是我是一个美国人。如果我是一个墨西哥籍妇女，遇到的问题可能更多。比如：我的工作会更多，要与那个墨西哥籍男经理差不多。而且他还会告诉我，又在哪儿弄错了，这样做是不对的，或者别的什么。具体来说，计算每年的薪水时，他喜欢按 365 天计算，而我则以 52 周计算。这是两种不同的方法，结果当然会有一点不同，但我是按照看报告的美国人希望看到的方式做的。"

问题：

1. 要使一个美国雇员在墨西哥组装厂或者其他国外机构有效率地工作，与当地员工相融合，你认为最需要什么样的能力？

2. 不理解文化的差异性会有什么代价？处理好内部的文化差异问题，会获得什么好处？

3. 从人力资源的角度看，Angelica 在墨西哥组装厂碰到的形形色色的问题中，最具挑战性的问题是什么？

4. Angelica 在国外的工厂工作，她的经验和观点能告诉我们什么？

参 考 文 献

[1] 哈罗德·孔茨，海因茨·韦里克著. 管理学（第9版）. 北京：经济科学出版社，1993.

[2] 斯蒂芬·P. 罗宾斯著. 管理学（第4版）. 北京：中国人民大学出版社，1997.

[3] 周三多. 管理学——原理与方法. 上海：复旦大学出版社，1997.

[4] 谭力文等. 管理学. 武汉：武汉大学出版社，2000.

[5] R. T. Pascale, A. G. Athos. *The Art of Japanese Management*. New York：Warner Books Inc. , 1981.

[6] A. A. Thomson, A. J. Strickland, W. E. Fulmer. *Readings in Strategic Management*. Plano Tex：Business Publications Inc. , 1984.

[7] 泰罗. 科学管理原理. 北京：中国社会科学出版社，1984.

[8] 雷恩. 管理思想的演变. 北京：中国社会科学出版社，1986.

[9] Jop Peppard, Philip Rowland. *The Eseence of Business Process Re-engineering*. Prentice Hall Europe，1995.

[10] 陈佳贵. 现代企业管理理论与实践的新发展. 北京：经济管理出版社，1998.

[11] 彼得·圣吉. 第五项修炼——学习型组织的艺术与实务. 上海：三联书店，1994.

[12] 帕特·乔恩特，马尔科姆·华纳编；卢长怀，孙红英，杨洁译. 跨文化管理. 大连：东北财经大学出版社，1999.

[13] Micheal E. Porter. *Competitive Advantage*. New York：The Free Press. 1985.

[14] 苗杰. 面向信息系统的业务流程再造研究. 南京大学博士学位论

文. 2001.

[15] 辛春华. 现代企业知识创新的信息保障. 武汉大学博士学位论文. 2001.

[16] 丁蔚. 企业知识管理系统实施研究. 南京大学博士学位论文. 2001.

[17] 西蒙. 管理决策新科学. 北京：中国社会科学出版社，1982.

[18] 窦奕虹. 电子商务信息保障问题研究. 武汉大学博士学位论文. 2001.

[19] Nabil R. Adam. *Electronic Commerce：Techical，Business and Legal Issues.* Upper Saddle Rivew, NJ：Prentice Hall, 1999.

[20] 胡昌平. 营销信息系统. 北京：中国财政经济出版社，2000.

[21] 胡昌平等. 中国企业信息工作丛书（1～8）. 武汉：华中师范大学出版社，1992—1994.

[22] 胡昌平. 信息管理科学导论. 北京：高等教育出版社，2001.

[23] 彭斐章，胡昌平等. 科学研究与开发中的信息保障. 武汉：武汉大学出版社，1998.

[24] 胡昌平，邱允生. 试论国家创新体系及其制度安排. 中国软科学，2000 (9).

[25] 法约尔. 工业管理与一般管理. 北京：中国社会科学出版社，1982.

[26] 屈云波. 电子商务. 北京：企业管理出版社，1999.

[27] 查尔斯·M. 萨维奇著；谢强华等译. 第五代管理. 珠海：珠海出版社，1988.

[28] 保罗·S. 麦耶斯主编；蒋惠工等译. 知识管理与组织设计. 珠海：珠海出版社，1998.

[29] 马士华等. 供应链管理. 北京：机械工业出版社，2003.

[30] 简德三. 项目管理. 上海：上海财经大学出版社，2001.

[31] 方美琪主编. 电子商务概论. 北京：清华大学出版社，1999.

[32] 郝立忠主编. 宏观科技管理学. 济南：山东人民出版社，1997.

[33] R. I. Tricker, R. Boland. *Management Information & Control Systems.* New York：John Wiley & Sons Ltd. , 1982.

[34] William J. Martin. *The Information Society.* London：Aslib, 1988.

[35] 黄飞. 三维管理. 太原：山西经济出版社，1999.

[36] 彼得·德鲁克著；毛忠明等译. 管理实践. 上海：上海译文出版

社，1999.

［37］彼得·德鲁克著；许斌译. 管理的前沿. 上海：上海译文出版社，1999.

［38］彼得·德鲁克著；东方编译所译. 九十年代的管理. 上海：上海译文出版社，1999.

［39］Peter F. Drucker. *Management in A Time of Great Change*. Dutton：Truman Talley Books，1995.

［40］覃征. 汪应洛等. 网络企业管理. 西安：西安交通大学出版社，2001.

［41］陆先明，叶飞. 虚拟企业实例分析. 现代管理科学，2004（4）.

［42］Miller P. *Interoperability what is it and why should I wanted it?* . ［EB/OL］. ［2009-01-20］. http://www. ariadne. ac. uk/issue21/interoperability/

［43］走向世界未来的企业应用集成：从信息、过程到服务. ［EB/OL］. ［2008-12-20］. http://www. cnblogs. com/dujun0618/archive/2008/01/23/1050138. html.

［44］基于流程的企业业务集成解决方案. ［EB/OL］. ［2006-10-15］. http://www. cnw. com. cn/store/detail/content/asp? articleid＝33632.

［45］Lian Yan. Predicting Customer Behavior in Telecommunications. *Interlligent Systems*，*IEEE*，2004（2）.